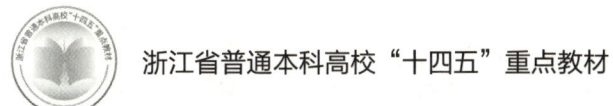

机械产品测绘与数字化建模

主　编　张学昌　王虎彪　王　棋
副主编　胡晓珍　裴　磊　徐　晔　施国扣　张翊翀
主　审　施岳定

中国教育出版传媒集团

高等教育出版社·北京

内容提要

本教材为浙江省普通本科高校"十四五"重点教材，系统介绍了机械零部件测绘基础、零部件拆卸及工具选择、常用测量工具及使用方法、零件测绘实训、部件测绘实训以及复杂曲面产品测绘等内容。教材中的案例素材均来自企业的真实项目，融入行业前沿技术，充分体现了产教融合的特色优势。为便于学生自学及教师授课，本教材配有丰富的数字化资源，包括重难点知识微视频、教学课件等，可扫描相应二维码或登录新形态教材网进行学习。

本教材可作为高等本科以及高等职业院校机械设计制造及其自动化、机械电子工程、能源与动力工程、电气工程及其自动化、信息工程、生物与制药工程、材料科学与工程、工业设计等工科专业相关课程的教材，也可供从事机械产品设计、制造等工作的相关工程技术人员作为参考用书。

图书在版编目（CIP）数据

机械产品测绘与数字化建模 / 张学昌，王虎彪，王棋主编. -- 北京：高等教育出版社，2025.9. -- ISBN 978-7-04-064710-5

Ⅰ.TH13

中国国家版本馆CIP数据核字第2025RS7903号

Jixie Chanpin Cehui yu Shuzihua Jianmo

策划编辑	李文婷	责任编辑	李文婷	封面设计	李卫青	版式设计	董思含　于　婕
责任绘图	黄云燕	责任校对	刘丽娴	责任印制	耿　轩		

出版发行	高等教育出版社		网　　址	http://www.hep.edu.cn
社　　址	北京市西城区德外大街4号			http://www.hep.com.cn
邮政编码	100120		网上订购	http://www.hepmall.com.cn
印　　刷	山东临沂新华印刷物流集团有限责任公司			http://www.hepmall.com
开　　本	787mm×1092mm　1/16			http://www.hepmall.cn
印　　张	16.25			
字　　数	400千字		版　次	2025年9月第1版
购书热线	010-58581118		印　次	2025年9月第1次印刷
咨询电话	400-810-0598		定　价	39.50元

本书如有缺页、倒页、脱页等质量问题，请到所购图书销售部门联系调换
版权所有　侵权必究
物　料　号　64710-00

新形态教材网使用说明

机械产品测绘
与数字化建模

主编 张学昌 王虎彪 王 棋

1 计算机访问 https://abooks.hep.com.cn/64710 或手机微信扫描下方二维码进入新形态教材网。

2 注册并登录后，计算机端进入"个人中心"，点击"绑定防伪码"，输入图书封底防伪码（20位密码，刮开涂层可见），完成课程绑定；或手机端点击"扫码"按钮，使用"扫码绑图书"功能，完成课程绑定。

3 在"个人中心"→"我的学习"或"我的图书"中选择本书，开始学习。

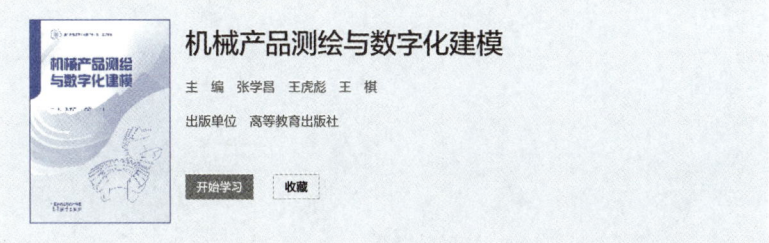

　　受硬件限制，部分内容可能无法在手机端显示，请按照提示通过计算机访问学习。如有使用问题，请直接在页面点击答疑图标进行咨询。

https://abooks.hep.com.cn/64710

前　言

本教材为浙江省普通本科高校"十四五"第二批新工科、新医科、新农科、新文科重点教材。本教材具有如下特色：

（1）产教深度融合，案例内容真实，有序对接高校工科人才能力培养与企业技能需要

教材内容按机械产品测绘的知识逻辑进行系统编排，包括机械零部件测绘基础知识、测绘工具的使用、数字化建模工具、零件测绘、装配体测绘及曲面产品测绘等内容，其案例素材来源于企业，实现产教深度融合，行业技术和企业案例进教材。

（2）基于OBE理念，实现教材知识与专业结构相耦合，形成过程性学习质量评价体系

教材评价体系基于OBE理念，强调学生的学习成果。在内容编排上具有鲜明特色。每章由学习导航引入，明确学习目标和预期成果，引导学生带着问题开展探究式学习，充分体现以学生为中心的教育理念。每章内容紧密围绕知识点展开，学生通过逐步学习，顺序进阶掌握测绘技能，并形成过程性评价数据。

（3）构建线上、线下混合学习资源，营造新形态教材学习生态环境

本教材配套"学银在线"线上学习平台，通过案例式教学内容使学生实践技能快速提升。配套的微视频为学生提供了观摩与学习的平台，可通过扫描书中二维码进行浏览及学习。以上资源为校内、外学生提供了一个完整的学习支持系统，学生在自学、会学的环境下，形成乐学的良好学风生态。

本教材由浙大宁波理工学院张学昌、王虎彪以及宁波财经学院王棋任主编，由浙江海洋大学胡晓珍、浙大宁波理工学院裴磊、宁波工程学院徐晔、德清县职业中等专业学校施国扣、中国商用飞机有限责任公司张翊翀任副主编。参加编写工作的还有浙大宁波理工学院张雷、何平、林煌旭、周杰、姜小芳、许少锋、李贤义、汤菡纯、徐礼明、王浩正、王向垟，上海工程技术大学张旭和海天塑机集团有限公司虞文贤。

浙江大学施岳定教授仔细审阅了本教材，提出了许多建设性的修改意见，在此表示衷心感谢。

孟可及张钦耘同学承担了教材手绘资料、三维建模及二维工程图的制作及校对工作。先临三维科技股份有限公司周青总监及王海涛、张琛工程师为本教材复杂曲面测绘内容提供了工程案例及实践场地。杭州永荣实业有限公司李星星总经理、张亚龙副总经理及段义源总监为本教材零部件测绘内容提供了测绘零件实物及技术资料。蓝星教育沈德华总经理促使本教材早日完成。宁波海曙禧亚文化传播有限公司王亚钦总经理、李磊编导为本教材数字资源建设提供了指导与帮助。超星公司徐佳佳、张中一、王华转、徐科为本教材线上资源建设提供帮助。在此一并表示衷心感谢。

由于编者阅历、水平及经验有限，加之时间紧迫，书中难免存在不足之处，敬请广大读者不吝指正，编者邮箱 xczhang@nit.zju.edu.cn。

编　者
2024 年 10 月

目 录

第 1 章 机械零部件测绘基础 ... 1
- 1.1 机械零部件测绘概论 ... 1
- 1.2 机械零部件测绘的方法与步骤 ... 3
- 1.3 被测零件尺寸圆整及极限偏差的确定 ... 10
- 1.4 几何公差及表面粗糙度的确定 ... 19
- 1.5 被测零件材料的鉴定及其热处理方法的选用 ... 23
- 1.6 部件测绘的步骤及方法 ... 25
- 拓展阅读 ... 28
- 习题 ... 29

第 2 章 零部件拆卸及工具选择 ... 30
- 2.1 零部件测绘前的准备工作 ... 30
- 2.2 零部件拆卸工艺 ... 33
- 2.3 拆卸前的准备工作 ... 34
- 2.4 常用拆卸工具及其使用方法 ... 37
- 2.5 常见零部件的拆卸方法 ... 44
- 2.6 零部件的清洗 ... 50
- 拓展阅读 ... 52
- 习题 ... 53

第 3 章 常用测量工具及使用方法 ... 54
- 3.1 常用测量工具 ... 54
- 3.2 常见尺寸测量方法 ... 69
- 3.3 零部件测量工具的选用 ... 77
- 拓展阅读 ... 79
- 习题 ... 79

第 4 章 零件测绘实训 ... 80
- 4.1 轴套类零件的测绘 ... 80
- 4.2 轮盘类零件的测绘 ... 94
- 4.3 叉架类零件的测绘 ... 107
- 4.4 箱体类零件的测绘 ... 119

拓展阅读 134
习题 135

第 5 章 部件测绘实训 136
5.1 装配示意图 136
5.2 ZSB 型机构测绘实训 139
拓展阅读 149
习题 150

第 6 章 复杂曲面产品测绘 151
6.1 逆向工程概论 151
6.2 Geomagic Design X 软件工具 159
6.3 产品特征建模实例 179
6.4 自由曲面产品建模实例 190
拓展阅读 196
习题 197

附录 198
附录 1 螺纹 198
附录 2 常用标准件 202
附录 3 常用零件结构要素 217
附录 4 极限与配合 221
附录 5 常用材料 230
附录 6 热处理 232
附录 7 ZSB 型机构工程图 233

参考文献 251

第1章 机械零部件测绘基础

学习导航

在产品创新设计或修配机器时,若缺少图样和技术资料,常根据已有的产品、部件或零件进行测量、绘制,并整理画出装配图和零件图的过程,称为零部件测绘。测绘不是简单的照猫画虎,它包含测量、审核、修改、设计等工作内容,是一项复杂、细致的工作,必须慎重对待。

测绘是详细了解产品的工作原理、功能结构以及实现维修、仿制或反求工程等的一项重要工作。对于一名工程技术人员来说,测绘是一项重要的基本技能。

学什么?

- 机械零部件测绘的概念
- 机械零部件测绘的步骤及方法
- 被测零件尺寸圆整及极限偏差的确定

做什么?

- 学习线上资源,了解机械零部件测绘的工程应用
- 掌握产品测绘的步骤及方法
- 掌握零件测绘的注意事项
- 掌握被测零件尺寸圆整法
- 掌握被测零件几何公差、表面粗糙度及材料热处理方法的确定原则

绪论

1.1 机械零部件测绘概论

1. 零部件测绘的定义

零部件测绘是指对现有的机器或部件进行拆卸与分析,并选择合适的表达方案,绘制出全部非标准零件的草图和装配示意图,然后对零件的尺寸及工艺结构进行测量,对测得的尺寸和数据进行圆整与标准化,确定零件的材料和技术要求,最后根据零件草图绘制出装配图和零件工程图的整个过程。

零件和部件是两个不同的概念。零件是机器上不可再拆分的最小构成单位,是机械制造过程中的基本单元,其制造过程不需要装配工序;部件是指整部机器或为实现机器的某一功能由若干零件装配在一起的组件。在不致引起误解的前提下,本书不对部件、机器或设备做严格区分。

借助测量工具或仪器对机械零件进行测量和分析,确定表达方案、绘制零件草图并整理出零

件工程图的过程,称为零件测绘。部件测绘是指对部件进行拆卸与分析,绘制出部件的装配示意图,并对其所属零件进行测绘,确定部件装配图的表达方案,最终整理出部件的装配图及其所属零件的零件工程图的过程。在工程上,零部件测绘在产品设计、仿制和机械设备的维修、装配等方面都起着重要的作用。

2. 零部件测绘的基本应用

零部件测绘基本应用于以下几个方面:

(1) 修复零部件与改造已有设备

在维修机器或设备时,如果其某一零部件损坏,在无备件与图样的情况下,就需要对损坏的零部件进行测绘,画出图样以满足该零部件再加工的需要。有时为了挖掘已有机器或设备的潜力而对已有设备进行改造,也需要在对部分零部件进行测绘后,再进行结构上的改进并配制新的零部件或机构,以改变机器或设备的性能,提高机器或设备的效率。

(2) 设计新产品

设计新机械产品时,有一种设计方法是对已有实物产品进行测绘,通过对测绘对象的工作原理、结构特点、零部件加工工艺及安装维护等方面进行分析,取其之长、补其之短,从而设计出比同类产品性能更优的新产品。

(3) 仿制产品

对于一些引进的机器或设备(无专利保护),如果其性能良好并具有一定的推广应用价值,但缺少技术资料和图样,通常可通过测绘机器或设备的所有零部件,获得生产这种机器或设备的有关技术资料,以便组织生产。这种产品开发方法的优点是速度快、经济成本低。

(4) 零部件测绘教学

零部件测绘是各类工科院校,尤其是应用型本科院校机械制图课程教学中一个十分重要的实践性教学环节。其目的是加强学生实践技能的训练,培养学生的工程意识和创新能力;同时也全面锻炼学生综合运用机械制图课程内容的能力,可有效锻炼和培养学生的动手能力、理论运用于实践的能力以及团结协作的精神。

3. 零部件测绘是机械工程师的必备能力之一

零部件测绘在现有机器或设备的改造、维修及技术引进、技术革新等方面有着重要的意义,是机械制图相关知识的实际运用,也是工程技术人员应掌握的基本技能。

无论是进行机械产品的设计,还是进行机械设备的维护,都需要具备零部件测绘能力。因为在设计工作中,设计人员不可能完全靠想象设计出一台新的设备,因此很多部件或零件都是在借鉴其他设备的基础上进行改进或重新组合而设计出来的。这些原有的零部件不可能都有现成的图样,有时需要设计人员自行绘制。设计人员在出差、观看展览或上街购物等活动中看到某个对设计工作有参考价值的产品时,需要能够立即画出其草图并估测其尺寸,因此要求设计人员具有徒手绘图和尺寸估测的能力。

在设备维修时,经常要对机器或设备进行拆卸,检修结束后又要装配复原。在检修过程中,磨损或损坏的零件需要得到更换,而加工这些待更换的零件就需要对原零件进行测绘。

零部件测绘有一定的规律和技巧,需要先绘制零件草图。由于受条件限制,测绘者不可能一边测量,一边在图纸上直接画出视图,而必须先画出草图,再进行测量。零件草图要求徒手进行绘制,然后再在标准图纸上绘制出零件的工程图,徒手绘制草图需要满足一些不同于常规作图的特殊要求并具备一些特殊技能。

机械零部件测绘训练是培养机械工程师基础能力的有效途径。

1.2 机械零部件测绘的方法与步骤

机械零部件测绘的方法与步骤

1. 了解和分析测绘的零部件

(1) 了解该零部件的名称和作用。

(2) 确定零部件的材料和热处理状态。

(3) 对零部件进行结构分析。弄清每一处结构的作用和原理,特别是在测绘破旧、磨损和存在缺陷的零部件时尤为重要。在分析的基础上对零部件的不足之处进行必要的改进,使其结构更为合理和完善。

(4) 对零部件进行工艺分析。同一零部件可以采用不同的加工方法,加工方法的选择将影响零部件结构形状的表达、基准的选择、尺寸的标注和技术条件的要求,因此进行工艺分析是后续工作的基础。

(5) 拟订零部件的表达方案。通过上述分析,对零部件有了较深刻的认识之后,首先应确定主视图,然后再确定其他视图及其表达方法。

2. 绘制零件草图

绘制零件草图常在车间或现场进行,一般徒手绘制,其步骤如下:

(1) 定出各个视图的位置后,在各视图位置上画出各视图的主要基准线、对称中心线、轴线等。图 1-1 所示为阀盖草图绘制过程。其中,图 1-1a 定出了主、左视图的位置,并画出了主要基准线、对称中心线和轴线。在安排视图位置时,要在各视图之间留出足够的标注尺寸的位置,并在幅面的右下角预留标题栏位置。

(2) 以目测比例详细地画出零件的内、外轮廓图样,如图 1-1b 所示。

(3) 选择尺寸基准,按正确、完整、尽可能合理、清晰的尺寸标注要求,画出尺寸界线、尺寸线和箭头。仔细校对后,将图样按线型要求描深,并画出剖面线,如图 1-1c 所示。

(4) 测量尺寸,确定表面粗糙度和技术要求,并记入图中,如图 1-1d 所示。测量尺寸时应集中进行,使相互影响的尺寸联系起来,这样既能提高工作效率,又可避免尺寸错误和遗漏。

3. 零件建模与加工工艺分析

在三维软件中对零件进行三维建模,实质是对零件加工过程进行模拟,对零件加工工艺过程进行描述,是在三维软件环境下进行的虚拟加工。

零件建模常用的方法有层叠法、旋转法和加工法。下面以轴为例,分别用这三种方法进行建模,对比分析它们的优劣。

(1) 旋转法

旋转法是指画出零件的外形轮廓草图,通过旋转命令"一步到位"生成零件。此方法通常用于回转零件的建模,图 1-2 所示为轴的旋转法建模。

(2) 层叠法

层叠法是指单独建立零件的每个特征,用堆积的方式将各个特征层层堆叠起来。图 1-3 所示为轴的层叠法建模。

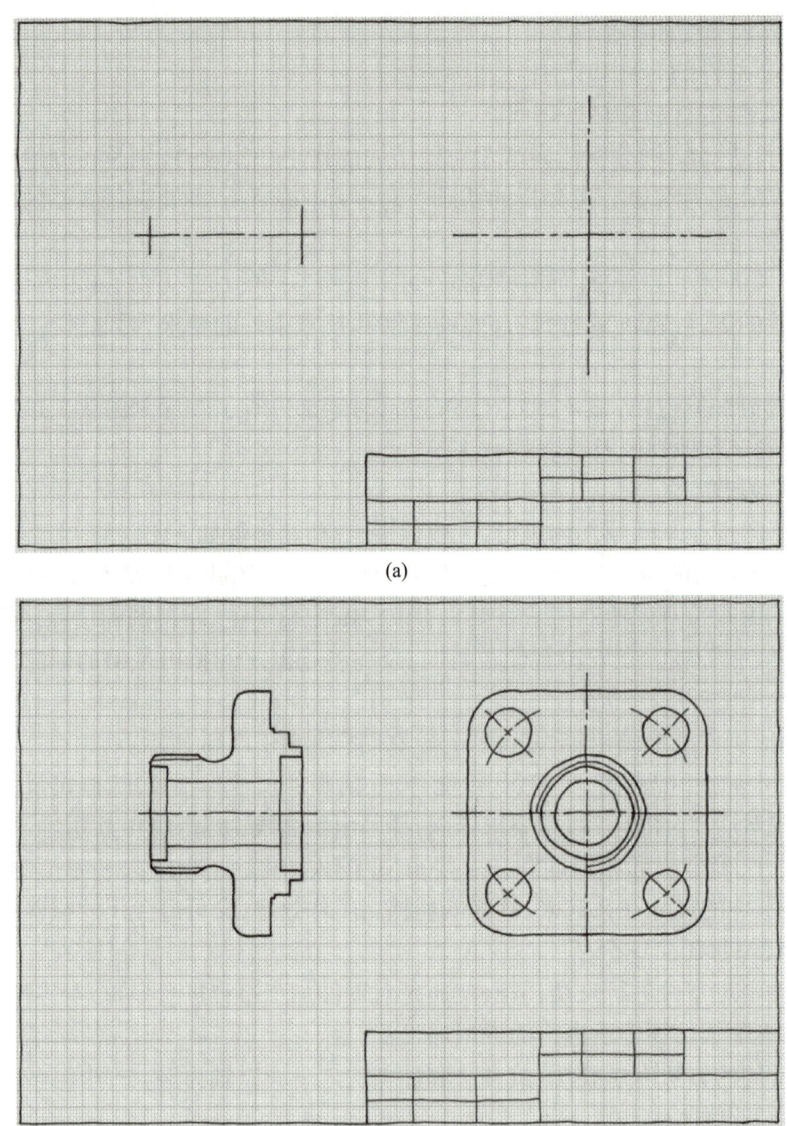

1.2 机械零部件测绘的方法与步骤

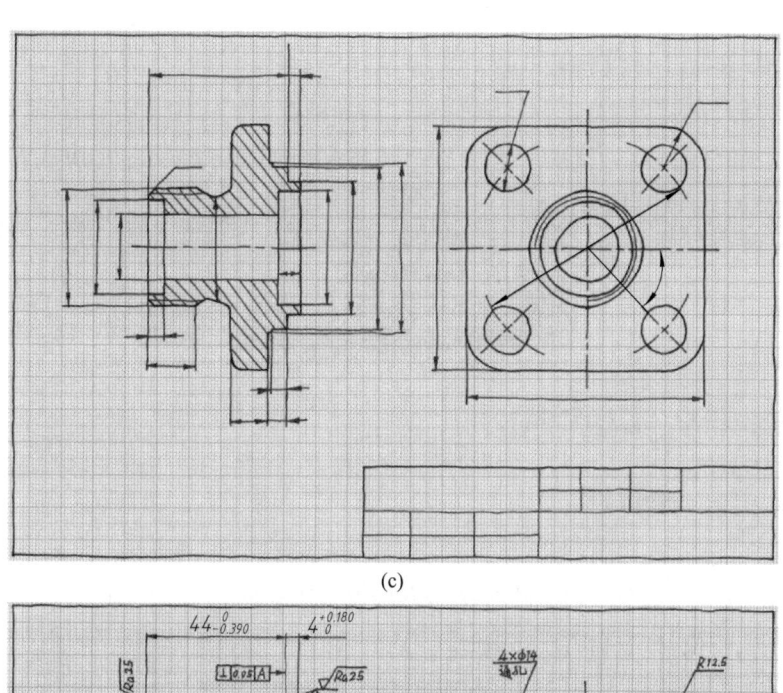

(c)

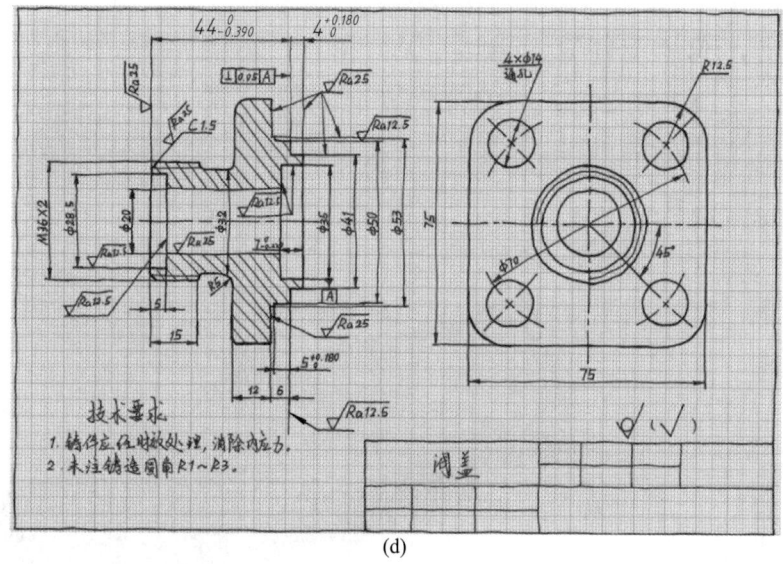

(d)

图 1-1 阀盖草图绘制过程

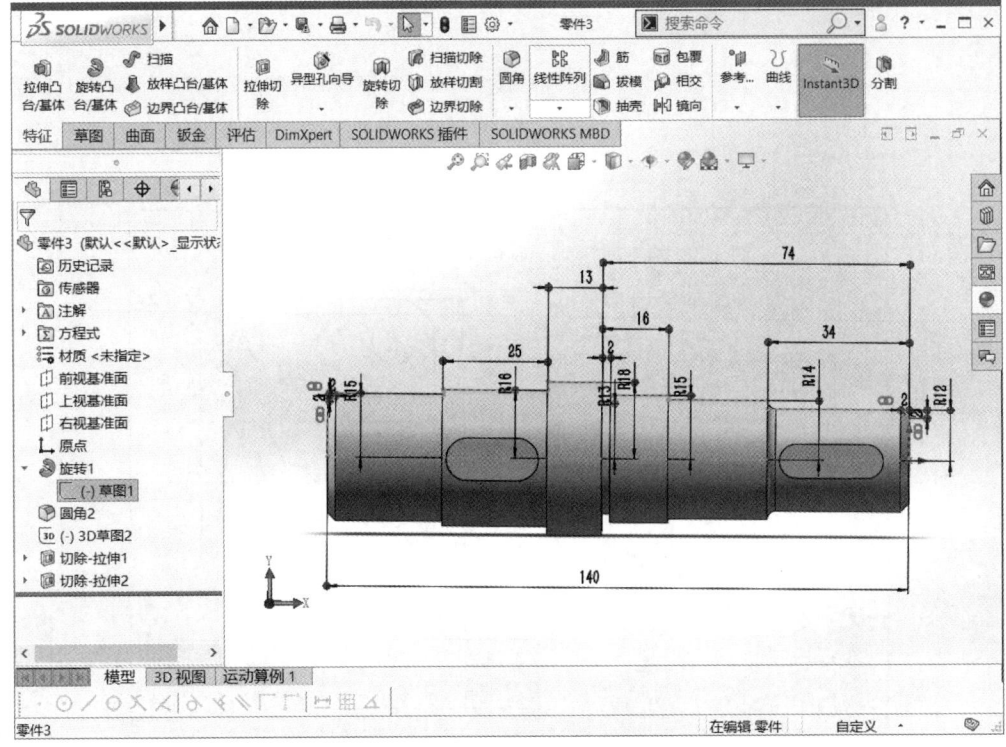

图1-2 轴的旋转法建模

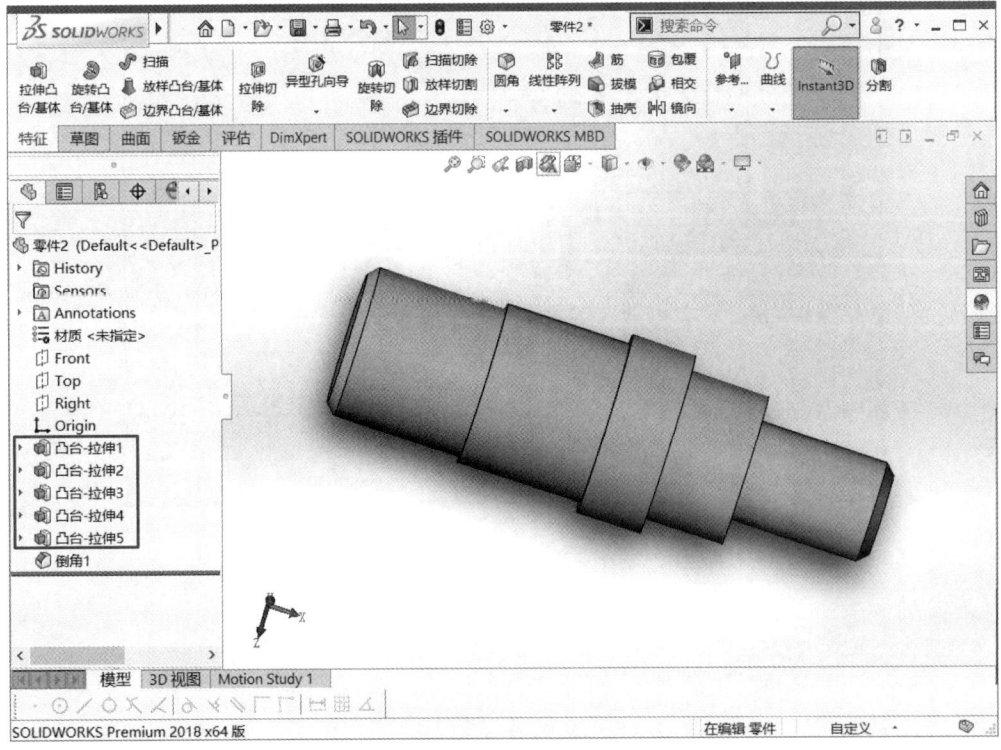

图1-3 轴的层叠法建模

(3) 加工法

加工法是指模拟零件的实际加工过程,首先生成零件的基本特征,即实际加工的毛坯,然后经过一道道工序逐渐生成零件。图 1-4 所示为轴的加工法建模。

加工法符合零件实际生产过程,其建模过程符合零件实际加工步骤,也能体现一个专业设计人员的设计过程,通过设计过程反映加工工艺过程,使设计好的零件能加工出来。因此,在建模之前,有必要对产品零件进行特征规划,这样不仅能使设计人员对后续的建模进行总体把握,而且便于编辑修改。

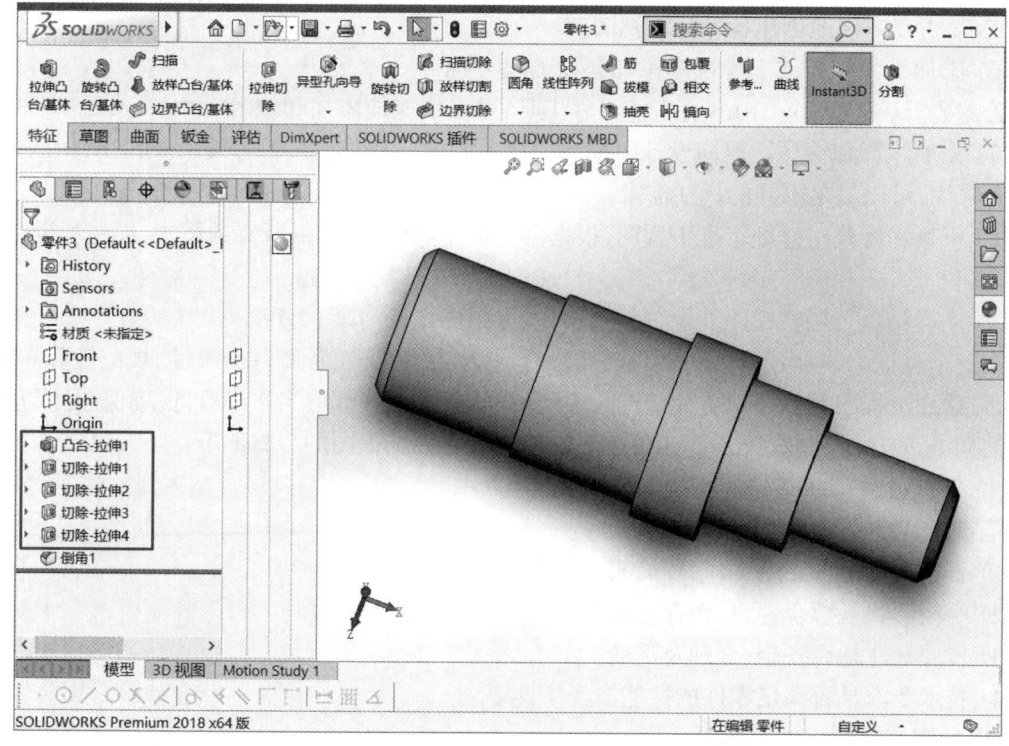

图 1-4 轴的加工法建模

4. 绘制零件工程图

零件草图是在现场测绘的,测绘时间比较仓促,有些表达方案不一定最合理、准确。因此,在由三维软件生成零件工程图或由二维绘图软件绘制零件工程图前,需要对零件草图再进行重新考虑和整理。有些内容需要设计、计算或按有关标准执行,如尺寸公差、几何公差、表面粗糙度、材料及热处理要求等。经过复查、补充、修改后,方可绘制零件工程图。

使用 SOLIDWORKS 等三维建模软件生成零件工程图的步骤如下:

(1) 设计模型。需要完成产品的三维模型设计,确保所有的尺寸和特征都已经正确地加入模型中。图 1-5 所示为建立的阀盖模型。

(2) 新建工程图。在 SOLIDWORKS 中,选择"文件"菜单下的"新建"命令,然后选择"工程图"来创建一个新的工程图文档。

(3) 选择模板。在新建工程图的对话框中选择合适的模板。SOLIDWORKS 提供了多种标准模板，也可以根据需要自定义模板。

(4) 插入模型。在工程图中，使用"插入"命令将三维模型插入图纸中。可以选择不同的视图，如正视图、侧视图、俯视图等。

(5) 生成视图。根据需要生成各种视图，如剖视图、局部放大图等。SOLIDWORKS 提供了自动生成视图的工具，可以方便地创建各种标准视图。

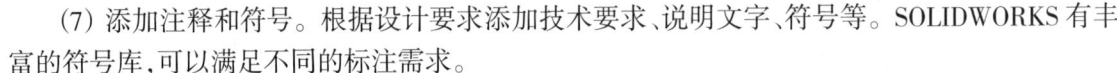

图 1-5　阀盖模型

(6) 添加尺寸和公差。为视图添加必要的尺寸标注和公差要求。SOLIDWORKS 有智能尺寸工具，可以快速地添加和编辑尺寸。

(7) 添加注释和符号。根据设计要求添加技术要求、说明文字、符号等。SOLIDWORKS 有丰富的符号库，可以满足不同的标注需求。

(8) 审查和修改。仔细审查工程图，根据需要做相应修改，确保所有的尺寸、标注和说明都准确无误。

(9) 图样排版。调整视图的位置和大小，确保图样布局清晰、美观。

在整个过程中，应当遵循相关国家标准和行业标准，保证工程图的准确性、规范性和专业性。同时，考虑到工程图是产品制造和交流的重要依据，每个步骤都应当严谨对待，确保图样的质量。

使用 AutoCAD、中望 CAD 等二维绘图软件绘制零件工程图的步骤如下：

(1) 审查、校核零件草图。

应审查、校核以下内容：

1) 表达方案是否完整、清晰和简明。
2) 结构形状是否合理，是否存在缺损。
3) 尺寸标注是否齐全、合理及清晰。
4) 技术要求是否满足零件的性能及经济性要求。

(2) 绘制正式的零件工程图。

步骤如下：

1) 根据零件的复杂程度确定绘图比例，通常应尽量采用 1∶1 的比例。
2) 选择图样幅面。根据表达方案和比例，留出标注尺寸和技术要求的位置，选择标准图幅。
3) 定出各视图的基准线。
4) 根据特征进行零件视图绘制。
5) 整理视图并标注尺寸。
6) 标注技术要求。
7) 填写标题栏。
8) 校核、审定、签名。

图 1-6 所示为由二维绘图软件绘制的阀盖工程图。

1.2 机械零部件测绘的方法与步骤

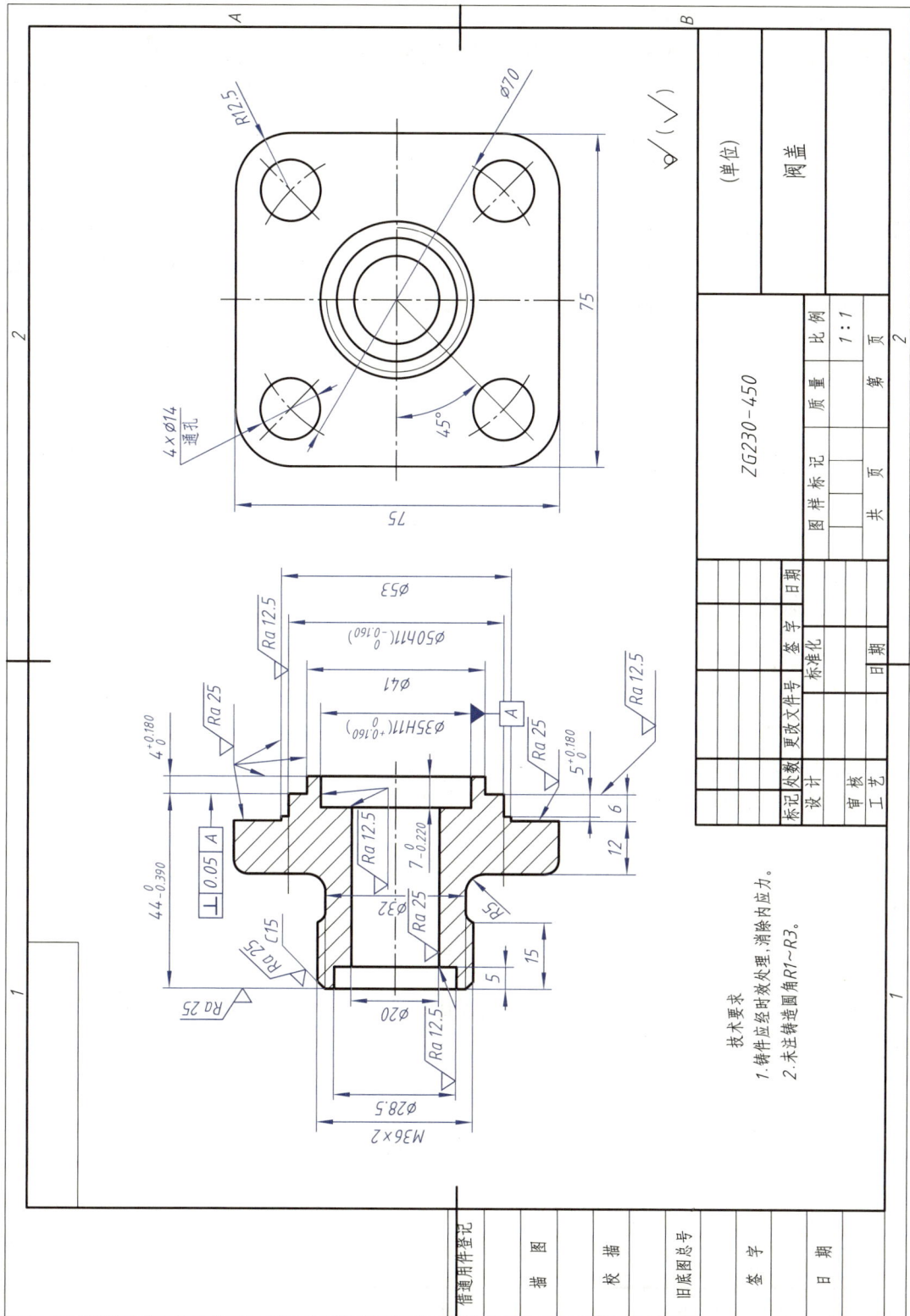

图 1-6 阀盖工程图

5. 零件测绘时的注意事项

(1) 零件上的缺陷如砂眼、气孔、刀痕等,以及长期使用所造成的磨损等不应画出。

(2) 零件上因制造、装配需要的工艺结构,如铸造圆角、倒角、倒圆、退刀槽、凸台、凹坑等必须画出,不能忽略。

(3) 有配合关系的尺寸,一般只测出其公称尺寸,其配合性质及相应的公差值应经过分析计算后,再查阅有关标准确定。

(4) 没有配合关系的尺寸或不重要的尺寸,允许将测量所得的尺寸按照标准圆整成整数值。

(5) 对于螺纹、齿轮、蜗轮、蜗杆、带轮等标准化结构或标准件的尺寸,应将测量结果与标准值进行比较、核对,一般应采用标准的结构尺寸,以便于制造。

1.3 被测零件尺寸圆整及极限偏差的确定

测绘尺寸及技术要求确定(上)

在零件测绘过程中,只能测得零件的实际尺寸和配合件的实际间隙量或过盈量。从零件的实测尺寸推断原设计尺寸的过程称为尺寸圆整,包括确定公称尺寸、尺寸公差、极限偏差、配合类型及配合制等内容。在测绘过程中,常采用以下几种方法进行尺寸圆整。

一、测绘圆整法

测绘圆整法是根据实测值与极限偏差和配合制的内在联系来确定公称尺寸、尺寸公差、极限偏差、配合类型及配合制的。其步骤如下:

1. 精确确定

反复测量数次,在剔除粗大误差后求出多次测量值的算术平均值,测量精度保证到小数点后三位,并将此值作为被测零件在公差中值间的实测尺寸。

2. 确定配合制

根据零件的结构、工艺性、使用条件及经济性综合考虑,定出配合制。在一般情况下,优先选用基孔制配合。

3. 确定公称尺寸

相互配合的孔和轴,其公称尺寸只有一个。

(1) 确定尺寸精度　无论是基孔制还是基轴制配合,都推荐按孔的实测尺寸根据表 1-1 来判断公称尺寸精度。

表 1-1　公称尺寸精度判断

公称尺寸 /mm	实测尺寸中的第一位小数值 /mm	公称尺寸精度
1~80	≥ 2	含一位小数
>80~250	≥ 3	含一位小数
>250~500	≥ 4	含一位小数

注:若实测尺寸中第一位小数值不在表格数值范围之内,则公称尺寸取整。

(2) 确定公称尺寸　用下列不等式确定孔、轴的公称尺寸：

基孔制 $\begin{cases} \text{孔（轴）公称尺寸} < \text{孔实测尺寸} & (1\text{-}1) \\ \text{孔实测尺寸} - \text{公称尺寸} \leqslant \dfrac{\text{孔的 IT11 公差值}}{2} & (1\text{-}2) \end{cases}$

基轴制 $\begin{cases} \text{孔（轴）公称尺寸} > \text{轴实测尺寸} & (1\text{-}3) \\ \text{公称尺寸} - \text{轴实测尺寸} \leqslant \dfrac{\text{轴的 IT11 公差值}}{2} & (1\text{-}4) \end{cases}$

[**例 1-1**]　有一基孔制配合的孔，实测尺寸为 $\phi63.52$ mm，试确定其公称尺寸。

解：根据表 1-1，$\phi63.52$ mm 在 1~80 mm 尺寸段内，第一位小数值为 5，大于 2，故公称尺寸应含一位小数。

根据式 (1-1) 和保留一位小数原则，公称尺寸最大值为 $\phi63.5$ mm。

根据式 (1-2) 得

$$(63.52-63.5)\text{mm}=0.02\text{ mm} \leqslant \text{孔的 IT11 公差值}/2 \quad (1\text{-}5)$$

查公差数值表得 $\phi63.5$ mm 的 IT11 公差值为 0.19 mm，代入式 (1-5)，不等式成立，故将该孔的公称尺寸定为 $\phi63.5$ mm。

4. 计算公差，确定公差等级

(1) 计算基准件公差

1) 基准孔的公差：$T_\text{h}=(L_\text{测}-L_\text{基})\times 2$。

2) 基准轴的公差：$T_\text{s}=(L_\text{基}-L_\text{测})\times 2$。

根据计算出的 T_h 或 T_s 值，从标准公差数值表中查出相近的数值作为基准件的公差值，同时也确定了公差等级。

例 1-1 中，基准孔的实测尺寸为 $\phi63.52$ mm，公称尺寸定为 $\phi63.5$ mm，其公差为

$$T_\text{h}=(63.52-63.5)\times 2 \text{ mm}=0.04 \text{ mm}$$

从标准公差数值表中查出相近的数值为 0.046 mm，故将其公差值定为 0.046 mm，同时确定其公差等级为 IT8。

(2) 确定相配件的公差等级　相配件公差等级应根据基准件公差等级并按工艺等价性进行选择。

5. 计算基本偏差，确定配合类型

(1) 计算孔、轴实测尺寸之差，确定实测配合为间隙配合或过盈配合。

(2) 求相配孔、轴的平均公差，即

$$\text{平均公差}=(\text{孔公差}+\text{轴公差})/2$$

(3) 当孔、轴实测配合为间隙配合时，可按表 1-2 确定配合类型。

6. 确定相配合孔和轴的上、下极限偏差

(1) 基准孔

上极限偏差 $ES=+IT$，下极限偏差 $EI=0$。

(2) 基准轴

上极限偏差 $es=0$，下极限偏差 $ei=-IT$。

表 1–2 孔、轴实测配合为间隙配合时的配合类型

实测间隙种类		1 实测间隙 = $\dfrac{T_h+T_s}{2}$	2 实测间隙 < $\dfrac{T_h+T_s}{2}$	3 实测间隙 > $\dfrac{T_h+T_s}{2}$	4 实测间隙 = $\dfrac{基准件公差}{2}$
轴（基孔制）	配合代号	h	j、k	a、b、c、cd、e、ef、f、fg、g	js
	基本偏差	上极限偏差	下极限偏差	上极限偏差	$\pm\dfrac{轴公差}{2}$
	偏差性质	0	−	−	
孔（基轴制）	配合代号	H	J、K	A、B、C、CD、D、E、EF、F、FG、G	JS
	基本偏差	下极限偏差	上极限偏差	下极限偏差	$\pm\dfrac{孔公差}{2}$
	偏差性质	0	+	+	
孔、轴的基本偏差计算		不必计算	查公差表	基本偏差 = 实测间隙 − $\dfrac{T_h+T_s}{2}$	查公差表

(3) 非基准孔或轴的上、下极限偏差分别为

$ES(es)=EI(ei)+IT$，$EI(ei)=ES(es)-IT$。

7. 校核及修正

按照常用优先配合标准进行校核。必要时可根据零件的功能、结构、材料、工艺方法及工作条件等要求，对选定的公差及配合进行适当调整或修正。

[例 1–2] 某轴和齿轮孔配合，孔的实测尺寸为 ϕ40.021 mm，轴的实测尺寸为 ϕ39.987 mm，试圆整该尺寸。

解：(1) 确定配合制　根据结构分析，确定该孔、轴为基孔制配合。

(2) 确定公称尺寸　查表 1–1，并满足式 (1–1)、式 (1–2) 同时成立，确定公称尺寸为 ϕ40 mm。

(3) 计算公差并确定尺寸公差等级

1）确定基准孔的公差，即

$$T_h=(L_{测}-L_{基})\times 2=(40.021-40)\times 2 \text{ mm}=0.042 \text{ mm}$$

查公差数值表，IT8 的公差值为 0.039 mm，与求得的 T_h 最为接近，故选孔的公差等级为 IT8，即基准孔为 ϕ40H8。

2）确定配合轴的公差，即

$$T_s=(L_{基}-L_{测})\times 2=(40-39.987)\times 2 \text{ mm}=0.026 \text{ mm}$$

查公差数值表，IT7 的公差值为 0.025 mm，与求得的 T_s 最为接近，故选配合轴的公差等级为 IT7。

(4) 计算基本偏差并确定配合类型

1）孔、轴实测间隙 = 40.021 mm − 39.987 mm = 0.034 mm。

2）平均公差 = (孔公差 + 轴公差)/2 = (0.039+0.025)/2 mm = 0.032 mm。

3）孔、轴之间存在间隙，查表 1–2 得

　　　　基本偏差 = 实测间隙 − 平均公差 = 0.034 mm − 0.032 mm = 0.002 mm

该值为轴的上极限偏差，且为负值。查轴的基本偏差数值表，与 −0.002 mm 最接近的上极限偏差

值为0,故确定轴的基本偏差为0,即基本偏差代号为h,所以配合轴为 $\phi 40h7$。

(5) 确定孔、轴的上、下极限偏差　孔为 $\phi 40H8\binom{+0.039}{0}$,轴为 $\phi 40h7\binom{0}{-0.025}$。

(6) 校核与修正　H8/h7为优先配合,圆整的配合尺寸 $\phi 40H8/h7$ 合理,不必修正。

二、类比圆整法

1. 配合制的选择

(1) 优先选用基孔制　从满足配合性质上讲,基孔制与基轴制完全等效,但从工艺性和经济性等方面比较,基孔制优于基轴制。

(2) 应选择基轴制的情况

1) 用冷拔圆钢、型材不加工或经极少加工就能达到零件使用精度要求时,用基轴制在技术上合理、经济上合算。

2) 当基准制的选择受标准件要求制约时,应服从标准件既定的基准制。例如,与滚动轴承外圈外径配合的孔应选用基轴制。

3) 当机械结构或工艺上必须采用基轴制时,选用基轴制。例如,发动机中的活塞销采用基轴制配合。

4) 一轴多孔配合时,一般采用基轴制。

5) 特大件与特小件可考虑采用基轴制。

(3) 在特殊情况下采用非基准制配合　当机器上出现一个非基准制孔(轴)与两个或两个以上的轴(孔)配合时,其中至少应有一个为非基准制配合,如轴承座孔与端盖的配合。

2. 公差等级的选择

选择公差等级时,应参考从生产实践中总结出来的经验资料,进行比较选择。选择的基本原则是在满足使用要求的前提下,尽量选取低的公差等级。选择时可从以下几个方面综合考虑:

1) 根据零件的作用、配合表面的粗糙度和零件所配设备的精度来选择,使之与其相匹配。

2) 根据各公差等级的应用范围和各种加工方法所能达到的公差等级来选择。公差等级的应用范围见表1-3,各种加工方法的加工精度见表1-4。

表1-3　公差等级的应用范围

应用	公差等级(IT)																			
	01	0	1	2	3	4	5	6	7	8	9	10	11	12	13	14	15	16	17	18
量块	●	●	●																	
量规			●	●	●	●	●	●	●											
配合尺寸					●	●	●	●	●	●	●	●	●	●						
特别精密零件的配合				●	●	●	●													
非配合尺寸(大制造公差)														●	●	●	●	●	●	●
原材料公差										●	●	●	●	●	●	●				

表 1-4 各种加工方法的加工精度

加工方法	公差等级（IT）																		
	01	0	1	2	3	4	5	6	7	8	9	10	11	12	13	14	15	16	17	18
研磨	■	■	■	■	■	■	■													
珩磨						■	■	■	■											
圆磨							■	■	■	■										
平磨							■	■	■	■										
金刚石车							■	■	■											
金刚石镗							■	■	■											
拉削							■	■	■	■										
铰孔								■	■	■	■	■								
车									■	■	■	■	■	■	■					
镗									■	■	■	■	■	■	■					
铣										■	■	■	■	■	■					
刨、插										■	■	■	■	■	■					
钻孔												■	■	■	■					
滚压、挤压										■	■	■	■							
冲压												■	■	■	■	■				
压铸													■	■	■	■				
粉末冶金成形								■	■	■										
粉末冶金烧结									■	■	■	■								
砂型铸造、气割																	■	■	■	■
锻造																	■	■	■	■

3) 根据孔、轴的工艺等价性来选择。对于公称尺寸 ≤ 500 mm 的孔、轴配合，当公差等级 ≤ IT8 级时，推荐选择轴的公差等级比孔的公差等级高一级；对于精度较低或公称尺寸 >500 mm 的孔、轴配合，推荐孔、轴选用同一公差等级。

4) 根据相关件和配合件的精度来选择。如齿轮孔与轴配合的公差等级，应根据齿轮的精度来选取；与滚动轴承配合的孔和轴颈的公差等级，应根据滚动轴承的精度来选取。

5) 根据配合成本来选择。在满足使用要求的前提下，为降低成本，对于相配合的孔、轴，应尽可能选取较低的公差等级。

3. 配合类型的选择

配合制和公差等级确定之后，基准件的基本偏差和公差等级已全部确定，配合件的公差等级也已确定。因此，选择配合类型的实质就是选择配合件的基本偏差。

正确选用配合类型能保证机器高质量运转，延长使用寿命，并使制造经济合理。选用配合类型时，应从以下几个方面考虑：

（1）配合件的相对运动情况 若配合件间有相对运动，只能选用间隙配合。相对运动速度大的，要选用间隙量大的间隙配合。

(2) 配合件的受力情况　应考虑力的大小及有无冲击和振动等。一般而言,在间隙配合中,单位压力大时,间隙量应小些;在过盈配合中,受力大时,过盈量应大些,有冲击振动时过盈量也应大些。

(3) 配合件的定心精度要求　定心精度要求很高时,应选用过渡配合;定心精度要求不高时,可用基本偏差为 g 或 h 的间隙配合代替过渡配合,但不宜选用过盈配合。

(4) 配合件的装拆情况　装拆频繁时,配合的间隙量应大些或过盈量应小些。

(5) 配合件的工作温度情况　当工作时的温度与装配时的温度相差较大时,应考虑装配时的间隙量在工作时的变化。

(6) 配合件的生产情况　在单件小批生产时,零件的尺寸常靠近最大实体尺寸,造成配合趋紧。此时,应将间隙量适当放大,或将过盈量适当减小。另外,零件的表面粗糙度和几何公差对配合性质也有影响,也应考虑进去。

表 1-5 和表 1-6 分别给出了各种基本偏差的特点和应用实例、优先配合选用说明,可供参考。

表 1-5　各种基本偏差的特点和应用实例

配合	基本偏差	特点和应用实例
间隙配合	a(A) b(B)	可得到特别大的间隙量,应用很少。主要用于工作时温度高、热变形大的配合,如发动机中活塞与缸套的配合一般为 H9/a9
	c(C)	可得到很大的间隙量,一般用于工作条件较差(如农业机械)、工作时受力变形大及装配工艺性不好的零件的配合,也适用于高温工作的间隙配合,如内燃机排气阀杆与导管的配合一般 H8/c7
	d(D)	与 IT7~IT11 对应,适用于较松的间隙配合(如滑轮、空转的带轮与轴的配合),大尺寸滑动轴承与轴径的配合(如涡轮机、球磨机等的滑动轴承)。活塞环与活塞槽的配合可用 H9/d9
	e(E)	与 IT6~IT9 对应,具有明显的间隙,用于大跨距及多支点的转轴与轴承的配合,高速、重载的大尺寸轴与轴承的配合,如大型电动机、内燃机的主要轴承处的配合一般为 H8/e7
	f(F)	多与 IT6~IT8 对应,用于一般转动的配合,受温度影响不大,采用普通润滑油的轴与滑动轴承的配合,如齿轮箱、小电动机、泵的转轴与滑动轴承的配合一般为 H7/f6
	g(G)	多与 IT5~IT7 对应,形成间隙较小的配合,用于轻载精密装置中的转动配合,插销的定位配合,滑阀、连杆销等处的配合,如钻套孔的基本偏差多为 G
	h(H)	多与 IT4~IT11 对应,广泛用于无相对转动的间隙配合、一般的定位配合。若不受温度、变形的影响也可用于精密滑动轴承,如车床尾座孔与顶尖套筒的配合一般为 H6/h5
过渡配合	js(JS)	多用于 IT4~IT7 具有平均间隙的过渡配合,用于略有过盈的定位配合,如联轴器、齿圈与轮毂的配合,滚动轴承外圈与外壳孔的配合多用 JS7,一般用手或木锤装配
	k(K)	多用于 IT4~IT7 平均间隙量接近于零的配合,用于定位配合,如滚动轴承的内、外圈分别与轴径、外壳孔的配合,一般用木锤装配
	m(M)	多用于 IT4~IT7 平均过盈量较小的配合,用于精密定位的配合,如蜗轮的青铜轮缘与轮毂的配合一般为 H7/m6
	n(N)	多用于 IT4~IT7 平均过盈量较大的配合,很少形成间隙。用于键传递较大转矩的配合,如冲床上齿轮与轴的配合,用锤子或压力机装配

续表

配合	基本偏差	特点和应用实例
过盈配合	p(P)	用于小过盈量配合,与H6或H7的孔形成过盈配合,而与H8的孔形成过渡配合。碳钢和铸铁制零件形成的配合为标准压入配合,如绞车的绳轮与齿圈的配合为H7/p6,合金钢制零件的配合需要小过盈量时可用p(或P)
	r(R)	用于传递大转矩或受冲击负荷而需要加键的配合,如蜗轮与轴的配合一般为H7/r6。H8/r8配合在公称尺寸大于100 mm时为过渡配合
	s(S)	用于钢和铸铁制零件的永久性和半永久性结合,可产生相当大的结合力,如套环压的轴、阀座的配合为H7/s6
	t(T)	用于钢和铸铁制零件的永久性结合,需用热套法或冷轴法装配,如联轴器与轴的配合为H7/t6
	u(U)	用于大过盈量配合,最大过盈量需验算。用热套法装配,如火车轮毂与轴的配合为H6/u5

表1-6 优先配合选用说明

优先配合		说明
基孔制	基轴制	
$\dfrac{H11}{c11}$	$\dfrac{C11}{h11}$	间隙量非常大,用于很松、转动很慢的动配合
$\dfrac{H9}{d9}$	$\dfrac{D9}{h9}$	间隙量很大的自由转动配合,用于精度要求不高,或有大的温度变化、高转速或大的轴颈压力的情况
$\dfrac{H8}{f7}$	$\dfrac{F8}{h7}$	间隙量不大的转动配合,用于中等转速与中等轴颈压力的精确转动,也用于装配较容易的中等定位配合
$\dfrac{H7}{g6}$	$\dfrac{G7}{h6}$	间隙量很小的滑动配合,用于不希望自由转动,但可自由移动和滑动并精密定位的情况,也可用于要求明确的定位配合
$\dfrac{H7}{h6}$ $\dfrac{H8}{h7}$ $\dfrac{H9}{h9}$ $\dfrac{H11}{h11}$	$\dfrac{H7}{h6}$ $\dfrac{H8}{h7}$ $\dfrac{H9}{h9}$ $\dfrac{H11}{h11}$	均为间隙定位配合,零件可自由装拆,而工作时,一般相对静止。最小间隙量为零,最大间隙量由公差等级决定
$\dfrac{H7}{k6}$	$\dfrac{K7}{h6}$	过渡配合,用于精密定位
$\dfrac{H7}{n6}$	$\dfrac{N7}{h6}$	过渡配合,用于允许有较大过盈量的更精密定位
$\dfrac{H7}{p6}$	$\dfrac{P7}{h6}$	过盈定位配合,即小过盈量配合,用于对定位精度要求高的情况,能以最高的定位精度达到部件的刚性及对中性要求
$\dfrac{H7}{s6}$	$\dfrac{S7}{h6}$	中等过盈量的过盈配合,适用于一般钢件,或用于薄壁件的冷缩配合,用于铸铁件可得到最紧的配合
$\dfrac{H7}{u6}$	$\dfrac{U7}{h6}$	过盈配合,适用于可以承受高压入力的零件,或不宜承受大压入力的冷缩配合

三、设计圆整法

设计圆整法是以实测尺寸为依据,按照设计的程序来确定公称尺寸和极限偏差的方法。

1. 常规设计的尺寸圆整

常规设计是指以方便设计、制造和良好的经济性为主的标准化设计。在对常规设计的零件进行尺寸圆整时,一般应使其公称尺寸符合国家标准 GB/T 2822—2005 推荐的尺寸系列(表 1-7),公差和极限偏差符合国家标准 GB/T 1800.2—2020,配合符合国家标准 GB/T 1800.1—2020。

表 1-7 标准尺寸(摘自 GB/T 2822—2005) 单位:mm

R			R'			R			R'		
R10	R20	R40	R'10	R'20	R'40	R10	R20	R40	R'10	R'20	R'40
10.0	10.0		10	10			35.5	35.5		36	36
	11.2			11				37.5			38
12.5	12.5	12.5	12	12	12	40.0	40.0	40.0	40	40	40
		13.2			13			42.5			42
	14.0	14.0		14	14		45.0	45.0		45	45
		15.0			15			47.5			48
16.0	16.0	16.0	16	16	16	50.0	50.0	50.0	50	50	50
		17.0			17			53.0			53
	18.0	18.0		18	18		56.0	56.0		56	56
		19.0			19			60.0			60
20.0	20.0	20.0	20	20	20	63.0	63.0	63.0	63	63	63
		21.2			21			67.0			67
	22.4	22.4		22	22		71.0	71.0		71	71
		23.6			24			75.0			75
25.0	25.0	25.0	25	25	25	80.0	80.0	80.0	80	80	80
		26.5			26			85.0			85
	28.0	28.0		28	28		90.0	90.0		90	90
		30.0			30			95.0			95
31.5	31.5	31.5	32	32	32	100.0	100.0	100.0	100	100	100
		33.5			34						

注:首先在优先数系 R 系列按 R10、R20、R40 顺序选用。如必须将数值圆整,可在 R' 系列中按 R'10、R'20、R'40 顺序选用。

[例1–3] 实测一对配合的孔和轴,孔的实测尺寸为 $\phi25.012$ mm,轴的实测尺寸为 $\phi24.978$ mm。试确定该孔、轴的公称尺寸、配合制、极限与公差等级。

解:尺寸圆整过程如下:

(1) 确定公称尺寸　根据孔、轴实测尺寸查表 1–7,靠近又符合优先系列的标准尺寸只有 25 mm,故将该配合的孔、轴的公称尺寸选为 $\phi25$ mm。

(2) 确定配合制　通过结构分析可知,该配合为基孔制配合。

(3) 确定偏差　从技术资料得知,该配合件属单件小批生产。从工艺特点可知,单件小批生产时,零件尺寸靠近最大实体尺寸,即轴的尺寸靠近上极限尺寸。该轴的偏差 –0.022 mm 应接近轴的基本偏差(上极限偏差)。查轴的基本偏差表,在 24~30 mm 尺寸段内,最靠近 –0.022 mm 的基本偏差值只有 –0.020 mm,其基本偏差代号为 f。

(4) 确定公差等级　根据配合件的作用、结构、工艺特征,并与同类零件比较,将轴的公差等级选为 IT7。根据工艺等价性质,将孔的公差等级选为 IT8。

综上选择得该配合孔、轴的尺寸圆整为 $\phi25H8/f7$。

2. 非常规设计尺寸的圆整

公称尺寸和尺寸公差不一定都是标准化的尺寸称为非常规设计的尺寸。

(1) 非常规设计尺寸圆整的原则

1) 功能尺寸、配合尺寸、定位尺寸允许保留一位小数,个别重要的尺寸可保留两位小数,其他尺寸圆整为整数。

2) 将实测尺寸圆整为整数或须保留的小数位时,应采用四舍六进五单双法对尾数进行进舍,即逢四以下舍去,逢六以上进位,遇五则以保证偶数的原则决定进舍。

3) 圆整数值时,只考虑删除位的数值,不得逐位删除。如 35.456 保留整数时,删除位为第一位小数 4,根据四舍六进五单双法,圆整后应为 35,不应逐位圆整成 35.456 → 35.46 → 35.5 → 36。

4) 尽量使圆整后的尺寸符合国家标准推荐的尺寸系列值。

(2) 轴向功能尺寸的圆整

在大批大量生产条件下,零件的实际尺寸大部分位于零件公差带的中部,所以在圆整尺寸时,可将实测尺寸视为公差中值。同时尽量将公称尺寸按国家标准尺寸系列圆整为整数,并保证公差在 IT9 之内。采用单向公差或双向公差,孔类尺寸取单向正公差,轴类尺寸取单向负公差,长度类尺寸采用双向公差。

[例1–4] 某轴向尺寸参与装配尺寸链计算,且属于轴类尺寸,长度实测尺寸为 223.95 mm,试圆整该尺寸。

解:尺寸圆整过程如下:

1) 确定公称尺寸　查标准尺寸系列表,确定公称尺寸为 224 mm。

2) 确定公差值　查标准公差数值表,得 180~250 mm 公称尺寸段内 IT9 级的公差值为 0.115 mm,现取为 0.10 mm。

3) 确定极限偏差　将实测值视为公差中值,按轴类尺寸确定,得圆整尺寸及极限偏差为 $224_{-0.10}^{0}$ mm。

4) 校核　公差值取 0.10 mm,在 180~250 mm 公称尺寸段 IT9 级公差值之内且较为接近;实测尺寸为 223.95 mm,是 224 mm 的公差中值,故圆整合理。

(3) 非功能尺寸的圆整

非功能尺寸指具有一般公差的尺寸,包括功能尺寸以外的所有轴向尺寸和非配合尺寸。圆整这类尺寸主要是合理确定公称尺寸,其原则如下:

1) 保证尺寸的实测值经圆整后在尺寸公差范围之内,圆整后的公称尺寸符合国家标准所规定的优先系列数值。一般不带小数。

2) 尺寸公差按国家标准 GB/T 1804—2000 规定的线性尺寸的极限偏差数值(表 1-8)选择。

表 1-8　线性尺寸的极限偏差数值(摘自 GB/T 1804—2000)　　　　　　单位: mm

公差等级	尺寸分段							
	0.5~3	>3~6	>6~30	>30~120	>120~400	>400~1 000	>1 000~2 000	>2 000~4 000
f(精密级)	±0.05	±0.05	±0.1	±0.15	±0.2	±0.3	±0.5	—
m(中等级)	±0.1	±0.1	±0.2	±0.3	±0.5	±0.8	±1.2	±2
c(粗糙级)	±0.2	±0.3	±0.5	±0.8	±1.2	±2	±3	±4
v(最粗级)	—	±0.5	±1	±1.5	±2.5	±4	±6	±8

1.4　几何公差及表面粗糙度的确定

一、几何公差的确定

测绘尺寸及技术要求确定(下)

零件的形状和位置误差直接影响机器的装配性能和精度,还会影响机器的工作精度、使用寿命等。保证形状和位置精度是零件加工、机器制造的关键技术,必须给予高度重视。在零件测绘时,对有配合要求和影响配合质量的表面都应提出形状或位置精度要求。

1. 几何公差项目的确定

1) 要从保证零件设计性能和使用要求来确定几何公差项目。
2) 从各种典型零件采用多种加工方法加工时出现的误差种类确定几何公差项目。
3) 查阅机械零件设计手册或资料中有关零件或结构要求的几何公差项目来确定。
4) 参考同类型产品图样确定几何公差项目。

2. 几何公差值的选用

1) 根据零件的功能要求,考虑加工的经济性和零件的结构、刚性等情况,按各种几何公差值表的数系确定表面的几何公差值,并考虑下列情况:

① 同一表面上的形状公差值应小于位置公差值,如两平面的平面度公差值应小于两平面的平行度公差值。

② 圆柱形零件的形状公差值(轴线的直线度除外),在一般情况下应小于其尺寸公差值。

③ 平行度公差值应小于相应的距离公差值。

④ 形状公差值一般大于表面粗糙度值。

2）考虑到加工的难易程度和除主参数外其他参数的影响，在满足零件功能要求的前提下，下列情况可适当降低 1~2 级几何公差等级。

① 孔相对于轴的几何公差等级要低 1~2 级。

② 细长比较大的轴或孔。

③ 长度较大的轴或孔。

④ 宽度较大（一般大于 1/2 长度）的零件表面。

⑤ 线对线和线对面相对于面对面的平行度公差等级要低 1~2 级。

⑥ 线对线和线对面相对于面对面的垂直度公差等级要低 1~2 级。

3）有些零件制定了专用的几何公差标准（不能误用一般标准），如齿轮、蜗轮、蜗杆、花键、带轮等，可查阅机械零件设计手册或有关资料，选用标准规定的几何公差项目及公差值。

4）未注几何公差表面的几何公差值应符合国家标准 GB/T 1184—1996 的规定。

二、表面粗糙度的确定

表面粗糙度是零件表面的微观几何形状误差，将对零件的耐磨性、配合性、抗疲劳性、接触刚度及耐腐蚀性产生影响。因此，正确确定零件表面粗糙度也是测绘过程中的一项重要内容。

1. 确定表面粗糙度的评定参数

表面粗糙度的评定参数有 Ra、Rz，实际使用时可选用一个也可同时选用两个参数。其中，参数 Ra 能较客观地反映表面微观几何形状特征，因此得到广泛应用，国家标准也推荐优先选用 Ra。

2. 确定表面粗糙度的方法

确定表面粗糙度的方法很多，测绘中常用的方法有比较法、仪器测量法及类比法。比较法和仪器测量法适用于确定无磨损或磨损极小的零件的表面粗糙度；磨损严重零件的表面粗糙度只能用类比法来确定；对于零件的内部表面，可采用印模法测量后再确定其表面粗糙度。

（1）比较法　比较法是将被测表面与已知高度特征参数值的粗糙度样板相比较，通过人的视觉和触觉，亦可借助放大镜来判断被测表面的粗糙度。比较时，所用粗糙度样板的材料、形状和加工工艺应尽可能与被测表面相同，这样可以减少误差，提高判断的准确性。这种方法比较简便，并适合在现场使用，但需要操作者具有一定的经验。

（2）仪器测量法　仪器测量法是利用表面粗糙度测量仪器确定被测表面粗糙度的方法。常用的测量仪器有以下几种：

1）光切显微镜　光切显微镜又称双管显微镜，可用于测量由车、铣、刨及其他类似方法加工的金属外表面的轮廓最大高度 Rz 值。测量范围一般为 Rz 0.8~100 μm。

2）干涉显微镜　干涉显微镜是利用光干涉原理测量表面粗糙度的仪器，主要测量 Rz 值。测量范围一般为 Rz 0.05~0.8 μm。

3）电动轮廓仪　电动轮廓仪是一种接触式测量表面粗糙度的仪器。其最大优点是能直接读出被测表面的轮廓算术平均偏差 Ra 值，能够测量平面、轴面、孔面和圆弧面等各种形状表面的表面粗糙度。它的测量范围为 Ra 0.01~5 μm，高精度电动轮廓仪的分辨率可达 0.5 nm。

(3) 类比法 类比法是根据被测表面的表面粗糙度情况及其作用、加工方法、运动状态等特征,查阅经验统计资料来确定表面粗糙度的方法。轴和孔的表面粗糙度参数及其推荐值见表 1-9。不同表面粗糙度参数值对应的表面微观特征、经济加工方法及应用举例见表 1-10。

表 1-9 轴和孔的表面粗糙度参数及其推荐值

应用场合			$Ra/\mu m$	
示例	公差等级	表面	公称尺寸 /mm	
			≤ 50	>50~500
经常装拆零件(如挂轮、滚刀等)的配合表面	IT5	轴	≤ 0.2	≤ 0.4
		孔	≤ 0.4	≤ 0.8
	IT6	轴	≤ 0.4	≤ 0.8
		孔	≤ 0.8	≤ 1.6
	IT7	轴	≤ 0.8	≤ 1.6
		孔		
	IT8	轴	≤ 0.8	≤ 1.6
		孔	≤ 1.6	≤ 3.2
过盈配合的配合表面: 1)用压力机装配 2)用热套法装配	IT5	轴	≤ 0.2	≤ 0.4
		孔	≤ 0.4	≤ 0.8
	IT6	轴	≤ 0.4	≤ 1.6
	IT7	孔	≤ 0.8	≤ 1.6
	IT8	轴	≤ 0.8	≤ 3.2
		孔	≤ 1.6	≤ 3.2
	IT9	轴	≤ 1.6	≤ 1.6
		孔	≤ 3.2	≤ 3.2
滑动轴承的配合表面	IT6~IT9	轴	≤ 0.8	
		孔	≤ 1.6	
	IT10~IT12	轴	≤ 3.2	
		孔	≤ 3.2	

应用场合			$Ra/\mu m$					
示例	公差等级	表面	径向圆跳动公差 /μm					
			2.5	4	6	10	16	25
精密定心零件的配合表面	TT5~IT8	轴	≤ 0.05	≤ 0.1	≤ 0.1	≤ 0.2	≤ 0.4	≤ 0.8
		孔	≤ 0.1	≤ 0.2	≤ 0.2	≤ 0.4	≤ 0.8	≤ 1.0

表1-10　不同表面粗糙度参数值对应的表面微观特征、经济加工方法及应用举例

表面微观特征		$Ra/\mu m$	经济加工方法	应用举例
粗糙表面	可见刀痕	>20~40	粗车、粗刨、粗铣、钻、毛锉、锯断	半成品粗加工的表面,非配合的加工表面,如轴端面、倒角、钻孔、齿轮及带轮侧面、键槽底面、垫圈接触面等
	微见刀痕	>10~20		
半光表面	微见加工痕迹	>5~10	车、刨、铣、镗、钻、粗铰	轴上不安装轴承、齿轮处的非配合表面,紧固件的自由装配表面,轴和孔的退刀槽表面等
	微见加工痕迹	>2.5~5	车、刨、铣、镗、磨、拉、粗刮、滚压	半精加工表面,箱体、支架、盖面、套筒等和其他零件接合而无配合要求的表面,需要装法兰的表面等
	看不清加工痕迹	>1.25~2.5	车、刨、铣、镗、磨、拉、刮、压、铣齿	接近于精加工的表面,箱体上安装轴承的镗孔表面、齿轮的工作面
光表面	可辨加工痕迹方向	>0.63~1.25	车、镗、磨、拉、刮、精铰、磨齿、滚压	圆柱销、圆锥销、与滚动轴承配合的表面、卧式车床导轨面及内、外花键定心表面等
	微辨加工痕迹方向	>0.32~0.63	精铰、精镗、磨、刮、滚压	要求配合性质稳定的配合表面,工作时受交变应力作用的重要零件的表面,较高精度车床的导轨面
	不可辨加工痕迹方向	>0.16~0.32	精磨、珩磨、研磨、超精加工	精密机床主轴锥孔、顶尖圆锥面、发动机曲轴及凸轮轴工作表面、高精度齿轮齿面
极光表面	暗光泽面	>0.08~0.16	精磨、研磨、普通抛光	精密机床主轴颈表面、一般量规工作表面、气缸套内表面、活塞销表面等
	亮光泽面	>0.04~0.08	超精磨、精抛光、镜面磨削	精密机床主轴颈表面、滚动轴承的滚珠表面、高压液压泵中柱塞间配合的表面
	镜状光泽面	>0.01~0.04		
	镜面	≤ 0.01	镜面磨削、超精研	高精度量仪、量块的工作表面,光学仪器中的金属镜面

在用类比法确定表面粗糙度时,还应考虑以下因素:

1) 同一零件上,工作表面的表面粗糙度参数值应小于非工作表面的表面粗糙度参数值。

2) 摩擦表面的表面粗糙度参数值应小于非摩擦表面的表面粗糙度参数值,滚动摩擦表面的表面粗糙度参数值应小于滑动摩擦表面的表面粗糙度参数值。

3) 运动速度高、单位面积压力大的表面,以及受交变应力作用的重要零件上的圆角、沟槽表面的表面粗糙度参数值均应小些。

4) 配合性质要求越稳定,配合表面的表面粗糙度参数值应越小;配合性质相同时,小尺寸接合面的表面粗糙度参数值应小于大尺寸接合面的表面粗糙度参数值;同一公差等级的轴的表面粗糙度参数值应小于孔的表面粗糙度参数值。

5) 表面粗糙度参数值应与尺寸公差、形状公差相协调。一般情况下,尺寸公差、形状公差小的表面,其表面粗糙度参数值也小。

6) 防腐性、密封性要求高,外表美观的表面,其表面粗糙度参数值应小些。

7) 凡有关标准已对表面粗糙度作出规定的表面,如与滚动轴承配合的轴颈和孔、键槽、齿轮、带轮的主要表面等,应按标准确定表面粗糙度参数项目及其数值。

1.5 被测零件材料的鉴定及其热处理方法的选用

一、被测零件材料的鉴定

在测绘过程中,鉴定被测零件材料通常应用以下方法:

(1) 化学分析法 通过取样,并用化学分析的手段,对零件材料的成分及含量进行定量分析。测绘中,常用刀片在零件非重要表面上刮下少许金属屑(取样),然后送实验室进行化验分析。

(2) 光谱分析法 根据金属材料各元素的光谱特征,用光谱分析仪鉴定零件材料的组成元素,但用此法不能确定各元素的含量。

(3) 外观判断法 通过观察零件表面的颜色、光泽,敲击零件听其响声,手摸表面感觉光滑情况等分析判断零件材料。如钢铁呈黑色,青铜呈青紫色,黄铜色泽黄亮,铜合金呈红黄色,铅及铝合金则呈银白色,铸铁色泽灰白;敲击钢材时响声清脆且有余音,敲击铸铁时响声闷实;铸铁手感涩粗,钢材及有色金属加工表面手感光细且有加工纹路。

(4) 硬度鉴定法 一般多在硬度机上鉴定。对于大型零件,可用锤击式简易布氏硬度计进行鉴定,对于不重要的零件,可在现场用锉刀试验法及划针试验法来测定硬度。

15钢火花

(5) 火花鉴定法 利用零件在砂轮上磨削时所形成的火花特征来确定零件的材料。

1) 低碳钢的火花特征 碳的质量分数在0.25%以下的低碳钢的火花特征为一次花。图1-7a为15钢的火花,整个火束呈草黄带红色,发光适中。流线稍多、较长,自根部起逐渐膨胀粗大,至尾部又逐渐收缩,尾部下垂成半弧形。花量不多,爆花为四根分叉一次花,呈星形,芒线较粗。

45钢火花

2) 中碳钢的火花特征 碳的质量分数为0.25%~0.60%的中碳钢的火花特征为二次花。图1-7b为45钢的火花,整个火束呈黄色,发光明亮。流线多而细长,尾部直挺,尖端有分叉现象。爆花为多根分叉二次花,附有节点,芒线清晰,有较多的小花及花粉产生,并开始出现不完全的两层复花,火花盛开,射力较大,花量较多,约占整个火束的3/5以上。

65钢火花

3) 高碳钢的火花特征 碳的质量分数在0.60%以上的高碳钢的火花特征为三次花与多次花。图1-7c为65钢的火花,整个火束呈黄色,根部暗、中部明亮、尾部次之。流线多而细,射力很强。爆花为多根分叉二三次爆裂三层复花,花量多而拥挤,占整个火束的3/4以上。芒线细长而量多,间距密,芒线间夹杂有更多的花粉。

铬钢火花

4) 铬钢的火花特征 图1-7d是7Cr3的火花,铬元素可助长爆花产生,在一定范围内,铬的含量越多,产生的爆花也越多。铬元素还能使火束趋向明亮,火花爆裂活跃而正规,花状呈大星形,分叉多而细,附有很多碎花粉。

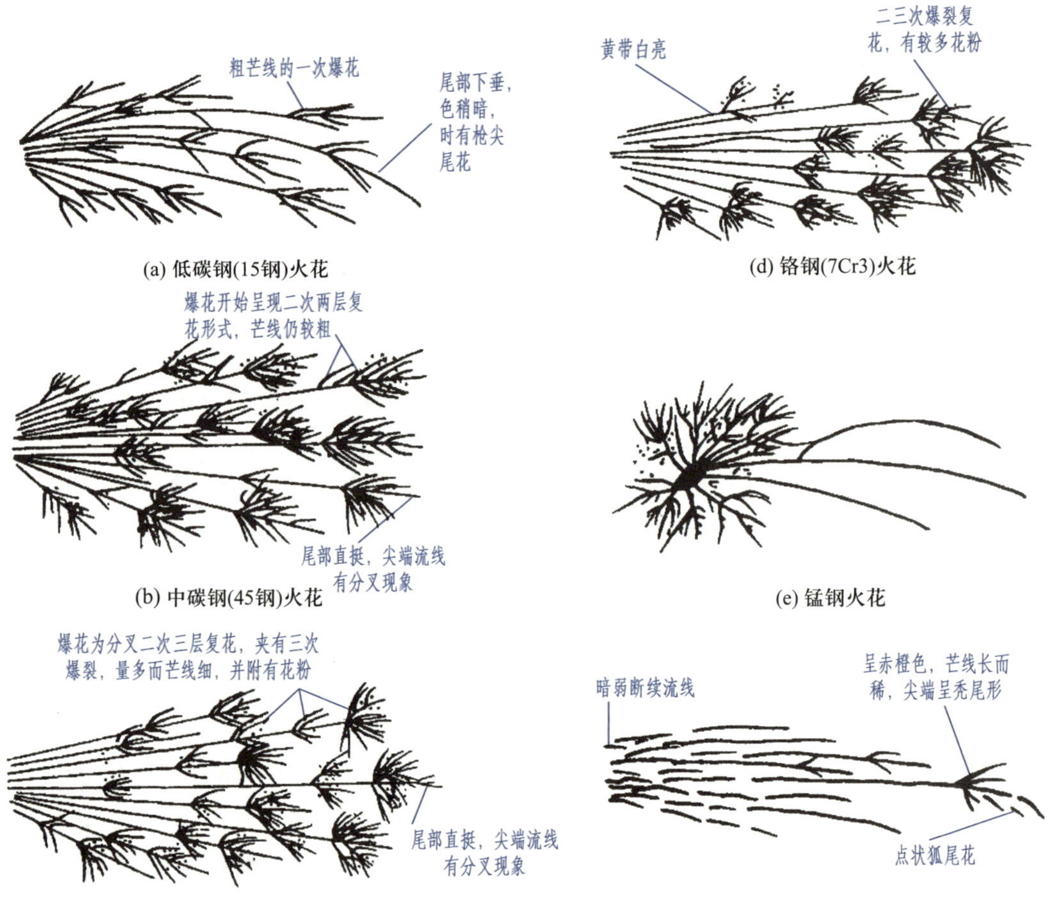

图 1-7 钢的火花

5) 锰钢的火花特征　锰元素是助长火花爆裂最强的元素,当钢中锰的质量分数为 1%~2% 时,其火花形式与碳钢相似,但其明显特征是全体爆花呈星形,爆花核心较大,成为白亮的节点,爆裂强度大于碳钢。其花形较大,呈黄色,且明亮,夹有很多花粉。芒线稍细而长,流线也较多且粗长。图 1-7e 为锰钢火花。

6) 高速工具钢的火花特征　钨元素对火花爆裂有抑制作用,使爆花几乎不发生。钨的存在使流线呈暗红色并有细花,在流线尾端产生狐尾花是钨的典型特征。图 1-7f 是 W18Cr4V 的火花,其火束细长,呈赤橙色,发光极暗弱。因受钨的影响,几乎无爆花,仅在尾部略有三四处分叉爆花,花量极少。流线根部和中部呈断续状态,有时呈波浪形,尾部膨胀下垂,形成点状狐尾花。

锰钢火花

高速工具钢火花

二、被测零件材料及其热处理方法的选用

选择材料的基本原则是在满足零件使用性能的前提下,尽可能选用工艺性能优良、成本低廉的材料。典型零件常用材料及其热处理方法推荐如下:

(1) 轴类零件　一般机床主轴采用中碳钢及中碳合金钢,如 45、40Cr、50Mn2 等。经调质、淬

火等热处理,可获得较高的综合性能。

(2) 套类零件　套类零件一般采用钢材、铸铁、青铜或黄铜等材料。有些滑动轴承采用双金属结构,即用离心铸造法在钢制外套内壁上浇注锡青铜、铅青铜或巴氏合金等轴承合金材料。

(3) 齿轮类零件　对于受中、低载荷的低速齿轮,常采用优质碳素结构钢,如45钢。其经正火或调质处理可获得较好的综合性能,经高频淬火后硬度可达45~50HRC。

(4) 箱体类零件　箱体类零件多采用灰铸铁,如HT150、HT200、HT250等。一般铸造后需进行人工时效、消除内应力等热处理。

1.6　部件测绘的步骤及方法

1. 测绘前的准备工作
(1) 由负责人布置测绘任务。
(2) 强调测绘过程中的设备、人身安全注意事项。
(3) 领取部件、量具、工具等。
(4) 准备绘图工具、图纸并做好测绘场地的清洁卫生工作。

2. 了解部件
仔细阅读有关资料,了解测绘对象的用途、性能、工作原理、结构特点以及装配关系等。

3. 绘制装配示意图
装配示意图是在机器或部件拆卸过程中,通过目测,徒手用简单线条示意性地画出各零件在原部件中的装配关系的记录图样,它是绘制装配图和重新进行装配的依据。其所表达的内容主要是各零件的名称、数量,零件间的相互位置、装配与连接关系以及传动路线等。

对装配示意图的画法没有严格的规定,通常用简单的线条画出零件的大致轮廓,有些零件可参考有关资料中的机构运动简图符号画出。装配示意图是把装配体看作透明体画出的,既要画出外部轮廓,又要画出内部构造,对各零件的表达一般不受前后层次的限制,可从主要零件着手,依次按装配顺序逐个画出其他零件。装配示意图一般只画一至两个视图,而且两接触面之间要留有间隙,以便区分不同零件。

画装配示意图时需注意以下几点:
(1) 画装配示意图时,仅用简单的符号和线条表达部件中各零件的大致形状和装配关系。一般用正投影法绘制,并且大多只画一个视图,所有零件尽可能地集中在该视图上。如果表达不完整,也可增加视图,但各视图间必须符合投影规律。

(2) 为了使视图表达得更清晰,通常是将所测绘部件假想成透明体,既画外形轮廓,又画外部及内部零件间的关系。

(3) 在装配示意图上编出零件序号,其编号最好按拆卸顺序排列,并且列表填写序号、零件名称、数量和材料等。对于标准件不必绘制其零件图,只需测得几个主要尺寸,并将它们的名称、数量和规定标记注写在表上。

(4) 两相邻零件的接触面或配合面之间应画出间隙,以便区别。零件中的通孔可按剖面形状画成开口状,以便更清楚地表达通路关系。

(5) 有些零件如轴、轴承、齿轮、弹簧等,应按国家标准(GB/T 4460—2013)中的规定符号表示。若没有规定符号,则用单线条画出该零件的大致轮廓,以显示其形体的基本特点。

图1-8为一级齿轮减速器的直观图,图1-9为一级齿轮减速器的装配示意图。从图1-9可以看出,图上的轴、键、轴承、螺钉等零件均按规定符号画出,由于座体与端盖等零件没有规定符号,则只画出大致轮廓。

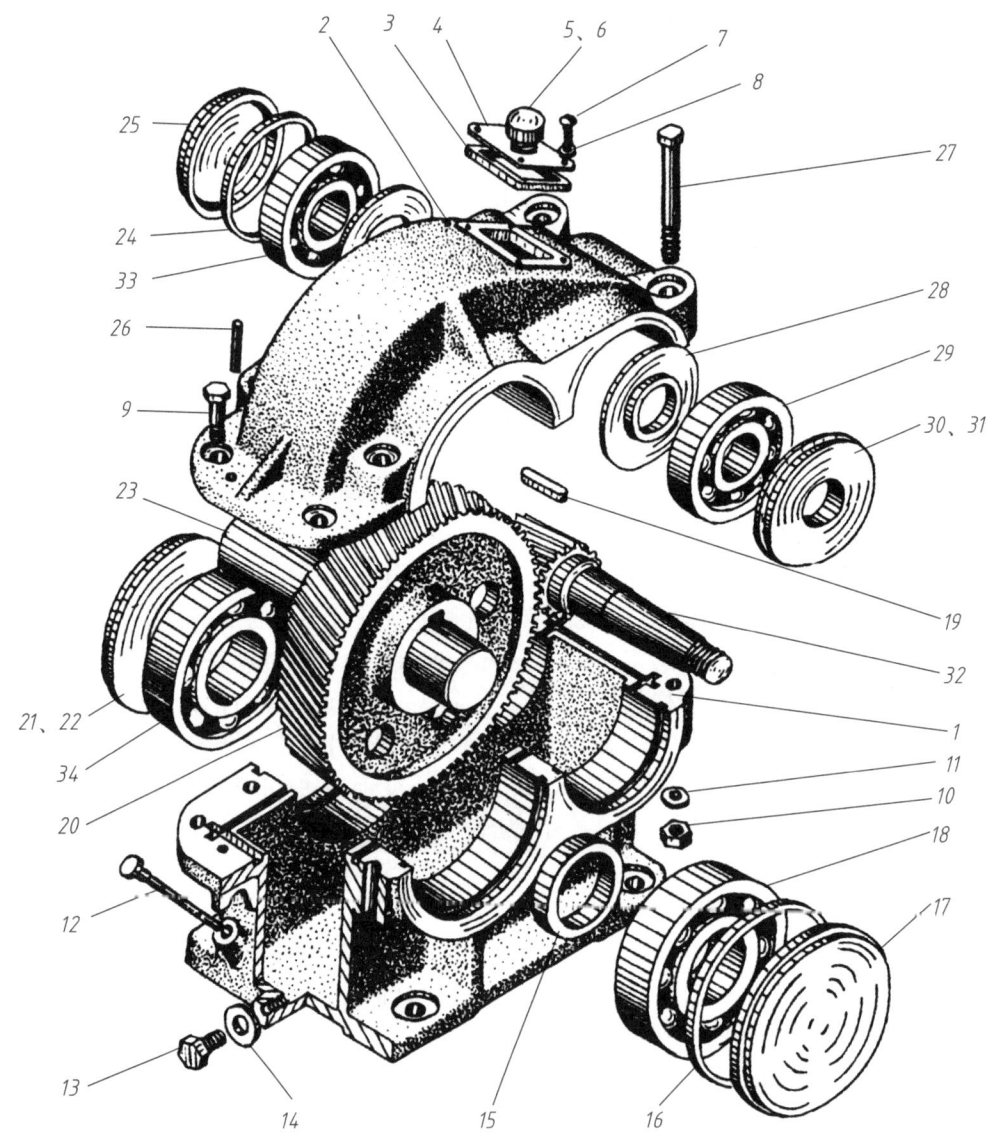

1—座体;2—端盖;3、14—垫片;4—小盖;5—通气塞;6、10—螺母;7—螺钉;8、11—垫圈;9、27—螺栓;
12—油标;13—螺塞;15—挡圈;16、24—调整环;17、21、25、30—端盖;18、29、33、34—轴承;19—键;
20—齿轮;22、31—密封圈;23—从动轴;26—销;28—挡油环;32—主动轴

图1-8 一级齿轮减速器直观图

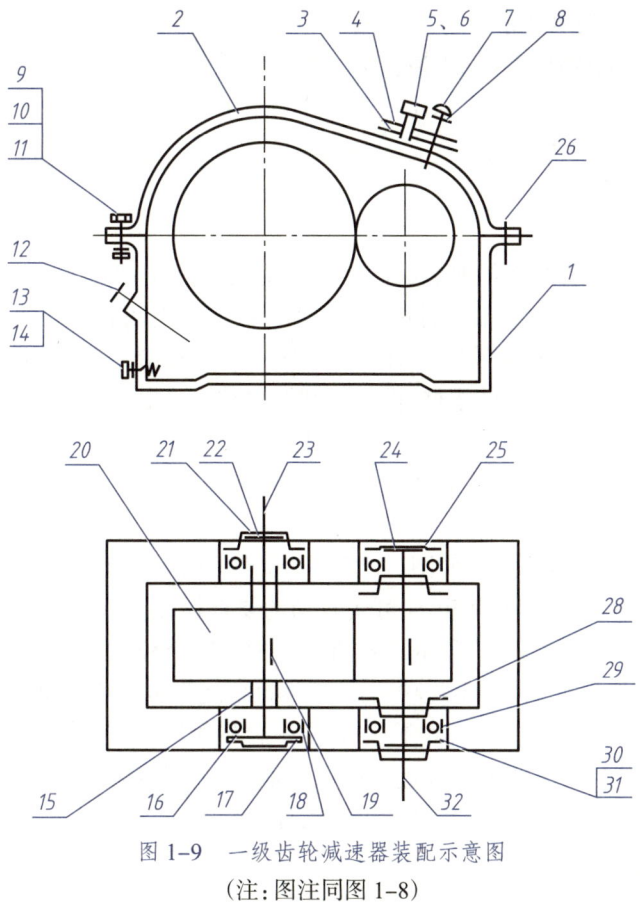

图 1-9 一级齿轮减速器装配示意图
(注:图注同图 1-8)

4. 绘制零件草图

画零件草图的步骤与画零件图相同,不同之处在于画零件草图时不用绘图仪器,而是目测零件各部分的比例关系,徒手画出各视图。为了便于徒手绘图和提高效率,草图也可画在方格纸上。

5. 量注尺寸

选择尺寸基准,画出应标注尺寸的尺寸界线、尺寸线及箭头。最后测量零件尺寸,将其尺寸数值填入零件草图中。应特别注意尺寸的完整性及相关零件之间的配合尺寸或关联尺寸间的协调一致。

量注尺寸时应注意以下三点:

(1) 两零件的配合尺寸一般只在一个零件上测量,例如有配合要求的孔与轴的直径及相互旋合的内、外螺纹的大径等。

(2) 对一些重要尺寸仅靠测量还不行,还需通过计算来校验,如一对啮合齿轮的中心距等;有的尺寸取标准上规定的数值;对于不重要的尺寸可取整数。

(3) 零件上已标准化的结构的尺寸,如倒角、圆角、键槽、退刀槽等结构的尺寸和螺纹大径等尺寸,需查阅有关标准来确定;与标准零部件(如挡圈、滚动轴承等)相配合的轴与孔的尺寸,可通过标准零部件的型号查表确定。

6. 确定并标注有关技术要求

(1) 根据零件各表面的作用和加工情况标注表面粗糙度。
(2) 根据设计要求和各尺寸的作用注写尺寸公差要求。
(3) 几何公差由使用要求决定。
(4) 其他技术要求用符号或文字说明。

7. 绘制装配图

根据装配示意图和零件草图绘制装配图是测绘的主要任务。不仅要求装配图能表达出装配体的工作原理和装配关系以及主要零件的结构形状,还要在绘制装配图的过程中检查零件草图上的尺寸是否协调合理。若发现零件草图上的形状或尺寸有错,应及时更改后方可画图。装配图画好后必须注明该机器或部件的规格、性能及装配、检验、安装时的尺寸,还必须采用文字说明或符号标注形式指明机器或部件在装配调试、安装使用中必需的技术条件。最后应按规定要求标注零件序号和填写明细栏、标题栏的各项内容。

8. 绘制零件图

根据装配图和零件草图绘制零件图,注意每个零件的表达方法要合适,尺寸应正确、可靠。零件图上的技术要求采用类比法确定,也可按教师的要求标注。最后应按规定要求填写标题栏的各项内容。在完成以上测绘任务后,对图样进行全面检查、整理。

随着设计技术的快速发展,在工程项目中部件测绘流程也在发生变化,基于三维统一几何模型的设计方法使得部件中的零件尺寸干涉、装配不合理等问题在三维建模软件中更容易显现。同时,结合 CAE 分析技术对测绘的部件进行优化。最后,由三维装配模型生成部件装配图,再由零件三维模型生成二维零件图,完成部件的创新设计。

拓展阅读

◆ **奋进新征程——新时代中国装备制造业的新发展**

"嫦娥"奔月、"蛟龙"入海、"北斗"飞天、"祝融"探火,党的十八大以来,科技发展日新月异,信息技术与产业融合加速。从高端装备、重大工程到基础材料、精密仪器,中国制造体系逐步完善,结构优化升级,竞争力日益增强。我国制造业向着高质量发展不断前进,步履铿锵。

◆ **大国重器彰显实力**

2020 年 12 月 27 日,复兴号动车组从雄安站开往北京西站。这条智能高铁示范线集成了新一代移动通信等装备,其中的智能设计超 70 余项。京雄城际铁路线的全面开通运营,是中国智能交通向世界展示中国制造的一张新名片。

国家的制造水平是国际竞争力的重要体现,而重型装备制造更是制造业综合实力的有力证明。回顾新中国成立之初,工业基础薄弱,技术水平落后,只能生产少量的粗加工产品。如今,我国已经建立了门类齐全、独立完整的现代工业体系,一批重要领域的工业产品生产能力位居世界前列。

自航绞吸式挖泥船"天鲲号"投产,国产大飞机 C919、AG600 水陆两栖飞机首飞成功,"奋斗者号"载人潜水器下潜万米,一批批重型装备制造领域的国之重器亮相,从逐梦深蓝到砺剑长空,从技术突破到应用探索,每一次突破都是自主创新的有力见证,展现出中国制造业向高质量发展的坚定步伐。

2017年,我国成为国际专利申请第二大国;2019年,我国在全球创新指数中位列第14位。每一个闪亮的数字背后,都是中国制造业创新能力和发展实力的不断提升。

◆ **智能升级助力发展**

2023年,华为发布了多款搭载Harmony鸿蒙(OS3)操作系统的新品。作为新一代智能终端操作系统,鸿蒙为不同设备的智能化、互联化、协同化提供了统一的"语言",让应用创新更加便捷。鸿蒙智能终端操作系统的发布,是产业智能化升级的缩影。

数字化、智能化步伐的加快,不仅催生了新业态,激发了诸多创新,也让数字技术与制造深度融合,改变了生产方式,创造了新的发展空间。

据工业和信息化部发布的数据显示,到2022年底,工业企业关键工序数控化率和数字化研发设计工具普及率分别达到58.6%和77%。目前,工业和信息化部已在部分重点行业建设了多个5G全连接工厂,加快工业和信息化融合。

风雨兼程,中国制造业正从中国制造向中国创造迈进。坚持新发展理念,坚定创新升级,在新起点上,中国的制造业在高质量发展道路上奋力前行。

习题

1. 测绘机械零件时应注意哪些事项?
2. 何谓尺寸圆整?尺寸圆整包括哪些内容?
3. 测绘工作中有哪些尺寸圆整的方法?
4. 用测绘圆整法圆整尺寸时,如何确定孔或轴的公称尺寸?
5. 用测绘圆整法圆整尺寸时,如何确定孔或轴的公差值及上、下极限偏差值?
6. 测得某对配合轴、孔的实测尺寸分别为$\phi 39.94$ mm和$\phi 40.15$ mm,试用测绘圆整法对该配合的轴、孔进行尺寸圆整。
7. 用类比圆整法圆整尺寸时,如何确定配合基准制?
8. 用类比圆整法圆整尺寸选择尺寸公差时,应考虑哪些因素?
9. 用类比圆整法圆整尺寸选择配合类型时,应考虑哪些因素?
10. 怎样用设计圆整法对常规设计的零件进行尺寸圆整?
11. 用设计圆整法对非常规设计的尺寸进行圆整时,应按照哪些原则进行?
12. 根据非常规设计尺寸圆整原则,对下列尺寸进行整数圆整:35.48、34.52、35.74、35.52。
13. 测绘中怎样确定零件的几何公差项目?
14. 确定零件几何公差时,有哪些基本原则?
15. 用类比法确定零件表面粗糙度时,应考虑哪些因素?

第 2 章　零部件拆卸及工具选择

学习导航

拆卸零部件是测绘工作的前提。只有严格按照合理的拆卸工艺对零部件进行拆卸,才能对零部件进行测绘,并彻底弄清被测绘零部件的工作原理、连接关系和结构形状,从而绘制好装配图。合理选择拆卸工具是工程技术人员必须掌握的能力。

学什么？

- 零部件测绘前的准备工作
- 零部件拆卸工艺
- 拆卸前的准备工作
- 常用拆卸工具及其使用方法
- 常见零部件的拆卸方法
- 零部件的清洗方法

减速器拆卸

做什么？

- 学习线上资源,了解拆卸工具的种类
- 掌握常用拆卸工具的使用方法
- 掌握常见零部件的拆卸方法
- 了解拆卸前的准备工作和零部件的清洗方法

2.1　零部件测绘前的准备工作

1. 零部件测绘的操作规则

零部件测绘是一项过程相对复杂,理论与实践结合紧密,使用的设备、工具及相关测绘用品较多的工作,在进行测绘前必须制定严格的操作规则,以保证测绘作业的安全性、规范性和完整性。零部件测绘的操作规则通常包括以下几个方面：

（1）安全方面的规则　安全方面的规则主要包括人身安全、设备安全和防火防盗三个方面的内容。

人身安全的内容包括使用电气设备时应检验设备的额定电压,按操作规程正确使用设备；使用转动设备时应注意着装要求,操作人员应穿紧袖上装,长发操作人员应将头发放入帽内,启动设备时应观察有无妨碍和危险；使用夹紧工具时应防止夹伤,使用起吊设备时应注意起吊设备下方人员的安全等。

设备安全主要是要求操作人员按照操作规程正确使用工具和设备,贵重和精密的仪器设备应轻拿轻放,避免造成工具与设备的损坏等。

防火防盗要求操作人员在室内无人时注意关窗锁门,以防物品丢失;在使用除锈剂、油料等易燃品时,应避免污染和引起火灾。

(2) 作业规范方面的规则　作业规范方面的规则主要包括物品应摆放有序,不同物品应放在不同的功能区,同一功能区的物品应整齐排列,工具设备使用完毕应放回原位等。

(3) 清洁卫生方面的规则　清洁卫生方面的规则包括室内卫生清洁规则和物品清洁规则。室内卫生清洁规则包括卫生清扫值日制度,禁止将食物、饮料及其他可能造成图纸污损、零件锈蚀和妨碍测绘作业的物品带入测绘室内。

2. 零部件测绘的组织准备

零部件测绘的组织准备即人员的安排组织工作。人员安排要根据测绘对象的复杂程度、工作量大小和参加人员的多少而定。零部件测绘大都是以项目组为单位进行的。进行计划安排时,通常再将人员分成几个测绘小组,各小组成员在全面了解测绘对象、重点了解本小组所要测绘的零部件的作用以及与其他零部件之间的联系之后,讨论实施测绘方案,并对本小组内的成员进行再次分工,最后完成全部的测绘工作。

3. 零部件测绘场所和测绘工具准备

零部件测绘场所应满足便于操作、利于管理和相对安全的要求,选择安静、宽敞、光线较好且相对封闭的场所。

在测绘场所内部,应根据测绘的需要将其划分成若干个功能区:被测件存放区、资料区、工具区及绘图区等。

如果同一地点有多个测绘小组,可根据实际情况划分公共区和小组工作区。将共用的资料、工具及其他公共物品存放在公共区内,小组专用物品放在小组工作区内,而每个小组工作区内也应划分为被测件存放区、绘图区等不同的工作区域。

在实际测绘前,应准备足够的工具,按用途分类,测绘工具至少包括以下六大类:

1) 拆卸工具类:如扳手、螺钉旋具、手钳等。
2) 测量量具类:如游标卡尺、钢直尺、千分尺及表面粗糙度的量具、量仪等。
3) 绘图用具类:如草图纸(一般为方格纸)、画工程图的图纸、绘图工具等。
4) 记录工具类:拆卸记录表、工作进程表、数码照相机、摄像机等。
5) 保管存放类:如储放柜、存放架、多规格的塑料箱等。
6) 其他工具类:如起吊设备、加热设备、清洗液、防腐蚀用品等。

4. 零部件测绘资料准备

零部件测绘资料准备是零部件测绘前的必要环节。在测绘前,要准备的测绘必备资料包括有关机械设计和机械制图的国家标准、有关的参考书籍、有关被测绘零部件的资料等。

有关被测绘零部件的资料包括被测绘零部件的原始资料,如说明书、铭牌、产品样本、维修记录等;有关零部件拆卸、测量、制图等方面的资料,如有关零部件的拆卸与装配方法的资料、有关零部件测量和公差确定方法的资料、机械零件设计手册、机械制图手册、机械维修手册、相关工具书籍等。在零部件测绘中,首先要了解被测绘零部件的工作原理,对零部件中存在的各种关系产生全面的认识,进而正确地选择配合类型,确定公差等级,选取材料。

(1) 被测绘零部件的原始资料

被测绘零部件的原始资料是针对某一具体产品而由生产厂商提供的资料。通过这类资料可以了解被测绘零部件的名称、组成产品的各部分的名称、产品的型号、性能、使用方法等。这类资料主要有以下几种形式：

1) 产品铭牌　产品铭牌是应该首先考虑收集的资料。零部件铭牌是固定在产品上的牌匾形标志，一般标明生产厂商、产品名称、规格型号、出厂日期以及主要技术参数等。尽管零部件铭牌提供的内容比较简单，但从中可以了解该产品的出处，缩小资料收集的范围。

2) 产品合格证书　产品合格证书也是应该优先考虑收集的资料。合格证书是某一具体产品的出厂证明，主要标有该产品的生产厂商、产品型号、主要技术指标、生产日期以及该产品的出厂编号等。

3) 产品说明书　产品说明书对测绘来说是最有帮助的原始资料之一，应该重点收集。产品说明书也称为使用说明书、用户手册等，一般包括产品名称、型号、性能、规格以及使用方法等。产品说明书一般都附有插图和产品的主要尺寸，有的还附有备件一览表。

4) 产品配件表　产品配件表（或称易损件表）是生产厂商为提高设备完好率、便于统一管理和计划供应配件而编制的，主要介绍设备易损配件的性能数据、型号和规格，附有配件型号、规格、生产厂商、材料、质量、价格以及装配示意图等，是非常重要的原始资料。

5) 维修手册　维修手册是由生产厂商提供给产品使用者的用户维修资料，提供主要技术参数、使用注意事项、调整方法等内容，一般都附有详细的原理图、结构拆卸图和零部件装配图。维修手册对于详细了解产品各零部件的技术参数是非常重要的。

6) 产品样本　产品样本是供销售部门使用的宣传材料，内容不如产品说明书详细，多表述产品的用途、性能和特点，通常提供外形照片、结构简图及型号、规格、主要性能参数等内容。产品样本不是针对某一台具体的设备而是针对某一类产品而编写的资料。当查不到被测绘零部件的产品说明书时，产品样本也具有一定的参考价值。

7) 产品性能标签　产品性能标签是近年来出现的产品证书，相当于产品的身份证。产品性能标签比较详细地描述了产品的外形、名称、型号、各项性能指标以及使用要求等内容。

8) 产品年鉴　产品年鉴是按年份排列汇集、介绍某一种或某一类产品的情况及统计资料的参考书，具有连续性、技术发展性的特点，通常由企业或行业协会编写。通过产品年鉴可以了解产品的发展概况、新旧两种产品之间的互换与改进关系等方面的信息。

9) 产品广告　产品广告是介绍产品规格性能的一种宣传材料，通常有外观照片、立体图等。

10) 被测绘零部件的使用和维修记录　被测绘零部件的使用和维修记录是由使用者提供的历史文献。通过这些记录，可以了解该产品的维修率、易损件和易松动部分等方面的信息。

(2) 有关零部件拆卸、测量、制图等方面的资料

这类资料通常不针对某个具体产品，但它是测绘中必不可少的常规基本资料。这类资料主要包括以下几种：

1) 有关零部件拆卸与装配方法的资料。

2) 有关零部件尺寸测量和公差确定方法的资料。

3) 有关制图及校核的资料。

4) 有关零部件技术标准的资料。

5）齿轮、螺纹、花键和弹簧等典型零件的测绘经验资料。
6）标准件的有关资料。
7）与被测绘零部件相近的同类产品的有关资料。
8）机械零件设计手册、机械制图手册、机械维修手册等工具书籍。

2.2 零部件拆卸工艺

零部件拆卸的目的是弄清零部件的装配关系，准确方便地测量每个零件的尺寸、公差，测定零件的表面粗糙度参数值，确定相应的技术要求等。零部件拆卸是一项技术性较强的工作，必须按照一定的原则和程序进行。

一、零部件的拆卸原则

拆卸零部件之前，首先应分析被测绘零部件的连接特点和装配关系，选择正确的拆卸方法和拆卸步骤；然后准备所需的拆卸工具；最后进行拆卸操作。零部件拆卸必须遵守以下原则：

1. 恢复原样原则

恢复原样原则即要求被测绘零部件在拆卸后能够被恢复到拆卸前的状态，除了要保证原零部件的完整性、密封性和准确度外，还要保证在使用性能上与原零部件相同。恢复原样原则是贯穿整个拆卸过程的基本原则，在拆卸之前就应考虑再装配后应与原零部件性能完全一致。

2. 不拆卸原则

不拆卸原则有两方面的含义：一是在满足测绘需要的前提下，能不拆卸的就不拆卸；二是对于拆卸后不易装配或不易调整复位的零件尽量不要拆卸。按照这一原则，遇到下列情况时尽量不要拆卸。

1）过盈配合的部分，如衬套、销、壳体上的螺柱、螺套、丝套等。
2）需要经过调整才能满足使用需求的部分，如刻度盘、游标卡尺等。
3）配合精度要求较高，重新装配困难或可能损坏原有精度的部分。
4）结构复杂、拆卸后难以重新装配的部分。

3. 无损原则

无损原则有两方面的含义：一是在零部件拆卸时，不要大力敲击，避免损伤零部件，对于已经锈蚀的零部件，应先用除锈剂、松动剂等去除锈蚀的影响，再进行拆卸，以免对零部件造成损伤。这一原则对于精密和重要的零部件有着特别重要的意义。二是在测绘过程中应保证零部件无锈无损，保管时应注意防锈蚀、防腐蚀、防碰撞等。

4. 后装先拆原则

拆卸是与装配相反的过程。拆卸时，应先拆卸最后装配的部分，最后拆卸最先装配的部分。对于复杂的部件，通常分为几个不同的装配单元，对于具有这样装配单元的部件应先把每一个单元看作一个零件，将该单元整体拆下后，再拆卸单元内的各个零件。

上述原则是零部件拆卸过程中的基本原则，对于特殊的零部件或机器还有一些特殊的原则和要求，因此在拆卸前应查阅有关手册或相关资料。

为了满足上述原则,当遇到不可拆的组件或内部结构复杂的部件时,切忌强行拆卸,可以采用 X 射线透视或其他方法进行测绘。

二、零部件拆卸工艺方案的确定

零部件的拆卸具有很强的技巧性,在零部件测绘中应按照规定的拆卸工艺方案进行操作,以免造成失误和损失,有助于养成有序工作的良好习惯。

1. 分析零部件的连接方式

拆卸也就是拆开零部件中的各个连接。在实际拆卸之前,必须清楚地了解零部件的连接方式,确认哪些是可拆的,哪些是不可拆的。从能否被拆卸的角度,零部件的连接方式可划分为以下三种形式。

(1) 不可拆连接　不可拆连接是指永久性的连接。属于不可拆连接的有焊接、铆接、过盈量较大的过盈配合等。在测绘中,这类连接是不可以拆卸的。

(2) 半可拆连接　属于半可拆连接的有过盈量较小的过盈配合、具有过盈量的过渡配合等,这类连接属于不经常拆卸的连接。在生产中,只有在中修或大修时才允许拆卸。在测绘中,半可拆连接除非特别必要,一般不拆卸。

(3) 可拆连接　可拆连接包括各种活动的连接,如间隙配合和具有间隙的过渡配合,也包括零件之间虽然无相对运动,但是可以拆卸的螺纹、键、销等连接。可拆卸连接仅仅是指允许拆卸,并不是指一定需要拆卸。是否需要拆卸,应根据测绘的实际需要确定。

2. 确定合理的拆卸工艺步骤

零部件的拆卸一般是按由表及里、由外向内的顺序进行,即按照装配的逆过程进行拆卸。根据被拆卸零部件的不同,拆卸步骤也不尽相同。

(1) 根据被测绘零部件的构造及工作原理确定合理的拆卸顺序　对于不熟悉的零部件,拆卸前应仔细观察分析其内部的结构特点,力求看懂记牢,并采用拍照、绘图等方法记录。对零部件内部不拆卸则无法搞清楚的部分可小心地边拆卸边记录,或者查阅相关参考资料后再确定拆卸方案。

(2) 拆卸方法应正确　在拆卸过程中,必须确定合适的拆卸方法。如果拆卸方法不当,往往容易造成零件损坏或变形,严重时可能导致零件报废。在制订拆卸方案时,应仔细揣摩零部件的装配方法,切勿选择硬撬硬扭的方法,以免损坏零件。

(3) 注意相互配合零件的拆卸　装配在一起的零件间一般都有一定的配合关系,由于相互配合的松紧度和配合性质不同,在拆卸过程中往往需要用钳工锤冲击。冲击时必须对受击部位采取必要的保护措施,如将铜棒、木棒、木板等放在零件的受击表面再用钳工锤冲击。

(4) 拆卸工艺方案的调整　拆卸工艺方案确定后并非不可更改的。在实际拆卸过程中,随着拆卸过程的不断展开,可能会遇到一些方案中没有预料到的新问题,要根据新出现的情况及时修改拆卸方案,使拆卸方案更为合理。

2.3　拆卸前的准备工作

拆卸工艺方案确定之后,还需要做一些必要的准备工作才能正式开始拆卸工作。对这些准备工作的基本要求是细致、全面,完成准备工作是后续工作顺利完成的基本保证。

一、对零件编号和标记

装配示意图画好后,要准备好带有号码的标记贴,待零部件拆开后,将带每个零件标号的标记贴粘贴在对应的零件上。应按拆卸顺序将每个拆除的零件分组摆好。图 2-1 所示为机用虎钳零部件的摆放和编号。

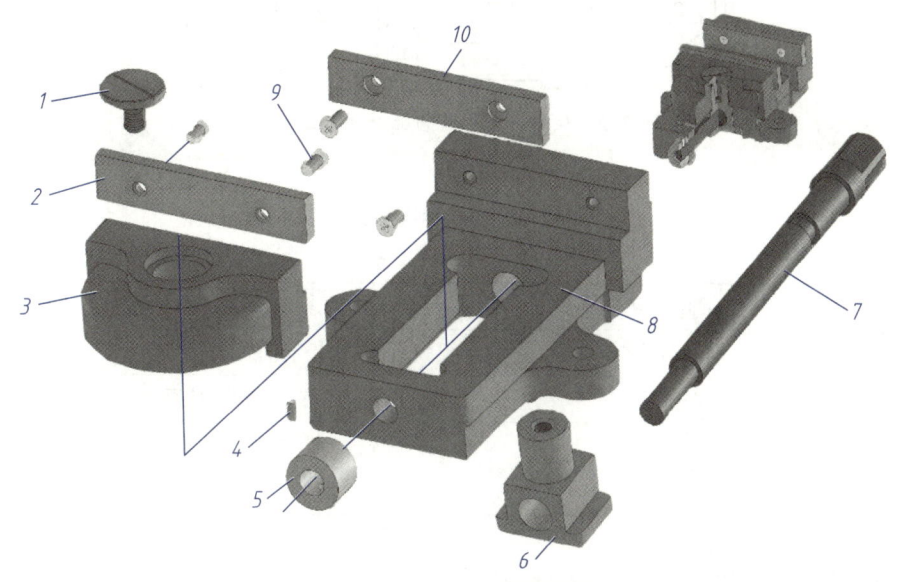

1、9—螺钉;2、10—钳口板;3—活动钳身;4—圆柱销;5—环垫圈;
6—螺母;7—螺杆;8—固定钳座

图 2-1 机用虎钳零部件的摆放和编号

需要说明的是,如果被拆部件的结构比较复杂,在拆卸前不能画出完整的装配示意图时,也需要准备好标记贴,允许边拆卸边画图,边画图边编号。

二、拆卸记录准备

拆卸时应做好详细的记录,需要事先准备好记录表和记录本,每一个拆卸步骤都应逐条记录,并详细记录拆卸过程中遇到的问题及装配时应注意的事项。

图 2-2 所示为轴系零部件图画形式的拆卸记录,该记录形式只表达了各个零件之间的相对位置关系,对于轴系零部件的拆卸顺序没有记录,拆卸过程中遇到的问题以及测绘、装配时应注意的问题也无法得到很好地表达。

对于复杂的零部件,最好在拆卸前用数码照相机拍下整体外形,包括管道、电缆、其他附件的安装连接情况及各零部件的形状结构。对于在装配中有啮合位置、调整位置的零部件,应先进行测量和鉴定,做出标记并详细记录。若有条件可以用摄像机记录整个拆卸过程。传动轴拆卸记录见表 2-1。

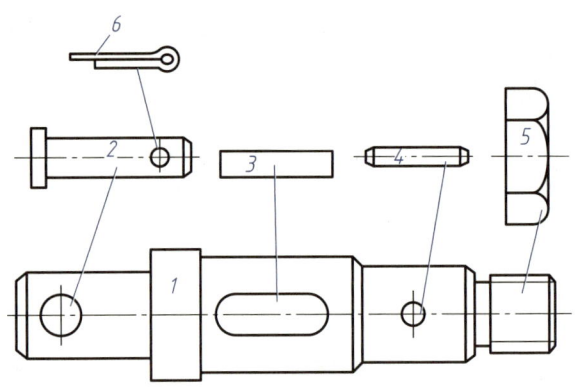

图 2-2 轴系零部件图画形式的拆卸记录

表 2-1 传动轴拆卸记录

时间:		操作人:	记录人:
步骤次序	拆卸内容	遇到的问题及注意事项	备注
1	拆除螺母 5	已锈蚀,使用松动剂后顺利卸下	
2	拆除开口销 6	销老化,回弯时钉脚断裂,应重配	
3	拆除零件 2	磨损较大,已失效,应重配	
⋮	⋮	⋮	

三、拆卸工具的准备

拆卸工具应根据被拆卸零部件的特点来准备,选用的拆卸工具一定要与被拆卸零部件相适应,必要时应使用专用工具,不得使用不合适的工具替代。

还应根据工具自身的特点和用途来选择合适的工具。不能用量具及钳子、扳手等工具代替钳工锤,以免损坏工具。

工具车与拆卸工具介绍

四、零件存放预案的制订

必须有次序、有规则地放置拆下的零件,不可乱扔乱放。在拆卸作业开始前就应制订零件存放预案,并准备好相应的存放工具。

1. 常用零件存放工具

(1) 格架 通常为木制或金属制,多用来存放较大的零件,如机壳等。

(2) 箱盘 用一些小的箱子或盘子来盛放较小的零件。

(3) 线绳 用于将同类较小的垫圈、环形零件串在一起。

2. 零件的保护

零件的保护也是零件存放预案中的重要内容,存放零件时,在零件的保护方面要注意以下几个点:

1) 制造困难和价格较高、精度较高的零件,应选择较软的材料做支承,特别要注意保护好重要表面。

2) 润滑装置或冷却装置要先进行清洗,然后将其管口封好,以免侵入杂物。

3) 石墨含量较多的零件(如石墨轴承等)要特别注意轻拿轻放,保管时要避免撞击和变形。

4) 带有螺纹的零件,特别是一些工作时受热的螺纹零件,应涂抹润滑油加以保护。

5) 电缆、绝缘垫、防漏垫等要防止与润滑油接触,以免沾污或发生化学变化而失效。

6) 滚珠、键、销等小零件要单独存放在小的器皿中,以防丢失。

7) 紧固件(如螺栓、螺钉、螺母和垫圈等)数量较多、规格接近时,很容易混淆和丢失,最好将它们串在一起或装回原处,也可以把相同的小零件全部拴在一起,或单独放置在器皿内集中保管。

3. 报废件的管理

报废件有两种情况:一种是一经拆卸就报废的零件,另一种是因失效而报废的零件。对这两种零件应采取不同的方法进行处理。

一经拆卸就报废的零件,应在拆卸前就预先进行测绘并做好记录,记录内容应包括外形、尺寸、材料等。拆卸后应单独存放,不能与其他零件混淆,并应清楚标记"报废"字样。

因失效而报废的零件,一般不需要预先测绘,但也应单独存放,不要与其他零件混淆。

五、被拆卸零部件的预处理

有一些零部件在拆卸前要进行预处理。预处理措施主要有以下几点:

1) 对固定使用的设备,要拆除地脚螺栓。
2) 预先拆下并保护好电气设备。
3) 排空机器中的油。
4) 对被拆设备采取必要的防潮措施。
5) 如果被拆设备较脏,应该先对其进行除灰、去垢处理。

六、零部件拆卸中的安全措施

零部件拆卸中应采取的安全措施主要有以下几点:

1) 有电源的首先要切断电源,防止发生触电事故。
2) 拆卸较沉重的零部件时,若使用起重设备,应注意起吊、运行安全。放下时要用木块垫平,以防零件倾倒。
3) 如果在拆卸过程中要进行敲打、搬动作业等,要谨慎小心,避免发生事故。

2.4 常用拆卸工具及其使用方法

拆卸零部件时,为了不损坏零件、不影响装配精度,应在了解部件结构的基础上选择适当的拆卸工具。

常用的拆卸工具有扳手类、螺钉旋具类、手钳类和顶拔器、铜冲、铜棒、钳工锤等。

拆卸工具——
扳手类工具
的使用

一、扳手类

扳手的种类较多,常用的有活扳手、呆扳手、梅花扳手、内六角扳手、套筒扳手以及管子钳等。部分扳手外形如图 2-3 所示。

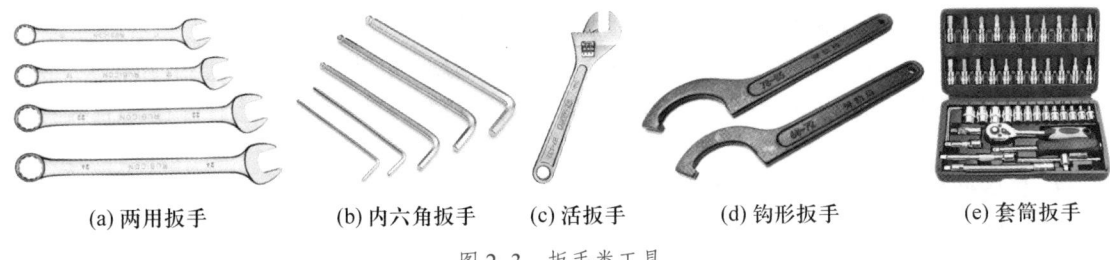

(a) 两用扳手　　(b) 内六角扳手　　(c) 活扳手　　(d) 钩形扳手　　(e) 套筒扳手

图 2-3　扳手类工具

1. 活扳手

活扳手(GB/T 4440—2022)的外形如图 2-3c 所示。活扳手按开口与柄部的夹角不同,分为 A 型(夹角为 15°)和 B 型(夹角为 22.5°)。其规格以长度表示,例如 100 表示长度为 100 mm 的活扳手,由标准查出其最大开口尺寸为 13 mm。

活扳手在使用时通过转动蜗杆来调整活动扳口,用开口卡住螺母、螺栓头等,转动手柄即可旋紧或旋松零件。活扳手具有在可调范围内紧固或拆卸任意大小可转动零件的优点,但同时也具有工作效率低、工作时容易松动、不易卡紧等缺点。

2. 呆扳手和梅花扳手

(1) 呆扳手　呆扳手(GB/T 4388—2008)可分为单头呆扳手和双头呆扳手两种,其外形如图 2-4 所示。

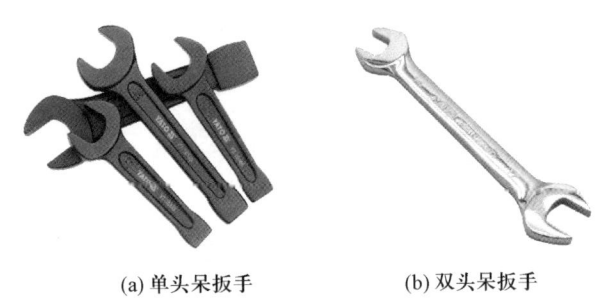

(a) 单头呆扳手　　(b) 双头呆扳手

图 2-4　单头呆扳手和双头呆扳手

单头呆扳手的规格以开口宽度(mm)表示,如 8、10、12、14、17、19 等;双头呆扳手的规格以两头开口宽度(mm×mm)表示,如 8×10、12×14、17×19 等。呆扳手用于紧固或拆卸固定规格的四角、六角和具有平行面的螺栓、螺母。

呆扳手的开口宽度为固定值,使用时不需调整,具有工作效率高的优点。缺点是每把扳手只适用于一种或两种规格的螺栓、螺母,工作时常常需要成套携带。并且由于只有两个接触表面,容易造成被拆卸件的机械损伤。

(2) 梅花扳手　梅花扳手(GB/T 4388—2008)分为单头梅花扳手和双头梅花扳手两种,并按颈部形状分为矮颈型、高颈型、直颈型和弯颈型。双头梅花扳手的外形如图 2-5 所示。

单头梅花扳手的规格以适用的六角头对边宽度(mm)来表示,如 8、10、12、14、17、19 等;双头梅花扳手的规格以两头适用的六角头对边宽度(mm×mm)表示,如 8×10、10×11、17×19 等。

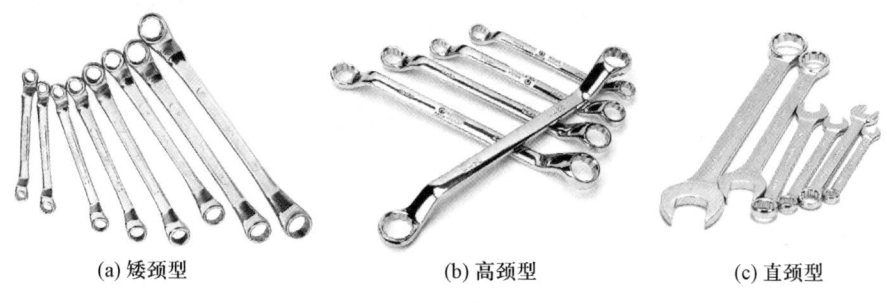

(a) 矮颈型　　　　　　　(b) 高颈型　　　　　　　(c) 直颈型

图 2-5　双头梅花扳手

梅花扳手专用于紧固或拆卸六角头螺栓、六角螺母。

梅花扳手在使用时因开口宽度为固定值而不需要调整,因此与活扳手相比具有较高的工作效率,与前两类扳手相比占用空间较小,是使用较多的一种扳手。因梅花扳手有六个工作面,克服了前两种扳手因接触面小而容易造成被拆卸件机械损伤的缺点,但也需要成套准备。

3. 内六角扳手

内六角扳手(GB/T 5356—2021)的外形如图 2-6 所示。

内六角扳手的规格以适用的六角孔对边宽度(mm)表示,如 2.5、4、5、6、8、10 等。内六角扳手专门用于装拆标准内六角圆柱头螺钉。

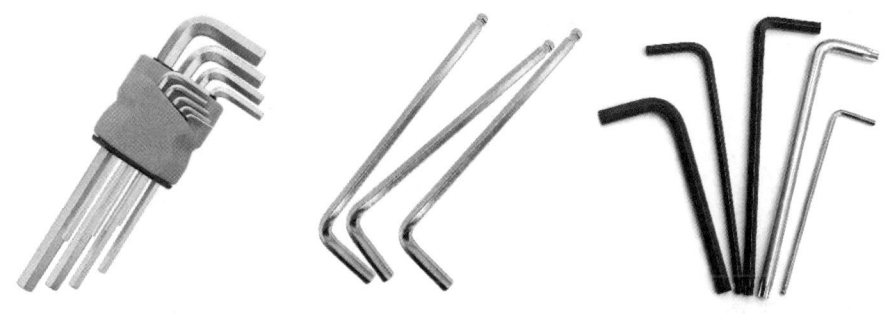

图 2-6　内六角扳手

4. 套筒扳手

套筒扳手(GB/T 3390.1—2013、GB/T 3390.5—2013)由套筒、连接件和传动附件等组成,一般由多个不同规格的套筒和连接件、传动附件组成扳手套装,如图 2-7 所示。

套筒扳手的规格以适用的六角孔对边宽度(mm)表示,如 10、11、12 等。每套内的件数有 9 件、13 件、17 件、24 件、28 件、32 件等。套筒扳手用于紧固或拆卸六角头螺栓、六角螺母,特别适用于空间狭小、位置深凹的工作场合。

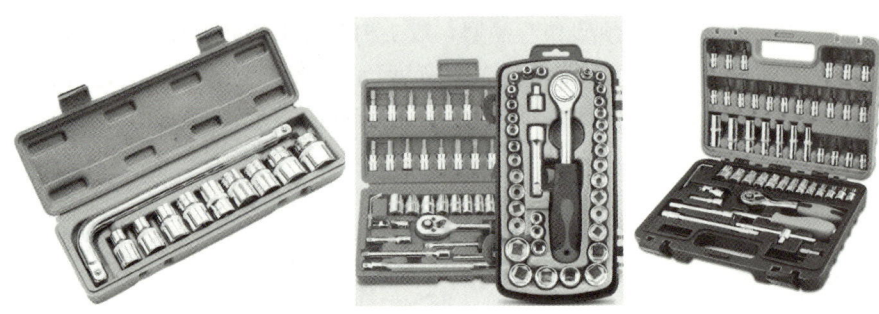

图 2-7 套筒扳手

5. 管子钳

管子钳（QB/T 2508—2016）的外形如图 2-8 所示。尽管这种工具称为管子钳，但因为它主要用于紧固或拆卸金属管和其他圆柱形零件，故仍属于扳手类工具。

管子钳一般用来夹持和旋转钢管类工件，如用管子钳钳住管子使其转动，以完成连接。管子钳的规格是指夹持管子最大外径时管子钳的全长（公称尺寸）。

图 2-8 管子钳

二、螺钉旋具类

常见的螺钉旋具按工作端形状不同可分为一字槽、十字槽及内六角螺钉旋具。

1. 一字槽螺钉旋具

一字槽螺钉旋具（QB/T 2564.2—2012）的外形如图 2-9 所示。

一字槽螺钉旋具的规格用工作端口厚度（mm）× 工作端口宽度（mm）来表示，如 0.4×2.5、0.6×3、0.8×4 等。一字槽螺钉旋具专用于紧固或拆卸各种标准的一字槽螺钉。

2. 十字槽螺钉旋具

十字槽螺钉旋具（QB/T 2564.5—2012）的外形如图 2-10 所示。

十字槽螺钉旋具的规格以旋杆工作端部槽号表示，如 0、1、2、3、4 等。十字槽螺钉旋具专用于紧固或拆卸各种标准的十字槽螺钉。

拆卸工具——螺钉旋具类工具的使用

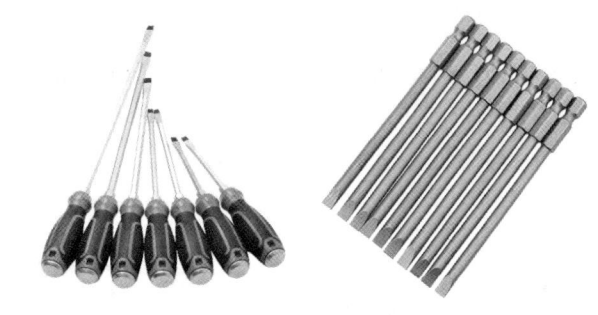

图 2-9　一字槽螺钉旋具

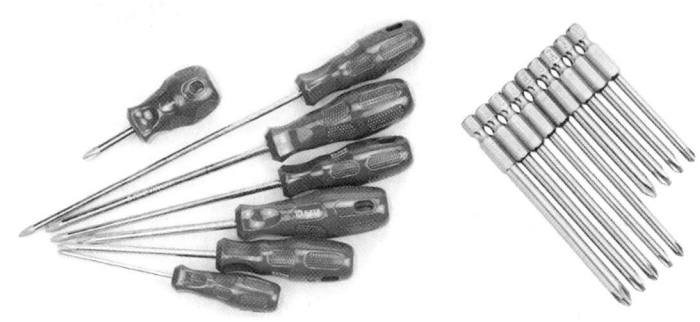

图 2-10　十字槽螺钉旋具

3. 内六角花形螺钉旋具

内六角花形螺钉旋具（GB/T 5358—2021）专用于旋拧内六角螺钉，其外形如图 2-11 所示。

内六角花形螺钉旋具的标记由产品名称、标准文件编号、工作部槽号、旋杆长度、工作部结构代号和磁性代号组成。例如内六角花形螺钉旋具 GB/T 5358-T10×75C，其中字母 C 表示带有磁性。

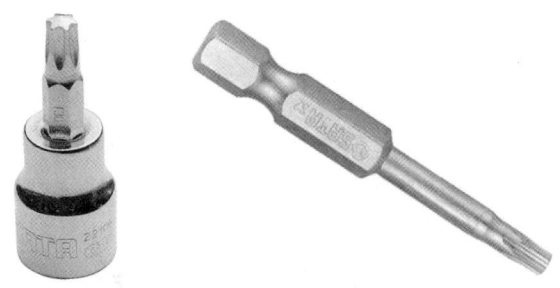

图 2-11　内六角花形螺钉旋具

三、手钳类

手钳类工具专用于夹持、切断、扭曲金属丝或细小零件。手钳类工具的标记由产品名称、公称长度（mm）和国家标准编号组成，如尖嘴钳 125 mm QB/T 2440.1—2007 表示全长为 125 mm 的尖嘴钳。

拆卸工具——
手钳类工具
的使用

1. 尖嘴钳

尖嘴钳（QB/T 2440.1—2007）的外形如图 2-12 所示。尖嘴钳的用途是在狭小工作空间夹持小零件或扭曲细金属丝，带刃尖嘴钳还可以切断金属丝，主要用于仪表、电信器材、电器的安装及拆卸。

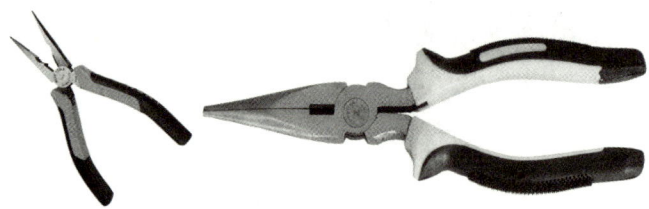

图 2-12　尖嘴钳

2. 扁嘴钳

扁嘴钳（QB/T 2440.2—2007）按钳嘴形式可分为长嘴和短嘴两种，如图 2-13 所示。扁嘴钳主要用于弯曲金属薄片和细金属丝，以及拔装销、弹簧等小零件。

3. 弯嘴钳

弯嘴钳的外形如图 2-14 所示。弯嘴钳主要用于在狭窄或凹陷的工作空间中夹持零件。

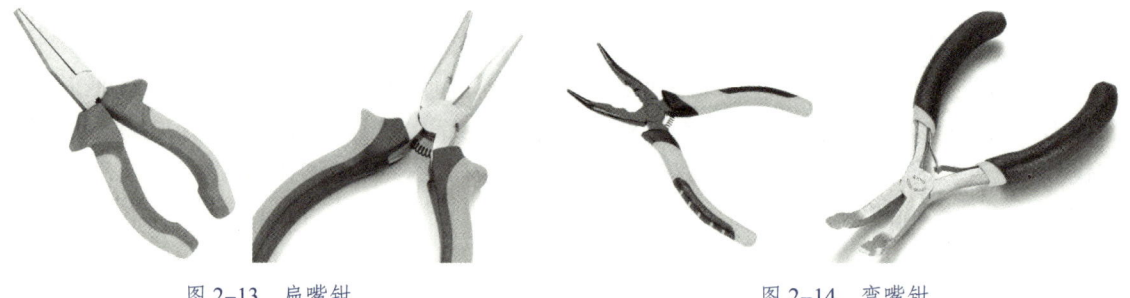

图 2-13　扁嘴钳　　　　　　　　图 2-14　弯嘴钳

4. 钢丝钳

钢丝钳（QB/T 2442.1—2007）又称夹扭剪切钳，其外形如图 2-15 所示。钢丝钳主要用于夹持或弯折金属薄片、细圆柱以及剪切细金属丝，带绝缘柄的钢丝钳还可在带电条件下使用。

图 2-15　钢丝钳

5. 弹性挡圈安装钳子

弹性挡圈安装钳子也称为卡簧钳、挡圈钳，专门用于装拆弹性挡圈，分轴用（JB/T 3411.47—1999）和孔用（JB/T 3411.48—1999）两种类型，外形如图 2-16 所示。为了适应安装在各种位置的挡圈，这两种卡簧钳又分为直嘴式和弯嘴式两种结构。

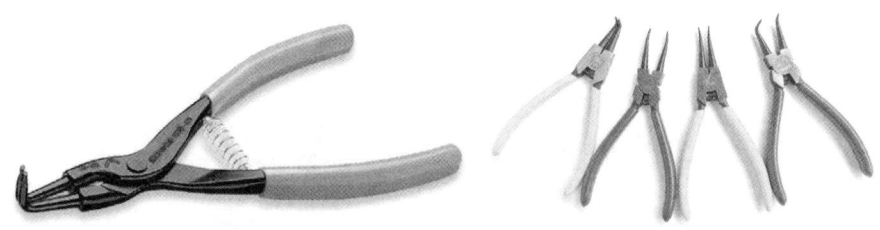

图 2-16　卡簧钳

四、顶拔器

顶拔器是拆卸轴或轴上零件的专用工具，分为三爪顶拔器和两爪顶拔器两种。

轴承拆卸工具的使用

1. 三爪顶拔器

三爪顶拔器（JB/T 3411.51—1999）的外形如图 2-17a 所示。三爪顶拔器用于轴系零件的拆卸，如轮、盘、轴承等，其使用方法如图 2-17b 所示。三爪顶拔器的规格用可顶拔零件的最大直径（mm）表示，如 160、300 等。

2. 两爪顶拔器

两爪顶拔器（JB/T 3411.50—1999）的外形如图 2-18a 所示。两爪顶拔器主要用来拆卸轴上的轴承、轮盘等，也可以用来拆卸非圆形零件，其使用方法如图 2-18b 所示。两爪顶拔器的规格用爪臂长（mm）表示，如 160、250、380 等。

(a)　　(b)

图 2-17　三爪顶拔器

  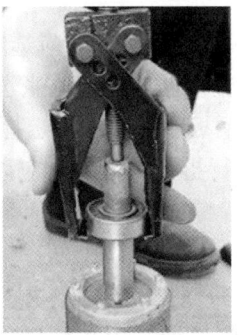

(a)　　(b)

图 2-18　两爪顶拔器

五、其他拆卸工具

除了上述介绍的拆卸工具之外,常用的拆卸工具还有铜冲、铜棒和钳工锤。铜冲和铜棒的外形如图 2-19 所示,专用于拆卸孔内的零件,如销等。钳工锤(木锤、橡胶锤、铁锤等)如图 2-20 所示。钳工锤可作为一般锤具使用。

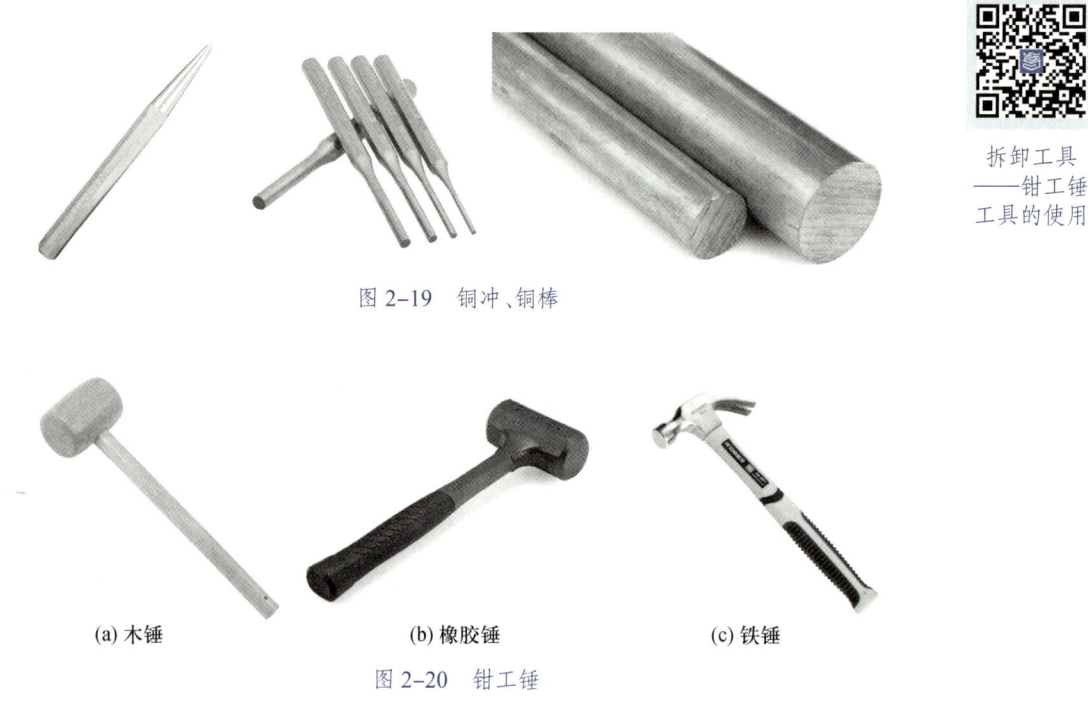

图 2-19　铜冲、铜棒

拆卸工具
——钳工锤
工具的使用

(a) 木锤　　　(b) 橡胶锤　　　(c) 铁锤

图 2-20　钳工锤

2.5　常见零部件的拆卸方法

零部件的拆卸是一项技巧性强、要求较高的工作,在拆卸过程中应遵守一定的规则和方法。

一、螺纹连接件的拆卸

拆卸螺纹连接件时,应选用扳手和螺钉旋具。螺钉旋具主要根据被拆卸螺钉的特点来选择,而扳手则应根据具体情况来选择。在多种扳手均适用的场合下,一般按梅花扳手或套筒扳手—呆扳手—活扳手的顺序来选择。

在进行拆卸作业时,应注意连接件的旋转方向,均匀施力。不确定旋转方向时可先进行试拆,待螺纹松动、明确旋转方向后,再逐步旋出。拆卸时不要用力过大,以免造成零件损坏。

1. 双头螺柱的拆卸

双头螺柱通常用并紧双螺母法来拆卸。并紧双螺母法是把两个与双头螺柱规格相同的螺母拧在双头螺柱的中部,并将两个螺母相对拧紧。此时,两螺母锁死在螺柱的螺纹中,用扳手旋转靠近螺孔的螺母即可将双头螺柱拧出，如图 2-21a 所示。双头螺柱的另一种拆卸方法是螺母拧紧法，如图 2-21b 所示。

需要注意的是，切不可用夹紧工具（如钢丝钳）等直接卡住螺柱，这样会造成螺牙损伤。

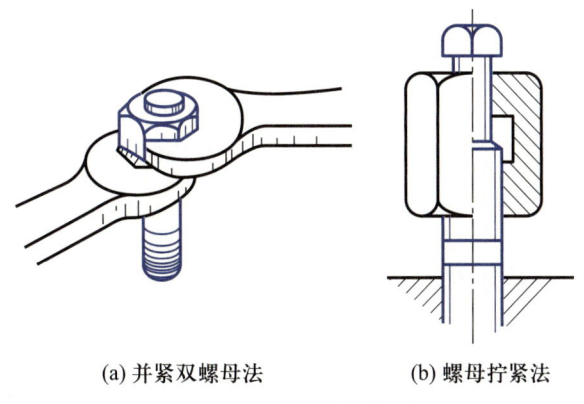

(a) 并紧双螺母法　　(b) 螺母拧紧法

图 2-21　双头螺柱拆卸图示

2. 锈蚀螺母、螺钉的拆卸

如果零部件长期没有得到保养或拆卸，螺母会锈蚀在螺杆上，螺钉也会锈蚀在机件上，此时需根据锈蚀程度采用相应的方法来拆卸。对于锈蚀程度较轻的情况，可先用钳工锤敲击螺母或螺钉，使其受振动而松动，然后用扳手交替拧紧和拧松，反复几次后即可将其卸下；若锈蚀程度较重，则可用煤油浸泡锈蚀部位 20~30 min 或更长时间，辅以适当的敲击振动，使锈层松散后便可拧转和拆卸；对于锈蚀严重的情况，可用火焰对锈蚀部位进行加热，通过热胀和冷缩作用使其松动。

松动剂是专门用于锈蚀情况下拆卸螺纹件的化工产品，将其喷涂在待拆螺纹件上，经过 20 min 左右即可将螺纹件卸下。

如果锈蚀的螺母不能采用上述方法拆卸，也可使用破坏性方法进行拆卸。拆卸时在螺母的一侧钻一小孔（注意不要钻伤螺杆），如图 2-22 所示，然后采用锯或錾的方法，将锈蚀的螺母拆除。

3. 折断螺钉的拆卸

在拆卸过程中，有时会将螺钉折断。为了取出折断的螺钉，可在折断螺钉上钻孔，然后用丝锥攻出相反方向的螺纹，再拧进一个螺钉，将折断螺钉取出。也可以在折断螺钉上加焊一个螺母，然后将其拧出，如图 2-23 所示。

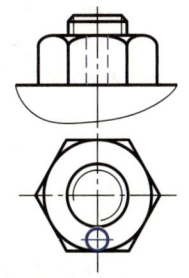　　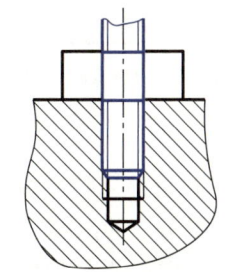

图 2-22　钻孔法拆卸锈蚀螺母　　图 2-23　折断螺钉的拆卸

4. 多螺栓紧固件的拆卸

采用多螺栓紧固的大多是盘盖类零件,这类零件一般材料较软、厚度不大、容易变形。在拆卸这类零件时,螺栓或螺母必须按一定顺序拆卸,以使被拆件的内应力均匀变化,防止零件因变形而导致精度降低。具体的方法是,按对角交叉的顺序分别将每个螺栓或螺母一次只拧出 1~2 圈,分几次将全部的螺栓或螺母旋出。

二、销的拆卸

销也是常用的连接件且种类较多。销是安装在销孔内的,需要根据销孔的不同类型来选择不同的拆卸方法。

1. 通孔中销的拆卸

如果销安装在通孔中,拆卸时可在机件下面放置带孔的垫块,或将机件放在 V 形支承或槽铁支承上,用钳工锤和略小于销径的铜棒敲击销的一端(圆锥销为小端),即可将销拆出,如图 2-24 所示。如果销和零件配合的过盈量较大,手工不易拆出,则可借助压力机来拆除。对于定位销,在拆去被定位的零件以后,销往往会留在主要零件上,这时可用销钳或尖嘴钳将其拔出。

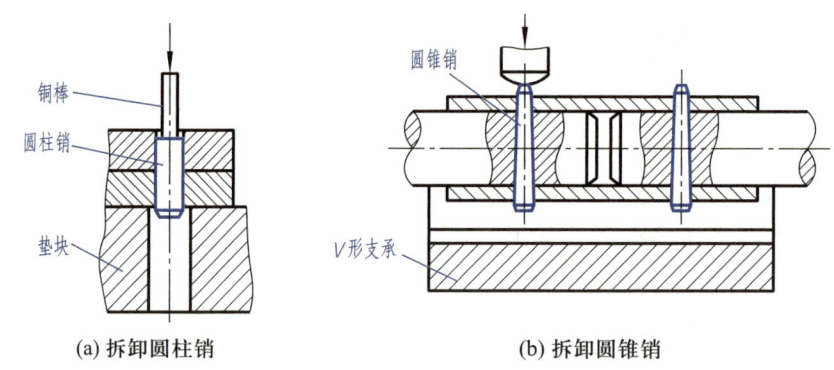

(a) 拆卸圆柱销　　　　　　　　(b) 拆卸圆锥销

图 2-24　通孔中销的拆卸示意图

2. 内螺纹销的拆卸

内螺纹销是在销的一端有内螺纹的销,有内螺纹圆柱销和内螺纹圆锥销两种类型,如图 2-25 所示。

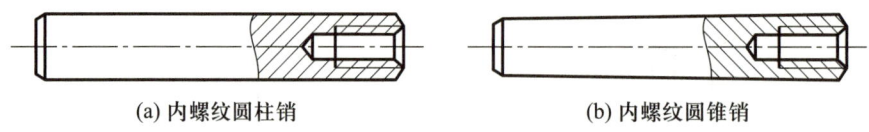

(a) 内螺纹圆柱销　　　　　　　　(b) 内螺纹圆锥销

图 2-25　内螺纹销

拆卸内螺纹销时,可使用特制拔销器将销拔出。如图 2-26 所示,当拔销器部分 3 的螺纹旋入销的内螺孔时,用部分 2 冲击部分 1 即可将销取出。

若无专用工具,可先在销的内螺孔中装上六角头螺栓或带有凸边的螺杆,再用木锤、铜冲对准螺栓或螺杆的头部,沿轴向施加适度冲击力,通过振动逐渐松动销体,将销拆下,如图 2-27 所示。

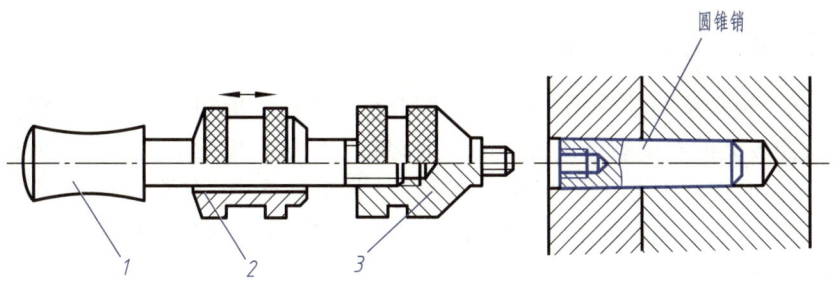

图 2-26 用拔销器拆卸内螺纹销示意图

3. 不通孔中销的拆卸

对于不通孔中无内螺纹的销,可在销的头部钻孔攻出内螺纹,再用拆除内螺纹销的办法拆卸。

4. 螺尾销的拆卸

螺尾销是在销的一端有一径向尺寸小于销直径的螺纹结构。螺尾销有螺尾圆柱销和螺尾圆锥销两种类型,如图 2-28 所示。

拆卸时,可先在螺尾拧上一个螺母,随着螺母的拧紧,即可将销卸出,如图 2-29 所示。

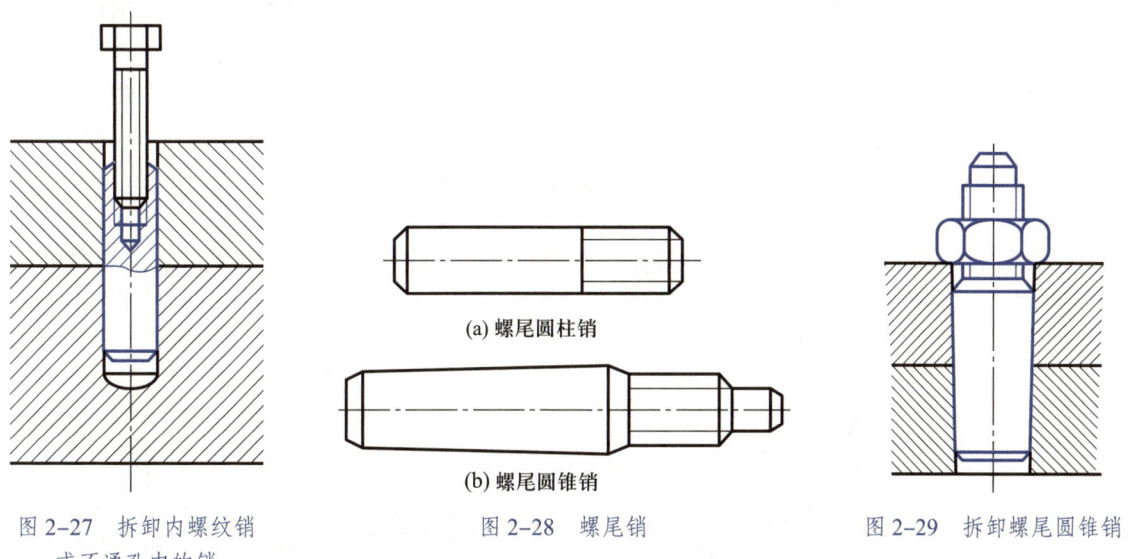

图 2-27 拆卸内螺纹销或不通孔中的销

图 2-28 螺尾销

图 2-29 拆卸螺尾圆锥销

三、盘盖类零件的拆卸

盘盖类零件一般是由键或定位销定位的。如果由销定位,则应先拆下定位销,再拆卸所有的连接螺母或螺钉。当盘盖因长期不拆卸而黏连在机体上难以拆除时,可用木锤沿盘盖四周反复敲击,使盘盖与机体分离,然后再进行拆卸。

若位于盘盖与机体之间的垫圈无损伤,则可继续使用;若有损伤,则需更换新垫圈。

四、轴系及轴上零件的拆卸

轴系的拆卸要视轴承与轴、轴承与机体的配合情况而定。拆卸前要认真了解轴和轴承的安装顺序,然后按照安装的相反顺序进行拆卸。拆卸时可用压力机压出或用钳工锤和铜棒配合敲击轴端进行。敲击时切忌用力过猛,以防损坏零件。如果轴承与机体配合较松,则可将轴系连同轴承一同拆出;反之,则应先将轴系与轴承分离,然后再将轴承从机体中拆出。

1. 滚动轴承的拆卸

滚动轴承属于精度较高的零件,拆卸时必须掌握正确的拆卸方法,并采取一定的保护措施,使轴承保持完好。当过盈量不大时,注意一定不要用力过大,可用钳工锤配合套筒轻轻敲击轴承内、外圈,然后慢慢拆出;如果过盈量较大,切不可用钳工锤敲击,而应采用专用工具拆卸。

(1) 拆卸轴上的滚动轴承　常使用顶拔器从轴上拆卸滚动轴承。用顶拔器拆除滚动轴承时,首先通过手柄转动螺杆,使螺杆下部顶紧轴端;然后慢慢扳转手柄,旋入顶杆,即可将滚动轴承从轴上顶出。为了减小顶杆端部和轴端部的摩擦,可在顶杆端部与轴端部中心孔之间放入一个合适的钢球。

从轴上拆卸较大直径的滚动轴承时,可将轴系放在专用装置上,通过压力机对轴端施加压力将滚动轴承拆下,如图 2-30 所示。

(2) 拆卸孔内的滚动轴承　由于工件的孔有通孔和不通孔之分,所以拆卸孔内滚动轴承的方法也不尽相同。常用的有拉拔法和内胀法。

如图 2-31 所示,圆柱销 1 和圆柱销 2 可从孔内伸出和退回,使用时先将其放入轴承孔内,然后拧动螺杆,螺杆前面的尖端将圆柱销 1 和圆柱销 2 顶出,使两个圆柱销伸出轴承外并钩住轴承,在孔外放置横杆的位置拧动螺母,即可将滚动轴承拉出。图 2-32 所示为采用拉拔法拆卸轴承外圈。

使用顶拔器拆卸轴承时,顶拔器的各拉钩应相互平行,钩子和零件要平整贴合。必要时可在螺杆和轴端间、零件和拉钩间垫入垫块,避免损坏零件。

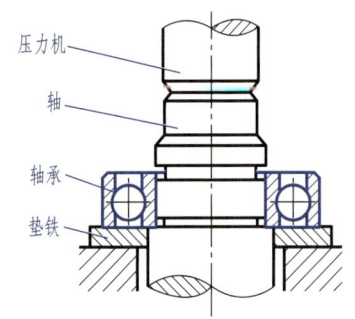

图 2-30　用压力机拆卸较大直径的滚动轴承

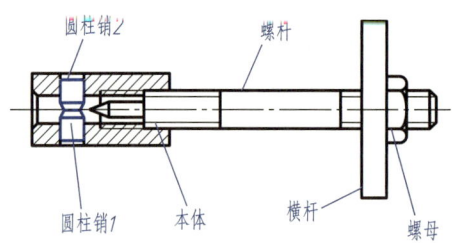

图 2-31　拉拔孔内滚动轴承的工具

不通孔内的滚动轴承常采用内胀法拆卸。如图 2-33 所示,胀紧套筒上有三四条开口槽,经热处理淬硬后具有一定的弹性。使用时将心轴上的胀紧套筒和衬套一起放进轴承孔内(超出轴承内侧端面),旋转螺母 2 使胀紧套筒胀紧轴承,然后将等高块垫在工件上并放好横板,旋转螺母 1 时即可将滚动轴承拆下。

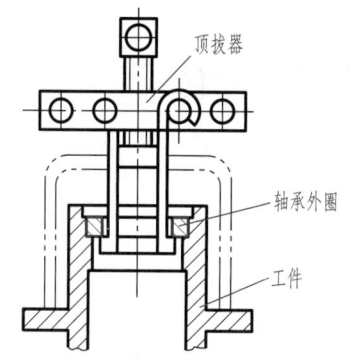 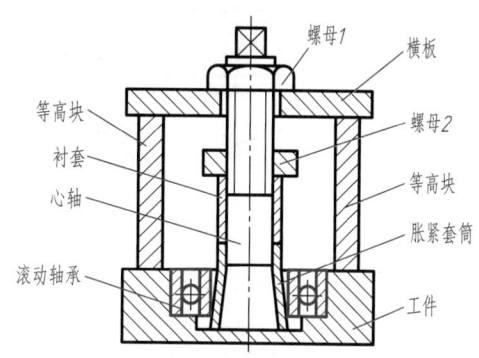

图 2-32　拉拔法拆卸轴承外圈示意图　　　图 2-33　内胀法拆卸不通孔内轴承示意图

2. 其他轴系零件的拆卸

轴系零件除了滚动轴承之外，还有轴套和各种轮、盘、密封圈、联轴器等，其拆卸方法与滚动轴承相似。当这些零件与轴配合较松时，一般用钳工锤和铜棒即可进行拆卸；配合较紧时需借助顶拔器或压力机拆卸；轴上或机体内的挡圈需借助专用挡圈钳拆卸。

五、键的拆卸

平键、半圆键可直接用手钳拆卸，或使用锤子和錾子从键的两端或侧面进行敲击而将键拆下，如图 2-34 所示。用铜冲对着键较薄的一端向外冲击即可卸下楔键。配合较紧或不宜用冲子拆卸的楔键，可用拔键钩或起键器进行拆卸。将拔键钩的一端固定在楔键上，确保牢固，用锤子轻轻敲击拔键钩，逐渐施加拉力，待楔键松动后，缓慢将其从键槽中取出，如图 2-35 所示。

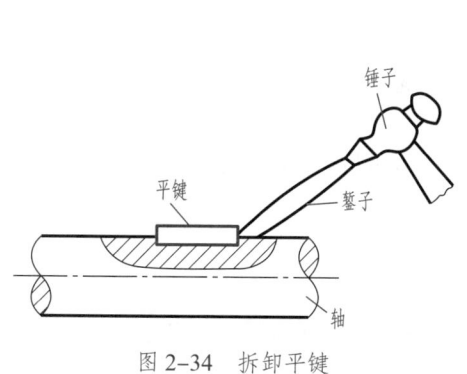 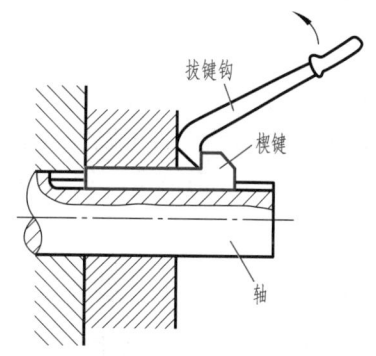

图 2-34　拆卸平键　　　　　　　图 2-35　拔键钩拆卸楔键

六、过渡、过盈配合零件的拆卸

过渡、过盈配合零件的拆卸需根据其过盈量的大小而采取不同的方法。当过盈量较小时，可用顶拔器将零件拉出，或用木锤、铜冲敲打将零件拆下；当过盈量较大时，可采用图 2-36 所示的压力机配合起键器拆卸楔键，或用加热和冷却法进行拆卸。

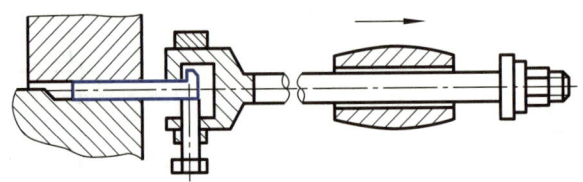

图 2-36 压力机配合起键器拆卸楔键示意图

拆卸过盈配合零件时应注意以下问题：

1) 被拆卸零件受力要均匀，所受的合力应位于其轴线上。

2) 被拆卸零件的受力部位应恰当。如用顶拔器拉拔时，拉爪应钩在零件不重要的部位。一般不得用铁锤直接敲击零件，必要时可用硬木棒或铜棒作为冲头，沿整个零件周边敲打，切不可用力猛敲一个部位。当敲不动时应停止敲击，待查明原因后再采取适当的处理方法。

拆卸过渡、过盈配合零件时，有时可以采用加热拆卸法。加热拆卸法有油淋、油浸和感应加热三种方法。油淋、油浸法是先把相配两零件中轴的配合部位用石棉紧密包裹隔热，然后用 80~100℃ 热油浇淋或将有孔零件放在热油中浸泡，使有孔零件受热膨胀，即可将两零件分离。加热拆卸时，也可采用冰块局部冷却未被加热的零件，这样更便于拆卸。

七、特殊零件的拆卸

在干燥状态下拆卸易被卡住的配合件时，应先涂渗一些润滑油，过几分钟后再进行拆卸。如果仍不易拆卸，应再次涂油，直到能够顺利拆卸为止，这种拆卸方法也适用于过盈配合件。

对某些特殊的、精密的零件，在拆卸时更要小心操作，待油充分渗透后再进行拆卸，切不可急于操作而损伤零件。

2.6 零部件的清洗

在零部件测绘中，对拆下来的零部件要进行清洗，以去除油污、积炭、水垢和铁锈等，保证测绘的精度。同时，通过清洗也可以发现零部件的缺陷和磨损情况。

零部件的清洗方法对清洗质量有很大的影响，不同材料、不同精度的零部件，应采用不同的清洗方法。

一、零部件清洗的工艺要求

零部件有不同的清洗方法，也有不同的清洗剂。为了不破坏零部件的使用性能，提高清洗质量和清洗效率，在清洗时应注意以下几个工艺要求。

1. 清洗程度要有针对性

对不同的零部件有不同的清洗程度要求。一般来说，配合零部件的清洗程度要高于非配合零部件的清洗程度；间隙配合零件的清洗程度高于过渡和过盈配合零件的清洗程度；精密配合零件的清洗程度高于一般配合零件的清洗程度；对需要喷、镀、连接的零件表面，清洗要干净、彻底。清洗时应根据上述要求，选择合适的清洗方法和清洗剂。

2. 避免零部件的碰撞和划伤

零部件在清洗过程中,应遵循轻拿轻放、排列有序的原则,尽量不要叠放。同时要注意在手工清洗活塞、喷油器、气缸等零件的积炭时,要使用专门的清洗工具。对传递运动的配合件,清洗顺序不可乱。

3. 注意避免清洗剂对零部件的腐蚀

轴承孔、光洁表面、齿轮以及散热器等待清洗结构或零件,在受到潮气或在清洗过程中受到腐蚀性溶剂的作用时,会产生斑痕或被腐蚀,因此清洗这类零部件时要合理选择清洗剂。清洗过的零部件,应该用压缩空气吹干,并采取措施预防腐蚀和氧化对零部件的影响。

4. 确保清洗操作的安全

在清洗中要注意采取有效措施防止火灾或毒害、腐蚀人体的事故发生。使用过的清洗剂要按有关规定处理,不可直接倒入下水道,避免腐蚀下水管路和污染环境。

5. 合理选择清洗方法和清洗材料

选择清洗方法和清洗剂的原则如下:在保证清洗质量和效率的前提下,要兼顾设备造价和材料成本,考虑并兼顾适用性和经济性。

二、零部件清洗的基本方法

按照不同的分类原则,零部件清洗的方法分为很多种。按照清洗的操作方式,分为手工清洗和机器清洗;按照清洗剂对被清洗件的作用方式,分为高压喷射清洗、浸泡清洗、超声波清洗、涂刷清洗等。每种清洗方法都有其特点,在操作中可根据实际情况进行选择。

1. 手工清洗

对于要用刮刀、手锯片或刷子等工具来清除污垢的零部件,多采用手工清洗。例如,清洗活塞、气门、气门导管、缸口、喷油器以及燃烧室等零部件时,由于上面有积炭、油漆、结胶或密封材料等,目前尚无更好的清洗工具,因而多采用手工清洗。在手工清洗过程中,可视需要利用清洗剂在清洗箱槽或清洗盆中进行。手工清洗时要特别注意保护好皮肤,以免受到清洗剂的侵害,操作中也要注意避免清洗剂溅出。

2. 高压喷射清洗

高压喷射清洗是利用射流式高压喷射器提供的常温或加热的高压清洗溶液对零部件进行清洗。这种方法多用于体积较大的零部件,如气缸体、气缸盖和变速器壳体等。

3. 冷浸泡清洗

冷浸泡清洗是将需要清洗的零件放置在网状筐中或用钢丝悬吊,置于盛有冷浸清洗剂的清洗箱中,上下运动几次即可完成清洗。冷浸泡清洗能有效地清除零部件上附着的胶质、油漆、积炭、油泥和其他沉淀物,特别适用于化油器等零部件的清洗。

4. 热溶液浸泡清洗

将清洗剂置于蒸煮池中,加热至 80~90℃,再将零部件放入蒸煮池中浸泡。这种方法能有效地清洗零部件上的油漆、油泥、铁锈及沉积物等,而且简单经济。如果可利用旋转式清洗机对零部件进行热喷洗,则效果更佳。

5. 蒸汽清洗

将清洗剂由水泵泵入加热盘管,盘管中的水被火焰喷射器加热至150℃左右,使其变为蒸汽,并经增压后由清洗轮的喷嘴喷射到零部件上,在喷射摩擦力的作用下清除零部件上的脏物。

6. 超声波清洗

超声波是一种交变声压,当它在液体中振动传播时,能使液体介质的疏密程度发生变化,产生超声空化效应。当超声波达到一定的频率和强度时,会不断地形成足够数量的空腔,然后不断闭合,在无数个点上形成数百兆帕的爆炸压力和冲击波,这种冲击波对油污、积炭有极大的剥离作用,加上清洗液的热力和化学作用,可获得良好的清洗效果。使用超声波清洗时,应根据零部件的大小选择不同型号的超声波清洗机,并严格按照使用说明进行操作。

三、零部件清洗时应注意的问题

零部件清洗应按组进行,清洗后应立即放回原处,避免混淆和丢失。

为了提高清洗质量,节省资金,可将清洗剂分成两缸,第一缸用于第一次清洗,第二缸用于第二次清洗。当第一缸清洗剂污浊后,可将第二缸清洗剂改为第一缸用。清洗时,可逐一将待洗零部件先浸泡 15 min,然后用合适的方法清洗。这种方法只适用于体积较小且不易被清洗剂腐蚀的零部件。

对于有螺纹的零部件,应注意不要互相过度碰撞,以免损伤螺纹。较小的螺钉应放在细钢丝网中清洗,防止丢失。

零部件清洗后,应无积炭、结胶、锈斑、油污和泥迹,零部件上的油道、水道应畅通无阻。

零部件按要求拆洗并经过合适的干燥处理后,必须放在指定区域的测绘工作台上,便于后续的测绘工作。

拓展阅读

◆ 打破垄断——中国的自锁螺母

近年来,中国的经济发展取得了惊人的成就,在各个领域都取得了突破性发展,其中最引人瞩目的是中国在高铁领域的重大飞跃。高铁不仅极大地方便了人们的出行,而且具有绿色环保的优势,这些都得益于中国制造业的发展。据统计,在一列高铁中,核心零件占据了 70% 的成本,其重要性不言而喻。

高铁上有一种名为"永不松动螺母"的零件就属于核心零件。中国高铁上早期采用的这种螺母是由日本 HARDLOCK 工业株式会社研制的,如图 2-37 所示,HARDLOCK 生产的永不松动螺母是利用双螺母和凹凸螺母的防松原理并进行改进而研制出来的。其基本原理是先对凹螺母进行加工,制成中心不偏移的状态,再进行凸螺母的加工,制成中心稍微偏离的状态,这样就能形成楔子,在缝隙间进行填充,从而达到密封的目的。在一定的振动条件下,即使螺母出现横向失控的情况,上层的螺母仍能继续压紧下层的螺母,从而取得了螺母永不松动的效果。

值得骄傲的是,中国已在 2002 年发明了新型的螺母,名为自锁螺母。它的研发起源于设计师希望减少在青藏高原无人区进行铁路维修的次数,于是他们自主研发了这种新型螺母,其主要功能是抗振和防松,它是依靠摩擦力实现自锁的。

现在,这种自锁螺母除应用于高铁外,还被应用于航天、航空、建筑、机械等许多领域。特别值得一提的是,在船舶和桥梁上使用的高强度自锁螺母,可以将摩擦力巧妙地转化为开槽螺母之间的膨胀力,从而发挥其最大的自锁作用。

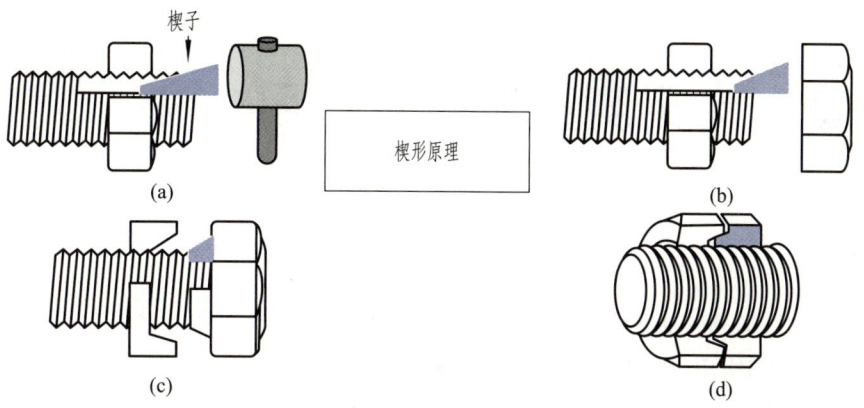

图 2-37 永不松动螺母的防松原理

习题

1. 零部件测绘前的准备工作包括什么内容?
2. 简述零部件拆卸的工艺步骤。
3. 简述拆卸前的准备工作。
4. 简述常用拆卸工具的分类及其使用方法。
5. 举例说明常见轴类零件上轴承、键的拆卸方法。
6. 简述零部件的清洗步骤。

第3章 常用测量工具及使用方法

学习导航

零部件测绘时,必须完备地记录尺寸、所用材料、加工面的表面粗糙度参数值、精度以及其他必要的信息。一般测绘图上的尺寸都是用量具在零部件的各个表面上测量出来的,因此,必须掌握常用测量工具的使用方法。

学什么?

- 常用测量工具的种类
- 常见尺寸的测量方法
- 零部件测量工具的选用

做什么?

- 学习线上资源,了解常用的测量工具
- 掌握常用测量工具的使用方法
- 选择合适的测量工具,进行常见尺寸的测量

3.1 常用测量工具

测量工具简称量具,是专门用来测量零件尺寸、检验零件形状或安装位置的工具。在测量尺寸时,针对不同尺寸精度应选用不同的测量工具。

一般的测绘工作所使用的量具如下。

(1) 简易量具　有塞尺、钢直尺、卷尺和卡钳等,用于测量精度要求不高的尺寸。

(2) 游标量具　有游标卡尺、高度游标卡尺、深度游标卡尺、齿厚游标卡尺和公法线游标卡尺等,用于测量精度要求较高的尺寸。

(3) 千分量具　有内径千分尺、外径千分尺和深度千分尺等,用于测量高精度要求的尺寸。

(4) 平直度量具　水平仪,用于直线度、平面度测量。

(5) 角度量具　有直角尺、角度尺、正弦尺和万能角度尺等,用于角度测量。

(6) 圆弧半径测量　有半径样板,可测量圆弧半径。

(7) 螺纹螺距测量　有螺纹样板,用于测量螺纹螺距。

量具的种类众多,下面介绍钢直尺、内卡钳、外卡钳、游标卡尺、外径千分尺、万能角度尺、半径样板、螺纹样板和量块的用法。

一、钢直尺

钢直尺是最简单的长度量具,用来测量长度尺寸,尺寸可直接在钢直尺的刻线上读出。其常用规格有 150 mm、300 mm、500 mm 和 1 000 mm。图 3-1 所示为常用的钢直尺。

使用钢直尺时,应以左端的零刻线为测量基准,这样不仅便于找正测量基准,而且便于读数。测量时,尺要放正,不得前后左右歪斜。否则,从钢直尺上读出的数据会比被测的实际尺寸大。如图 3-2 所示。

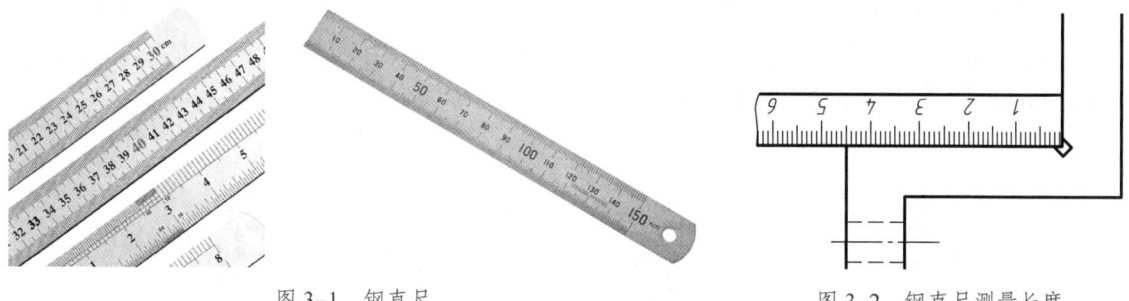

图 3-1 钢直尺　　　　　　　　　图 3-2 钢直尺测量长度

如果用钢直尺直接去测量零件的直径尺寸(轴径或孔径),则测量精度很差。其原因是:钢直尺本身的读数误差比较大,另外钢直尺无法正好放在零件正确的直径位置上测量。所以,零件直径尺寸可以利用钢直尺和内、外卡钳配合起来进行测量。

钢直尺、卡钳的使用

二、内、外卡钳

卡钳结构简单,使用方便。如图 3-3 所示,按用途不同,卡钳分为内卡钳和外卡钳两种。内卡钳用于测量内径和凹槽尺寸,外卡钳用于测量外径和平面尺寸。通过它们不能直接读出结果,需要与钢直尺、游标卡尺或千分尺配合使用。

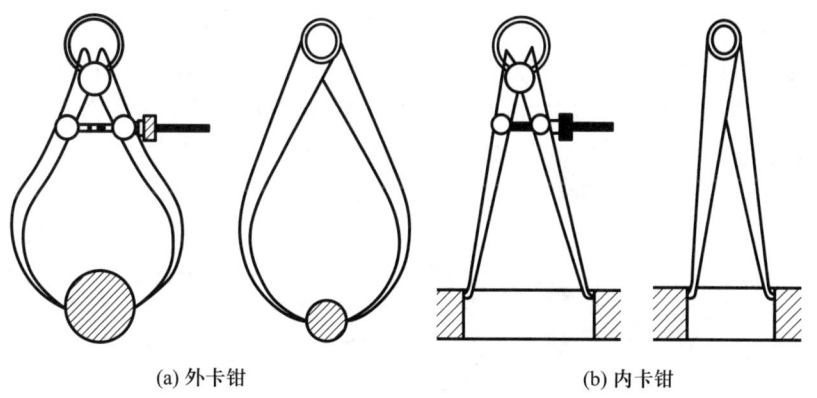

(a) 外卡钳　　　　　　(b) 内卡钳

图 3-3 内、外卡钳

如图 3-4a 所示,通过外卡钳在钢直尺上读取尺寸时,一个钳脚的测量面靠在钢直尺的端面上,另一个钳脚的测量面对准所需尺寸刻线的中间,且两个测量面的连线应与钢直尺平行,人的视线要垂直于钢直尺。

用已在钢直尺上取好尺寸的外卡钳去测量外径时,要使钳脚两个测量面的连线垂直于零件的轴线,靠外卡钳的自重滑过零件外圆表面时,手中的感觉应该是外卡钳与零件外圆表面正好是点接触,此时钳脚两个测量面之间的距离就是被测零件的外径。所以,用外卡钳测量外径,就是比较外卡钳与零件外圆表面接触的松紧程度,如图 3-4b 所示,以外卡钳的自重能刚好滑下为合适。当外卡钳滑过外圆表面时没有接触感觉,说明外卡钳两个测量面间的距离比零件外径尺寸大;当靠外卡钳的自重不能滑过零件外圆表面时,说明外卡钳两个测量面间的距离比零件外径尺寸小。切不可将外卡钳歪斜地放到工件上测量,这样会产生误差,如图 3-4c 所示。

由于外卡钳有弹性,不能将外卡钳用力压过外圆表面,更不能把外卡钳横向卡到外圆表面上,如图 3-4d 所示。对于大尺寸的外卡钳,借助于其自重滑过零件外圆表面时的测量压力太大,此时应托住外卡钳进行测量,如图 3-4e 所示。

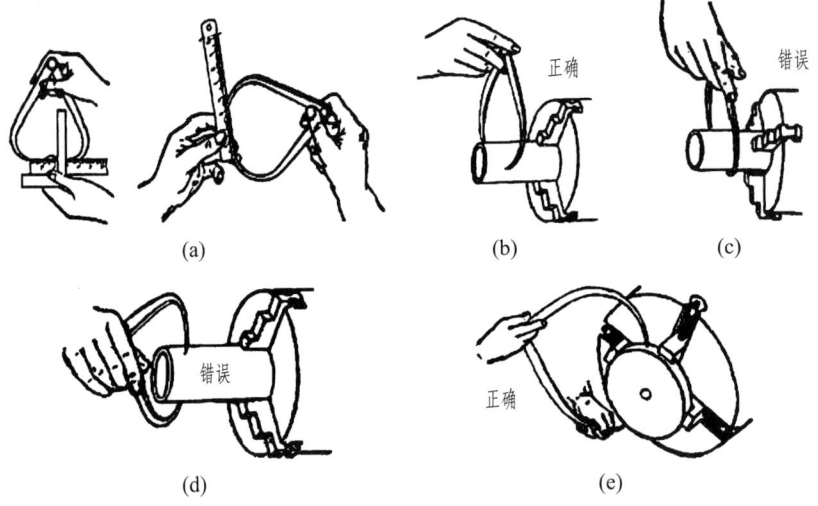

图 3-4 外卡钳在钢直尺上取尺寸和测量方法

用内卡钳测量内径时,应使两个钳脚测量面的连线正好垂直相交于内孔的轴线,即钳脚的两个测量面应过内孔直径的两端点。因此,测量时应将下面钳脚的测量面停在孔壁上作为支点,如图 3-5a 所示,上面的钳脚由孔口略向内逐渐向外试探,并沿孔壁圆周方向摆动,当沿孔壁圆周方向能摆动的距离最小时,表示内卡钳钳脚的两个测量面已处于内孔直径的两端点。再将内卡钳由外至里慢慢移动,可检验孔的圆度公差,如图 3-5b 所示。

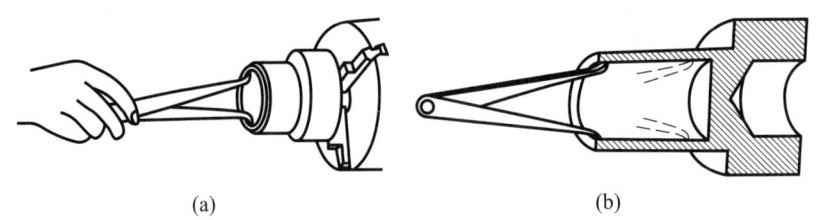

图 3-5 内卡钳测量方法

若用已在钢直尺上或外卡钳上取好尺寸的内卡钳测量内径,如图 3-6a 所示,此时应比较内卡钳在零件孔内的松紧程度。若内卡钳在孔内有较大的自由摆动度,则表示内卡钳尺寸比孔径小；若内卡钳无法放进去，或放进孔内后紧得不能自由摆动，则表示内卡钳尺寸比孔径大；若内卡钳放入孔内，按照上述测量方法有 1~2 mm 的自由摆动距离，则表示孔径与内卡钳尺寸正好相等。测量时不要用手抓住内卡钳测量，如图 3-6b 所示，这样难以感受及比较内卡钳在零件孔内的松紧程度，同时会使内卡钳变形而产生测量误差。

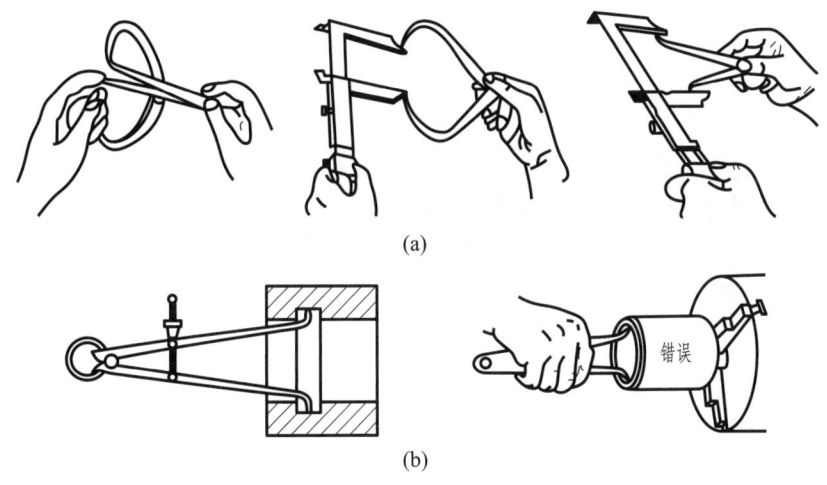

图 3-6 内卡钳取尺寸和测量方法

卡钳虽然是简单量具，但只要掌握好用法，也可获得较高的测量精度。例如用外卡钳比较两根轴的直径大小时，即使轴径相差只有 0.01 mm，有经验的人员也能分辨出来。又如用内卡钳与外径百分尺联合测量内孔尺寸时，有经验的人员完全能用这种方法测量高精度的内孔，这种内径测量方法，称为"内卡钳搭百分尺法"。首先利用内卡钳在外径百分尺上读取准确的尺寸，如图 3-7 所示，再去测量零件的内径；或在孔内调整好内卡钳与孔接触的松紧程度，再在外径百分尺上读出具体尺寸。在缺少精密的内径量具时，该方法是测量内径的好办法。而且，当某些零件的孔内有轴而使用精密的内径量具测量内径有困难时，应用该内径测量方法能解决问题。

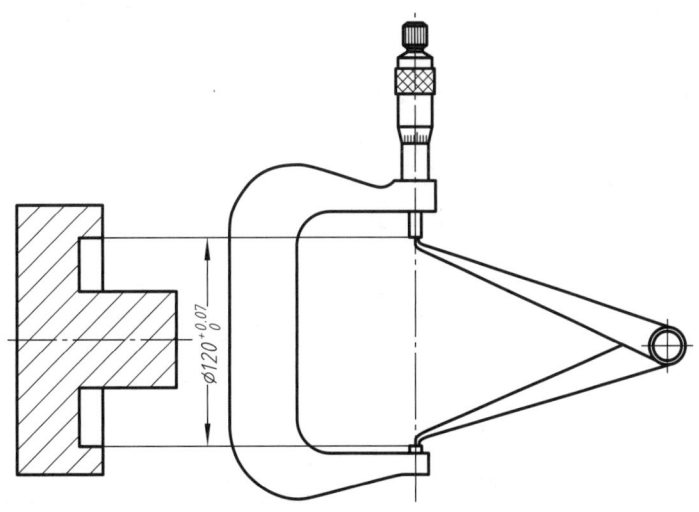

图 3-7 内卡钳搭外径百分尺测量内径

三、游标卡尺

游标卡尺可以用来测量零件的外径、内径、长度、宽度、厚度、深度和孔距等,应用范围很广。游标卡尺的种类很多,主要结构大同小异,如图 3-8 所示。

游标卡尺的使用

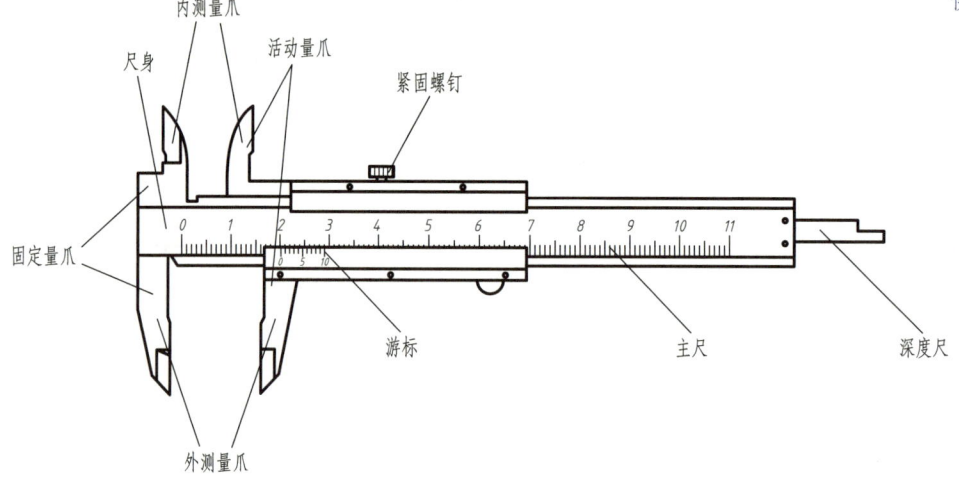

图 3-8　游标卡尺的构造

游标卡尺主要由以下几部分组成。

（1）具有固定量爪的尺身。尺身上有类似于钢直尺的主尺刻线。主尺刻线的间距为 1 mm。主尺的长度决定了游标卡尺的测量范围。

（2）具有活动量爪的尺框,尺框上有游标。游标卡尺的游标读数值可制成 0.10 mm、0.05 mm 和 0.02 mm 三种。游标读数值就是指使用这种游标卡尺测量零件尺寸时,卡尺上能够读出的最小数值。

（3）在规格为 0~125 mm 的游标卡尺上还带有测量深度的深度尺。深度尺固定在尺框的背面,能随着尺框在尺身的导向凹槽中移动。测量深度时,应把尺身尾部的端面靠紧在零件的测量基准平面上。

（4）测量范围等于或大于 200 mm 的游标卡尺还带有随尺框作微动调整的微动装置。使用时,先用紧固螺钉把微动装置固定在尺身上,再转动微动螺母,活动量爪就能随同尺框作微量的前进或后退。微动装置的作用是使游标卡尺在测量时用力均匀,便于调整测量压力,减小测量误差。

目前我国生产的游标卡尺的测量范围及其游标读数值如表 3-1 所示。

表 3-1　游标卡尺的测量范围和游标读数值　　　　　　　　　　　　　单位:mm

测量范围	游标读数值	测量范围	游标读数值
0~25	0.02,0.05,0.10	300~800	0.05,0.10
0~200	0.02,0.05,0.10	400~1 000	0.05,0.10
0~300	0.02,0.05,0.10	600~1 500	0.05,0.10
0~500	0.05,0.10	800~2 000	0.10

1. 游标卡尺的读数原理和读数方法

游标卡尺的读数机构由主尺和游标两部分组成。当活动量爪与固定量爪贴合时,游标上的"0"刻线(简称游标零线)对准主尺上的"0"刻线,此时量爪间的距离为"0"。当尺框向右移动到某一位置时,固定量爪与活动量爪之间的距离就是零件的测量尺寸。此时零件尺寸的整数部分可由紧邻游标零线左边的主尺刻线上读出,而比 1 mm 小的小数部分,则可借助游标读数机构来读出。

游标读数值为 0.10 mm 的游标卡尺如图 3-9a 所示,主尺刻线间距(每格)为 1 mm,当游标零线与主尺零线对准(两爪合并)时,游标上的第 10 刻线正好对准主尺上的 9 mm 刻线,而游标上的其他刻线都不会与主尺上任何一条刻线对准。

游标每格间距 = 9 mm÷10=0.9 mm,主尺每格间距与游标每格间距相差值 =1 mm-0.9 mm= 0.1 mm。0.1 mm 即为此游标卡尺上游标所读出的最小数值,再也不能读出比 0.1 mm 更小的数值。

当游标向右移动 0.1 mm 时,游标零线后的第 1 根刻线与主尺刻线对准。当游标向右移动 0.2 mm 时,游标零线后的第 2 根刻线与主尺刻线对准,依此类推。若游标向右移动 0.5 mm,如图 3-9b 所示,则游标零线后的第 5 根刻线与主尺刻线对准。由此可知,游标向右移动不足 1 mm 的距离,尺寸虽不能直接从主尺读出,但可以由游标的某一根刻线与主尺刻线对准时,该游标刻线在零线后的次序数乘其读数值而读出其小数值。例如,图 3-9b 中所量的尺寸即为 5×0.1 mm=0.5 mm。

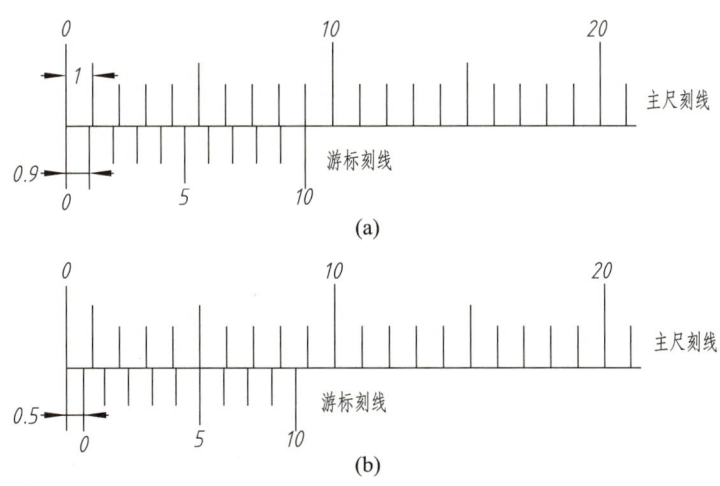

图 3-9 游标卡尺的读数

2. 游标卡尺的测量精度

测量或检验零件尺寸时,要按照零件尺寸的精度要求选用适当的量具。游标卡尺是一种中等精度的量具,它只适用于中等精度尺寸的测量和检验。用游标卡尺去测量锻、铸件毛坯或精度要求很高的尺寸都是不合理的。前者容易损坏量具,后者的测量精度达不到要求,因为量具都有一定的示值误差,所允许的游标卡尺的示值误差如表 3-2 所示。

表 3-2 游标卡尺的示值误差　　　　　　　　　　　　　　　　　　　单位：mm

游标读数值	示值误差
0.02	±0.02
0.05	±0.05
0.10	±0.10

游标卡尺的示值误差反映了游标卡尺本身的制造精度，无论如何正确使用，游标卡尺自身就将导致这些误差产生。例如，用游标读数值为 0.02 mm 的 0~125 mm 的游标卡尺（示值误差为 ±0.02 mm），测量 ϕ50 mm 的轴的外径时，若游标卡尺上的读数为 50.00 mm，实际直径可能是 ϕ50.02 mm，也可能是 ϕ49.98 mm。这并非游标卡尺的使用方法错误导致的，而是其自身制造精度所允许产生的误差。因此，若该轴为直径尺寸 IT5 级精度的基准轴（$\phi 50_{-0.025}^{0}$），则轴的制造公差为 0.025 mm，而游标卡尺本身就存在 ±0.02 mm 的示值误差，选用这样的量具去测量尺寸，显然是无法保证轴径的精度要求的。

当受条件限制（如受测量位置限制）导致其他精密量具无法使用，而必须用游标卡尺测量较精密零件的尺寸时，可以用游标卡尺先测量与被测尺寸相当的块规，以消除游标卡尺的示值误差（称为用块规校对游标卡尺）。例如，要测量上述 ϕ50 mm 轴的直径时，先测量 50 mm 的块规，看游标卡尺上的读数是不是正好为 50 mm。如果不是正好为 50 mm，与 50 mm 相差的数值就是游标卡尺的实际示值误差。测量零件时，应把此误差作为修正值加以考虑。例如，测量 50 mm 块规时，游标卡尺上的读数为 49.98 mm，即游标卡尺的读数比实际尺寸小 0.02 mm，则测量轴时，在游标卡尺的读数上加上 0.02 mm，所得数值才是轴的实际直径尺寸；若测量 50 mm 块规时的读数是 50.01 mm，则测量轴时，在游标卡尺读数上减去 0.01 mm，所得数值才是轴的实际直径尺寸。另外，游标卡尺测量时的松紧程度（即测量压力的大小）和读数误差（即判断是哪一根刻线对准）对测量精度也有很大影响。所以，当必须用游标卡尺测量精度要求较高的尺寸时，最好采用先测量相等尺寸的块规再加以比较的办法。

3. 游标卡尺的使用

量具使用得是否合理，不但影响量具本身的精度，而且直接影响零件尺寸的测量精度，若使用不合理将导致质量事故，造成不必要的损失。所以，必须重视量具的正确使用，对测量技术精益求精，务必获得正确的测量结果，确保产品质量。

使用游标卡尺测量零件尺寸时，必须注意下列几点。

（1）测量前应把游标卡尺擦拭干净，检查游标卡尺的两个测量面和测量刃口是否平直无损。把两个量爪紧密贴合时，应无明显的间隙。同时游标和主尺的零位刻线要相互对准，这个过程称为游标卡尺零位校正。

（2）移动尺框时活动要自如，不应过松或过紧，更不能有晃动现象。用紧固螺钉固定尺框时，游标卡尺的读数不应有所改变。移动尺框时，不要忘记松开紧固螺钉，也不宜过松，以免掉下。

（3）当测量零件的外尺寸时，游标卡尺两测量面应垂直于被测量表面，不能歪斜。测量时，可以轻轻摇动游标卡尺，使两测量面位置正确，如图 3-10 所示。量爪若在如图 3-10 所示的错误位置上,将使测量结果 a 大于实际尺寸 b。测量时,先把游标卡尺的活动量爪张开,使量爪能自由地卡进零件,把零件贴靠在固定量爪上,然后移动尺框,用轻微的压力使活动量爪接触零件。如游标卡尺带有微动装置,则可拧紧微动装置上的紧固螺钉,再转动调节螺母,使量爪接触零件并读取尺寸。不可把游标卡尺的两个量爪调节到接近甚至小于所测尺寸,再把游标卡尺强行卡到零件上。这样会使量爪变形,或使测量面过早磨损,从而使游标卡尺失去应有的精度。

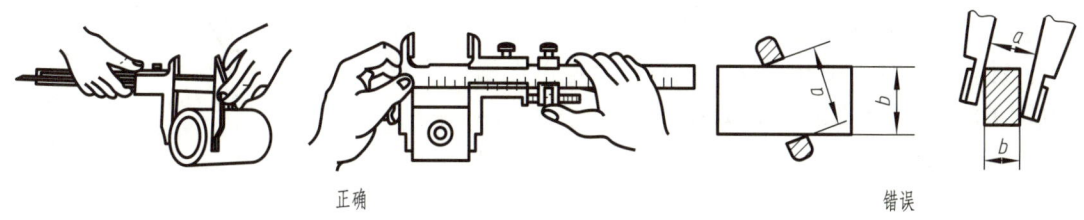

图 3-10 测量外尺寸时正确与错误的使用方法

(4) 测量沟槽时,应当用量爪的平面形测量刃进行测量,尽量避免用端部测量刃和刃口形量爪去测量外尺寸。而对于圆弧形沟槽尺寸,则应当用刃口形量爪进行测量,不应当用平面形测量刃进行测量,如图 3-11 所示。

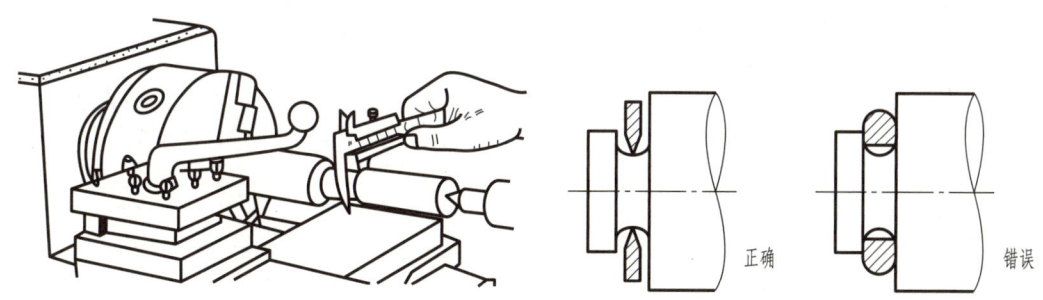

图 3-11 测量沟槽时正确与错误的用法

(5) 测量沟槽宽度时,也要放正游标卡尺的位置,使游标卡尺两测量刃的连线垂直于沟槽,不能歪斜;否则,量爪若在如图 3-12 所示的错误位置上,也会使测量结果不准确(可能大也可能小)。

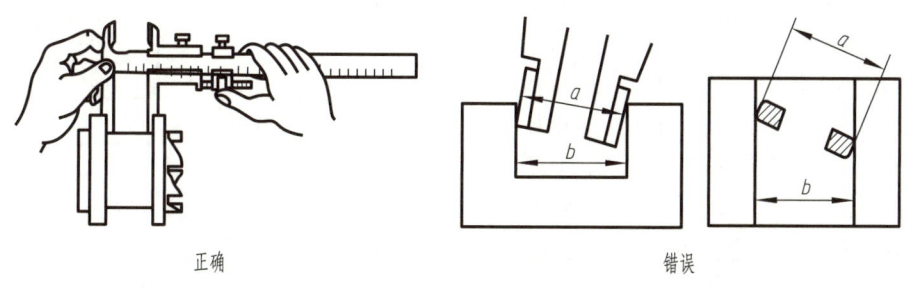

图 3-12 测量沟槽宽度时正确与错误的位置

(6) 如图 3-13 所示,在测量零件的内尺寸时,要使量爪分开的距离小于所测内尺寸,进入零件内孔后,再慢慢张开并轻轻接触零件内表面,用紧固螺钉固定尺框后,轻轻取出游标卡尺来读数。取出量爪时,用力要均匀,并使游标卡尺沿着孔的中心线方向滑出,不可歪斜,以免量爪扭伤、变形或受到不必要的磨损。同时要防止尺框移动,以免影响测量精度。

(7) 游标卡尺两测量刃应在孔的直径上,不能偏歪。图 3-14 所示为带有刃口形量爪和带有圆柱面形量爪的游标卡尺在测量内孔时正确和错误的位置。当量爪在错误位置时,其测量结果 a 将比实际孔径 D 小。

图 3-13 内孔的测量方法

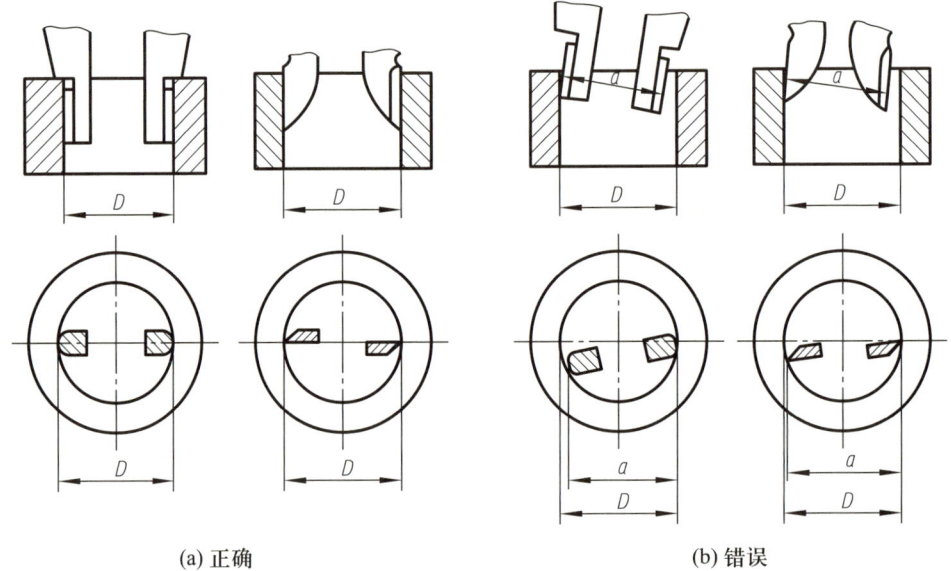

(a) 正确　　　　　　　　　　　　　(b) 错误

图 3-14 测量内孔时正确与错误的位置

(8) 用下量爪的外测量面测量内尺寸,在读取测量结果时,一定要加上量爪的厚度,即游标卡尺上的读数加上量爪的厚度才是被测零件的内尺寸,如图 3-15 所示。测量范围在 500 mm 以下的游标卡尺,量爪厚度一般为 10 mm。但当量爪磨损和修理后,量爪厚度就要小于 10 mm,读数时要将该修正值加以考虑。

(9) 用游标卡尺测量零件时,不允许过分施加压力,所用压力应使两个量爪刚好接触零件表面。若测量压力过大,不但会使量爪弯曲或磨损,而且量爪在压力作用下将产生弹性变形,使测量结果不准确(外尺寸小于实际尺寸,内尺寸大于实际尺寸)。

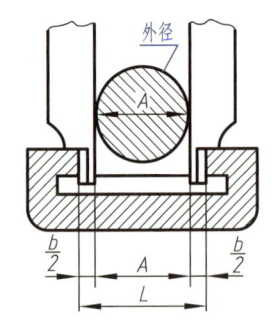

图 3-15 测量 T 形槽的宽度

(10) 在游标卡尺上读数时,应在光线充足处,手持卡尺并保持其水平,使视线尽可能和卡尺的刻线表面垂直,以免由于视线的歪斜造成读数误差。

为了获得正确的测量结果,可以多次测量。即在零件同一截面上的不同方向进行测量。对于较长零件,则应当在全长的各个部位进行测量,务必获得一个比较正确的测量结果。

4. 游标卡尺应用举例

如图 3-15 所示,用游标卡尺测量 T 形槽的宽度时,将量爪外缘端面的小平面贴在零件凹槽的平面上,用紧固螺钉固定微动装置,转动调节螺母,使量爪的外测量面轻轻地与 T 形槽表面接触,并放正两量爪(可以轻轻地摆动一个量爪,找到槽宽的垂直位置),读出游标卡尺的读数(图 3-15 中用 A 表示)。但由于此时是用量爪的外测量面测量内尺寸,卡尺上所读出的读数 A 是量爪内测量面之间的距离,因此必须加上两个量爪的厚度 b 才是 T 形槽的宽度。所以,T 形槽的宽度为

$$L = A + b$$

用游标卡尺测量孔中心线和侧面之间的距离 L 时,先要用游标卡尺测量出孔的直径 D,再用刃口形量爪测量孔的壁面与零件侧面之间的最短距离,如图 3-16 所示。

此时,卡尺应垂直于侧面,且要找到两量爪间的最小距离,读出卡尺的读数 A,则孔中心线与侧面之间的距离为

$$L = A + \frac{D}{2}$$

用游标卡尺测量两孔的中心距有两种方法:一种是先用游标卡尺分别量出两孔的内径 D_1 和 D_2,再量出两孔内表面之间的最大距离 A,如图 3-17 所示,则两孔的中心距为

$$L = A - \frac{1}{2}(D_1 + D_2)$$

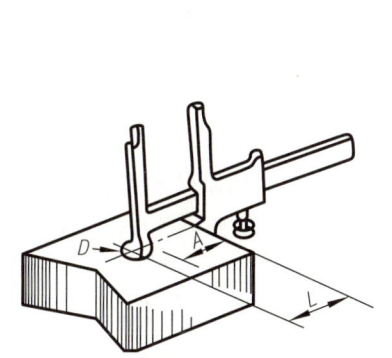

图 3-16 测量孔与侧面的距离

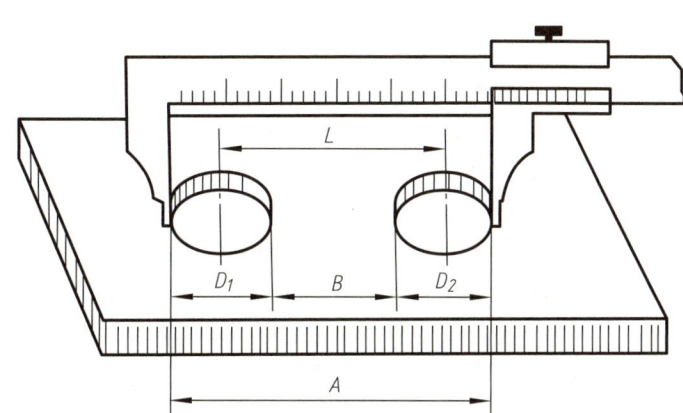

图 3-17 测量两孔的中心距

另一种测量方法,也是先分别量出两孔的内径 D_1 和 D_2,然后用刃口形量爪量出两孔内表面之间的最小距离 B,如图 3-17 所示,则两孔的中心距为

$$L = B + \frac{1}{2}(D_1 + D_2)$$

四、外径千分尺

外径千分尺(简称千分尺)的主要用途是测量工件的外径和外尺寸,它是比游标卡尺更精密

的长度测量仪器。

普通千分尺如图 3-18 所示,其由固定的尺架、测砧、测微螺杆、固定套筒(又称固定刻筒)、微分筒(又称可动刻筒)、测力装置、锁紧螺钉等组成。固定套筒上有一条水平线,这条线的上、下各有一列间距为 1 mm 的刻线,上面的刻线恰好在下面两相邻刻线中间。微分筒上的刻线是将圆周分为 50 等份的水平线,微分筒可进行旋转运动。

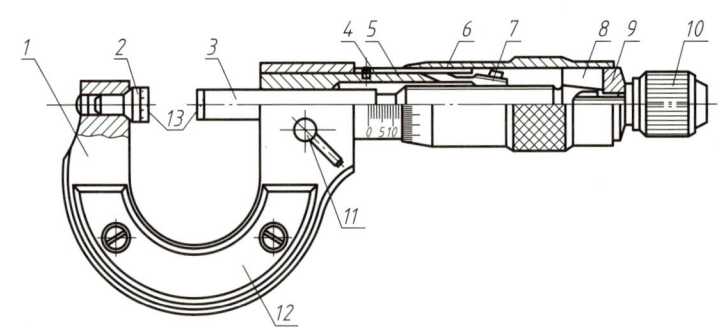

1—尺架;2—测砧;3—测微螺杆;4—螺纹轴套;5—固定套筒;6—微分筒;7—调节螺母;
8—接头;9—垫片;10—测力装置;11—锁紧螺钉;12—绝热板;13—测量面

图 3-18 外径千分尺

使用千分尺时,先要检查其零位是否校准,因此先松开锁紧装置,清除油污,特别是要将测砧与测微螺杆间的接触面清洗干净。检查微分筒的端面是否与固定套筒上的零刻线重合,若不重合应先旋转旋钮,直至螺杆将要接近测砧时,旋转测力装置,当测微螺杆刚好与测砧接触时会听到"咔咔"声,这时停止转动。若仍不重合(重合的标志是微分筒的端面与固定套筒上的零刻线重合,且微分筒上的零刻线与固定套筒上的水平线重合),可松动固定套筒上的小螺钉,用专用扳手调节套筒的位置,使两零刻线分别对齐,再把小螺钉拧紧。不同厂家生产的千分尺的调零方法不一样,这里仅是其中一种调零方法。

检查千分尺零位是否校准时,要使测微螺杆和测砧接触,偶尔会发生向后旋转测力装置但两者不分离的情形。这时可用左手手心用力顶住尺架上测砧的左侧,右手手心顶住测力装置,再用手指沿逆时针方向旋转旋钮,则可以使测微螺杆和测砧分开。

根据螺旋运动原理,当微分筒旋转一周时,测微螺杆前进或后退一个螺距 0.5 mm。这样,当微分筒旋转一个分度后,它转过了 1/50 周,这时螺杆沿轴向移动了 $1/50 \times 0.5$ mm=0.01 mm,因此,使用千分尺可以准确读出 0.01 mm 的数值。

读数时,先以微分筒的端面为准线,读出固定套筒下刻线的分度值(只读出以 mm 为单位的整数),再以固定套筒上的水平线作为读数准线,读出微分筒刻线上的分度值,读数时应估读到最小刻度的十分之一,即 0.001 mm。若微分筒的端面与固定套筒的上刻线之间无下刻线,测量结果即为上刻线的数值加可动刻线的值;若微分筒端面与固定套筒上刻线之间有一条下刻线,测量结果应为上刻线的数值加上 0.5 mm,再加上可动刻线的值,如图 3-19a 所示的读数为 5 mm+0.01 mm×27=5.27 mm,图 3-19b 所示的读数为 7 mm+0.5 mm+0.01 mm×35=7.85 mm。

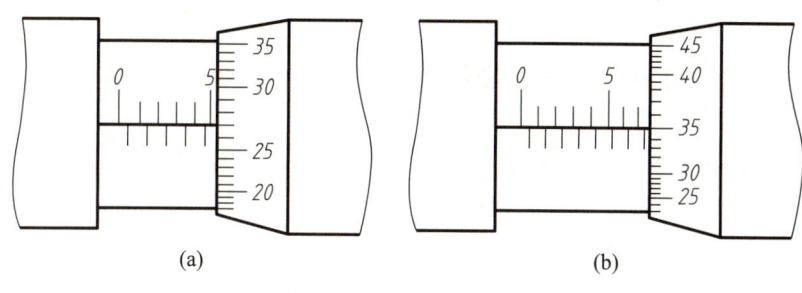

图 3-19　千分尺的读数

使用千分尺测量零件尺寸时,必须注意下列几点。

(1) 使用前,应将千分尺的两个测量面擦拭干净,转动测力装置,使两个测量面接触(当测量上限大于 25 mm 时,在两测量面之间放入校对量杆或相应尺寸的量块),两测量面接触时应没有间隙和漏光现象。同时微分筒和固定套筒零位要校准。

(2) 转动测力装置时,微分筒应能自由灵活地沿着固定套筒活动,没有任何卡滞和不灵活的现象。如有活动不灵活的现象,应及时检修。

(3) 测量前,应把零件的被测量表面擦拭干净,以免有脏物存在而影响测量精度。绝对不允许用千分尺测量带有研磨剂的表面,以免损伤测量面的精度。也不允许用千分尺测量表面粗糙的零件,这样易使测量面过早磨损。

(4) 用千分尺测量零件时,应当手握测力装置的旋钮来转动测微螺杆,使测量面保持标准的测量压力,听到"咔咔"声则表示压力合适,并可开始读数。要避免因测量压力不等而产生测量误差。

(5) 绝对不允许用力旋转微分筒来增加测量压力,使测微螺杆过分压紧零件表面,致使精密螺纹因受力过大而发生变形,损坏千分尺的精度。有时用力旋转微分筒后,虽因微分筒与测微螺杆间的连接不牢固,不会使精密螺纹产生严重损坏,但是微分筒打滑后,会使千分尺的零位改变,可能会造成质量事故。

(6) 如图 3-20 所示,使用千分尺测量零件时,要使测微螺杆与零件被测量的尺寸方向一致。如测量外径时,测微螺杆要与零件的轴线垂直,不要歪斜。测量时,可在旋转测力装置的同时,轻轻地晃动尺架,使测量面与零件表面接触良好。

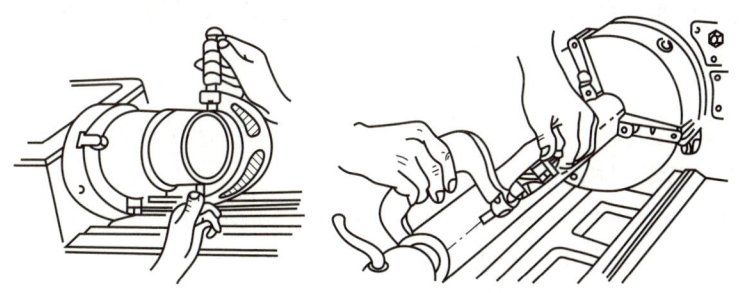

图 3-20　在车床上使用外径千分尺的方法

(7) 用千分尺测量零件时,最好让千分尺停留在零件上进行读数,放松后取出千分尺,这样可减少测量面的磨损。如果必须取下读数,则应采用制动器锁紧测微螺杆后再轻轻滑出零件。不能将千分尺当卡规使用,这样做不但易使测量面过早磨损,甚至会使测微螺杆或尺架发生变形而失去精度。

(8) 在读取千分尺上的测量数值时,要特别仔细,明确测微螺杆上与微分筒端面最为接近的刻线数值。

(9) 为了获得正确的测量结果,可在同一位置上再测量一次。尤其是测量圆柱形零件尺寸时,应在同一圆周的不同方向测量几次,检查零件外圆有没有圆度误差;再在全长的各个部位测量几次,检查零件外圆是否有圆柱度误差等。

(10) 对于超过常温的工件,不要进行测量,以免产生读数误差。

(11) 用单手使用千分尺时,如图 3-21a 所示,可用大拇指和食指或中指捏住微分筒,小指勾住尺架并压向手掌,大拇指和食指转动测力装置即可进行测量。

(12) 用双手测量时,可按图 3-21b 所示的方法进行。

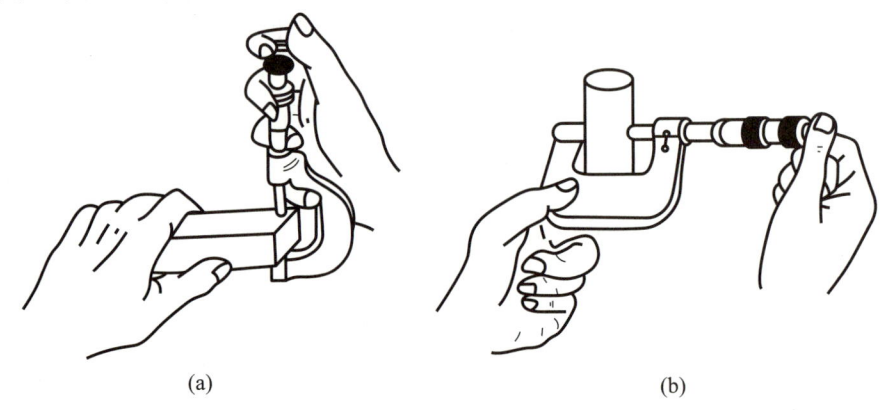

图 3-21　正确使用千分尺

下面给出几种外径千分尺的错误使用方法:用千分尺测量旋转运动中的工件,很容易使千分尺磨损,而且测量也不准确;为了尽快得出读数而用力旋转微分筒,该行为将使微分筒同测微螺杆间发生碰撞,会破坏千分尺的内部结构。

五、万能角度尺

万能角度尺(简称角度规)是利用游标读数原理来直接测量精密零件内外角或进行划线的一种角度量具。

万能角度尺的读数机构如图 3-22 所示。它由刻有基本角度刻线的主尺和固定在扇形板上的游标尺组成。扇形板可在主尺上回转移动(有制动器),形成了和游标卡尺相似的游标读数机构。

万能角度尺的使用

万能角度尺主尺上的刻线每格为 1°。游标上刻有 30 格,所占的总角度为 29°。因此,两者每格刻线的度数差即是万能角度尺的测量精度 2′。

万能角度尺的读数方法和游标卡尺相同,先读出游标尺零线前主尺的度数,再从游标尺上读出角度"分"的数值,两者相加就是被测零件的角度数值。

在万能角度尺上,基尺是固定在尺座上的,直角尺用卡块固定在扇形板上,游标尺用卡块固定在直角尺上。若把直角尺拆下,也可把直尺固定在扇形板上。由于直角尺和直尺可以进行移动和拆换,因此万能角度尺可以测量 0°~320° 的任何角度,如图 3-23 所示。

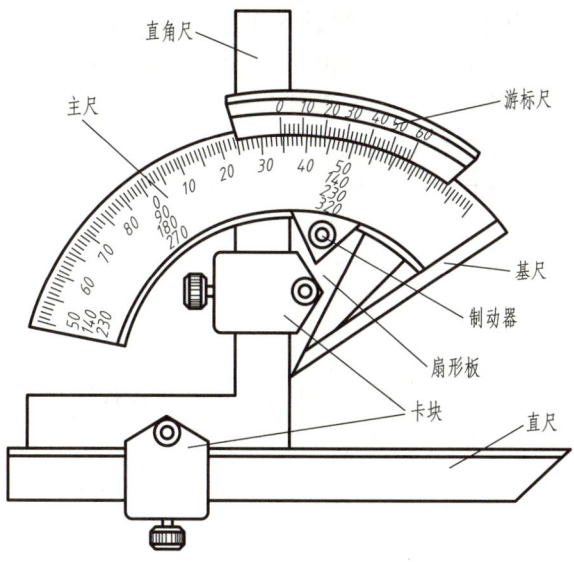

图 3-22 万能角度尺

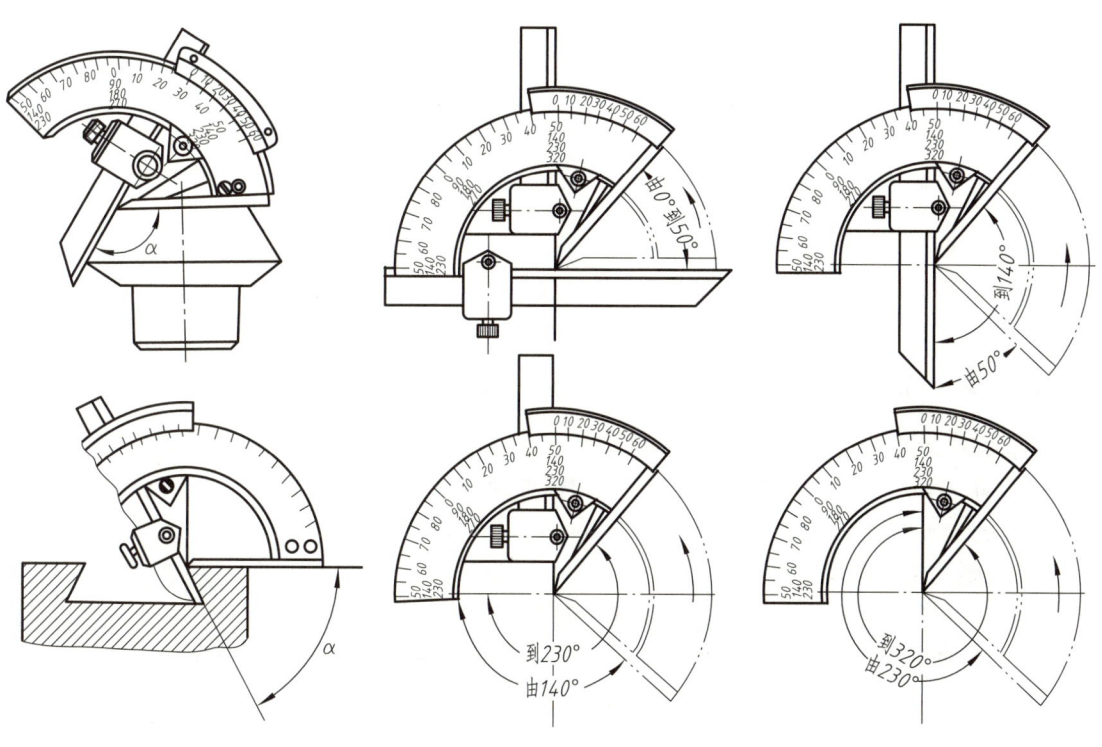

图 3-23 万能角度尺的应用

如图 3-23 所示,当直角尺和直尺全装上时,可测量 0°~50° 的外角度;仅装上直尺时,可测量 50°~140° 的角度;仅装上直角尺时,可测量 140°~230° 的角度;把直角尺和直尺全拆下时,可测量 230°~320° 的角度(即可测量 40°~130° 的内角度)。

万能角度尺的尺座上，基本角度的刻线只有 0~90°，如果被测角度＞90°，则在读数时，应加上一个基数(90°，180°，270°)。当 90°＜被测角度＜180° 时，被测角度 =90°+ 万能角度尺读数；当 180°＜被测角度＜270° 时，被测角度 =180°+ 万能角度尺读数；当 270°＜被测角度＜320° 时，被测角度 =270°+ 万能角度尺读数。

用万能角度尺测量零件角度时，应使基尺与零件角度的母线方向一致，且零件应与万能角度尺的两个测量面在全长上接触良好，以免产生测量误差。

六、半径样板

一般用半径样板(又称半径规)测量圆弧半径。

每套半径样板有多片，分为凸形样板和凹形样板。凸形样板用于测量凹圆弧，凹形样板用于测量凸圆弧，每片刻有半径值。

测量时必须使半径样板的测量面与零件的圆弧完全紧密地接触，当测量面与零件圆弧间没有间隙时，半径样板上所示的数字即为零件的圆弧半径。由于是目测测量，故准确度不太高，如图 3-24 所示。

螺纹样板与半径样板

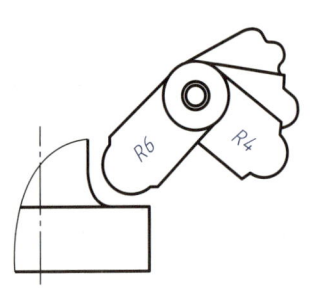 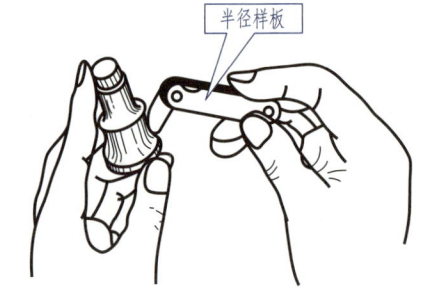

图 3-24　半径样板测量圆弧半径

七、螺纹样板

测量螺纹螺距时，可以使用螺纹样板。

螺纹样板是一种具有确定螺距及牙型的标准薄片，且满足一定的准确度要求，用作螺纹标准对类同的螺纹进行测量，又称为螺纹规或螺距规。

每套螺纹样板有很多片，每片刻有不同的螺距值。测量螺纹螺距时，将螺纹样板组中齿形钢片作为样板，卡在被测螺纹工件上，如果不密合，就另换一片，直到密合为止，这时该螺纹样板上标记的数值即为被测螺纹工件的螺距。使用时，须注意在把螺纹样板卡在螺纹牙廓上时，应尽可能利用螺纹的工作部分长度，使测量结果更为准确，如图 3-25 所示。

测量牙型角时，把螺距与被测螺纹相同的螺纹样板放在被测螺纹上，然后检查它们的接触情况。如果没有间隙

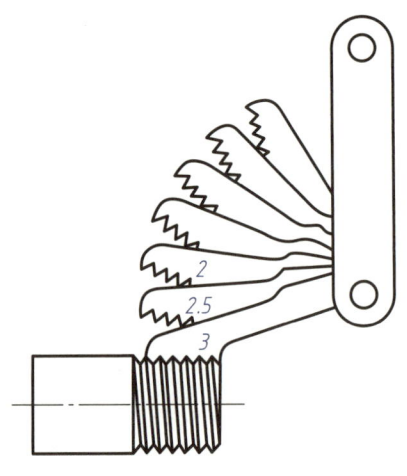

图 3-25　测量螺纹螺距

透光,则被测螺纹的牙型角是正确的;如果有不均匀间隙透光现象,就说明被测螺纹的牙型不准确。但是,这种测量方法比较粗略,只能用来判断牙型角误差的大概情况,不能确定牙型角误差的数值。

八、量块

量块又称块规,它是机器制造业中控制尺寸的最基本的量具,是从标准长度到零件之间进行尺寸传递的媒介,是技术测量中长度计量的基准。

表面粗糙度测量仪和对比样块

长度量块是用耐磨性好、硬度高而不易变形的轴承钢所制成的矩形截面的长方块,如图3-26所示。它有上、下两个测量面和四个非测量面,两个测量面是经过精密研磨和抛光加工的平面度误差及表面粗糙度值很小的平行平面。量块的矩形截面尺寸是:标称长度为0.5~10 mm的量块,其截面尺寸为30 mm×9 mm;标称长度>10~1 000 mm的量块,其截面尺寸为35 mm×9 mm。

量块的工作尺寸不是指两测量面之间任意处的距离,因为两测量面不是绝对平行的。量块的工作尺寸是指中心长度,即量块一个测量面的中心至与另一个测量面相研合的辅助体表面之间的垂直距离,辅助体的材料和表面质量应与量块相同。在每块量块上,都标记着其标称长度:当标称长度等于或大于6 mm时,标称长度标记在非测量面上;当标称长度在6 mm以下时,标称长度直接标记在测量面上。

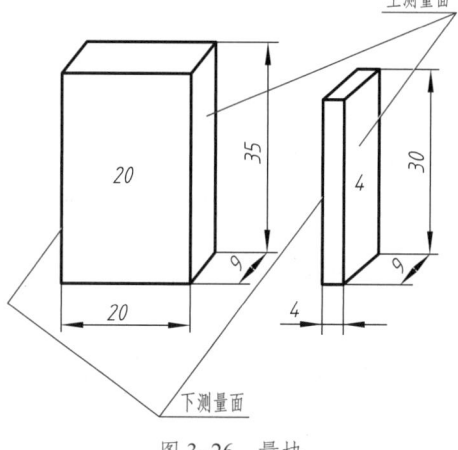

图3-26 量块

根据工作尺寸(即中心长度)的精度和两个测量面的平行度,将量块精度分成五个精度级,即K级、0级、1级、2级和3级。K级量块的精度最高,工作尺寸和测量面平行度等都很精确,误差只有零点几微米,一般用于省市级计量单位作为检定或校准精密仪器使用。从0级到3级,量块的精度依次降低。3级量块的精度最低,一般作为工厂或车间计量站使用的量块,用来检定或校准车间常用的精密量具。

量块是精密的尺寸标准用具,制造困难。为了使工作尺寸偏差稍大的量块仍能作为精密的长度标准用具使用,可精确检定其工作尺寸,并在使用时加上检定量块得到的修正值。尽管这种方法在使用时比较烦琐,但可以使偏差稍大的量块仍能作为精密尺寸的标准用具。

量块使用完毕后,应及时在汽油中清洗干净,用软绸擦干后涂上防锈油,放在专用的盒子里。若需要经常使用,可在洗净后不涂防锈油而直接放在干燥缸内保存。绝对不允许将量块长时间地黏合在一起,以免由于金属黏结而引起不必要的损伤。

3.2 常见尺寸测量方法

测量尺寸常用的简单工具有钢直尺、外卡钳和内卡钳,而测量较精密的零件时,要用游标卡尺、千分尺或其他工具。钢直尺、游标卡尺和千分尺上有尺寸刻线,测量零件时可直接从刻线上读出零件的尺寸。用内、外卡钳测量时，必须借助钢直尺才能读出零件的尺寸。

1. 测量线性尺寸

（1）测量直线尺寸

一般用钢直尺、游标卡尺或深度尺直接测量直线尺寸大小，必要时可借助直角尺或三角板配合进行测量，如图3-27所示。

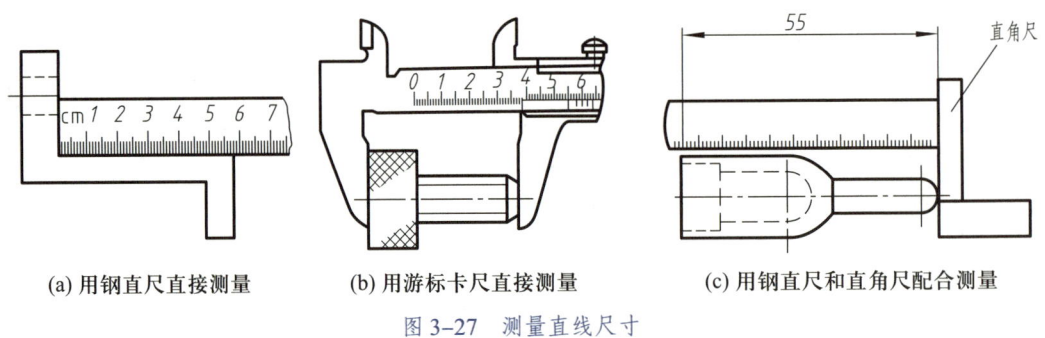

(a) 用钢直尺直接测量　　(b) 用游标卡尺直接测量　　(c) 用钢直尺和直角尺配合测量

图3-27　测量直线尺寸

（2）测量直径尺寸

通常用内、外卡钳或游标卡尺直接测量直径尺寸，必要时也可使用内、外径千分尺。测量时应使两测量点的连线与回转面的轴线垂直相交，以保证测量精度，如图3-28所示。

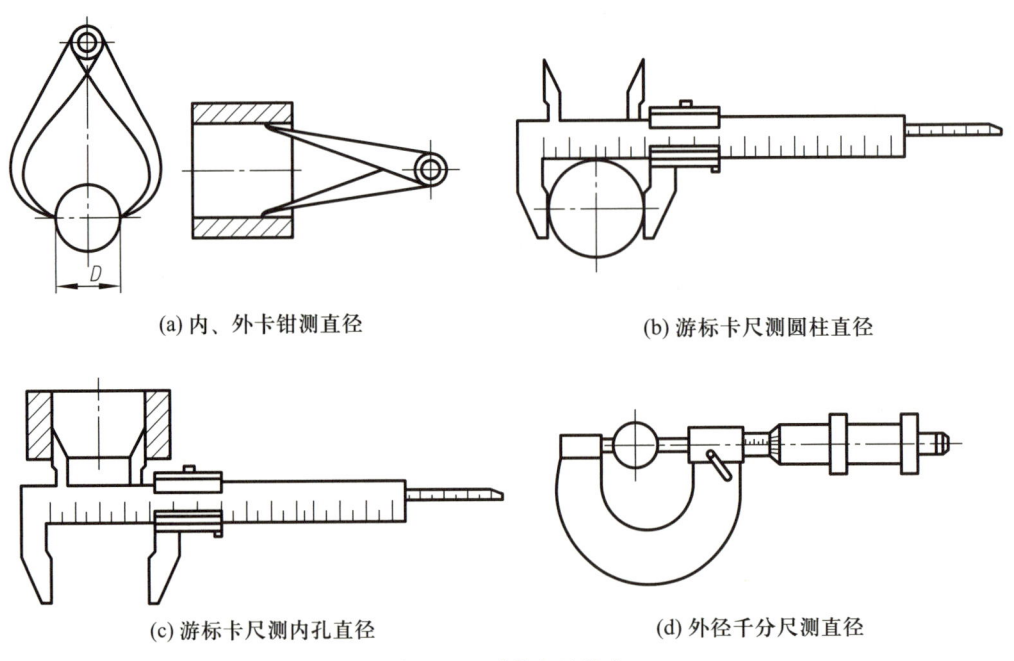

(a) 内、外卡钳测直径　　(b) 游标卡尺测圆柱直径

(c) 游标卡尺测内孔直径　　(d) 外径千分尺测直径

图3-28　测量直径尺寸

在测量阶梯孔的直径时，会遇到外面孔小、里面孔大的情况，此时用游标卡尺就无法测量大孔的直径。这时可用内卡钳测量，如图3-29a所示。也可用特殊量具（内外同值卡尺）测量，如图3-29b所示。

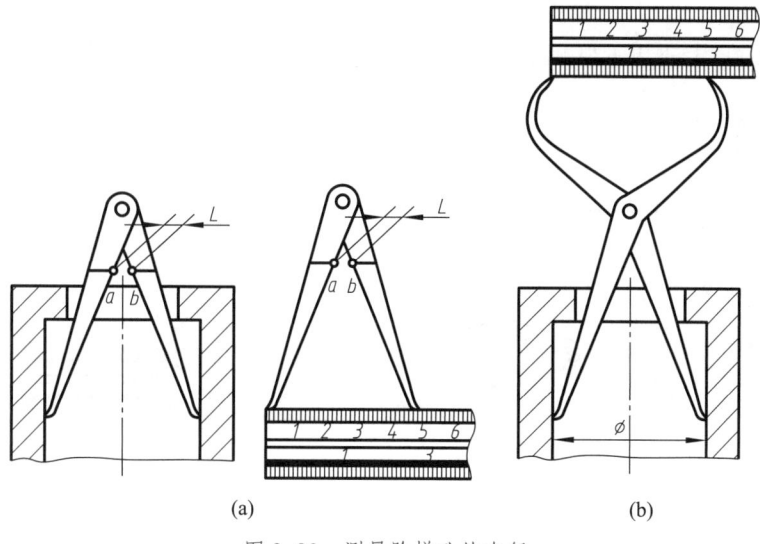

图 3-29 测量阶梯孔的直径

(3) 测量壁厚

一般可用直尺测量壁厚,如图 3-30a 所示。若孔径较小,则可用带测量深度功能的游标卡尺测量,如图 3-30b 所示。有时也会遇到用直尺或游标卡尺都无法测量壁厚的情况,这时需用卡钳来测量,如图 3-30c、d 所示。

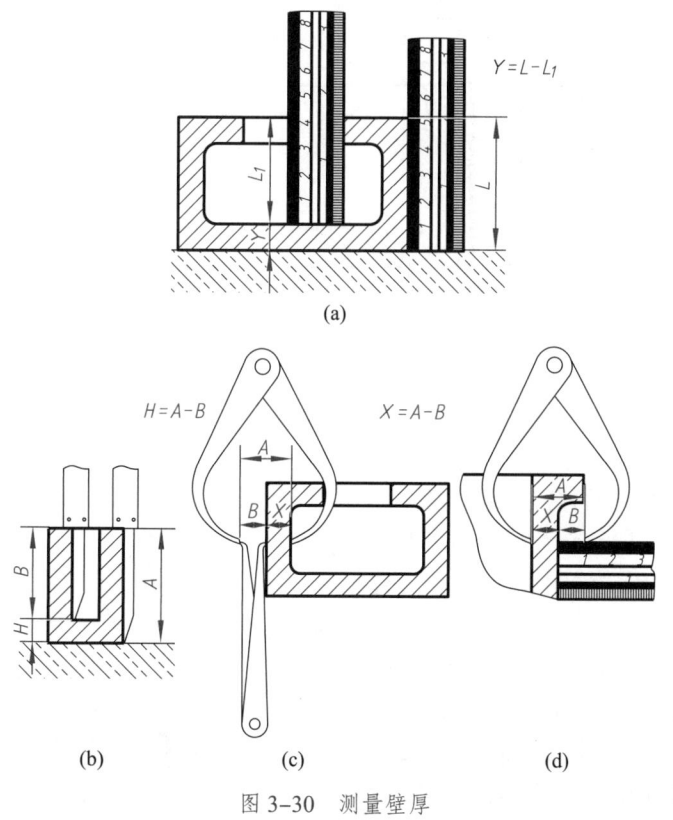

图 3-30 测量壁厚

(4) 测量孔间距

可用游标卡尺、卡钳或直尺测量孔间距,如图3-31所示。

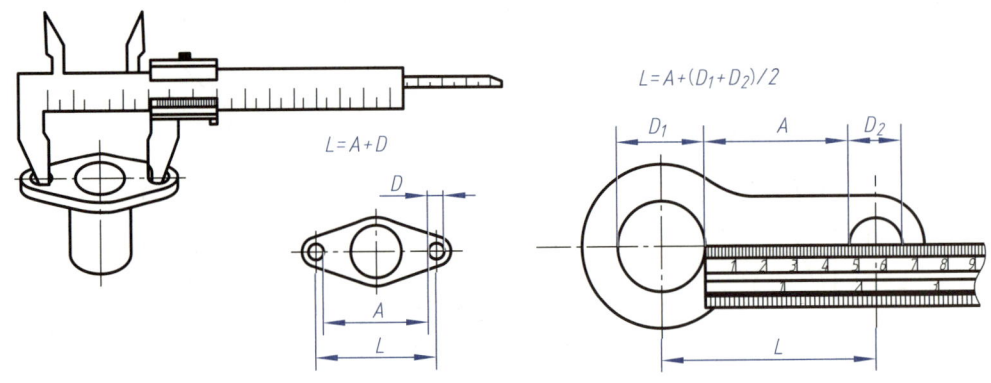

图3-31 测量孔间距

(5) 测量中心高

一般可用直尺、卡钳或游标卡尺测量中心高,如图3-32所示。

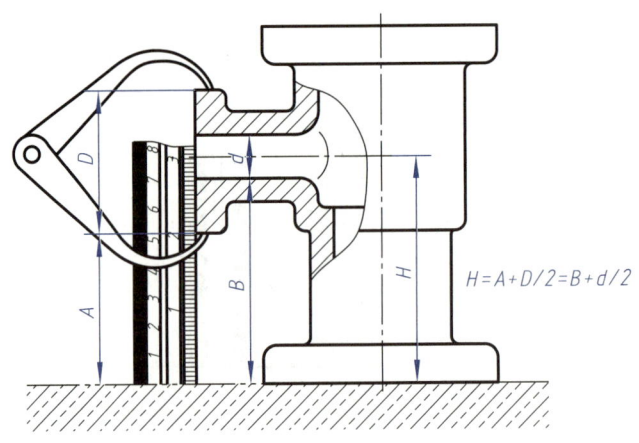

图3-32 测量中心高

2. 测量非线性尺寸

(1) 测量圆弧半径

检查圆弧半径尺寸是否合格的量规称为半径样板(又称圆角规)。半径样板有检查凸形圆弧和凹形圆弧两种。半径样板成套地组成一组,根据半径范围,常用的有三套,每组由凹形和凸形样板各16片组成。最小的半径为 R1 mm,每隔 0.25 mm 增加一挡,到 R3 mm 为止;然后每隔 0.5 mm 增加一挡,到 R20 mm 为止;之后每隔 1 mm 增加一挡,到 R25 mm 为止。具体尺寸见表3-3。每片样板都是用 0.5 mm 厚的不锈钢板制成,如图3-33所示。

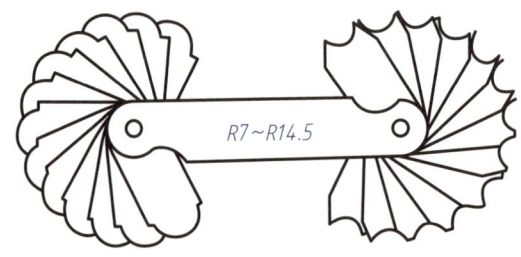

图3-33 测量圆弧半径

表 3-3 成套半径样板的尺寸 单位：mm

样板组半径范围	样板半径尺寸													
$R1\sim R6.5$	$R1$	$R1.25$	$R1.5$	$R1.75$	$R2$	$R2.25$	$R2.5$	$R2.75$	$R3$	$R3.5$	$R4$	$R4.5$	$R5$	$R5.5$ $R6$ $R6.5$
$R7\sim R14.5$	$R7$	$R7.5$	$R8$	$R8.5$	$R9$	$R9.5$	$R10$	$R10.5$	$R11$	$R11.5$	$R12$	$R12.5$	$R13$	$R13.5$ $R14$ $R14.5$
$R15\sim R25$	$R15$	$R15.5$	$R16$	$R16.5$	$R17$	$R17.5$	$R18$	$R18.5$	$R19$	$R19.5$	$R20$	$R21$	$R22$	$R23$ $R24$ $R25$

用半径样板检查圆弧半径时，先选择半径与圆弧半径相同的样板，将其紧靠被测圆弧，使样板平面的延伸面通过被测圆弧的圆心；然后用透光法查校样板与被测圆弧的接触情况，完全不透光为合格，如果透光，则说明被检圆弧半径不合要求，从该片上的数值可知圆弧半径的大小，如图 3-34 所示。

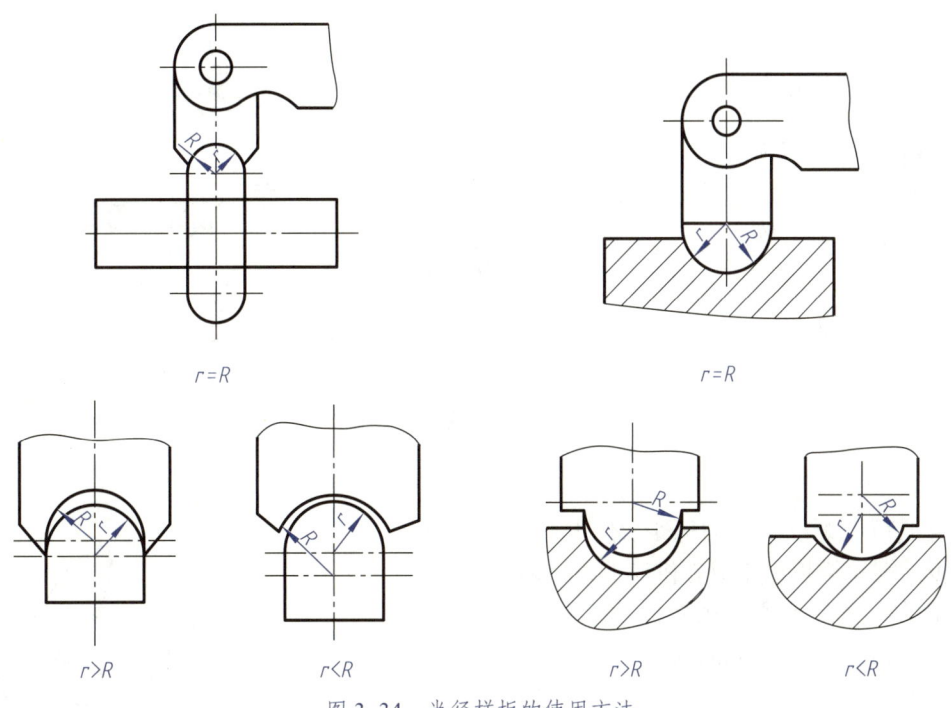

图 3-34 半径样板的使用方法

(2) 测量角度

可用量角规测量角度，如图 3-35 所示。

(3) 测量曲线和曲面

要求准确测量曲线和曲面时，必须用专门的量仪进行测量；对准确度要求不高时，常采用下面三种方法测量。

1) 拓印法

对于柱面部分曲率半径的测量，可用纸拓印其轮廓，得到如实的平面曲线，然后判定该曲线的圆弧连接情况,测量其半径,如图 3-36a 所示。

2) 铅丝法

对于零件的曲线回转面母线曲率半径的测量,可用铅丝弯成实形后,得到如实的平面曲线,然后判定曲线的圆弧连接情况,再用中垂线法求得各段圆弧的中心,测量其半径,如图 3-36b 所示。

3) 坐标法

对于一般的曲面,可用直尺和三角板定出曲面上各点的坐标,在图上画出曲线后求出曲率半径,如图 3-36c 所示。

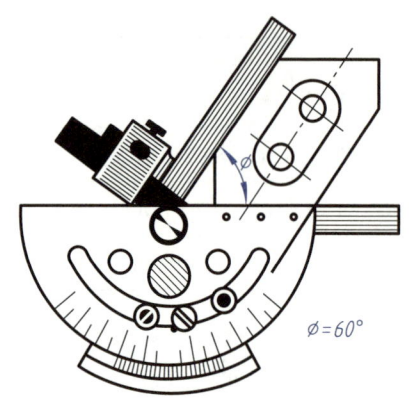

图 3-35 测量角度

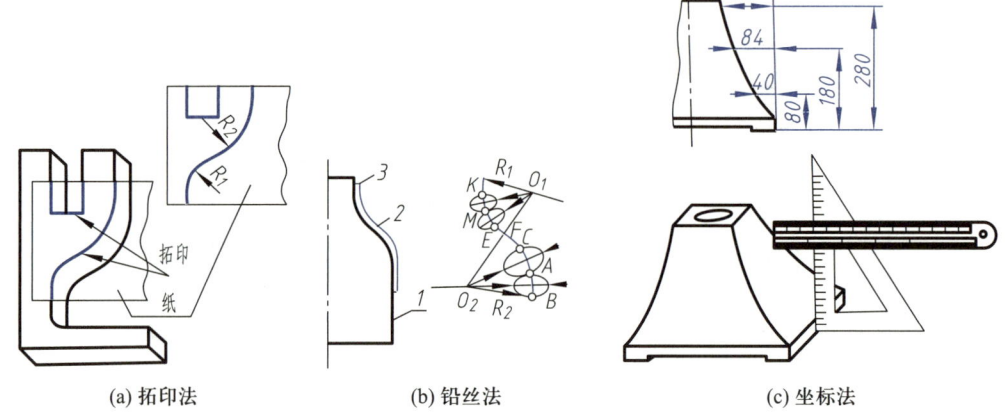

(a) 拓印法　　(b) 铅丝法　　(c) 坐标法

图 3-36 测量曲线和曲面

(4) 测量螺纹螺距

检查低精度螺纹工件的螺距、牙型时,可采用螺纹样板。螺纹样板也是成套供应的,由多种标准螺纹牙型样板组成,在每一个样板上标注着各自的螺距,每片样板均采用 0.5 mm 厚的不锈钢板制成。

使用时先目测螺纹的线数和旋向,然后目测螺纹的螺距,选一片螺纹样板在被测螺纹上试卡,如果完全吻合,没有透光现象,说明被测螺纹的螺距、牙型与样板的螺距、牙型相同;如果样板牙型与被测螺纹的牙型表面不密合,则换一个与之尺寸相近的样板试卡,直到密合为止。此时,样板所标注的螺距即为被测螺纹的螺距,如图 3-37 中的螺距 $P=1.5$。

知道螺距后,用游标卡尺直接测出螺纹的大径

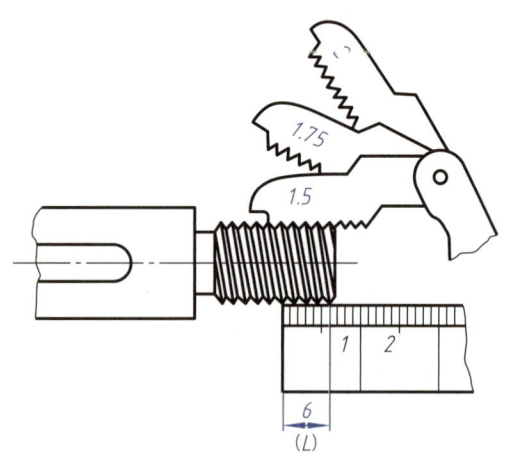

图 3-37 测量螺距

和长度。最后查对标准手册,核对牙型、螺距和大径,确定螺纹标记。

(5) 测量直齿圆柱齿轮参数

1) 齿轮基本参数的测量 标准直齿圆柱齿轮(简称标准齿轮)的啮合角 $\alpha=20°$,无须测量。齿轮的齿数 z 可以根据实物通过目测计数得到。齿顶圆直径 d_a 必须经测量得到。齿数分别为奇数和偶数时,齿顶圆的测量方法不同。若齿数为偶数,可直接用钢直尺或游标卡尺量出,如图 3-38a 所示;若齿数为奇数,由于齿顶对齿槽,所以无法直接测量,带孔齿轮可按图 3-38b 所示的方法测出 D 和 H,然后由 $d_a=D+2H$ 计算出齿顶圆直径。齿轮模数 $m=d_a/(z+2)$,计算出的模数应与标准齿轮模数进行对比,取相同或最接近的模数值,用于计算其他参数。

齿轮参数测量

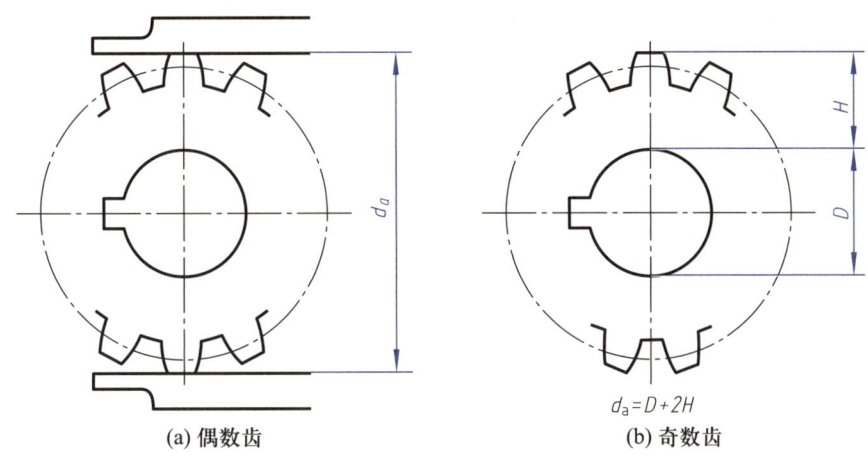

(a) 偶数齿　　(b) 奇数齿

图 3-38　测量标准直齿圆柱齿轮齿顶圆直径

2) 齿轮齿厚的测量　齿轮齿厚的测量需用到齿厚游标卡尺,其结构如图 3-39 所示。其水平尺身上有水平游标尺框,分别与微调装置相连,竖直尺身用于定位,量爪用于测量齿厚。齿厚游标卡尺以其测量模数 m 的范围(mm)表示,如 1~16、1~25、5~32、10~50;其分度值为 0.02 mm。测量时,在竖直尺身上调整出分度圆的弦齿高,并用游标尺框上的螺钉锁紧,将竖直尺身量爪紧贴被测齿轮的齿顶,保持齿厚游标卡尺与被测齿轮轴线垂直,移动水平游标尺框到量爪接近轮齿侧面时,拧紧微调装置上的紧固螺钉,旋转微调装置,使两个量爪轻轻接触轮齿侧面,然后从水平游标尺框上读出齿厚数值,如图 3-39 所示。齿厚游标卡尺的测量精度不高,因为测量时以齿顶圆定位,所以齿顶圆误差和径向圆跳动误差会影响测量结果。

3) 齿轮公法线的测量　公法线千分尺主要用于测量模数 $m \geqslant 1$ mm 的渐开线外啮合齿轮的公法线长度。其结构与外径千分尺相似,唯一不同的是其测砧为圆盘形,如图 3-40 所示。公法线千分尺的测量范围为 0~25 mm、25~50 mm、50~75 mm、75~100 mm、100~125 mm、125~150 mm;其分度值为 0.01 mm。测量时,按要求将两个圆盘测砧的中部与被测齿轮分度圆附近的齿面轻轻接触,千分尺的示值就是公法线的长度,读数方法与外径千分尺完全相同。

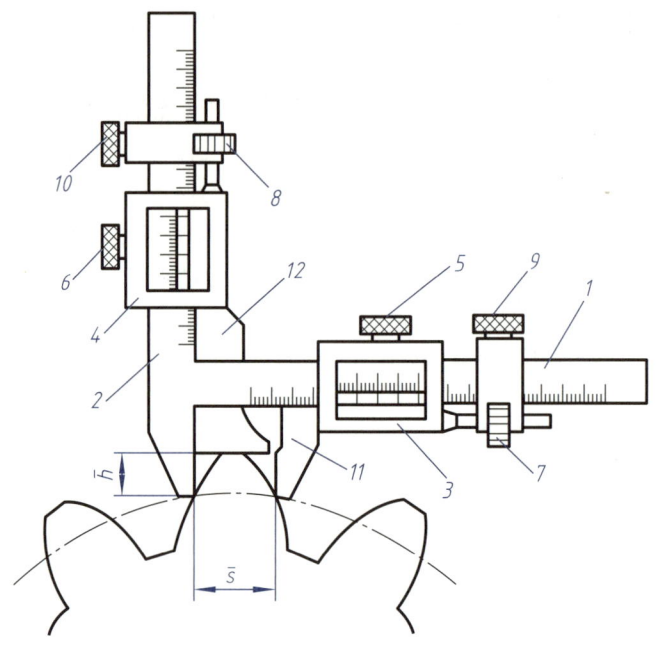

1—水平尺身；2—竖直尺身；3—水平游标尺框；4—高度游标尺框；
5、6、9、10—螺钉；7、8—微调装置；11、12—量爪

图 3-39　齿厚游标卡尺的结构与齿厚测量

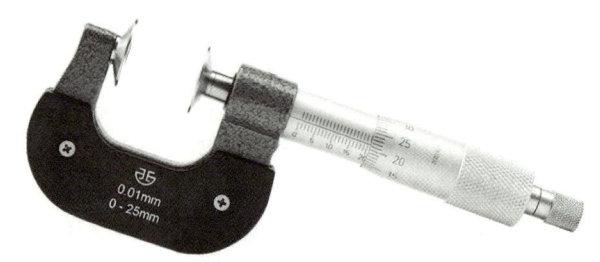

图 3-40　公法线千分尺

公法线千分尺的使用方法

内径量表的使用方法

3. 注意事项

（1）尺寸数字的标注　在零件草图上标注的所有尺寸数字，一律标注实际测量确定的尺寸数值。

（2）正确处理实测数据　对于关键零件的尺寸和各零件的重要尺寸，应反复测量多次，然后记录其平均值。一般地，总尺寸应直接测量，不能由中间尺寸计算而得。在对较大的孔、轴、长度等尺寸进行测量时，必须考虑其几何形状误差的影响，应多测几个点，然后取平均值。

（3）零件测绘状态　测量时，应确保零件的自由状态，避免由于装夹、量具接触压力等造成零件变形而引起测量误差。对组合前后形状有变化的零件，应掌握其变化前后的差异。

（4）配合面的测量　对于有配合关系或在连接处的形状结构相同的两个零件，在测量尺寸时也必须遵循各自测量、分别记录的原则，然后相互检查从而确定尺寸。

3.3 零部件测量工具的选用

零部件测量的主要内容有零部件的长度、角度、表面粗糙度、形状精度以及相互位置精度等，这些内容是选用计量器具的主要依据。在实际选择测量工具时，还要考虑测量对象、测量零部件之间的配合要求、测量精度等因素。

1. 零件尺寸的测量

测绘过程包括尺寸测量和绘图两项基本内容。零件尺寸测量的准确与否将直接影响产品的质量，特别是某些关键零件的重要尺寸更是如此。

(1) 基本要求

尺寸测量的基本要求是在测量前要做到心中有数，在测量中要仔细认真。

1) 测量前做到心中有数。在测绘过程中，对零件的每个尺寸都要进行测量。在实际测量前，必须明确测量方法、测量工具以及需要测量的几何误差，做到心中有数。

在一般情况下，关键件、基础件、大零件的尺寸，一些非关键件的某些重要尺寸，如齿轮、花键、螺纹和弹簧等的主要几何参数，最好选择测量精度较高的量具进行测量。零件的非功能尺寸（即在图样上不需注出公差的尺寸）一般用普通量具测到小数点后一位即可，而零件的功能尺寸（包括性能尺寸、配合尺寸、装配定位尺寸等）及几何误差最好测到小数点后三位，如果无法测到小数点后三位，至少也应测到小数点后两位。

2) 测量中要仔细认真。测量中要特别仔细认真，不能马虎。应坚持做到"测得准、记得细、写得清"。

若要测得准，就应在测量前确定测量方法，检验并校对量具，必要时还要设计一些专用的测量工具。

记得细是指在测量过程中，要详细记录原始数据，不仅要记录测量读数，还要记录测量方法、测量用具和零件装配方法。对于非直接测量得到的尺寸，还应绘出测量简图，指明测量基准、换算方法并记下计算公式。

写得清是指要在测量草图或专用记录本上，将上述各项内容，特别是测量数据清清楚楚、准确无误地写出。

(2) 注意事项

1) 关键零件的尺寸和零件的重要尺寸应反复测量若干次，直到数据稳定可靠为止，然后记录其平均值或各次测得值。整体尺寸应直接测量，不能由几个尺寸叠加获得。

2) 在零件草图上一律标注实测数据。对于复杂的零件，为了便于检查测量尺寸的准确性，可由不同基面所得尺寸组成封闭的尺寸。同时，草图上各个投影尺寸也允许有重复。

3) 对复杂零件（如叶片等）必须采用边测量、边画放大图的方法，以便及时发现问题。对配合面、型面应随时考证数据的正确性。

4) 要正确处理实测数据。在测量较大的孔、轴、长度等尺寸时，必须考虑其几何误差的影响，应多测几个点，取其平均数。对于测值差异明显的，还应记下其最大、最小值，但必须分清这种差异是全面性的还是局部性的。如在圆柱面很短的一段圆周上出现凹凸现象、圆柱面端头的微小锥度等只能视为局部差异。

5）测量数据的整理。要及时整理测量数据,特别是间接测得的尺寸数据更应及时进行整理,并将换算结果记录在草图上。在整理重要尺寸的测量数据时,如有疑问或发现矛盾和遗漏,应立即进行重测或补测。

6）测量时,应确保零件处于自由状态,防止由于装夹、量具接触压力等造成零件变形而引起测量误差。对组合前后形状有变化的零件,应分别测量其前后的差异值。

7）在测量过程中,要特别注意防止小零件丢失。在测量暂停和测量结束时,要注意零件的防锈等保管工作。

8）两零件在配合或连接处,其形状结构可能完全一样,但在测量时也必须各自测量、分别记录,然后相互检验确定其尺寸,绝不能只用一处的测量值来代替。

9）在测绘过程中,应特别注意原始数据的记录和草图的整理,以便积累资料建立技术档案。

10）一般应按基础件→重要零件→相关度高的零件→一般零件的顺序进行尺寸测量,以便发现尺寸中的矛盾,提高测量的效率。

2. 确定测量工具

测量的准确程度与测量工具的精确程度密切相关,但并不是选择精确度高的量具就一定好。量具的选择应该与零件上该尺寸的精度要求相适应,以满足精度要求为准。所以,应该在弄清草图上待测尺寸精度要求的基础上选择合适的测量工具。

表3-4列出了千分表、千分尺及游标卡尺的合理使用范围,可供选择量具时参考。

表3-4 千分表、千分尺及游标卡尺的合理使用范围

量具名称	分度值/mm	量具精度	\multicolumn{12}{c}{被测绘零部件的公差等级（IT）}
			5	6	7	8	9	10	11	12	13	14	15	16
千分表	0.001		√	√	√									
	0.005		√	√	√	√								
	0.01	0级		√	√	√								
	0.01	1级			√	√	√							
	0.01	2级						√						
千分尺	0.01	0级		√	√	√								
	0.01	1级				√	√	√						
	0.01	2级					√	√	√					
游标卡尺	0.02								√	√	√	√	√	√
	0.05									√	√	√	√	√
	0.1													√

1）一般精度要求的长度尺寸可直接用钢直尺、外卡钳测量。对于精度要求较高的长度尺寸,可根据精度要求的不同选择游标卡尺或千分尺测量。

2）直径尺寸常用游标卡尺进行测量,而精密零件的内、外径需用千分尺来测量。

3）半径尺寸常用半径样板直接测量。此外还有一些间接测量半径的方法。

4) 两孔中心距可用游标卡尺、卡钳或钢直尺来测量。

5) 孔中心高度可用高度游标卡尺测量，还可以用游标卡尺、钢直尺、卡钳等测出一些相关数据，然后用几何运算方法求出。

6) 孔的深度可以用钢直尺、游标卡尺、深度游标卡尺或深度千分尺来测量。

7) 壁厚可用钢直尺直接测量或用钢直尺和外卡钳、游标卡尺和量块结合进行测量。

8) 螺纹可使用螺纹量规和螺纹样板来测量。如果没有螺纹量规、螺纹样板或者不能用螺纹量规和螺纹样板进行测量，则可用游标卡尺测量大径，再用薄纸压痕法测量其螺距。

9) 对于曲线和曲面，如果有精准测量的要求，则必须用专门的测量仪如三坐标测量仪进行测量，如果对测绘精度要求不高，则可采用拓印法、铅丝法、坐标法将被测曲线画到纸上，然后再进行测量。

拓展阅读

◆ 造岛神器——"天鲲号"自航绞吸式挖泥船

近年来，中国制造了大量先进的工程机械，其中"天鲲号"自航绞吸式挖泥船备受瞩目。作为目前全亚洲最大的造岛神器，它是绞吸式挖泥船中性能最强悍的船只之一。"天鲲号"可执行航道疏通、填海造陆等多项任务。此船是中国根据自身国情和海洋地质情况量身定制的，它的问世极大地提升了中国的海洋工程能力。

挖泥船是一种特殊的船舶，专门从海底海床上挖掘泥沙。西方国家常用的挖泥船采用了耙吸式设计，适用于海底泥沙较为细腻的地区。而中国附近海床的地质条件复杂，礁石与泥沙混合，只能使用绞吸式挖泥船。中国研发"天鲲号"的原因是西方国家封锁了绞吸式挖泥船的出口，中国长时间受制于西方国家，这促使我们下定决心研发国产的绞吸式挖泥船。

经过多年的研发，我国终于成功制造出了"天鲲号"，此船的挖泥速度达到 6 000 m^3/h。在天津港的扩建工作中，借助"天鲲号"强大的挖掘泥沙能力，疏通了航道，让吃水量更深的重型货轮能停靠在天津港。不仅如此，我国还在利用"天鲲号"的技术制造性能更强大的挖泥船，此举将使我国在挖泥船制造技术领域拥有全球最强大的实力。我国的领海面积广阔，需要大量的海洋工程船舶来执行各种海洋工程任务，随着"天鲲号"的服役，极大拓宽了我国能完成的海洋工程任务范围。

总的来说，随着"天鲲号"的研制成功，中国的海洋工程船舶建造技术已经达到了一个新的高度。未来，我国将继续投入大量的资源和精力来研究和建造各种类型的海洋工程船舶，必将成为世界领先的海洋工程船舶制造国家。

习题

1. 测量的基本任务是什么？
2. 试述合理选用测量器具的一般原则。
3. 常用的测量方法有哪几种？
4. 怎样根据测量极限误差选用测量器具？
5. 试述游标量具的正确使用方法。
6. 分别用游标卡尺测量一元硬币和五角硬币的直径和厚度，并记录测量数据。

第 4 章 零件测绘实训

学习导航

零件按其结构特点、视图表达、尺寸标注和制造方法等,大致可分为轴套类、轮盘类、叉架类和箱体类等 4 种类型,本章将简单介绍它们的测绘方法。

学什么?

- 正确选择测量工具
- 正确使用测量方法进行零件尺寸测量
- 徒手绘制轴套类零件草图
- 利用三维建模软件建立零件模型并生成零件二维工程图
- 利用二维绘图软件绘制零件二维工程图

做什么?

- 学习线上资源,了解测量工具及常用测量方法
- 掌握常用零件结构表达方法及相关技术要求
- 掌握三维建模及生成二维工程图的方法和步骤
- 掌握二维 CAD 软件绘制二维工程图的方法及步骤

4.1 轴套类零件的测绘

一、轴套类零件的功能和结构特点

轴套类零件包括各种轴、丝杠和套筒等,在机器中主要用来支承传动件(如齿轮、带轮等),实现旋转运动并传递动力。

轴套类零件的基本形状是同轴回转体,主体结构一般由直径和长度不同的若干个同轴轴段组成,零件的轴向尺寸远大于径向尺寸,主要在车床上加工。轴套类零件上常见的工艺结构有倒角、倒圆、砂轮越程槽和中心孔,常见的功能结构有螺纹和螺纹退刀槽、键槽、销孔、凹坑及结构平面。

轴类零件的测绘

二、轴套类零件表达方案的选择

应按形状特征和加工位置确定主视图,一般在主视图中轴线水平放置,大头在左,小头在右。轴套类零件的主要结构形状是回转体,一般只画一个主要视图。

如图 4-1 所示,轴套类零件一般在车床上加工,为了加工零件时读图方便,主视图所表达

的零件位置最好与零件加工时的位置一致,因此应按轴线水平放置画这类零件的主视图。如图 4-1 和图 4-2 所示,主视图中轴线位于水平位置,同轴在车床上装夹和加工时的位置一致,便于加工时读图和测量尺寸。

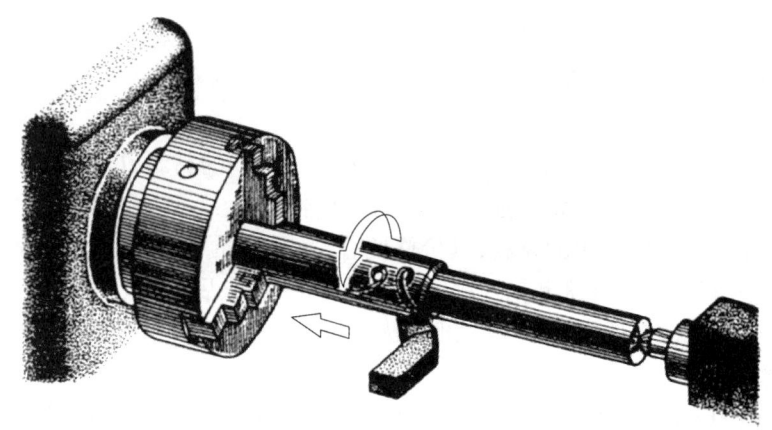

图 4-1　轴加工时的位置

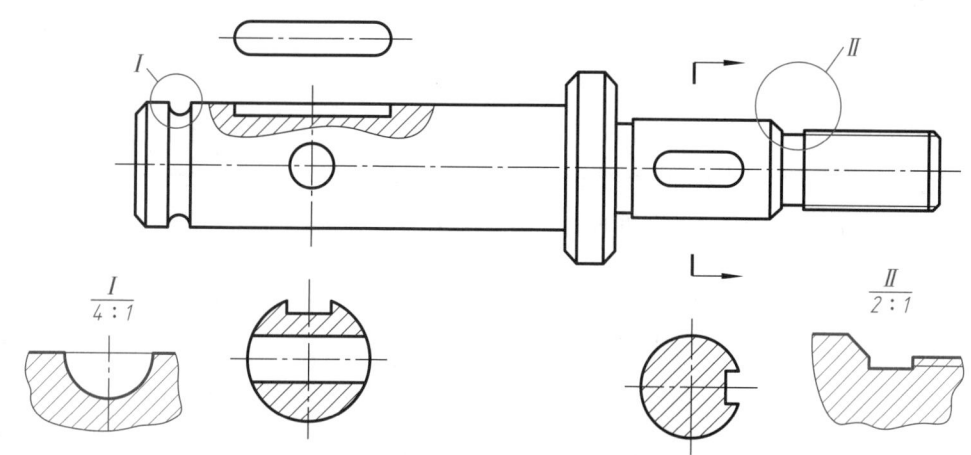

图 4-2　轴的视图表达

对于零件上的键槽、螺纹退刀槽、砂轮越程槽和螺纹孔等,可以用剖视图、断面图、局部视图和局部放大图等加以补充。对形状简单且较长的零件,还可以采用折断的方法表示。

实心轴无须剖开表达,但轴上个别部分的内部结构形状可以采用局部剖视表达。对空心套则需剖开表达其内部结构形状,外部结构形状简单的可采用全剖视,外部结构形状较复杂的用半剖视(或局部剖视);内部结构形状简单的也可以不剖,而采用局部视图表达。

三、轴套类零件的尺寸、技术要求及材料

1. 尺寸

轴套类零件的尺寸主要是轴向尺寸和径向尺寸。轴向尺寸的主要基准是配合断面,径向尺

寸的主要基准是轴线。因主要形体是同轴的，可省去定位尺寸。零件的重要尺寸必须直接注出，其余尺寸多按加工顺序注出。为了清晰和便于测量，在剖视图上，内、外结构形状尺寸应分开标注。零件上的准确结构尺寸应按该结构标准尺寸注出。

2. 技术要求

重要的设计尺寸才需标注轴向尺寸公差，一般尺寸不必标注。对部分轴套类零件如平键、花键等，应标注技术要求。轴套类零件的表面结构应与其配合等级相适应。

3. 材料

应根据轴套类零件不同的工作条件和使用要求选用不同的材料并采用不同的热处理规范（如调质、正火、淬火等），以获得一定的强度、韧性和耐磨性。

（1）45 钢是轴套类零件常用的材料，其价格便宜，经过调质（或正火）处理后，可得到较好的切削性能，而且能获得较高的强度和韧性等综合力学性能，淬火后表面硬度可达 50 HRC 以上。

（2）40Cr 等合金结构钢适用于中等精度而转速较高的轴类零件，这类钢经调质和淬火处理后，具有较好的综合力学性能。

（3）轴承钢 GCr15 和弹簧钢 65Mn 经调质和表面淬火处理后，表面硬度可达 50~58 HRC，并具有较好的耐疲劳性和耐磨性，可制造较高精度的轴。

四、轴套类零件测绘实例

下面以图 4-3 所示偏心轴为例，介绍轴套类零件测绘的方法及步骤。

1. 了解和分析零件

偏心轴是一个各段直径不同、长度不同的回转体，属于轴类零件，其上有偏心圆柱、倒角和轴端平面等结构，其精度标注要求见表 4-1。

根据偏心轴的特点，主视图按轴线水平放置绘制，因为是实心件，所以不必剖切。另需断面图表达轴端平面结构。

图 4-3 偏心轴

表 4-1 偏心轴精度标注要求

标注要素	具体内容
尺寸精度	① 偏心轴两端 $\phi17$ 轴段的尺寸精度按 f7 公差带代号查表标注。 ② 偏心轴 $\phi22$ 圆柱段端面与 20° 锥面距离 50 的尺寸精度按 h10 公差带代号查表标注
几何精度	偏心轴两端 $\phi17$ 轴段有公差值为 $\phi0.025$ mm 的同轴度要求
表面粗糙度	① 偏心轴偏心圆柱面 $\phi42$ 的表面粗糙度要求为 $Ra1.6$。 ② 偏心轴两端 $\phi17$ 轴段的表面粗糙度要求为 $Ra1.6$。 ③ 其他表面的表面粗糙度要求为 $Ra6.3$

2. 量具准备

分析偏心轴的结构，确定量具清单，见表 4-2。

表 4-2 量具清单

序号	量具名称	规格 /mm	精度 /mm
1	游标卡尺	0~150	0.02
2	外径千分尺	0~25	0.01
3	外径千分尺	25~50	0.01
4	表面粗糙度比较样块		

3. 测绘偏心轴草图

测绘偏心轴草图的步骤见表 4-3。先绘制零件草图,通过游标卡尺、外径千分尺等量具进行测量,并将测量得到的尺寸标注在草图上。

表 4-3 测绘偏心轴草图步骤

序号	操作步骤	操作图示
1	布置视图,绘制轴线。 根据所选比例初步确定主视图应占图纸面积。注意留出标注尺寸和绘制其他补充视图的位置	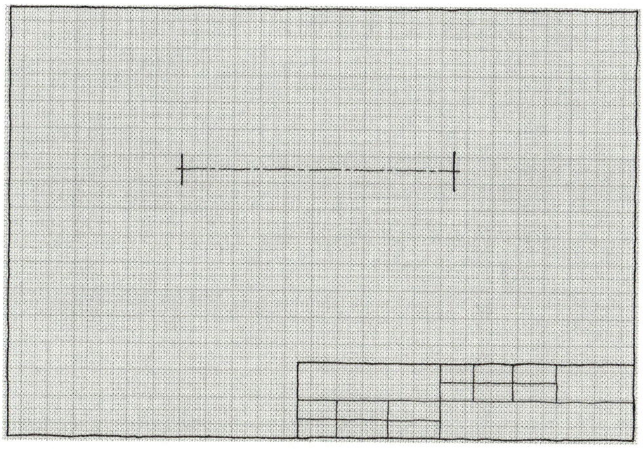
2	用 HB 铅笔草绘出各视图。 注意主视图与移出断面图的间距	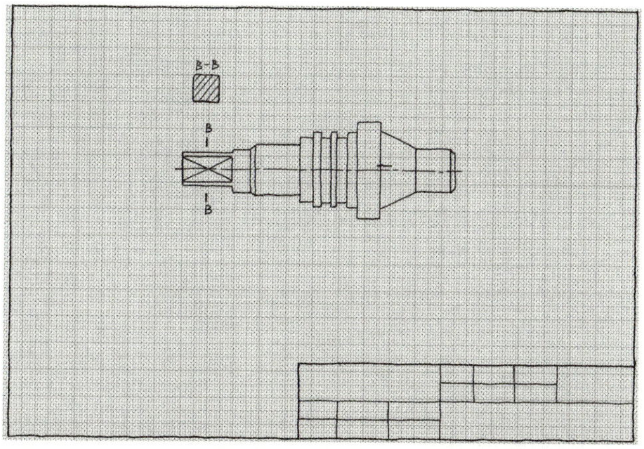

续表

序号	操作步骤	操作图示
3	用 2B 铅笔描黑。注意线条应粗细分明,并检查线条是否完整	
4	确定需要标注的尺寸,画出尺寸线和尺寸界线。 根据装配关系分析选定轴向尺寸基准	
5	测量并标注尺寸。 查阅有关资料确定几何公差,用表面粗糙度比较样块比较确定表面粗糙度值。 结合实物认真进行检查、校对	

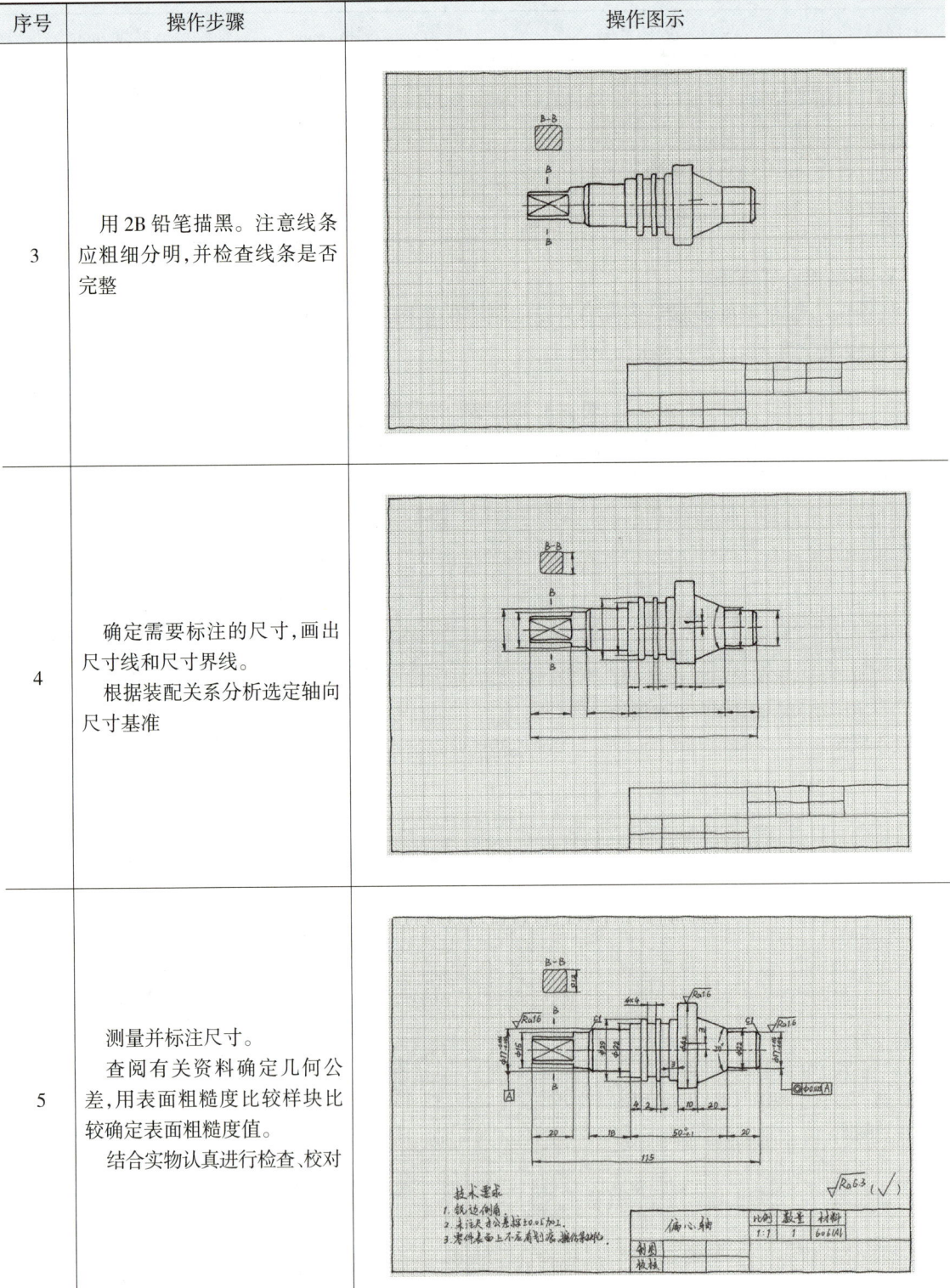

4. 偏心轴三维建模

偏心轴草图测绘结束后,用三维建模软件对偏心轴进行实体建模,本教材采用 SOLIDWORKS 三维软件建立零件三维模型,其过程见表 4-4。

表 4-4 偏心轴的三维建模过程

序号	操作步骤	操作图示
1	启动 SOLIDWORKS 软件,新建零件	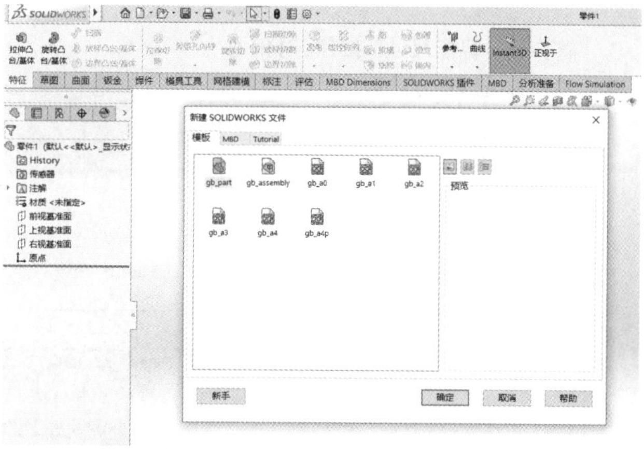
2	选择前视基准面,点击"草图"选项卡,用"中心线"命令绘制偏心轴轴线	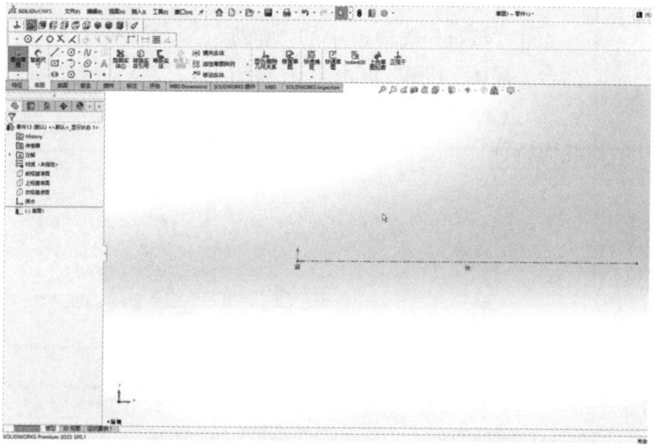
3	用"直线"命令绘制偏心轴轮廓形状	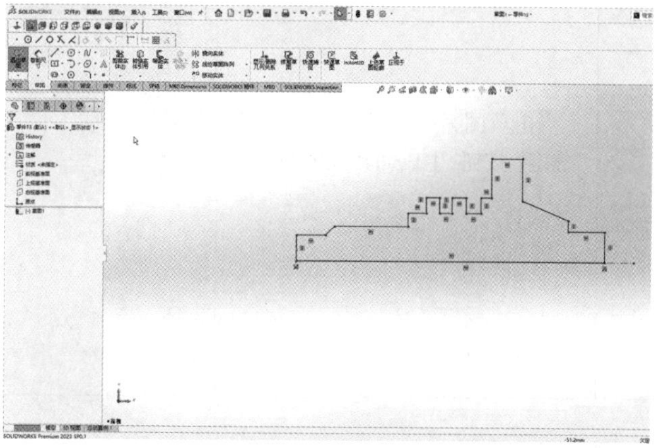

续表

序号	操作步骤	操作图示
4	点击"智能尺寸"按钮,对偏心轴轮廓进行尺寸约束	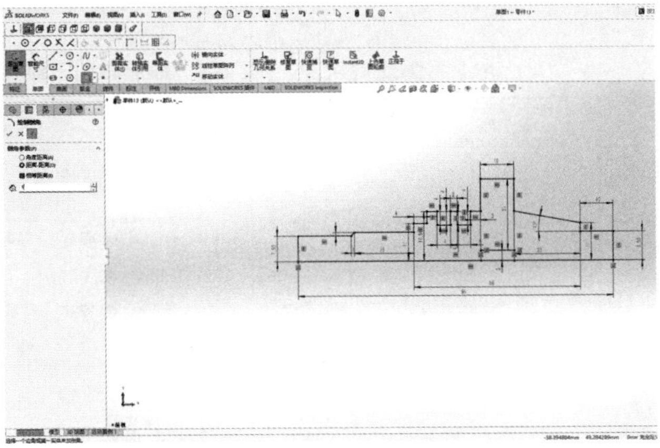
5	点击"特征"选项卡中的"旋转凸台/基体"按钮,点击草图封闭轮廓,点击"确定"按钮,生成回转几何特征	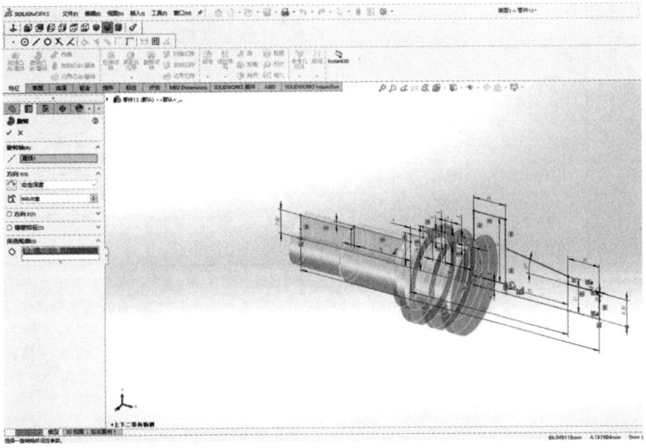
6	点击草图另一端封闭轮廓,点击"确定"按钮,生成回转几何特征	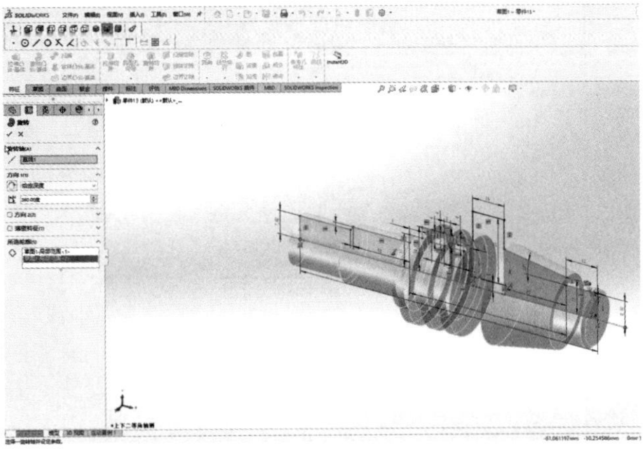

4.1 轴套类零件的测绘

续表

序号	操作步骤	操作图示
7	点击特征树中旋转1下的草图1,点击"特征"选项卡中的"旋转凸台/基体"按钮,选择偏心部分的旋转轴,再选择偏心封闭轮廓,生成偏心轴零件中的偏心特征	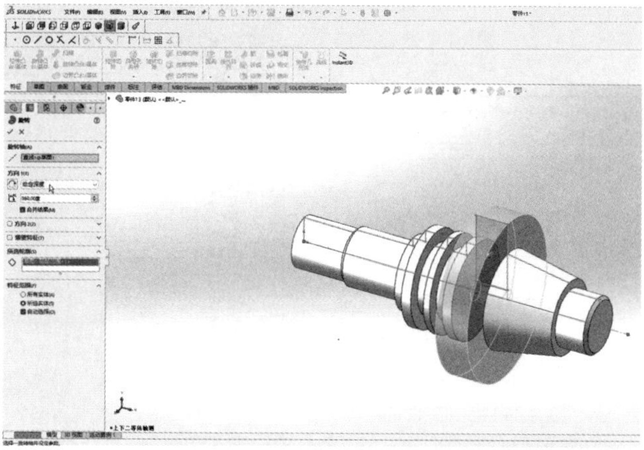
8	选择偏心轴端面作为基准面,点击"草图"选项卡中的"中心矩形"按钮,在基准平面上绘制出矩形,然后用"智能尺寸"功能进行尺寸约束	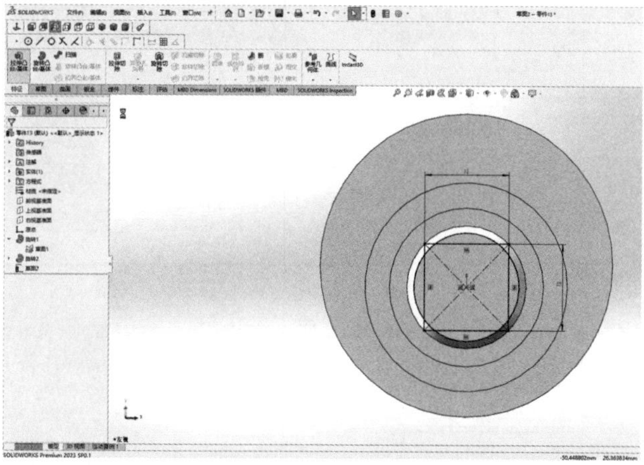
9	点击"特征"选项卡中的"拉伸"按钮,输入拉伸长度,点击"确定"按钮,生成完整的偏心轴零件	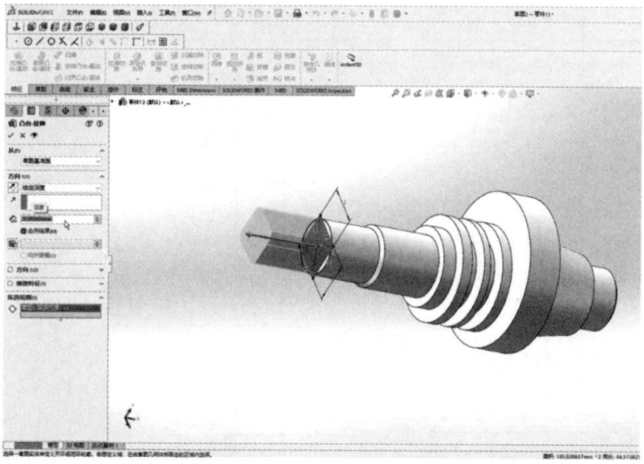

5. 生成偏心轴二维工程图

偏心轴三维模型建立后，使用 SOLIDWORKS 二维工程图生成功能得到零件二维工程图，其操作步骤见表 4-5。

表 4-5 偏心轴二维工程图生成过程

序号	操作步骤	操作图示
1	点击 SOLIDWORKS "文件"菜单，选择"从零件制作工程图"命令	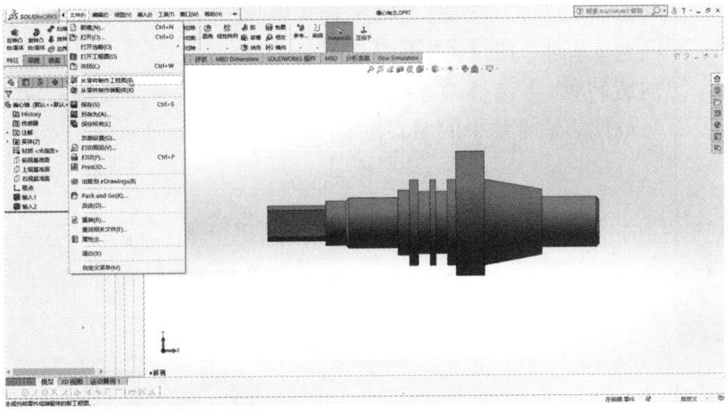
2	选择"gb_a4"工程图模板，点击"确定"按钮，完成工程图格式设置	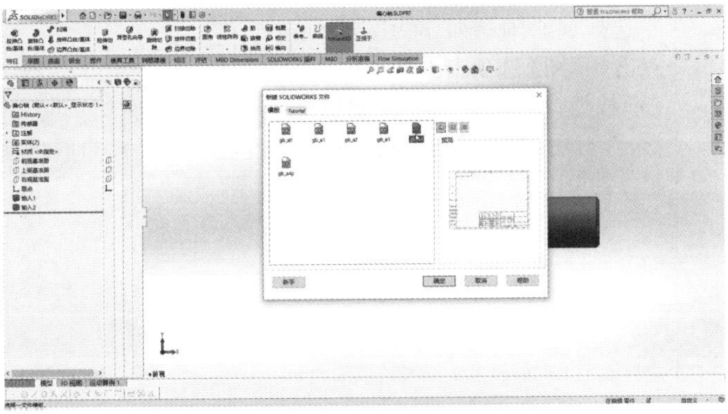
3	打开右侧视图调色板，将偏心轴前视图拖入工程图图纸中	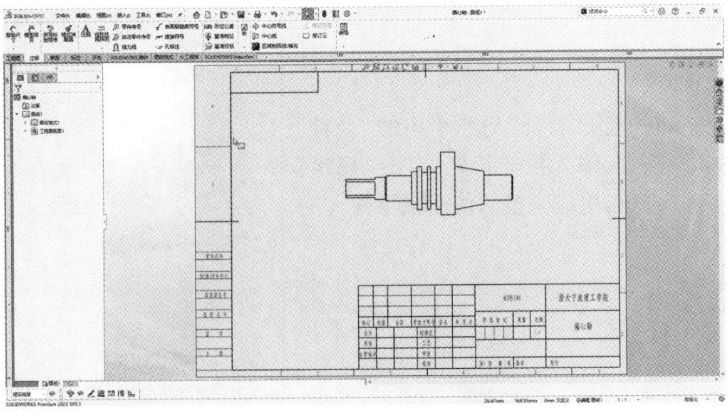

续表

序号	操作步骤	操作图示
4	点击"草图"选项卡,再点击"直线"按钮,在偏心轴视图左端平面处绘制两交叉直线。然后,点击"工程图"选项卡,选择剖面视图后选择剖切位置,生成断面图	
5	将图层转换到标注层,点击"注释"选项卡,点击"中心线"按钮绘制偏心轴中心线	
6	点击"智能尺寸"按钮,标注偏心轴尺寸	

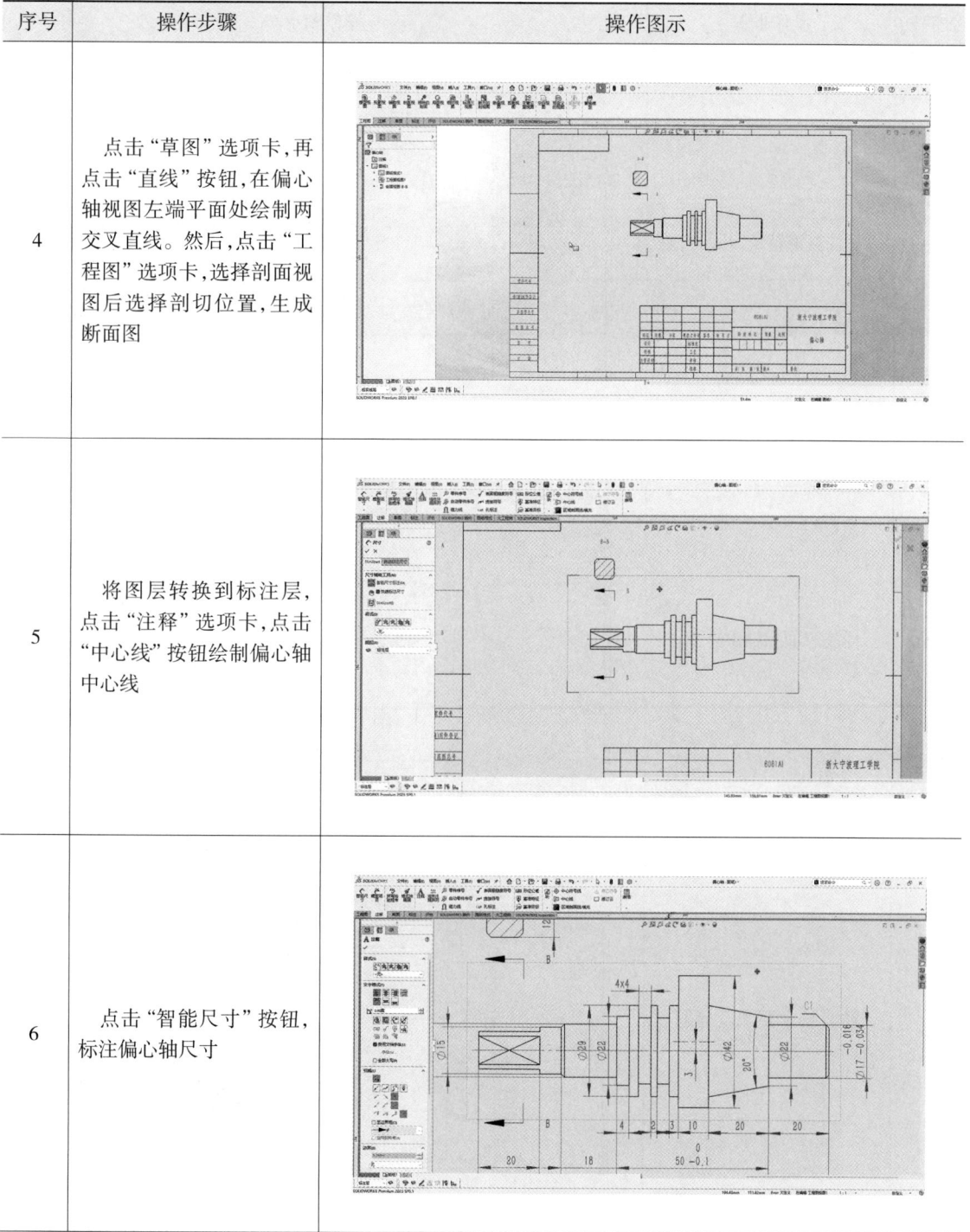

续表

序号	操作步骤	操作图示
7	标注基准特征、几何公差	
8	标注表面粗糙度	
9	注写技术要求及标题栏信息	

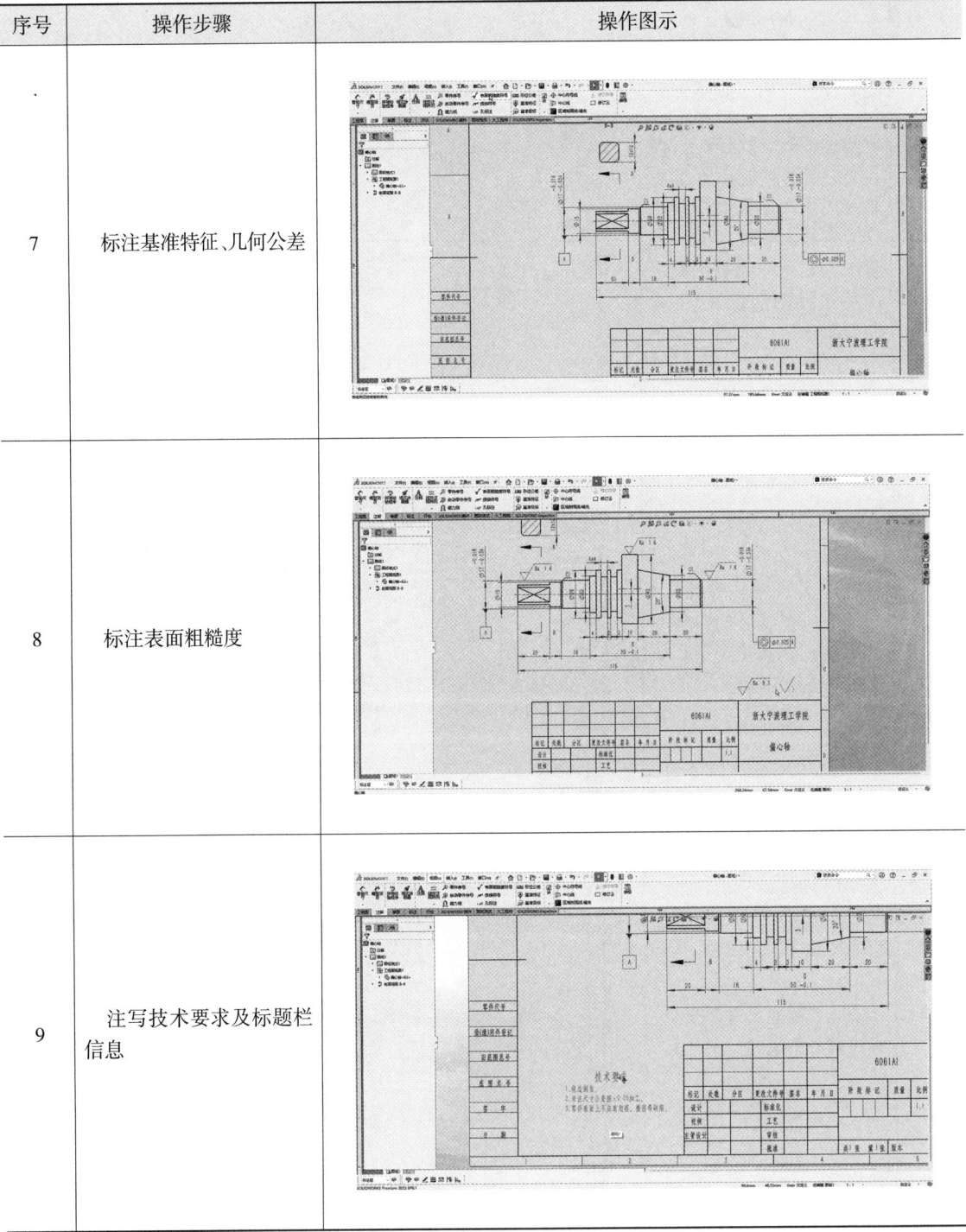

6. 绘制偏心轴二维工程图

偏心轴草图测绘完成后,也可直接用二维绘图软件如 AutoCAD、中望 CAD 等进行二维工程图绘制。其操作步骤见表 4-6。

表 4-6 绘制偏心轴二维工程图的步骤

序号	操作步骤	操作图示
1	根据偏心轴尺寸设置图幅,偏心轴总长为 115 mm,选择 A4 横向工程图模板。图层设置采用模板默认设定。填写标题栏信息	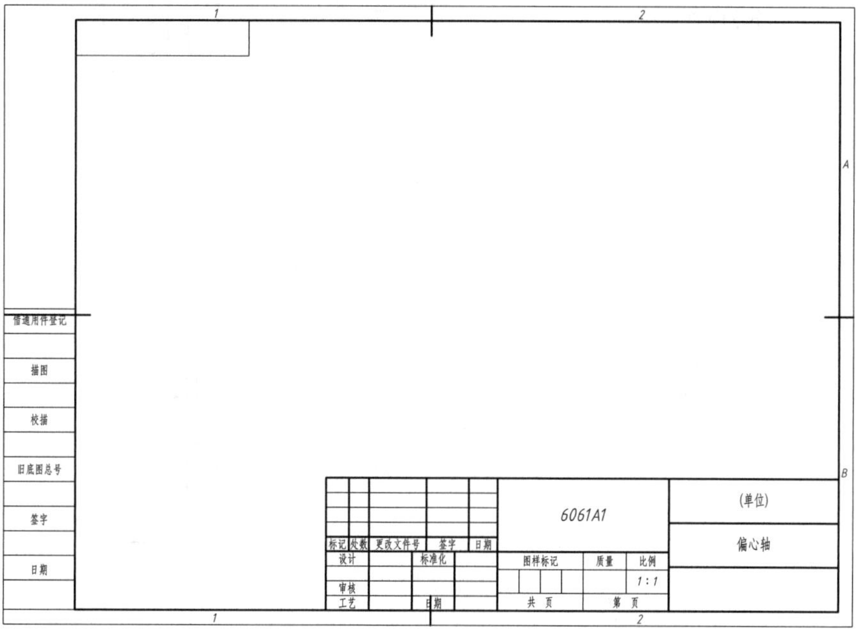
2	转换到中心线层,绘制基本视图中心线	
3	转换到轮廓线层,用"直线"命令绘制左端圆柱特征及平面特征	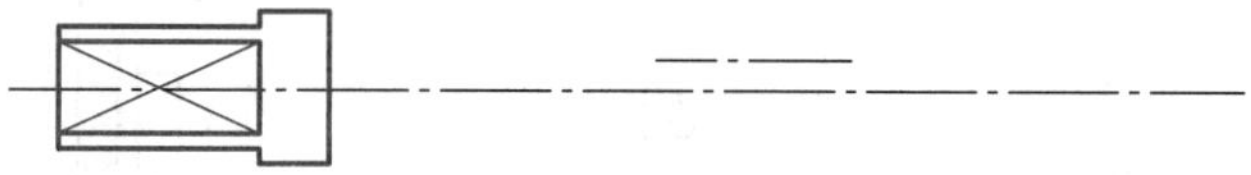
4	继续在轮廓线层用"直线"命令绘制第二段圆柱特征,用"倒角"命令生成 C1 倒角特征	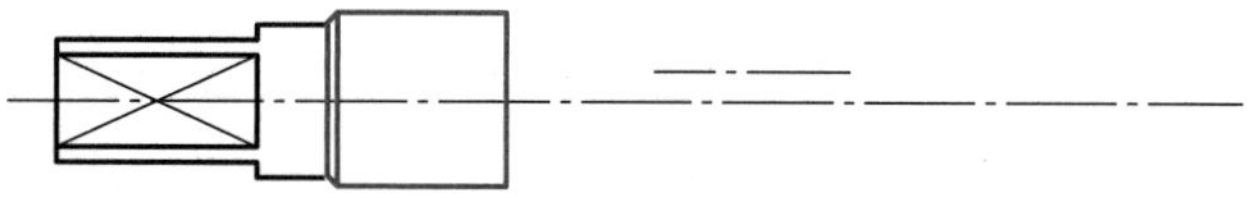

续表

序号	操作步骤	操作图示
5	继续在轮廓线层用"直线"命令完成偏心轴其余轴段绘制	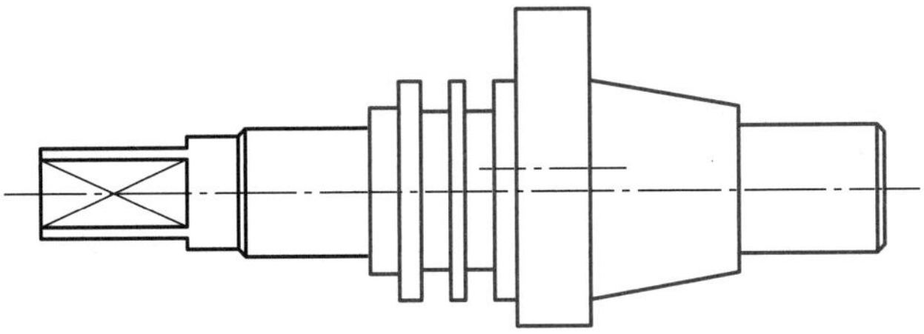
6	在轮廓线层绘制移出断面图	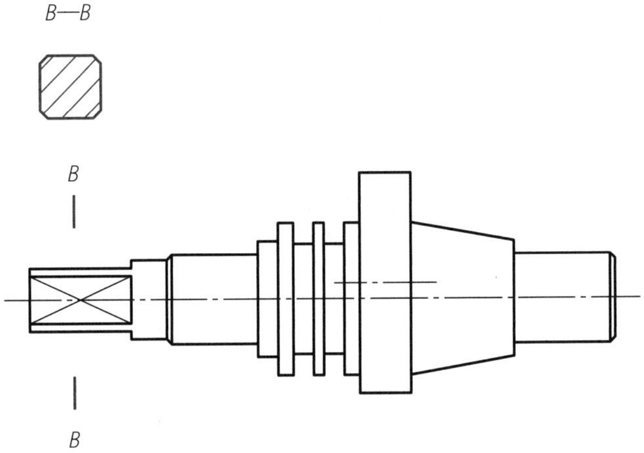
7	转换到尺寸线层,标注偏心轴尺寸	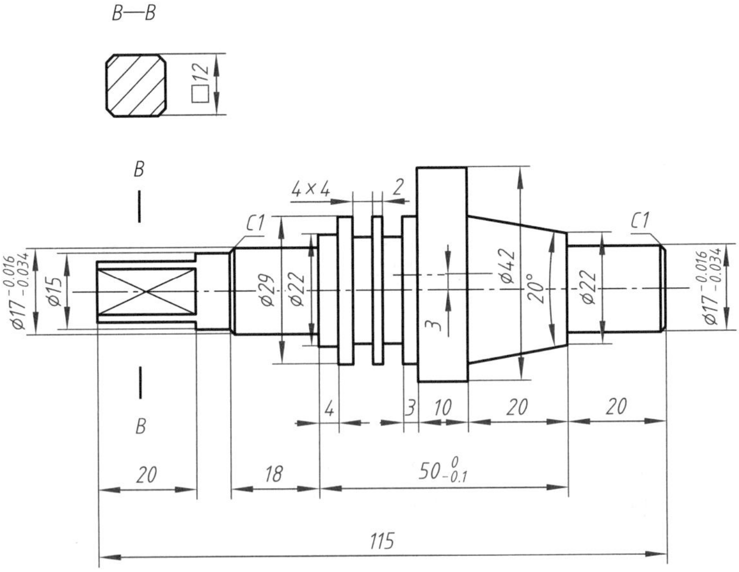

续表

序号	操作步骤	操作图示
8	在尺寸线层标注几何公差	
9	在尺寸线层标注表面粗糙度	

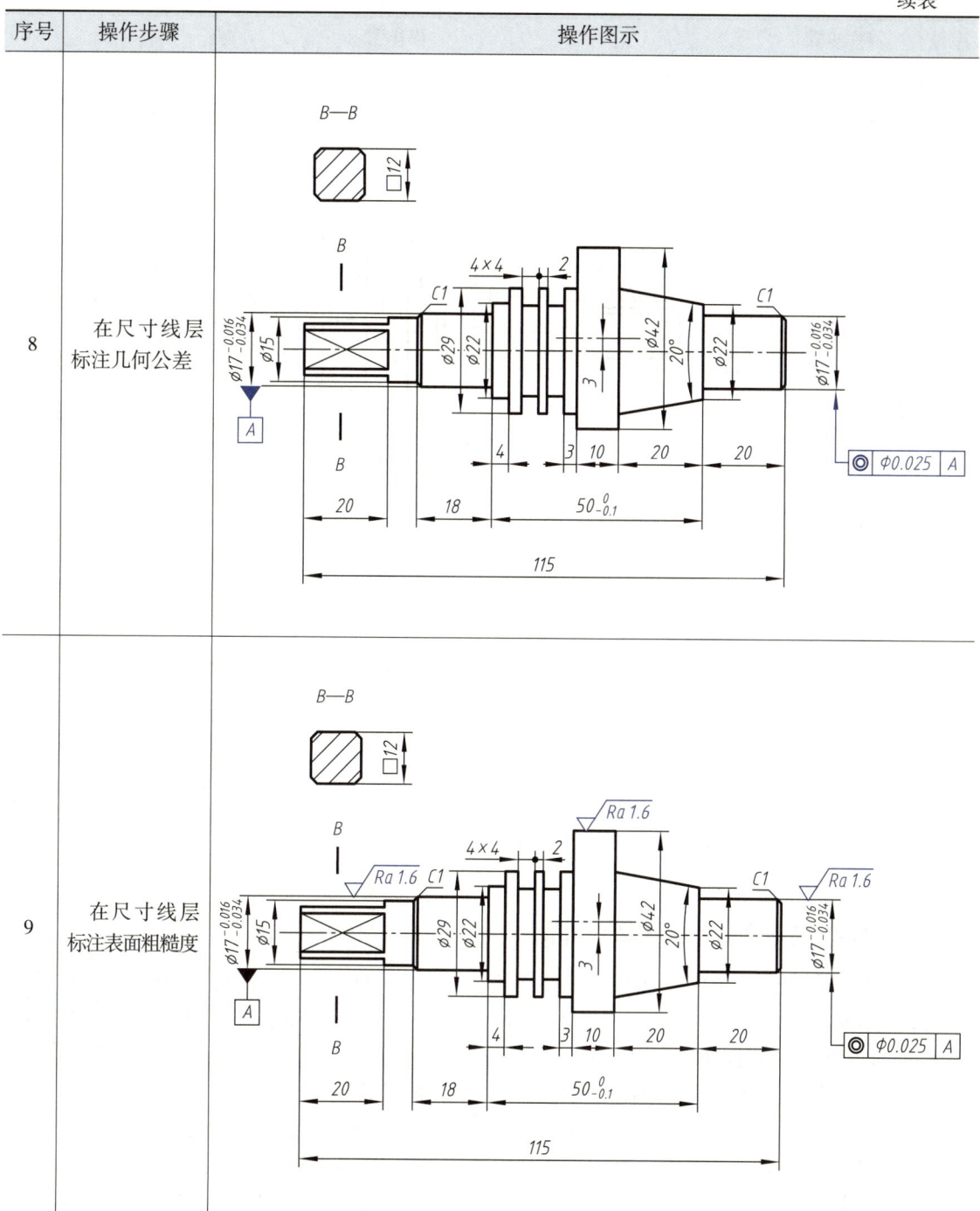

序号	操作步骤	操作图示
10	在文字层填写技术要求和偏心轴其余表面粗糙度要求。完成偏心轴二维工程图绘制	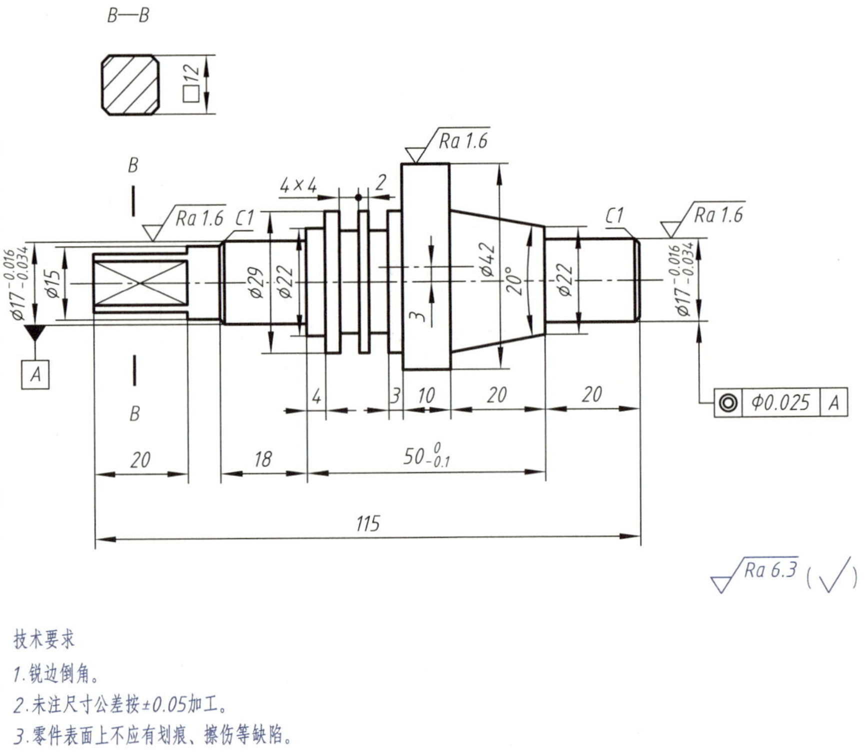 （图示：偏心轴二维工程图，包含B—B剖视图，主视图标注尺寸 $\phi17^{-0.016}_{-0.034}$、$\phi15$、$\phi29$、$\phi22$、$\phi42$、$\phi22$、$\phi17^{-0.016}_{-0.034}$，长度20、18、$50^{\ 0}_{-0.1}$、20、115，4×4、2、3、10、20，C1倒角，20°，表面粗糙度Ra 1.6，形位公差 $\phi0.025$ A，□12，其余 Ra 6.3；技术要求：1.锐边倒角。2.未注尺寸公差按±0.05加工。3.零件表面上不应有划痕、擦伤等缺陷。）

4.2 轮盘类零件的测绘

一、轮盘类零件的功能和结构特点

轮盘类零件包括轮类零件和盘类零件。轮类零件包括手轮、飞轮、凸轮、带轮等，其主要功能是传递运动和动力。盘类零件包括法兰盘、盘座、轴承盖、端盖、阀盖等，主要起支承、轴向定位、密封等作用。

盘类零件的测绘

轮盘类零件的主体部分多为轴向尺寸较小的回转体，如图4-4所示。

轮类零件常具有轮辐或辐板、轮毂和轮缘。轮毂多为带键槽的圆孔，手轮的轮毂多为方孔。轮辐多沿垂直于轮毂轴线的径向辐射至轮缘，而手轮的轮辐常与轮毂轴线倾斜一定的角度，沿径向辐射至轮缘。轮辐的剖面形状有矩形、圆形、扁圆形等各种结构形式。辐板上常有沿圆周均布的圆形、扇形或三角形的镂空结构，以减小轮的质量。轮缘的结构取决于轮的功能，如齿轮的轮缘为各种形状的轮齿，带轮的轮缘为各种形状的轮槽，手轮的轮缘形状多为圆形。

盘类零件多为同轴的内、外圆柱形或圆锥形结构，常带有沿圆周均布的各种形状的凸缘、凸台，以及沿圆周均布的孔、内沟槽、端面槽等结构。

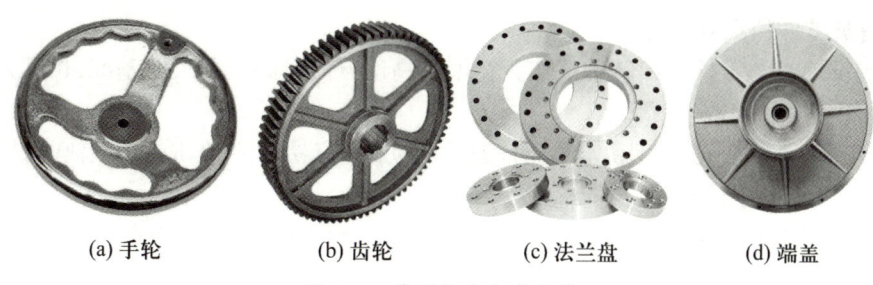

(a) 手轮　　　(b) 齿轮　　　(c) 法兰盘　　　(d) 端盖

图 4-4　典型的轮盘类零件

二、轮盘类零件的视图表达及尺寸标注

1. 轮盘类零件的视图表达

1) 轮盘类零件常在车床上加工,一般将其按轴线水平放置,用两个基本视图——主视图和左视图来表达主体结构,如图 4-5 所示。

2) 径向投影视图常采用全剖视图,以表达轮盘内部的形状和相对位置。

3) 轴向投影视图用来表达轮辐或辐板、键槽、外形及其他结构。

4) 采用局部放大图、局部剖视图、断面图等对某些具体结构进行补充表达。

5) 轮盘类零件多为铸造和锻造毛坯,零件上常有铸(锻)造圆角和过渡线,应注意圆角和过渡线的表达方法。

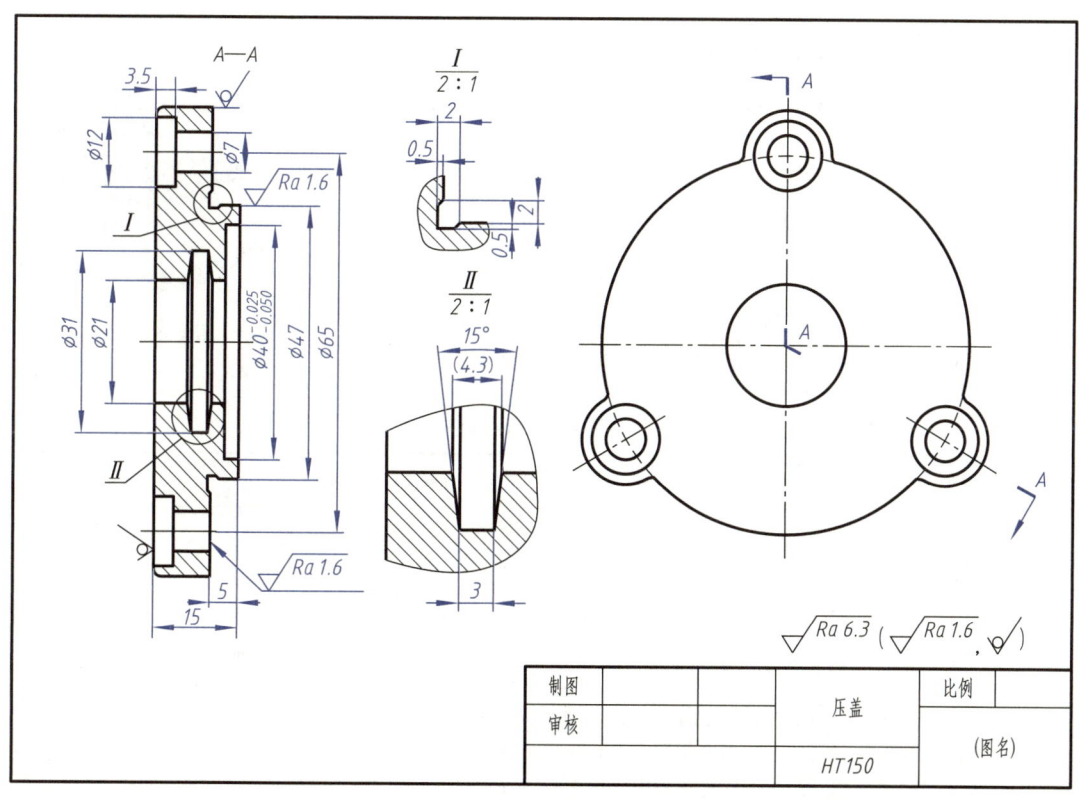

图 4-5　轮盘类零件的视图选择

2. 轮盘类零件的尺寸标注

1）一般将轮盘类零件的回转轴线作为宽度和高度方向上的主要尺寸基准，长度方向上的尺寸基准多为加工过的大端面。

2）轮盘类零件的定形尺寸和定位尺寸都比较明显，容易标注，但应注意沿圆周均布的孔的定位圆是一个典型的定位尺寸，不能标错。

3）标注有圆弧过渡部分的尺寸时，应用细实线将轮廓线延长，从其交点处引出尺寸界线。

三、轮盘类零件的技术要求

1）凡是有配合要求的内、外圆表面，都应有尺寸公差，一般孔取 IT7，外圆取 IT6。

2）内、外都有配合要求的圆柱表面应有几何公差要求，一般给定同轴度要求。有配合或定位的端面一般应有垂直度或轴向圆跳动要求。

3）凡有配合的表面应有表面粗糙度要求。一般取 Ra 值为 1.6~6.3 μm。对于人手经常接触，并对美观度或精度要求较高的表面，可取 Ra 值为 0.8 μm，此时甚至要求对表面进行抛光、研磨或镀层。

4）对轮盘类零件还有材料、热处理及其他技术要求。轮盘类零件常用的毛坯有铸件和锻件。铸件材料以灰铸铁居多，一般为 HT100、HT150、HT200，也有的采用有色金属材料，常用铝合金。对于铸件毛坯，一般应进行时效热处理，以消除内应力，并要求铸件不得有气孔、缩孔、裂纹等缺陷。对于锻件，则应进行正火或退火热处理，并不得有锻造缺陷。

四、轮盘类零件测绘实例

下面以图 4-6 所示法兰盘为例，介绍如何对轮盘类零件进行测绘。

1. 了解和分析零件

法兰盘是一个各段直径不同、长度不同的回转体，属于盘盖类零件，端面有均布孔，其精度标注要求见表 4-7。

根据法兰盘的特点，主视图按轴线水平放置绘制，采用全剖表达内孔及端面均布孔特征，左视图表达 4 个均布孔的分布情况。

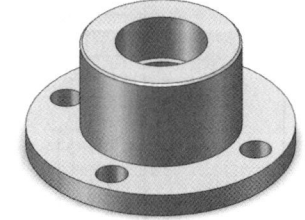

图 4-6 法兰盘

表 4-7 法兰盘精度标注要求

标注要素	具体内容
尺寸精度	① 法兰盘 $\phi 35$ 圆柱段的尺寸精度按 f7 公差带代号查表标注。 ② 法兰盘 $\phi 17$ 内孔的尺寸精度按 H8 公差带代号查表标注。 ③ 法兰盘长度 25 的尺寸精度按 h12 公差带代号查表标注
几何精度	法兰盘 $\phi 17$ 孔与 $\phi 35$ 圆柱面有公差值为 $\phi 0.03$ mm 的同轴度要求
表面粗糙度	① 法兰盘圆柱面 $\phi 35$ 的表面粗糙度要求为 Ra1.6。 ② 法兰盘 $\phi 17$ 孔的表面粗糙度要求为 Ra1.6。 ③ 其他表面的表面粗糙度要求为 Ra6.3

2. 量具准备

分析法兰盘的结构,确定量具清单,见表4-8。

表4-8 量具清单

序号	量具名称	规格 /mm	精度 /mm
1	游标卡尺	0~150	0.02
2	外径千分尺	0~25	0.01
3	外径千分尺	25~50	0.01
4	表面粗糙度比较样块		

3. 测绘法兰盘草图

测绘法兰盘草图的步骤见表4-9。先绘制零件草图,通过游标卡尺、外径千分尺等量具进行测量,并将测量得到的尺寸标注在草图上。

表4-9 测绘法兰盘草图步骤

序号	操作步骤	操作图示
1	布置视图,绘制中心线。 根据所选比例初步确定主视图应占图纸面积。注意留出标注尺寸和绘制其他补充视图的位置	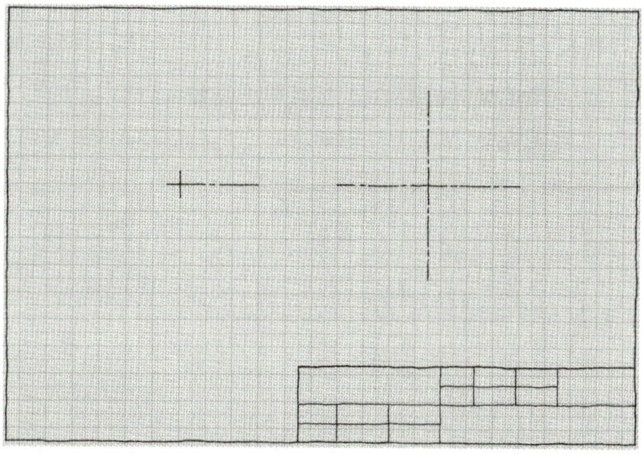
2	绘制零件内、外结构和形状。 注意各部分结构的比例应协调	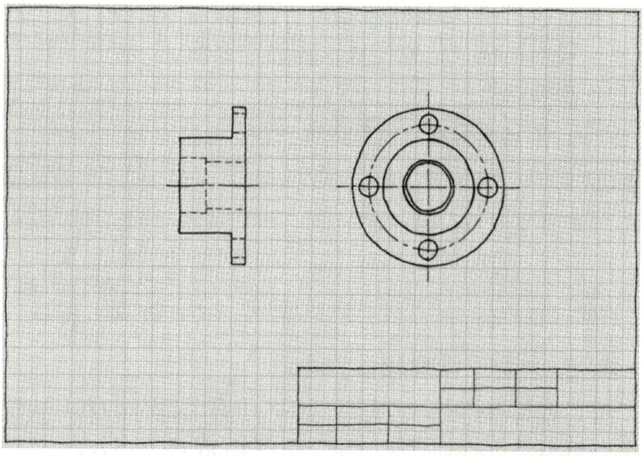

续表

序号	操作步骤	操作图示
3	主视图采用全剖视图，画出全部细节。 分析选定基准，确定需要标注的尺寸，画出尺寸界线和尺寸线	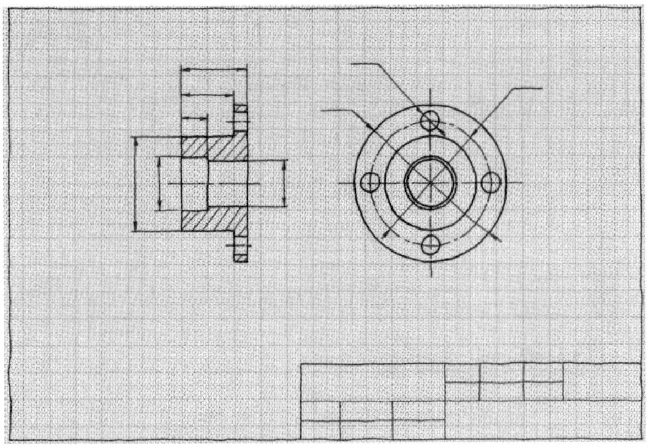
4	测量尺寸，逐个填写尺寸数字，查阅资料确定尺寸公差。 测量尺寸时要合理选用并正确使用量具	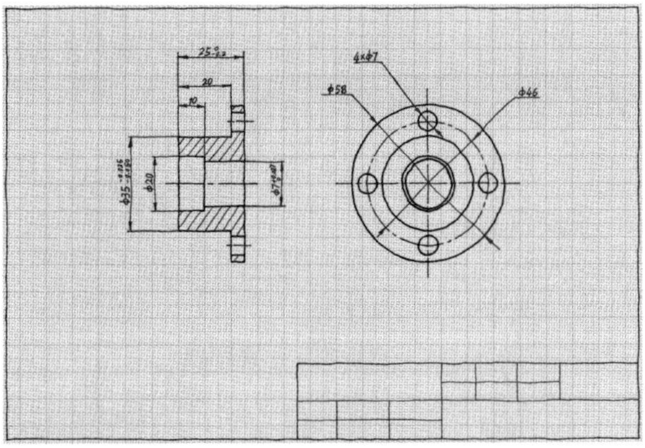
5	查阅有关资料确定几何公差，用表面粗糙度比较样块比较确定表面粗糙度值。 结合实物认真进行检查、校对	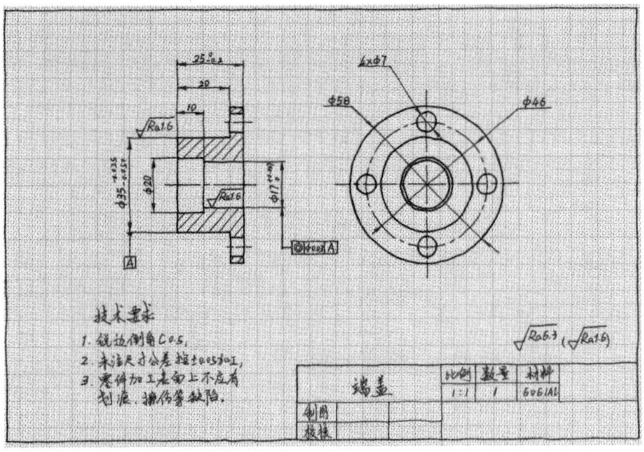

4. 法兰盘三维建模

法兰盘草图测绘结束后，用三维建模软件对法兰盘进行实体建模。本教材采用SOLIDWORKS三维软件建立零件三维模型，其过程见表4-10。

4.2 轮盘类零件的测绘

表 4–10　法兰盘的三维建模过程

序号	操作步骤	操作图示
1	启动 SOLIDWORKS 软件，新建零件	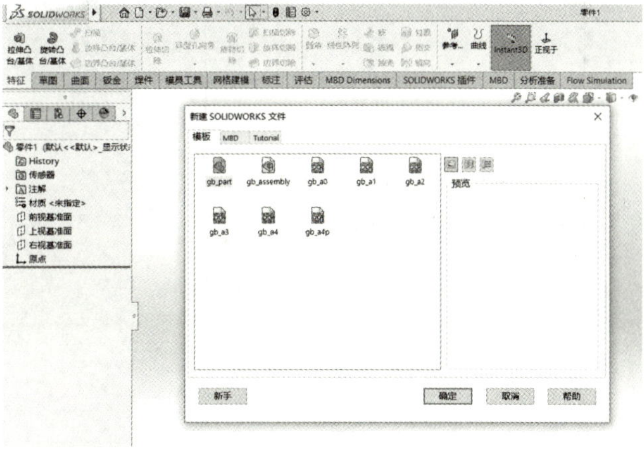
2	选择上视基准面，点击"草图"选项卡，用"圆"命令在基准面上绘出法兰盘轮廓草图，并进行尺寸约束	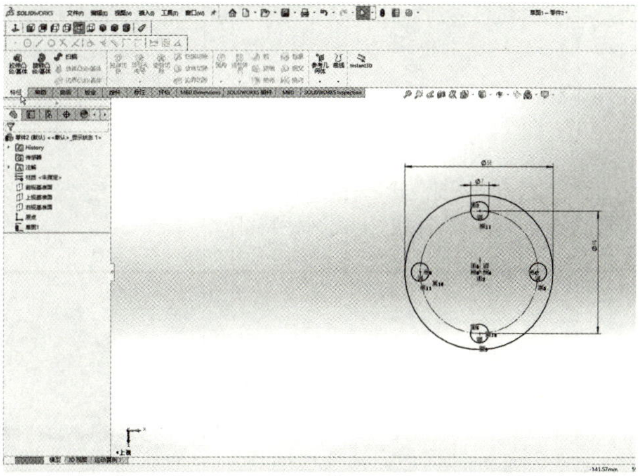
3	点击"特征"选项卡中的"拉伸凸台/基体"按钮，生成法兰盘基础特征	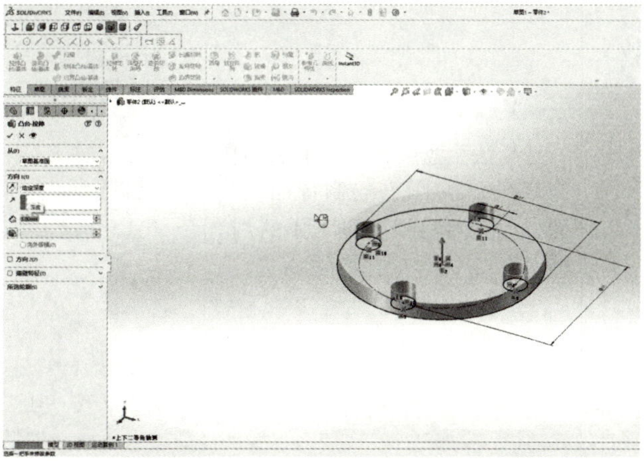

99

续表

序号	操作步骤	操作图示
4	选择法兰盘基础特征表面作为草图绘制平面,绘制草图	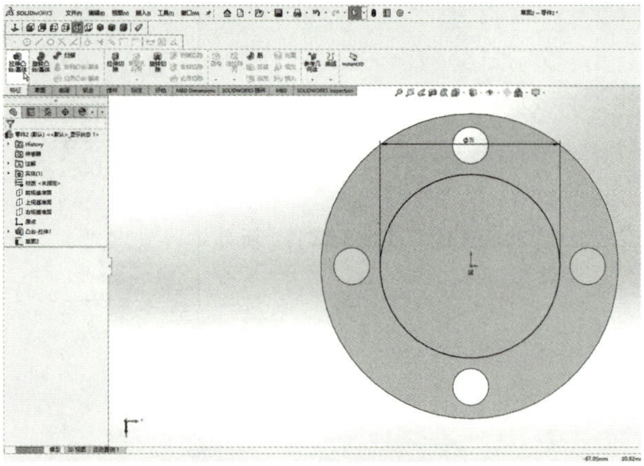
5	点击"特征"选项卡中的"拉伸凸台/基体"按钮,生成圆柱特征	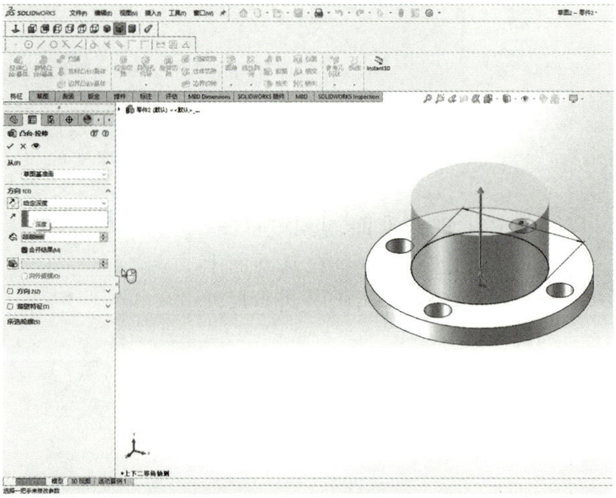
6	选择法兰盘圆柱特征上表面作为草图绘制平面,绘制特征孔草图。点击"特征"选项卡中的"拉伸切除"按钮生成孔特征	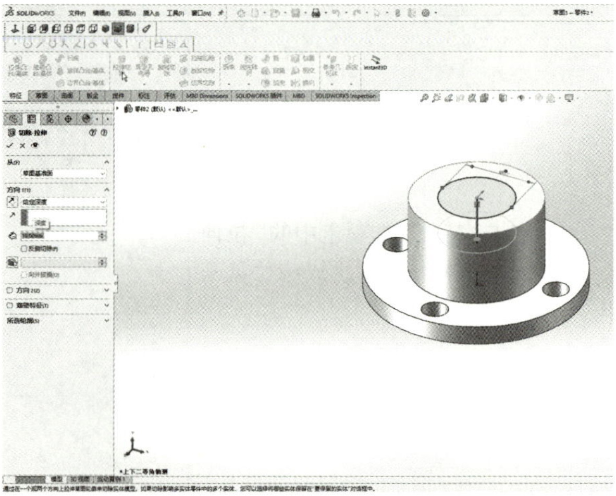

续表

序号	操作步骤	操作图示
7	继续按相同操作完成法兰盘不同孔的特征生成。选择"倒角"命令对法兰盘进行倒角处理,完成零件建模操作	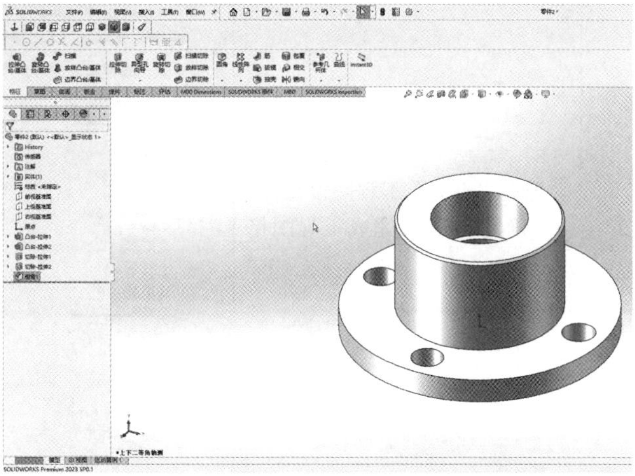

5. 生成法兰盘二维工程图

法兰盘三维模型建立后,使用 SOLIDWORKS 二维工程图生成功能得到零件二维工程图,其操作步骤见表 4-11。

表 4-11 法兰盘二维工程图生成过程

序号	操作步骤	操作图示
1	点击 SOLIDWORKS "文件"菜单,选择"从零件制作工程图"命令	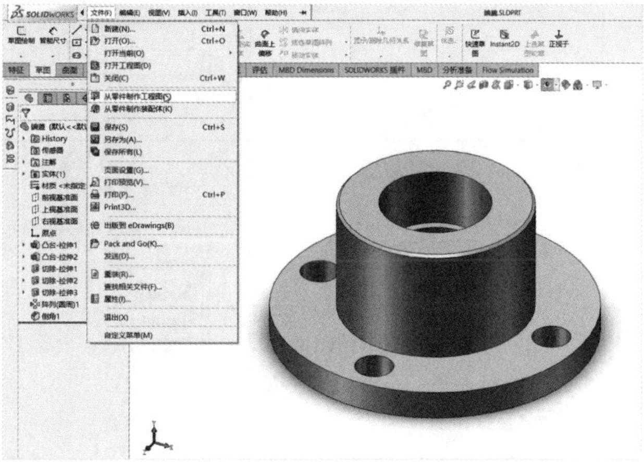

续表

序号	操作步骤	操作图示
2	选择"gb_a4"工程图模板,单击"确定"按钮,完成工程图格式设置	
3	从视图调色板上将法兰盘主视图和左视图拖入工程图图纸中	
4	点击"工程图"选项卡,选择"断开的剖视图"命令,将主视图沿中心线剖开	

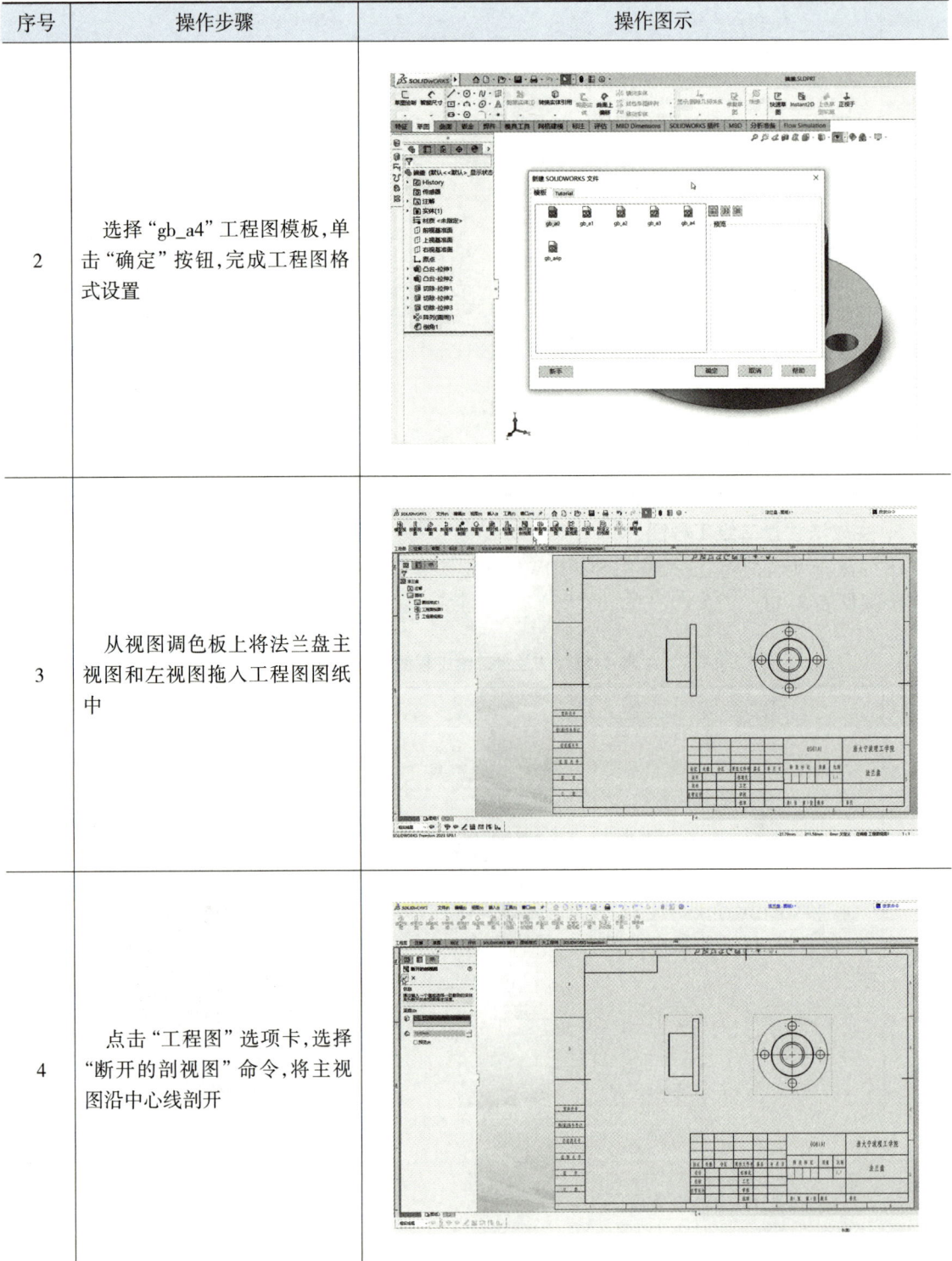

续表

序号	操作步骤	操作图示
5	转换到标注层,点击"草图"选项卡,绘制中心线	
6	转换到尺寸线层,点击"智能尺寸"按钮,标注法兰盘尺寸	
7	标注表面粗糙度	

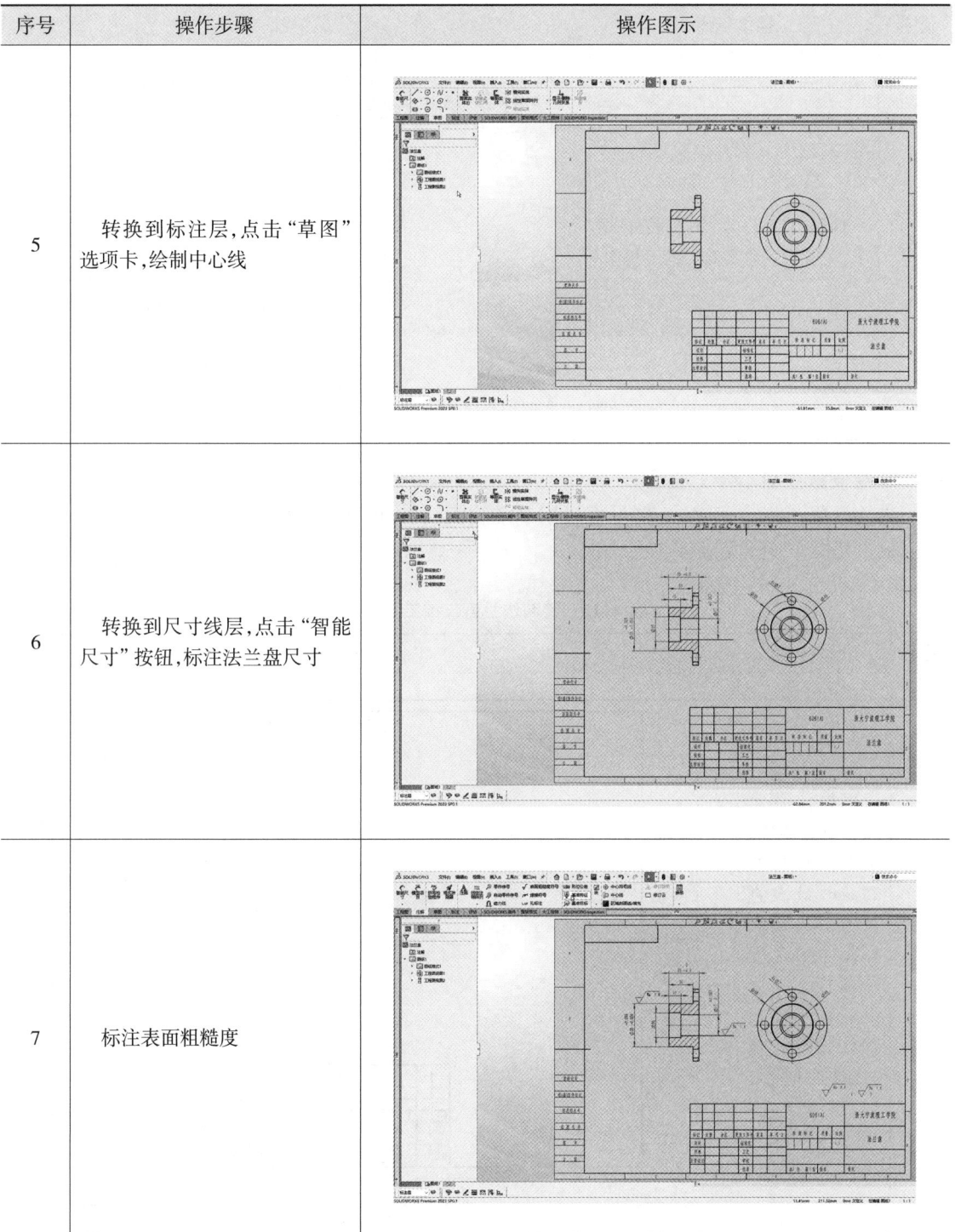

续表

序号	操作步骤	操作图示
8	标注几何公差,填写技术要求,完成法兰盘零件二维工程图	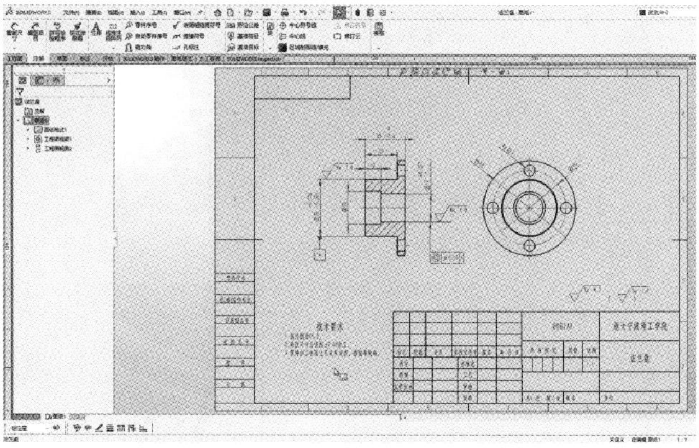

6. 绘制法兰盘二维工程图

法兰盘草图测绘完成后,也可直接用二维绘图软件如 AutoCAD、中望 CAD 等进行二维工程图绘制。其操作步骤见表 4-12。

表 4-12 绘制法兰盘二维工程图的步骤

序号	操作步骤	操作图示
1	根据法兰盘尺寸设置图幅,法兰盘总长为 25 mm,最大直径为 58 mm,选择 A4 横向工程图模板。图层设置采用模板默认设定。填写标题栏信息	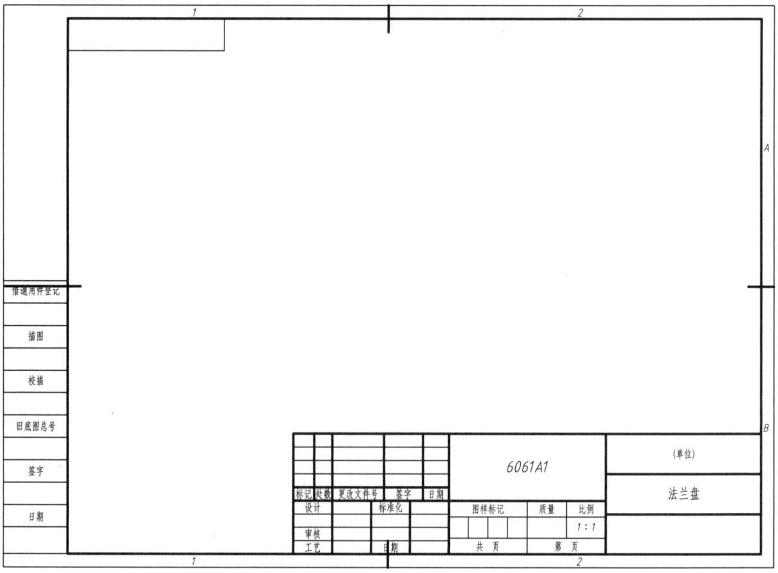

续表

序号	操作步骤	操作图示
2	根据草图中的尺寸,用"直线""偏移""修剪"命令绘制法兰盘主视图的上半部分	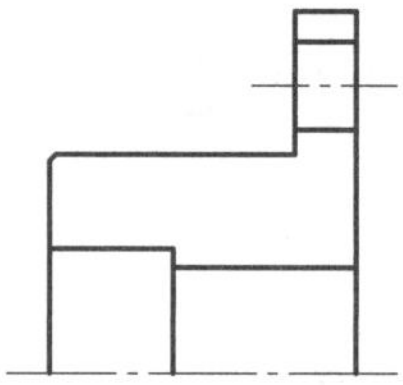
3	用"镜像"命令镜像出主视图的下半部分	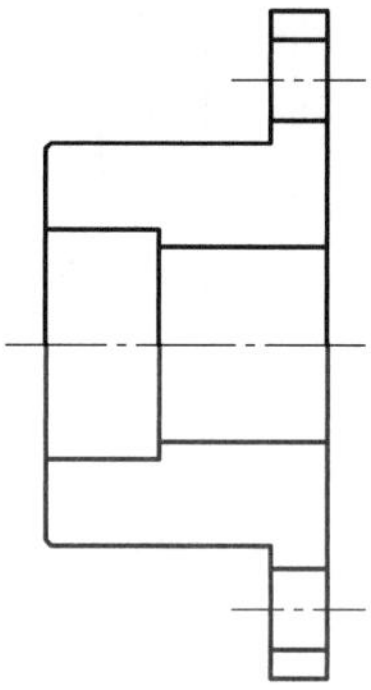
4	用"图案填充"命令在主视图中绘制剖面线。根据投影关系,用"圆""环形阵列"命令绘出左视图	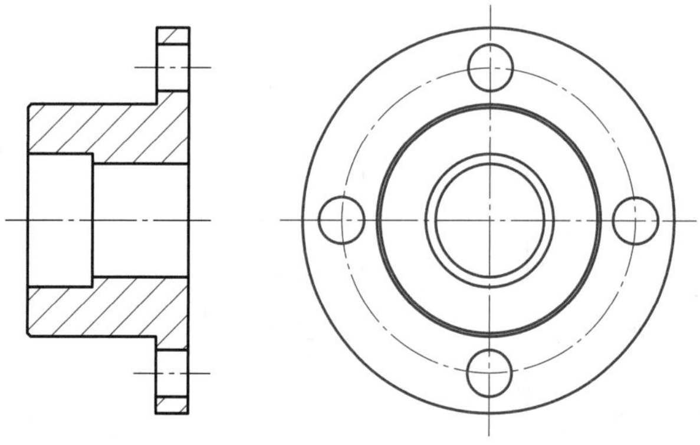
5	在尺寸层标注尺寸	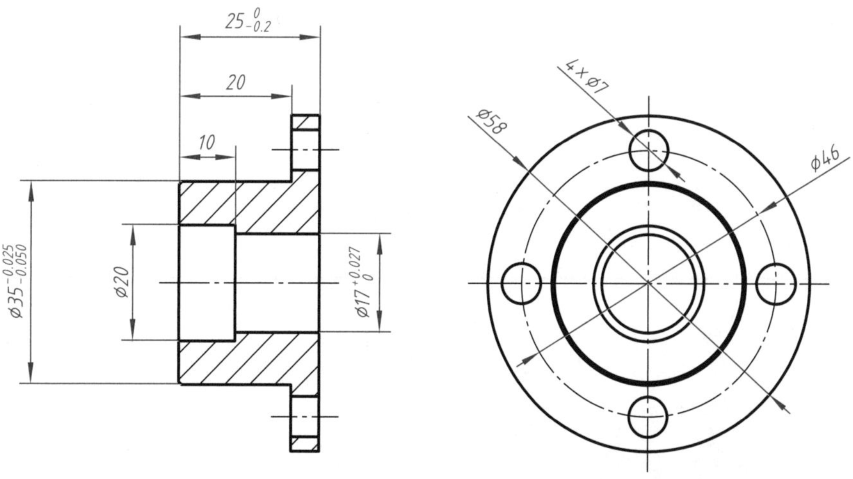

续表

序号	操作步骤	操作图示
6	继续在尺寸层标注几何公差和表面粗糙度	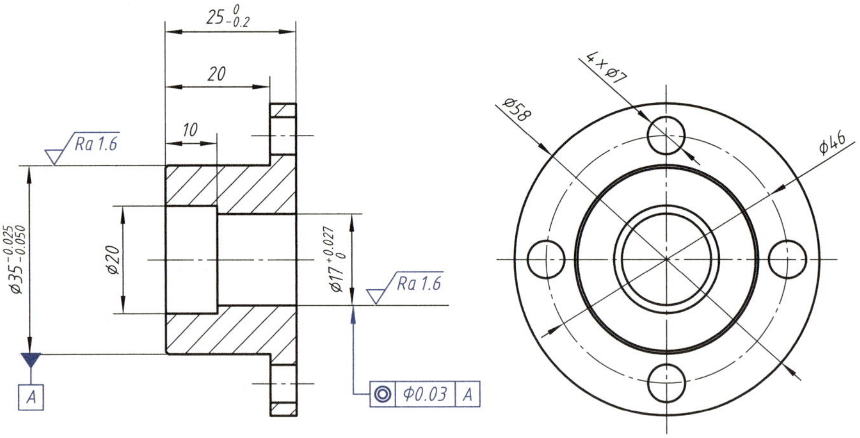
7	在文字层填写技术要求，完成整个法兰盘二维工程图绘制	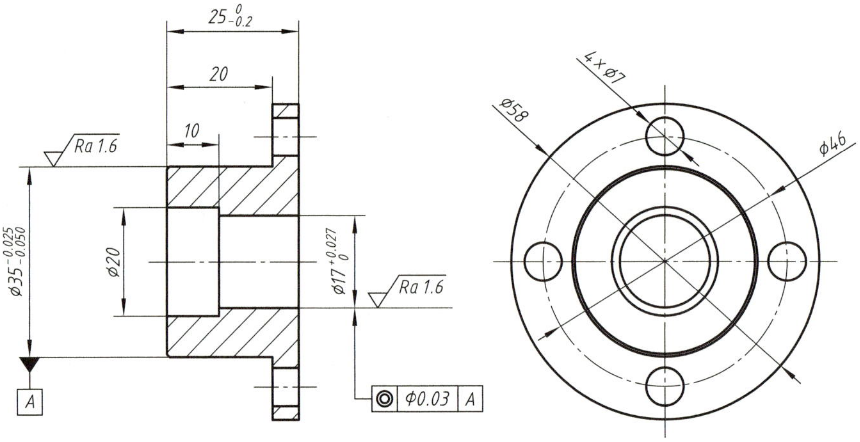 技术要求 1.锐边倒角C0.5。 2.未注尺寸公差按±0.05加工。 3.零件加工表面上不应有划痕、擦伤等缺陷。 Ra 6.3 (Ra 1.6)

4.3 叉架类零件的测绘

一、叉架类零件的功能和结构特点

叉架类零件包括拨叉、摇臂、连杆、支架、支座、托架等,其功能为操纵、连接、传递运动或支承等。典型叉架类零件如图 4-7 所示。

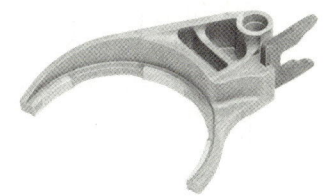

图 4-7 叉架类零件

叉架类零件的结构比较复杂,形状不规则,一般由工作部分、支承部分和连接部分组成。工作部分用于支承或带动其他零件运动,一般结构为孔、平面、各种槽面或圆弧面等。支承部分用于支承和安装零件自身,一般结构为平面或孔等。连接部分用于连接零件自身的工作部分和支承部分,其截面形状有矩形、椭圆形、工字形、T 字形、十字形等多种形式。叉架类零件的毛坯多为铸件或锻件,零件上常有铸(锻)造圆角、肋、凸缘、凸台等结构。

二、叉架类零件的视图表达及尺寸标注

1. 叉架类零件的视图表达

叉架类零件的结构比较复杂,形状不规则,有些零件甚至无法自然平稳放置,所以零件的视图表达差异较大。一般可采用下述表达方案:

1) 将零件按自然位置或工作位置放置,从最能反映零件工作部分和支承部分结构形状和相互位置关系的方向投射,画出主视图。可以再选用 1~2 个基本视图作为其他视图,或不再选用基本视图,如图 4-8 所示。
2) 基本视图常采用局部剖视、半剖视或全剖视表达方式。
3) 连接部分常采用断面图来表达。
4) 零件的倾斜部分和局部结构,常采用斜视图、局部视图、局部剖视图、断面图等进行补充表达。

2. 叉架类零件的尺寸标注

1) 叉架类零件一般以支承面或支承孔的轴线、中心线,零件的对称平面和加工的大平面作为主要尺寸基准。
2) 工作部分、支承部分的形状尺寸和相互位置尺寸是叉架类零件的主要尺寸。
3) 叉架类零件的定位尺寸较多,且常采用角度定位。
4) 叉架类零件的定形尺寸一般按形体分析法进行标注。
5) 叉架类零件的毛坯多为铸件或锻件。零件上的铸(锻)造圆角、斜度、过渡尺寸一般应按铸(锻)件标准取值和标注。

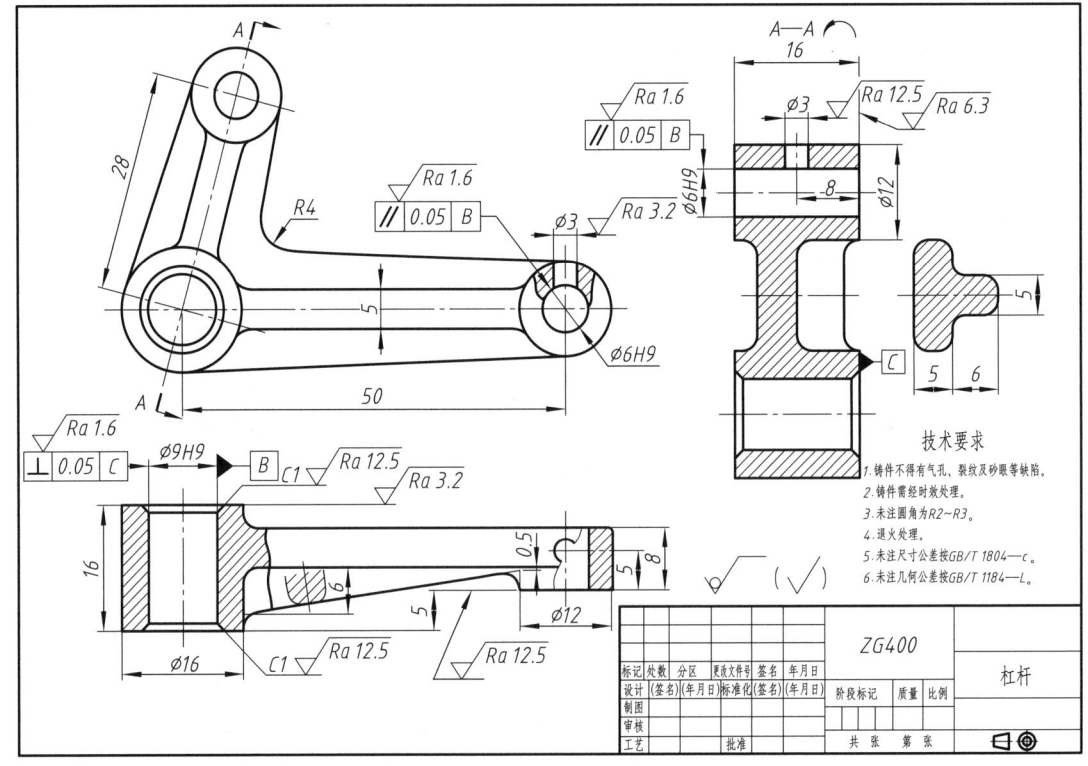

图 4-8 杠杆零件

三、叉架类零件的技术要求

1) 叉架类零件支承部分的平面、孔或轴应给定尺寸公差、几何公差及表面粗糙度。一般情况下,孔的尺寸公差取 H7,轴的尺寸公差取 h6,孔和轴的表面粗糙度 Ra 值取为 1.6~6.3 μm,孔和轴可给定圆度或圆柱度公差。支承平面的表面粗糙度 Ra 值一般取 6.3 μm,并可给定平面度公差。

2) 定位平面应给定表面粗糙度值和几何公差。一般取 Ra 6.3 μm,几何公差有对支承平面的垂直度公差或平行度公差,对支承孔或轴的轴线的轴向圆跳动公差或垂直度公差等。

3) 叉架类零件工作部分的结构形状比较多样,常见的有孔、圆柱、圆弧、平面等,有些甚至是曲面或不规则形状结构。在一般情况下,对工作部分的结构尺寸、位置尺寸应给定适当的公差,如孔径公差、孔到基准面或基准孔的距离尺寸公差、孔或平面与基准面或基准孔之间的角度尺寸公差等。另外还应给定必要的几何公差及表面粗糙度值,如圆度、圆柱度、平面度、平行度、垂直度、倾斜度等。

4) 叉架类零件常用毛坯为铸件和锻件。铸件一般应进行时效热处理,锻件应进行正火或退火热处理。毛坯不应有砂眼、缩孔等缺陷,应按规定标注出铸(锻)造圆角和斜度。根据使用要求提出必需的最终热处理方法及所应达到的硬度及其他要求。

四、叉架类零件测绘实例

下面以图 4-9 所示支架为例,介绍如何对叉架类零件进行测绘。

叉架类零件支承部分和工作部分的结构尺寸和相对位置决定了零件的工作性能,应认真测绘,尽可能达到零件的原始设计形状和尺寸。对于连接部分,在不影响强度、刚度和使用性能的前提下,可进行合理修整。

1. 了解和分析零件

支架属于叉架类零件,主要起到支承和固定的作用。支承部分为三角形板特征,有三个孔用于螺栓连接,工作部分为圆柱特征,两部分由T形肋板连接,其精度标注要求见表4-13。

根据支架特点,主视图表达支架特征外形,左视图采用局部剖视表达支承孔和固定孔特征,用移出断面表达T形肋板。

图 4-9 支架

表 4-13 支架精度标注要求

标注要素	具体内容
尺寸精度	支架上 φ40 孔尺寸精度按 H8 公差带代号查表标注
几何精度	① 支架上 φ40 孔的中心线对零件后端面有公差值为 φ0.03 mm 的垂直度要求; ② 支架上 φ59 轴段前端面对后端面有公差值为 φ0.03 mm 的平行度要求
表面粗糙度	① 支架上 φ40 孔的表面粗糙度要求为 $Ra3.2$; ② 支架上 φ26 孔及 M10 螺纹上表面的表面粗糙度要求为 $Ra6.3$; ③ 支架上 φ59 轴段前、后端面的表面粗糙度要求为 $Ra6.3$; ④ 支架中 M10 螺纹内表面的表面粗糙度要求为 $Ra3.2$; ⑤ 支架上三角形结构后面及三个沉孔的表面粗糙度要求为 $Ra6.3$

2. 量具准备

分析支架零件的结构,确定量具清单,见表4-14。

表 4-14 量 具 清 单

序号	量具名称	规格 /mm	精度 /mm
1	游标卡尺	0~150	0.02
2	外径千分尺	25~50	0.01
3	螺纹样板	P0.25~P6	
4	半径样板	R1~R50	
5	表面粗糙度比较样块		

3. 测绘支架草图

测绘支架草图的步骤见表4-15。先绘制零件草图,通过游标卡尺、外径千分尺、螺纹样板等量具进行测量,并将测量得到的尺寸标注在草图上。

表 4–15 测绘支架草图步骤

序号	操作步骤	操作图示
1	布置视图,绘制中心线。 根据所选比例初步确定主视图应占图纸面积。注意留出标注尺寸和绘制其他补充视图的位置	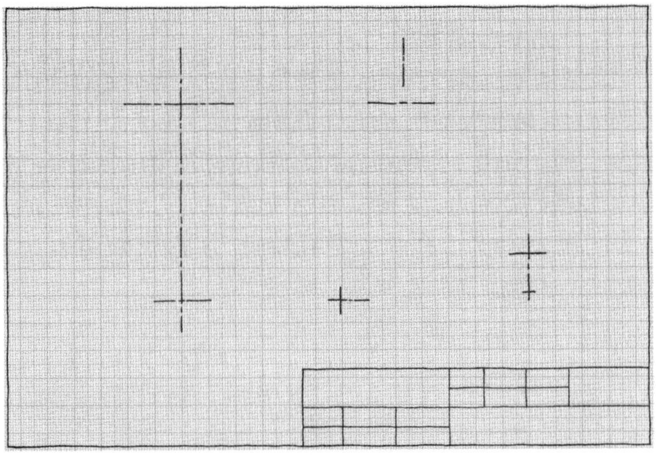
2	绘制零件内、外结构和形状。 注意各部分结构的比例应协调	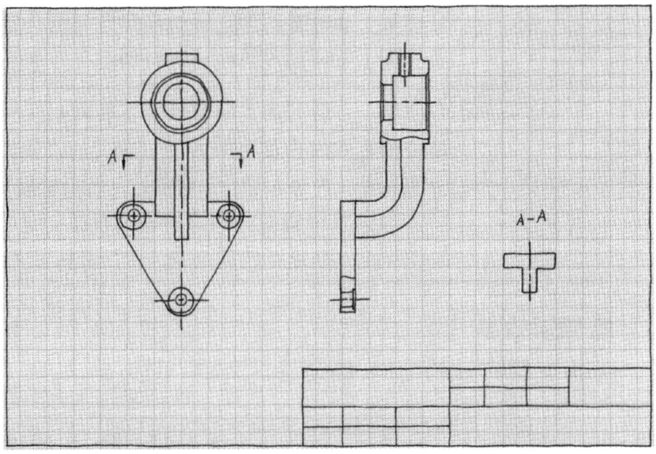
3	画剖视图,表达全部细节。 分析选定基准,确定需要标注的尺寸,画出尺寸界线和尺寸线	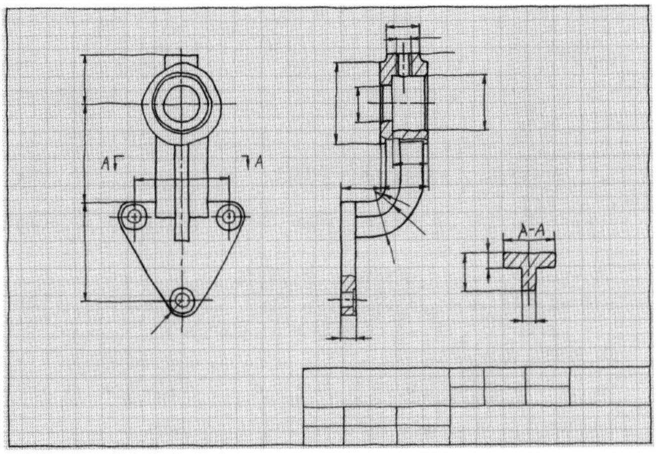

序号	操作步骤	操作图示
4	测量尺寸,逐个填写尺寸数字,查阅资料确定尺寸公差。 测量尺寸时要合理选用并正确使用量具	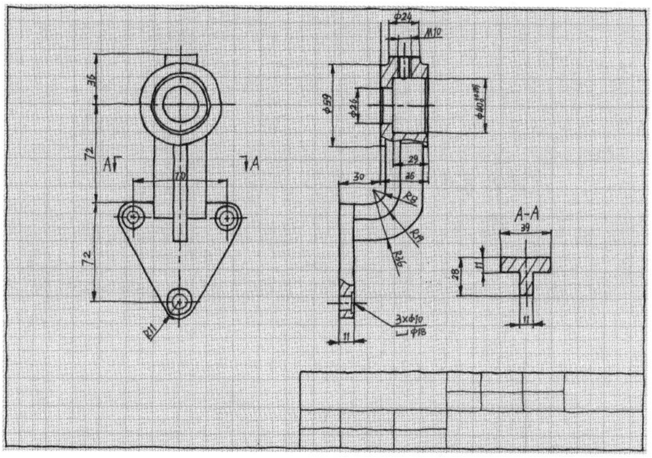
5	查阅有关资料确定几何公差,用表面粗糙度比较样块比较确定表面粗糙度值。 结合实物认真进行检查、校对	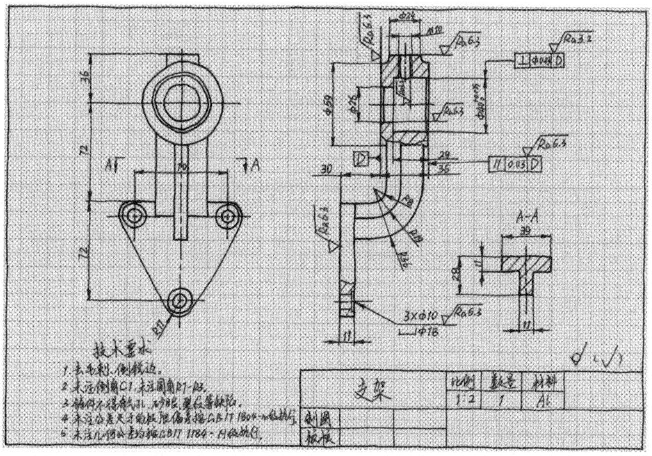

4. 支架三维建模

支架草图测绘结束后,用三维建模软件对支架进行实体建模。本教材采用 SOLIDWORKS 三维软件建立零件三维模型,其过程见表 4-16。

表 4–16 支架的三维建模过程

序号	操作步骤	操作图示
1	启动 SOLIDWORKS 软件，新建零件	
2	选择前视基准面作为草图绘制平面。用"圆"命令绘制直径为 59 mm 的圆，点击"特征"选项卡中的"拉伸凸台/基体"按钮，输入深度尺寸 36 mm	
3	选择上视基准面作为草图绘制平面，用"圆"命令绘制直径为 24 mm 的圆，点击"特征"选项卡中的"拉伸凸台/基体"按钮，输入深度尺寸 36 mm	

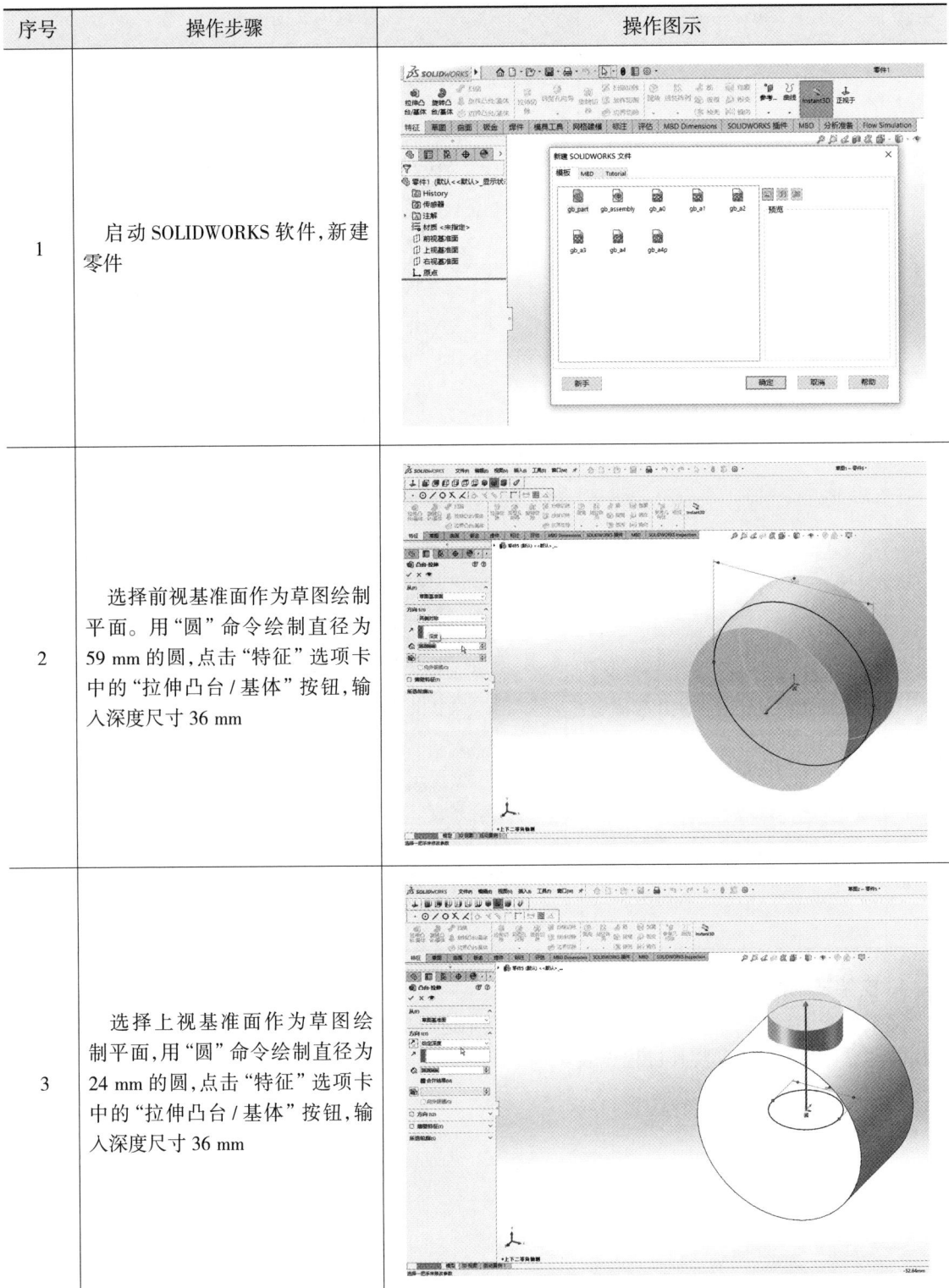

4.3 叉架类零件的测绘

续表

序号	操作步骤	操作图示
4	选择右视基准面作为草图绘制平面,用"直线""圆角"命令绘制草图	
5	点击"特征"选项卡中的"拉伸凸台/基体"按钮,设置双向拉伸长度为 39 mm	
6	选择右视基准面作为草图绘制平面,用"直线""圆角"命令绘制肋特征草图,点击"特征"选项卡上的"拉伸凸台/基体"按钮,设置方向为两侧对称,输入深度尺寸 11 mm	

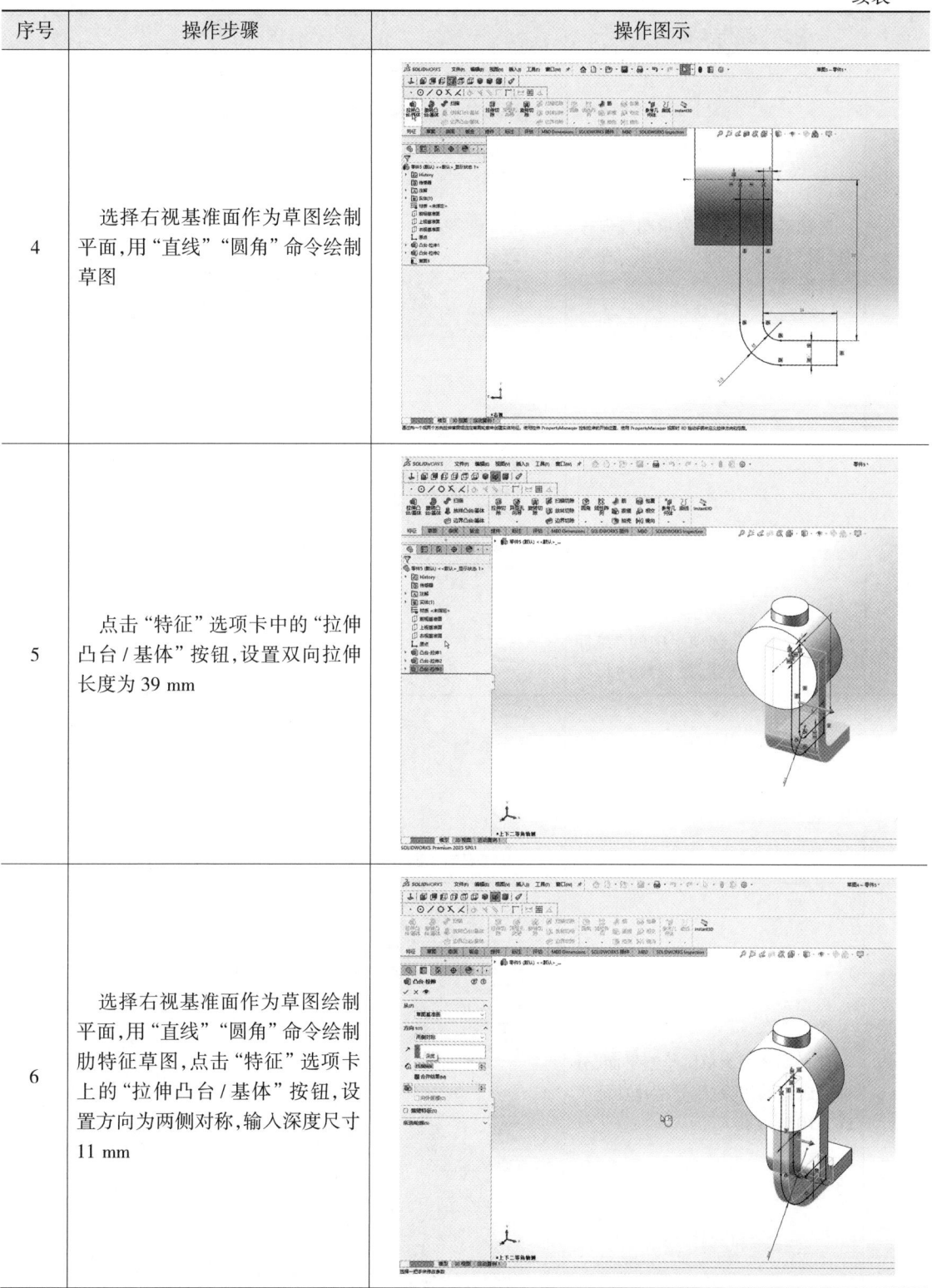

续表

序号	操作步骤	操作图示
7	选择连接板端面为草图绘制平面，用"直线""圆""圆弧"命令绘制草图	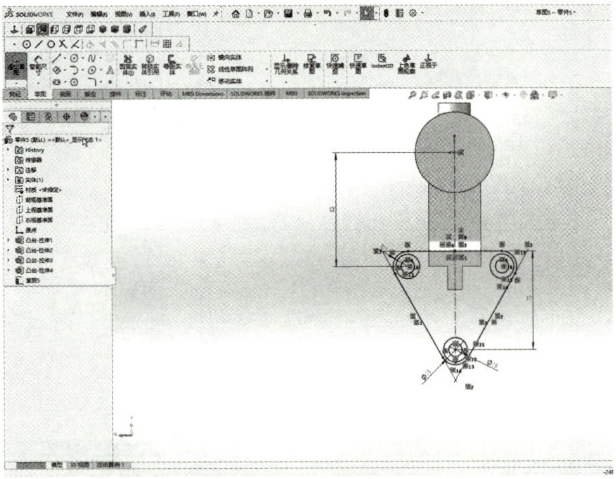
8	点击"特征"选项卡中的"拉伸凸台/基体"按钮，设置拉伸长度为 11 mm	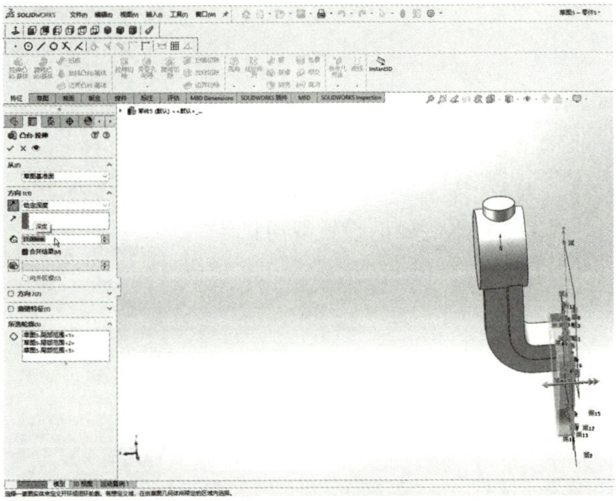
9	选择实体面为草图绘制平面，分别完成孔的切除，用异型孔功能生成 M10 螺纹孔	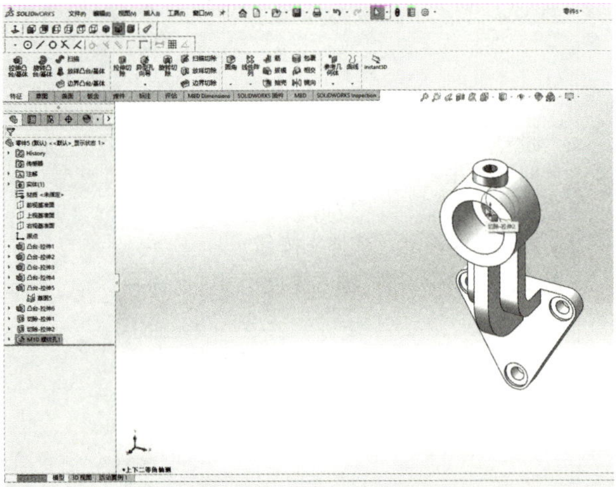

5. 生成支架二维工程图

支架三维模型建立后,使用 SOLIDWORKS 二维工程图生成功能得到零件二维工程图,其操作步骤见表 4-17。

表 4-17 支架二维工程图生成过程

序号	操作步骤	操作图示
1	点击 SOLIDWORKS "文件"菜单,选择"从零件制作工程图"命令,选择"gb_a4"为工程图模板,单击"确定"按钮,完成工程图格式设置	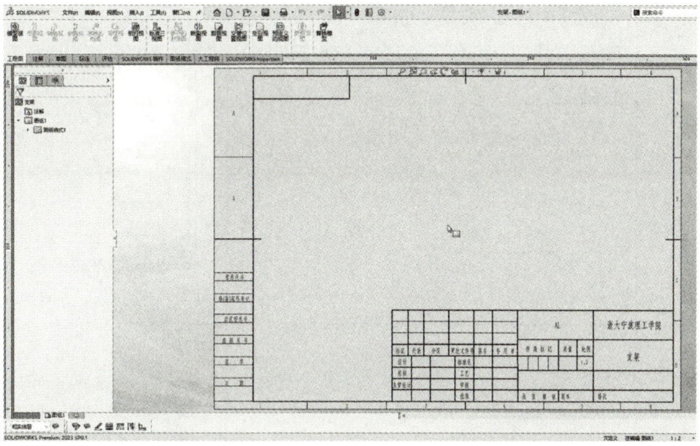
2	从视图调色板上将支架主视图和左视图拖入工程图图纸中。点击"工程图"选项卡上的"剖面视图"按钮,生成 A—A 断面图	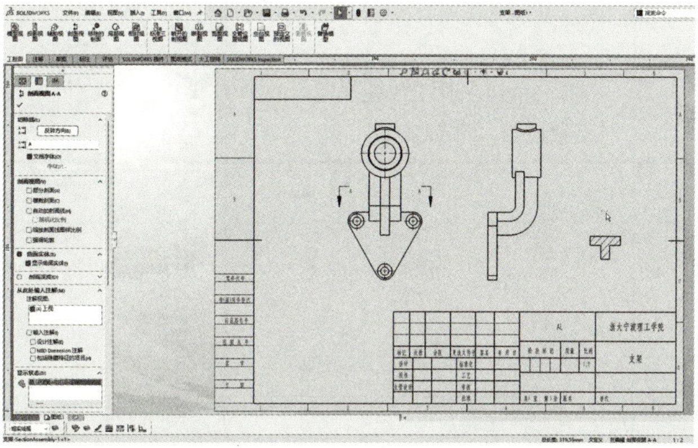
3	用"断开的剖视图"命令对左视图上端的圆柱特征进行局部剖	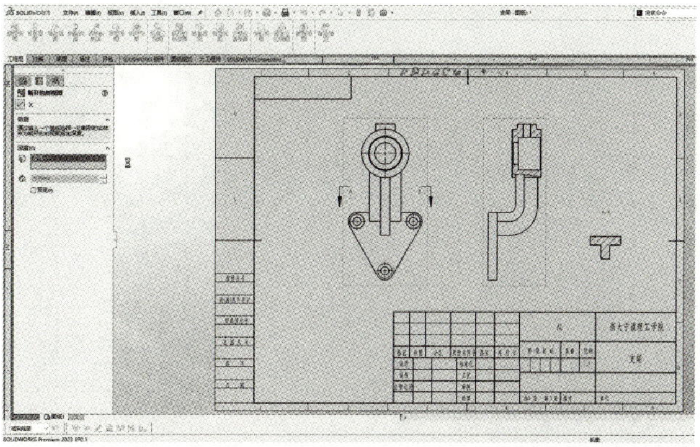

续表

序号	操作步骤	操作图示
4	选择中心线层,点击"注释"选项卡,用"中心线"命令绘制支架中心线	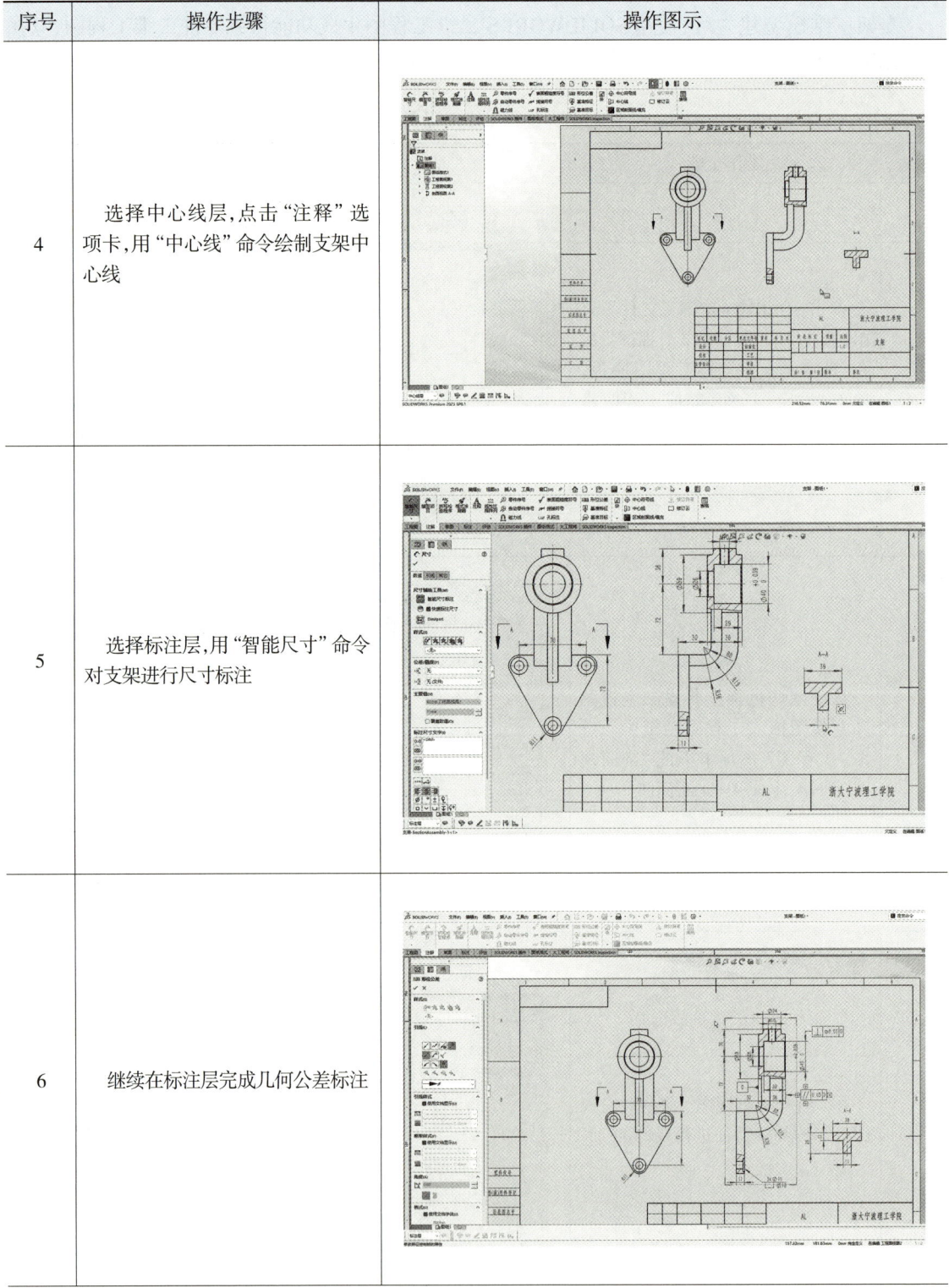
5	选择标注层,用"智能尺寸"命令对支架进行尺寸标注	
6	继续在标注层完成几何公差标注	

续表

序号	操作步骤	操作图示
7	继续在标注层完成表面粗糙度的标注,注写技术要求,完成支架零件二维工程图	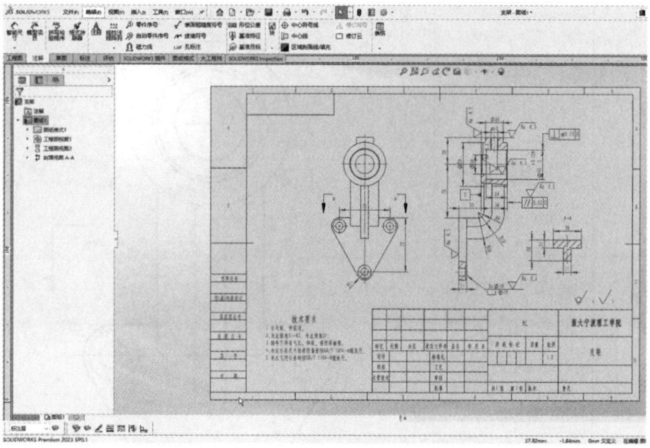

6. 绘制支架二维工程图

支架草图测绘完成后,也可直接用二维绘图软件如 AutoCAD、中望 CAD 等进行二维工程图绘制。其操作步骤见表 4–18。

表 4–18 绘制支架二维工程图的步骤

序号	操作步骤	操作图示
1	根据支架尺寸设置图幅,支架总高度为 191 mm,选择 A4 横向工程图模板。图层设置采用模板默认设定。填写标题栏信息	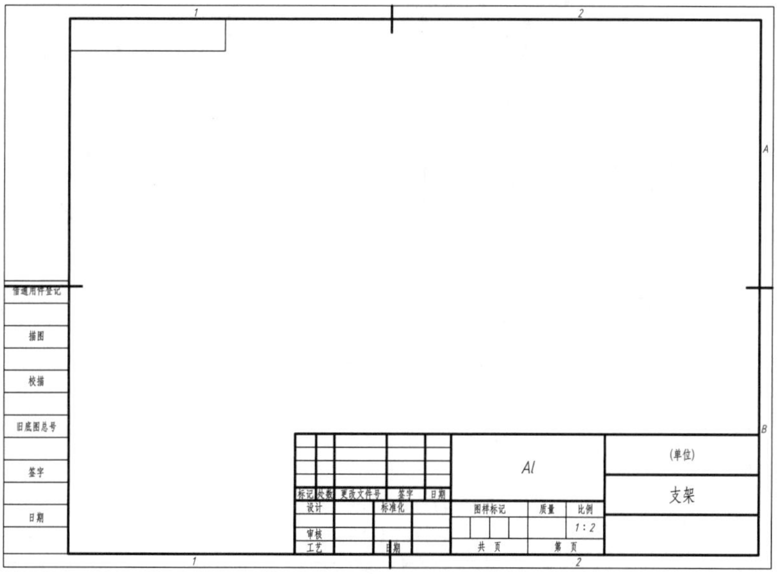

续表

序号	操作步骤	操作图示
2	运用"直线""圆""修剪""阵列""镜像""偏移"等基本命令,根据草图绘制支架各视图	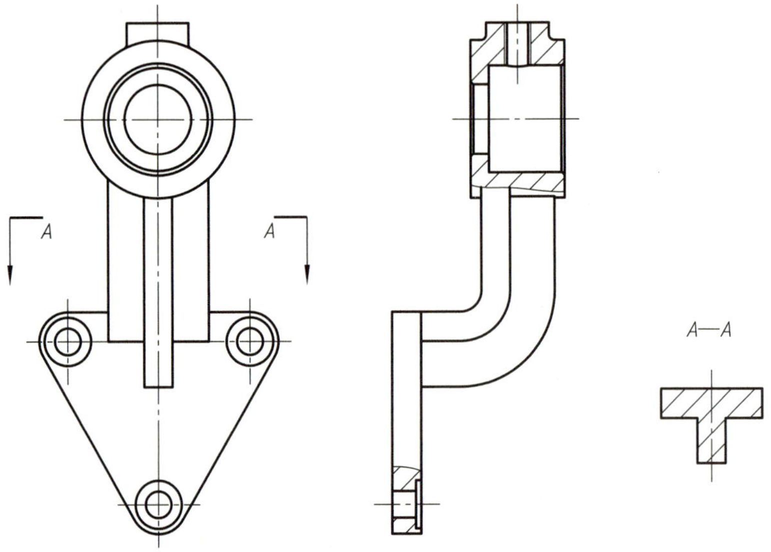
3	按照零件草图进行尺寸、尺寸公差、几何公差、表面粗糙度及技术要求标注	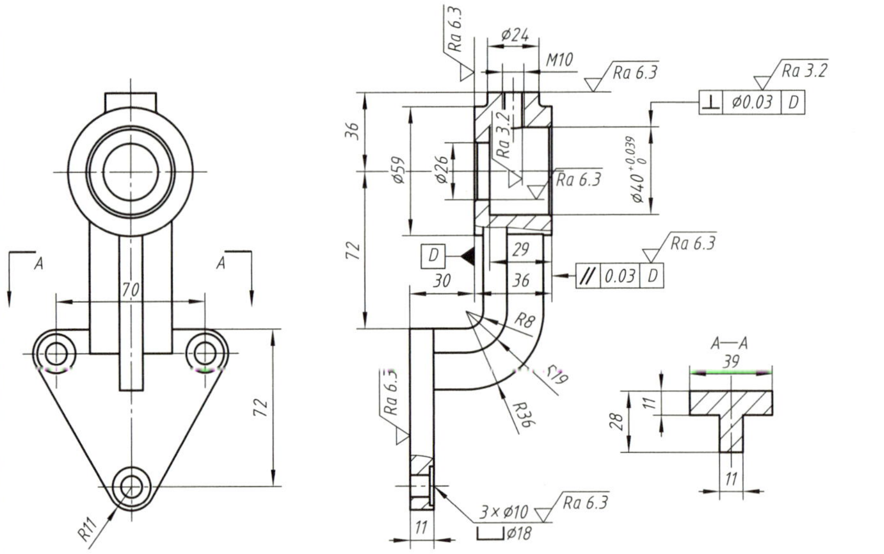 技术要求 1.去毛刺、倒锐边。 2.未注圆角R1~R3,未注倒角C1。 3.铸件不得有气孔、砂眼、裂纹等缺陷。 4.未注公差尺寸的极限偏差按GB/T 1804—m级执行。 5.未注几何公差均按GB/T 1184—H级执行。

4.4 箱体类零件的测绘

一、箱体类零件的功能和结构特点

1. 箱体类零件的功能

箱体类零件属于机器或部件上的基础件,用于容纳、支承各种传动件、操纵件、控制件等有关零件,并使各零件之间保持正确的相对位置和运动轨迹,还作为设置油路通道、容纳油液的容器及保护机器零件的壳体。

箱体类零件的测绘

2. 箱体类零件的结构

箱体类零件种类较多,典型的箱体类零件有减速箱、液压阀体、机床的主轴箱、变速箱等。箱体类零件一般以铸件为主(少数采用锻件或焊接件),其结构特点是体积较大、形状较复杂、内部呈空腔形、壁厚较薄且不均匀;体壁上常设有轴孔、凸台、凹坑、凸缘、肋板、铸造圆角、斜面、沟槽、油孔、窗口等各种结构。

(1) 凸台和凹坑 凸台和凹坑是箱体与其他零件相接触的表面,一般都要进行加工。为了减少加工表面、降低成本,并提高接触面的稳定性,常设计成图 4-10 所示的结构形式。

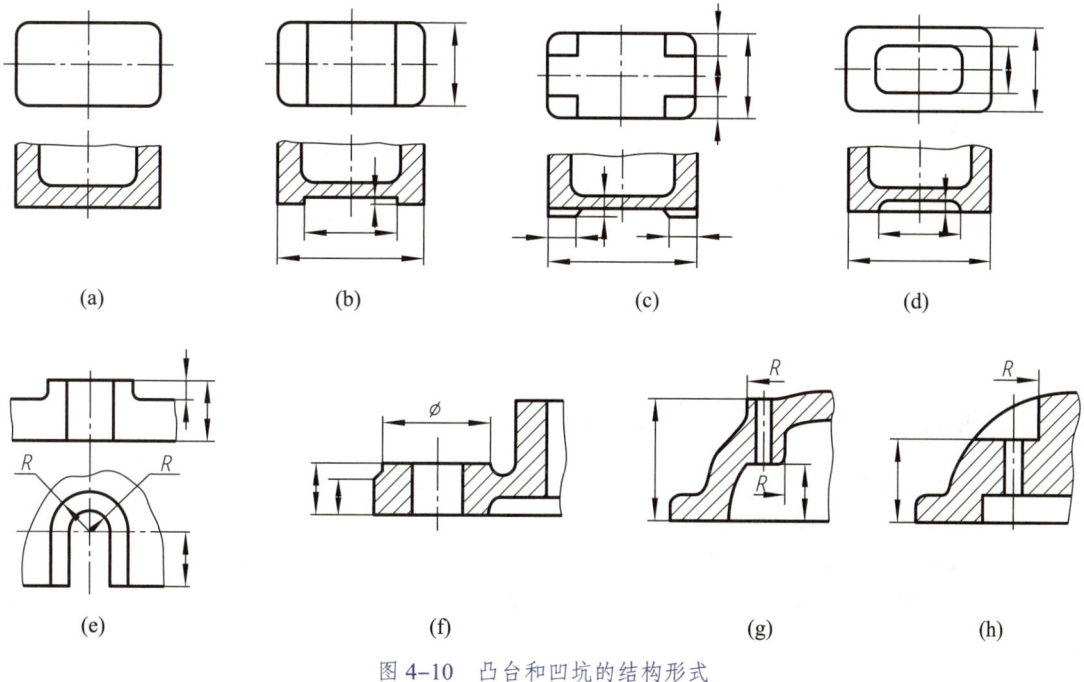

图 4-10 凸台和凹坑的结构形式

(2) 凸缘 凸缘是箱体类零件上轴孔、窗口、油标、安装操纵装置等需要加工的箱壁处加厚的凸出部分,以满足装配、加工尺寸和增加刚度的要求,其常见的结构形式如图 4-11 所示。

(3) 铸造圆角　铸件上相邻两表面相交处应以圆角过渡,这样可以防止产生浇注裂纹。铸造圆角半径的大小应与相邻两壁夹角的大小和壁厚相适应。

(4) 起模斜度　在造型时,为了便于把模型从砂型中取出,要在铸件沿起模方向上设计一定的斜度,称起模斜度。起模斜度的大小取决于竖直壁的高度,角度一般有 30′、1°、3°、5°30′、11°30′等。通常竖直壁越高,斜度越小。

(5) 铸件的外壁、内壁与肋板的厚度　铸件的壁厚要合理,以保证铸件的力学性能和铸造工艺满足要求。在一般情况下,肋板的厚度应比内壁的厚度小,内壁的厚度应比外壁的厚度小。铸件的壁厚应尽可能均匀。厚、薄壁之间的连接应逐步过渡。

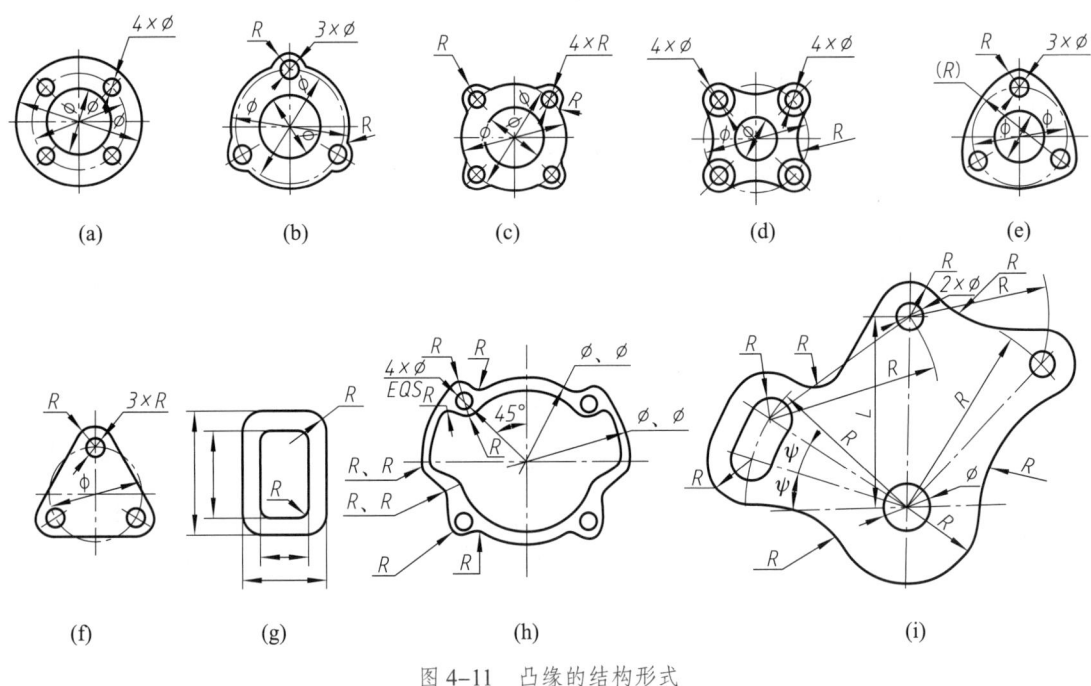

图 4-11　凸缘的结构形式

二、箱体类零件的视图表达及尺寸标注

箱体类零件的视图表达及尺寸标注必须严格遵循机械制图相关国家标准。

1. 箱体类零件的视图表达

1) 箱体类零件的形状比较复杂,一般需要三个以上的基本视图来表达,如图 4-12 所示。

2) 箱体类零件一般按工作位置放置,并以最能反映各部分结构形状和相对位置关系的方向投射,画出主视图。

3) 为了将内、外结构形状表达清楚,基本视图常采用各种剖视图。

4) 采用单独的局部视图、局部剖视图、斜视图、断面图及局部放大图等进行补充表达。

2. 箱体类零件的尺寸标注

1) 合理选择尺寸基准。箱体类零件的底面和主要孔的轴线一般都是设计基准、工艺基准。高度方向一般以底面为尺寸基准,其他方向一般以主要孔的轴线、对称平面和端面作为尺寸基准。

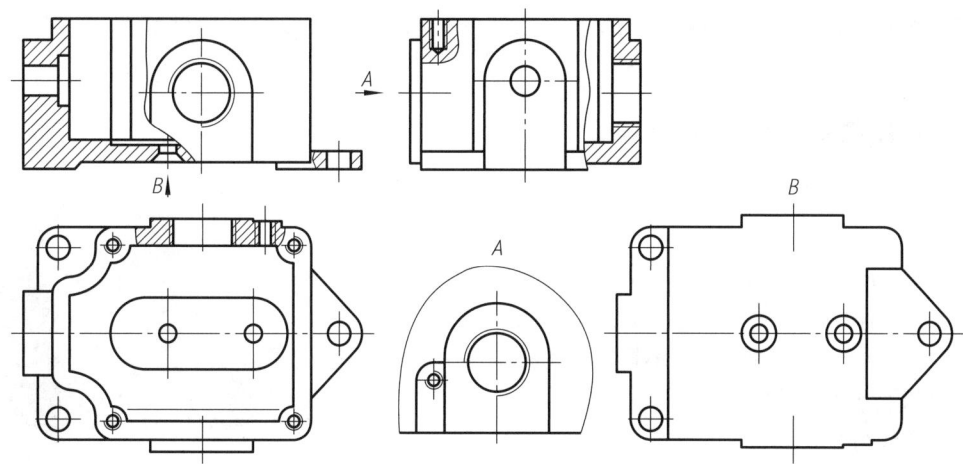

图 4-12　行程开关外壳的视图表达

2) 按照形体分析法标注尺寸。对于复杂的箱体类零件,标注尺寸时应将零件的结构划分成多个基本几何体,然后逐一标出其定形尺寸和定位尺寸。

3) 重要尺寸应直接标注。影响机器工作性能的尺寸必须直接标注出来,如支承齿轮传动轴、蜗杆传动轴的两孔中心线间的距离尺寸等。

4) 应标注出总体尺寸和安装尺寸。

5) 已标准化的结构和尺寸,应按标准化结构和尺寸系列确定。

三、箱体类零件的技术要求

箱体类零件的主要结构形状为轴孔和平面。

1) 轴孔的尺寸精度、形状精度和表面粗糙度。箱体上主要轴孔(如主轴孔)的尺寸公差等级一般为 IT6,圆度公差一般为 0.006~0.008 mm,表面粗糙度 Ra 值一般为 0.4~0.8 μm。其他轴孔的尺寸公差等级一般为 IT6~IT8,圆度公差一般为 0.01 mm,表面粗糙度 Ra 值一般为 0.8~1.6 μm。

2) 轴孔之间的相互位置精度。箱体上有轴传动关系的孔系之间,应有一定的孔距尺寸精度和平行度要求,否则会影响轴传动的精度,工作时容易产生噪声和振动,并影响使用寿命。同一轴线上的孔间应有一定的同轴度要求,否则,不仅使轴的装配困难,并且将导致轴的运转情况不良,加剧轴承的磨损和发热,影响机器的精度和正常工作。轴孔间中心距公差一般为 ±0.01 mm~±0.05 mm;轴线的平行度公差一般为 0.01~0.1 mm;同轴孔的同轴度公差一般为 0.008~0.06 mm。

3) 主要平面的形状精度、相互位置精度和表面粗糙度。箱体的主要平面一般是设计基准或工艺基准,在装配或加工中往往作为定位基准面,主要平面常给出平面度、平行度、垂直度等几何公差。一般箱体上主要平面的平面度公差为 0.01~0.06 mm,表面粗糙度 Ra 值为 0.8~1.6 μm。在装配中的主要接合平面需经刮研或磨削等精加工,以保证接触良好。

4) 轴孔与主要平面间的相互位置精度。箱体的主要轴孔与主要平面一般有平行度、垂直度要求,其公差值一般为 0.01~0.1 mm。

5) 选择满足使用要求且有较好加工工艺性的材料,并提出必要的热处理要求、检验要求等技术要求。

四、箱体类零件测绘实例

下面以图 4-13 所示箱体为例,介绍如何对箱体类零件进行测绘。

箱体类零件支承部分和工作部分的结构尺寸和相对位置决定了零件的工作性能,应认真测绘,尽可能达到零件的原始设计形状和尺寸。对于连接部分,在不影响强度、刚度和使用性能的前提下,可进行合理修整。

1. 了解和分析零件

箱体主要用来支承和安装其他零件,其精度标注要求见表 4-19。

图 4-13 箱体

根据箱体的特点,确定主视图时主要从工作位置和形状特征来考虑,采用全剖视图表达箱体内部特征,增加其他基本视图表达宽度和长度方向上的形状特征。同时,采用局部视图表达局部特征。

表 4-19 箱体精度标注要求

标注要素	具体内容
尺寸精度	① 箱体左端 $\phi 32$ 孔的尺寸精度按 H7 公差带代号查表标注; ② 右端 $\phi 16$ 孔的尺寸精度按上极限偏差 +0.007,下极限偏差 -0.018 标注; ③ 前端 $\phi 20$ 孔的尺寸精度按上极限偏差 +0.007,下极限偏差 -0.018 标注
几何精度	① 箱体左端 $\phi 16$ 孔中心线对右端 $\phi 16$ 孔中心线的同轴度公差为 $\phi 0.03$ mm; ② 箱体左端 $\phi 32$ 孔中心线对前、后两端 $\phi 20$ 孔公共中心线的垂直度公差为 0.04 mm
表面粗糙度	① 箱体左端 $\phi 32$ 孔、后端 $\phi 20$ 孔的表面粗糙度要求为 $Ra0.8$; ② 箱体左端面和上表面的表面粗糙度要求为 $Ra3.2$; ③ 箱体底面的表面粗糙度要求为 $Ra6.3$

2. 量具准备

分析箱体零件的结构,确定量具清单,见表 4-20。

表 4-20 量具清单

序号	量具名称	规格 /mm	精度 /mm
1	游标卡尺	0~150	0.02
2	螺纹塞规	M10~M18	
3	螺纹样板	P0.25~P6	
4	半径样板	R1~R25	
5	表面粗糙度比较样块		

3. 测绘箱体草图

测绘箱体草图的步骤见表4-21。先绘制零件草图,通过游标卡尺、外径千分尺、螺纹样板等量具进行测量,并将测量得到的尺寸标注在草图上。

表4-21 测绘箱体草图步骤

序号	操作步骤	操作图示
1	布置视图,绘制中心线。根据所选比例初步确定主视图应占图纸面积。注意留出标注尺寸和绘制其他补充视图的位置	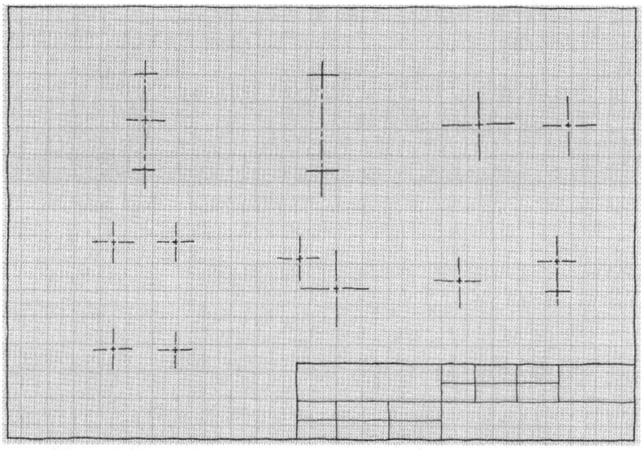
2	绘制零件内、外结构和形状。注意各部分结构的比例应协调	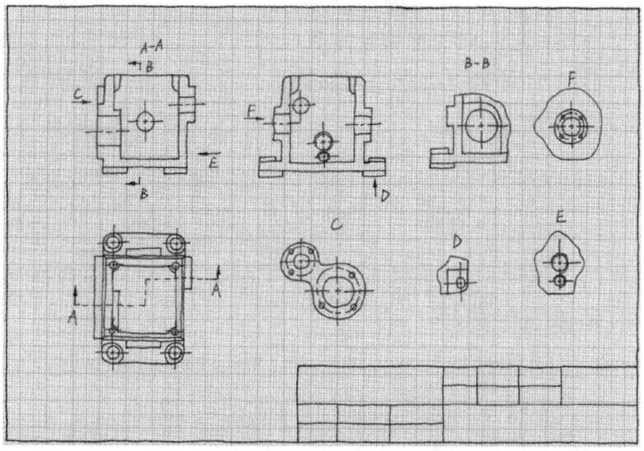
3	画剖视图,表达全部细节。分析选定基准,确定需要标注的尺寸,画出尺寸界线和尺寸线	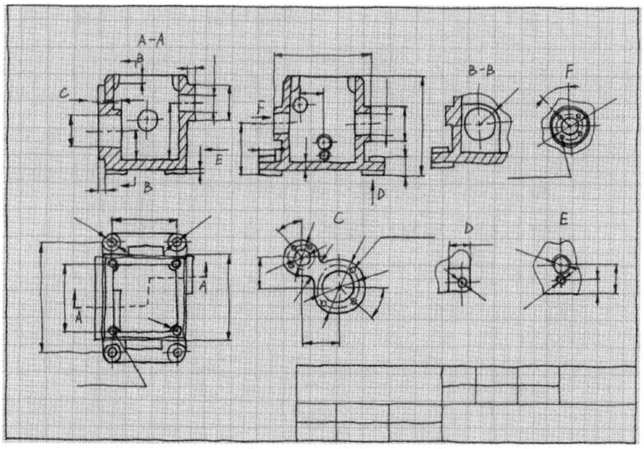

续表

序号	操作步骤	操作图示
4	测量尺寸，逐个填写尺寸数字，查阅资料确定尺寸公差。 测量尺寸时要合理选用并正确使用各种量具	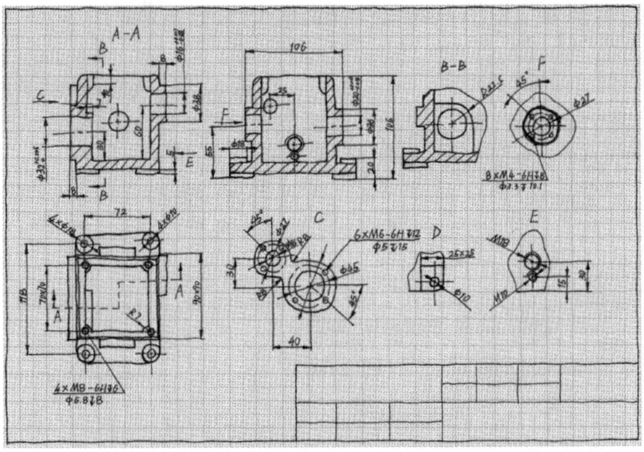
5	查阅有关资料确定几何公差，用表面粗糙度比较样块比较确定表面粗糙度值。 结合实物认真进行检查、校对	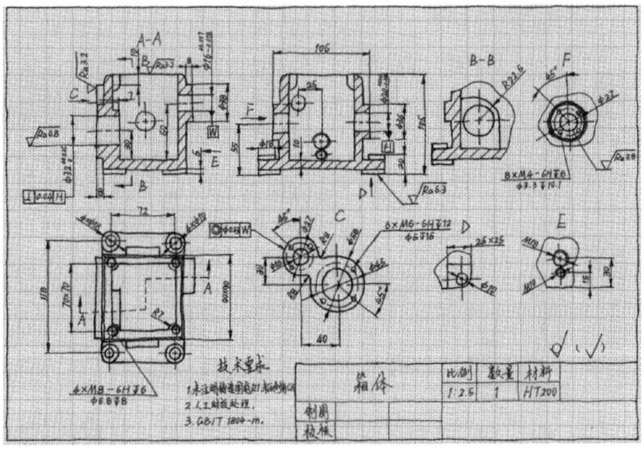

4. 箱体三维建模

箱体草图测绘结束后，用三维建模软件对支架进行实体建模。本教材采用 SOLIDWORKS 三维软件建立零件三维模型，其过程见表 4–22。

表 4–22 箱体零件的三维建模过程

序号	操作步骤	操作图示
1	启动 SOLIDWORKS 软件，新建零件。选择上视基准面作为草图绘制平面，绘制草图，点击"特征"选项卡，选择"拉伸凸台/基体"命令生成箱体底部特征	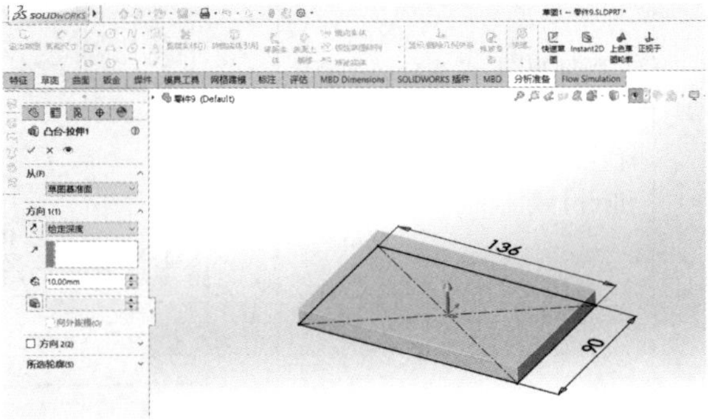

4.4 箱体类零件的测绘

续表

序号	操作步骤	操作图示
2	选择箱体底部特征上端面作为草图绘制平面,绘制草图,点击"特征"选项卡,选择"拉伸凸台/基体"命令生成箱体上部特征	
3	选择箱体特征前端面作为草图绘制平面,绘制8字形草图,点击"特征"选项卡,选择"拉伸凸台/基体"命令生成8字形特征	
4	分别选择箱体特征上端面和8字形特征前端面作为草图绘制平面,绘制用于切割的草图,点击"特征"选项卡,选择"拉伸切除"命令生成切除特征	

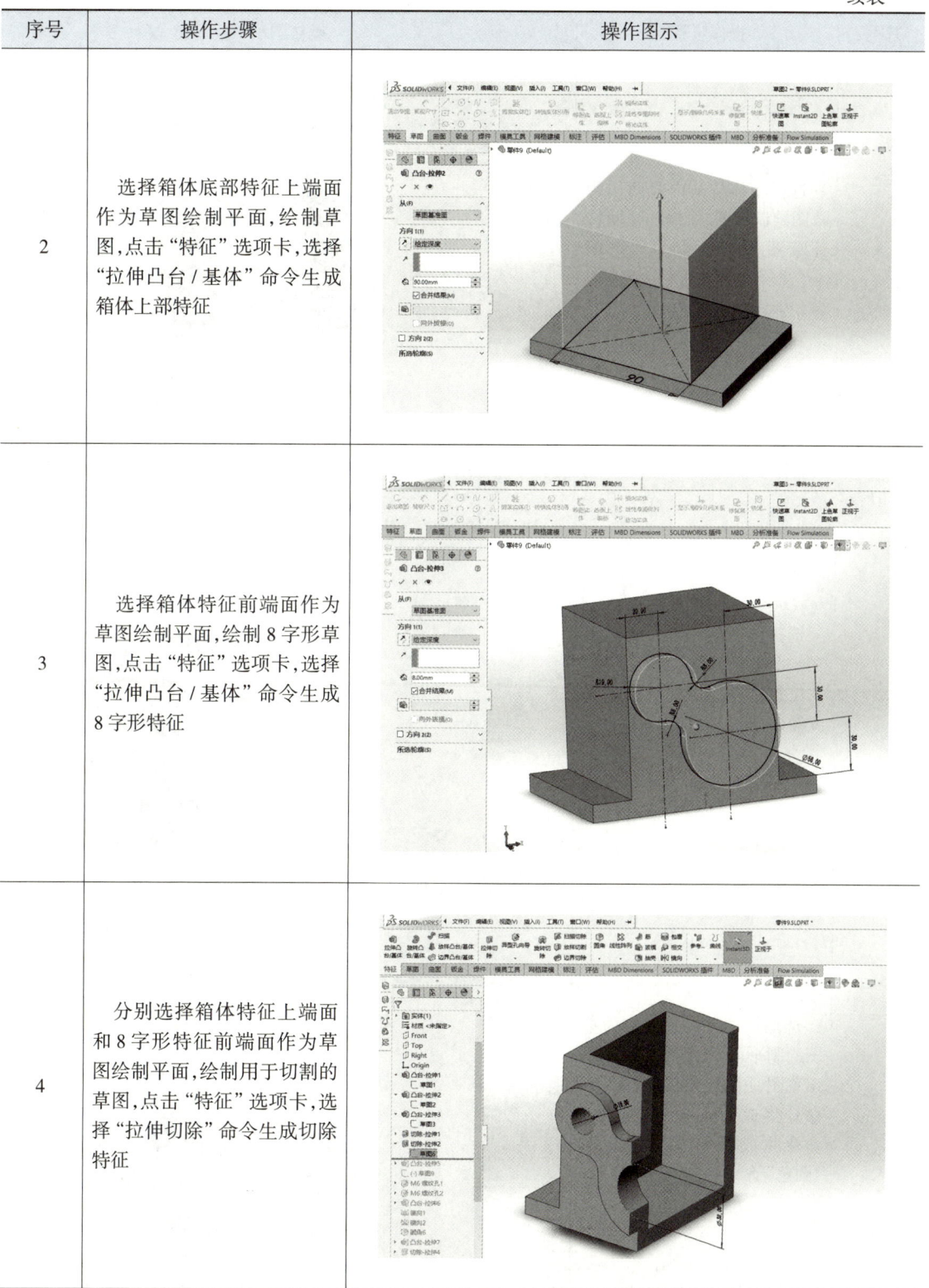

续表

序号	操作步骤	操作图示
5	选择箱体特征内表面作为草图绘制平面,绘制加强肋特征草图。点击"特征"选项卡,选择"拉伸凸台/基体"命令生成特征	
6	选择"异型孔向导"命令,在8字形特征面上确定螺纹孔位置,设定M6螺纹孔的深度参数,生成螺纹孔特征	
7	选择箱件下部平面作为草图绘制平面,绘制箱体一个凸出草图,用"拉伸凸台/基体"命令生成特征,通过"镜像"命令生成四个特征,最后用"圆角"命令生成4个圆角	

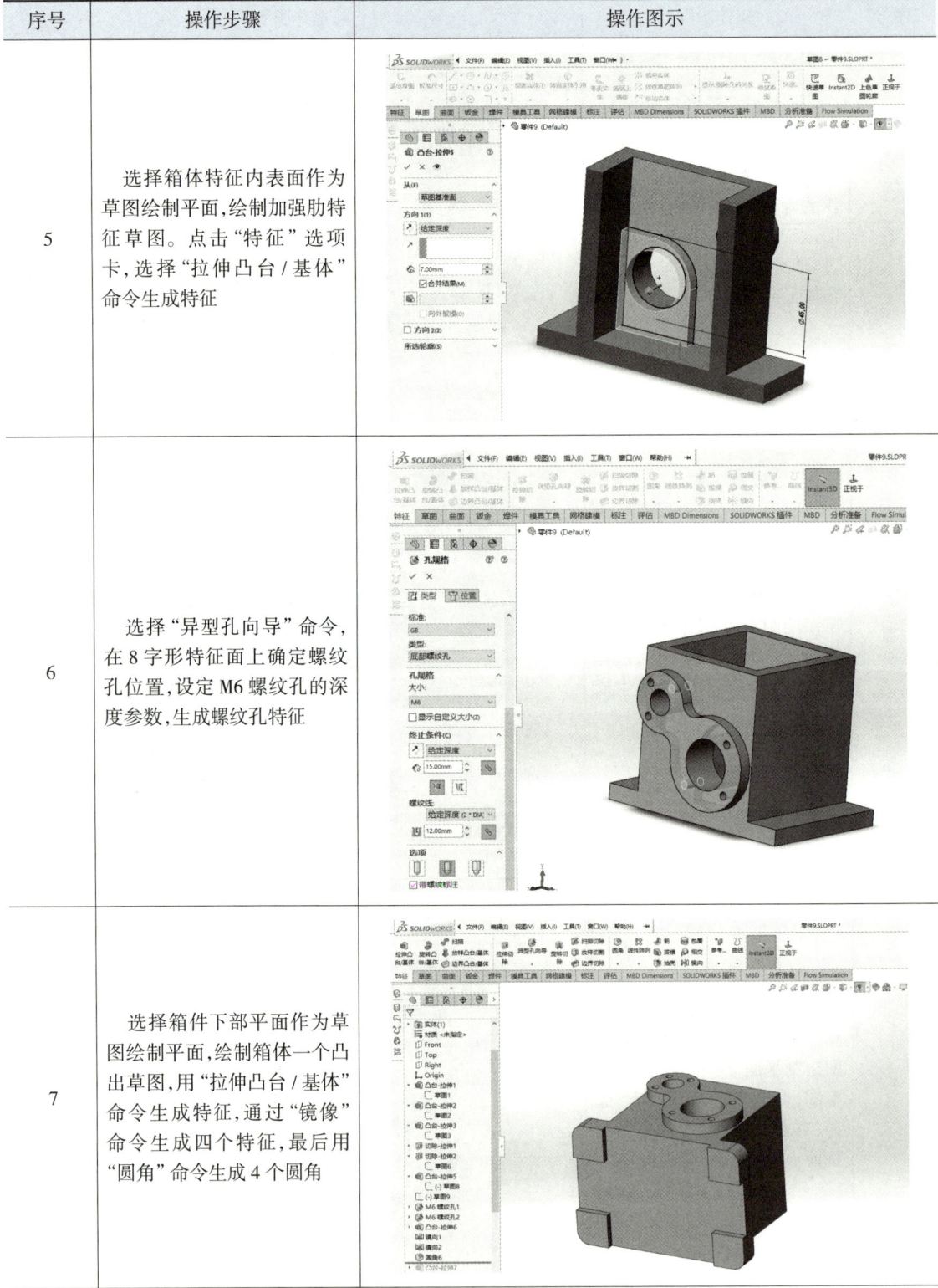

续表

序号	操作步骤	操作图示
8	选择箱体底部特征上表面作为草图绘制平面,绘制草图,使用"拉伸凸台/基体""拉伸切除"命令生成凸台特征,使用"镜像"命令完成箱体4个凸台特征	
9	选择箱体上部特征侧面作为草图绘制平面,绘制草图,使用"拉伸凸台/基体""拉伸切除""镜像"命令生成凸台孔特征	
10	选择"异型孔向导"命令生成 M10、M18 螺纹孔,使用"倒角""圆角"命令对箱体进行倒角和倒圆	

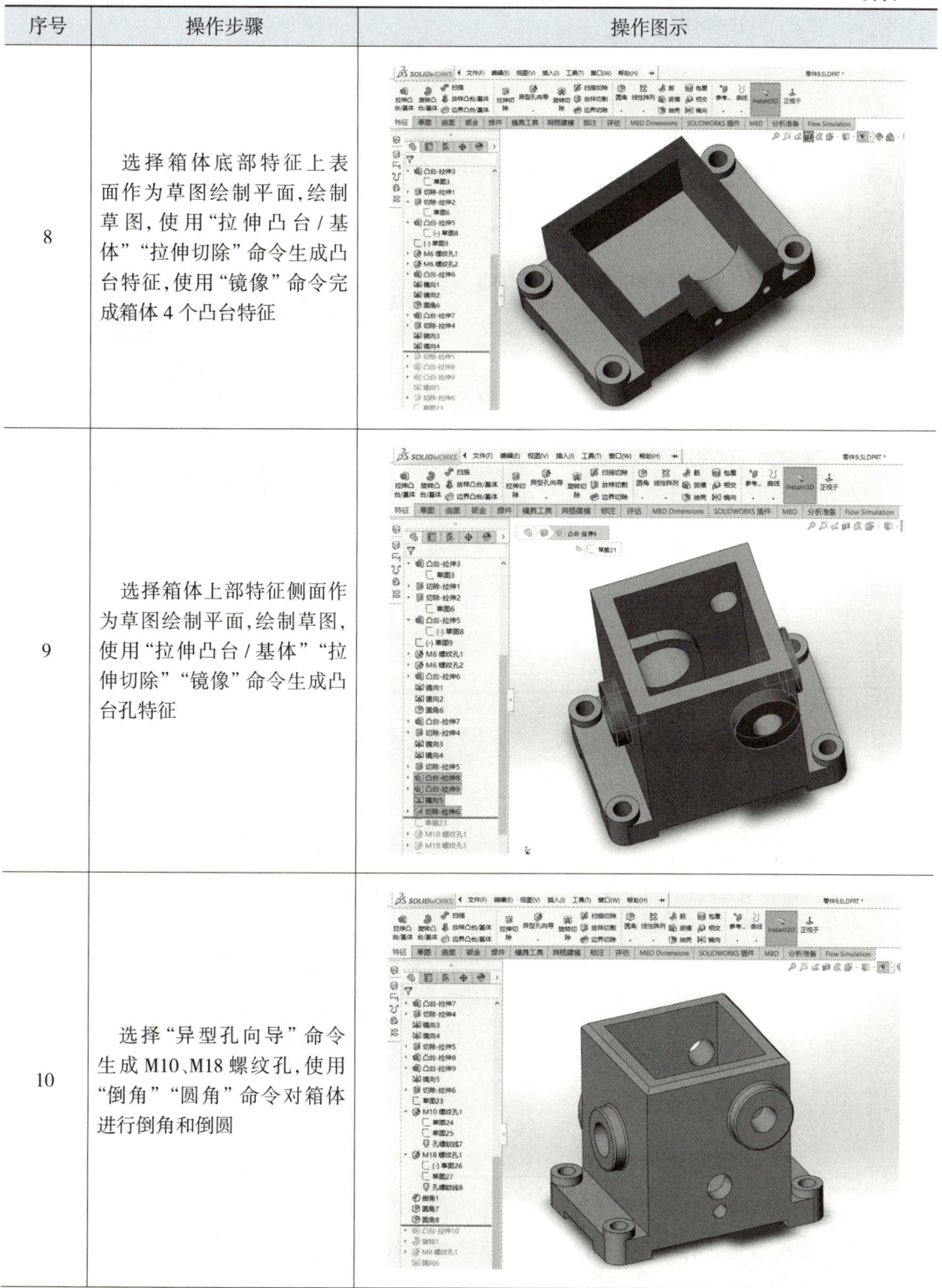

续表

序号	操作步骤	操作图示
11	使用"拉伸凸台/基体"旋转凸台/基体""异型孔向导""镜像"命令生成箱体上部4个M8螺纹孔特征	
12	使用"异型孔向导""镜像"命令生成箱体2个凸台上的8个M4螺纹孔特征	

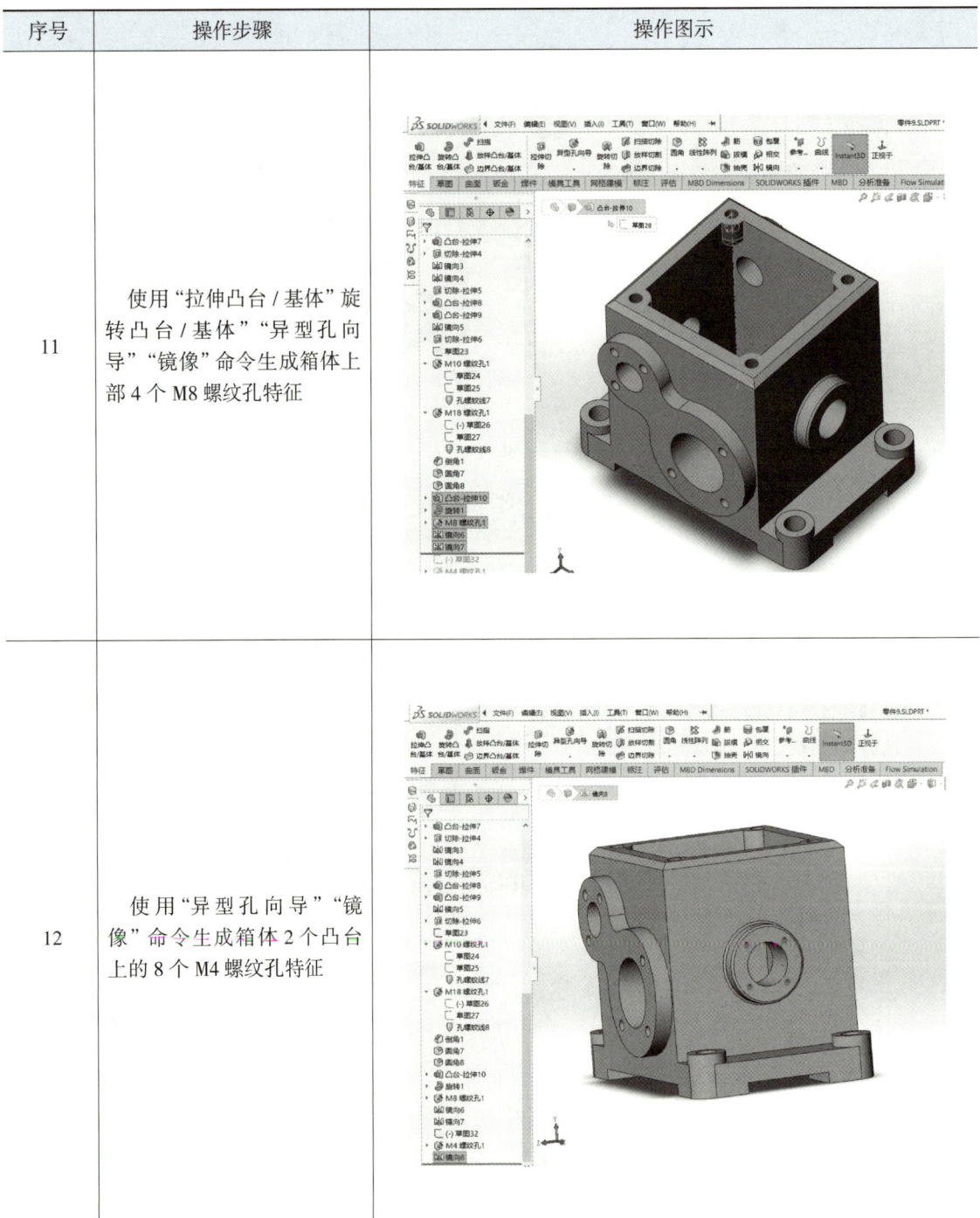

5. 生成箱体二维工程图

箱体三维模型建立后,使用SOLIDWORKS二维工程图生成功能得到零件二维工程图,其操作步骤见表4-23。

表 4-23 箱体二维工程图生成过程

序号	操作步骤	操作图示
1	点击SOLIDWORKS文件菜单,选择"从零件制作工程图"命令,选择"gb_a4"为工程图模板,单击"确定"按钮,完成工程图格式设置	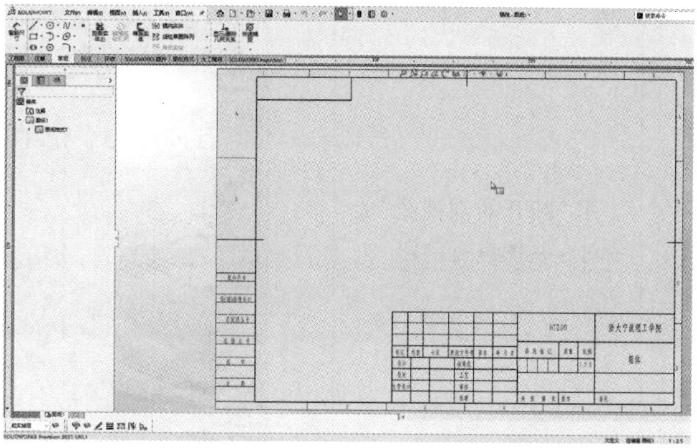
2	从视图调色板上将箱体俯视图和左视图拖入工程图图纸中	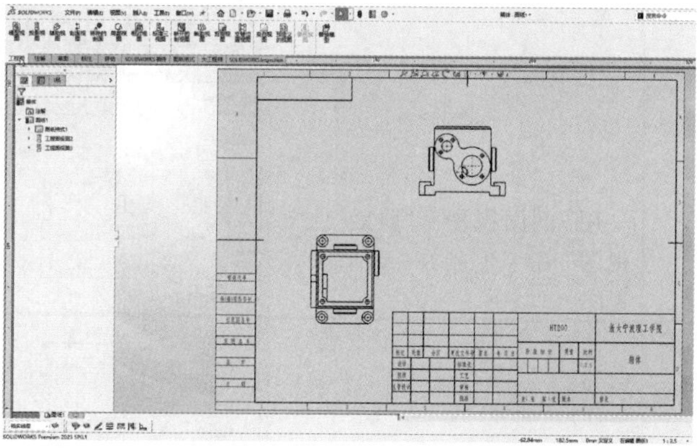
3	使用"剖面视图"命令生成阶梯剖主视图	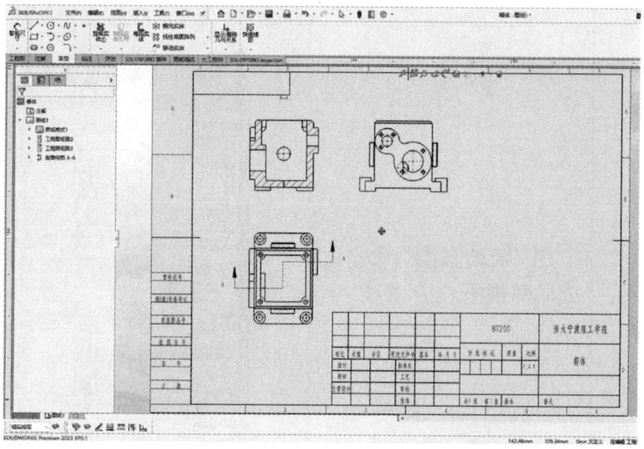

续表

序号	操作步骤	操作图示
4	用"断开的剖视图"命令对左视图进行剖切	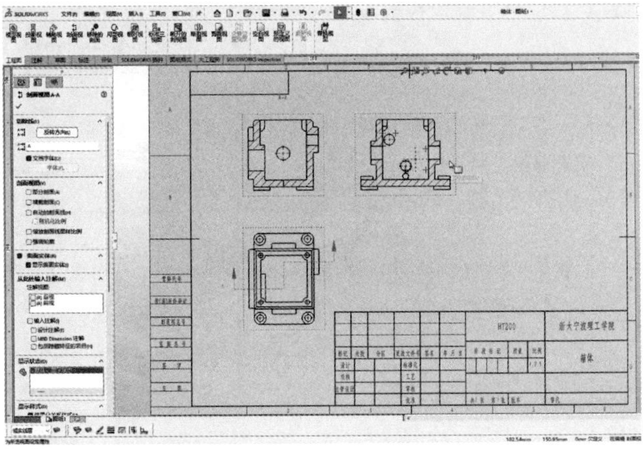
5	用"剖面视图""剪裁视图"命令生成 B—B 剖视图	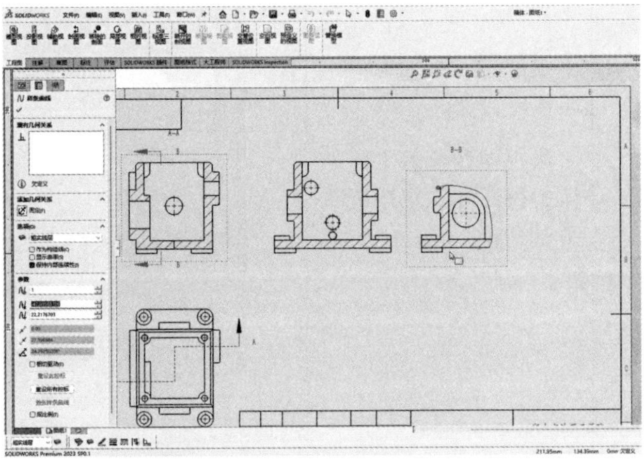
6	用"辅助视图"命令生成局部视图 C、D、E、F	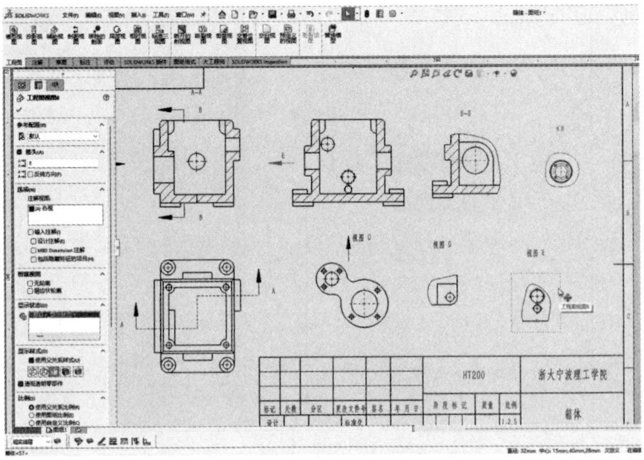

续表

序号	操作步骤	操作图示
7	选择中心线层,点击"注释"选项卡,用"中心线"命令绘制支架中心线	
8	选择标注层,用"智能尺寸"命令对箱体进行尺寸标注	
9	继续在标注层完成几何公差标注	

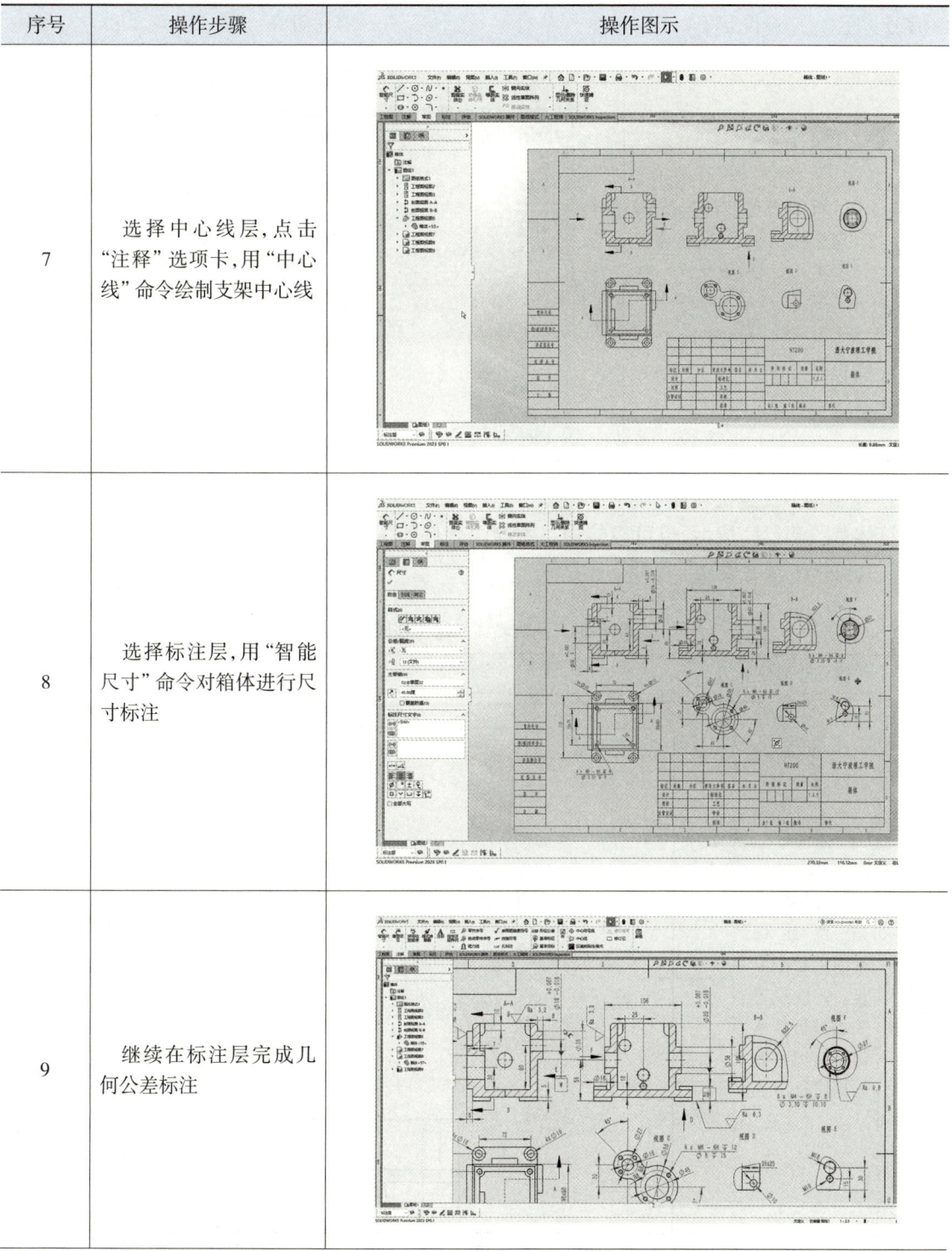

续表

序号	操作步骤	操作图示
10	继续在标注层完成表面粗糙度标注，注写技术要求，完成箱体零件二维工程图	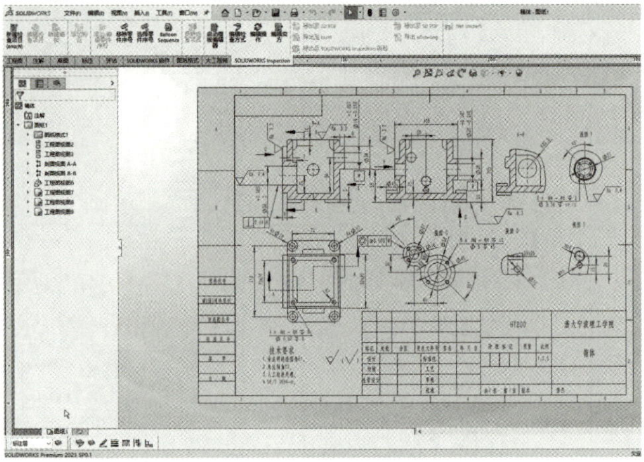

6. 绘制箱体二维工程图

箱体草图测绘完成后，也可直接用二维绘图软件如 AutoCAD、中望 CAD 等进行二维工程图绘制。其操作步骤见表 4-24。

表 4-24　绘制箱体二维工程图的步骤

序号	操作步骤	操作图示
1	根据箱体尺寸设置图幅，选择 A4 横向工程图模板。图层设置采用模板默认设定。填写标题栏信息	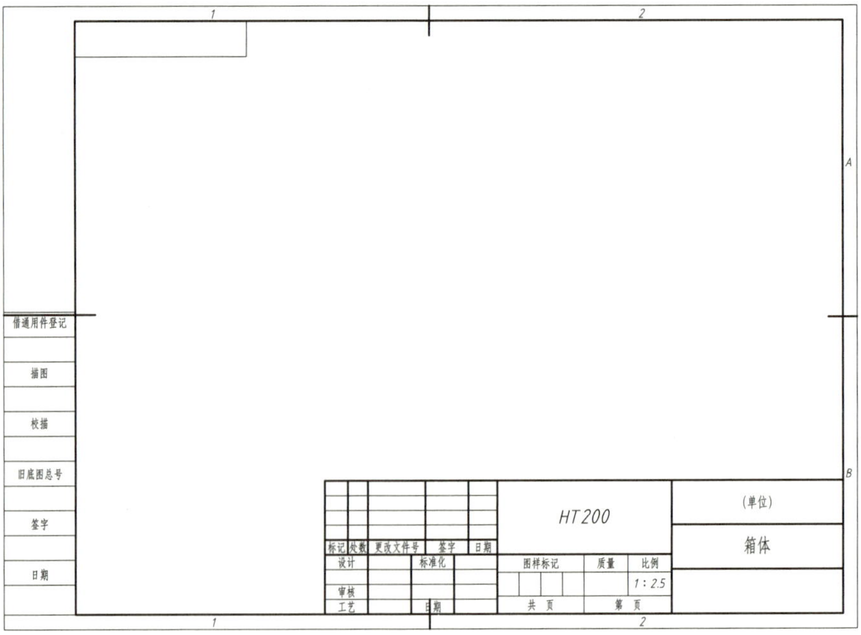

续表

序号	操作步骤	操作图示
2	运用"直线""圆""修剪""阵列""镜像""偏移"等基本命令,根据草图绘制箱体各视图	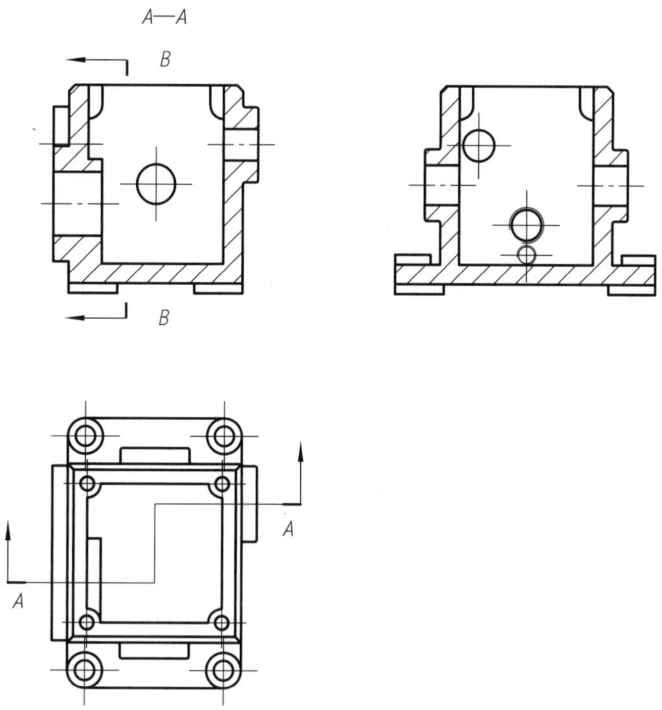
3	绘制局部剖视图 $B—B$ 及局部视图 C、D、E、F	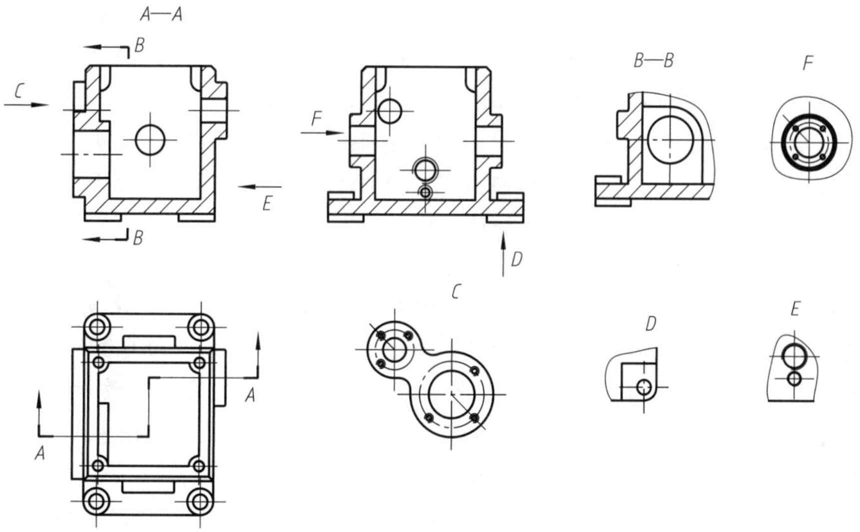

续表

序号	操作步骤	操作图示
4	按照零件草图进行尺寸公差、几何公差、表面粗糙度及技术要求标注	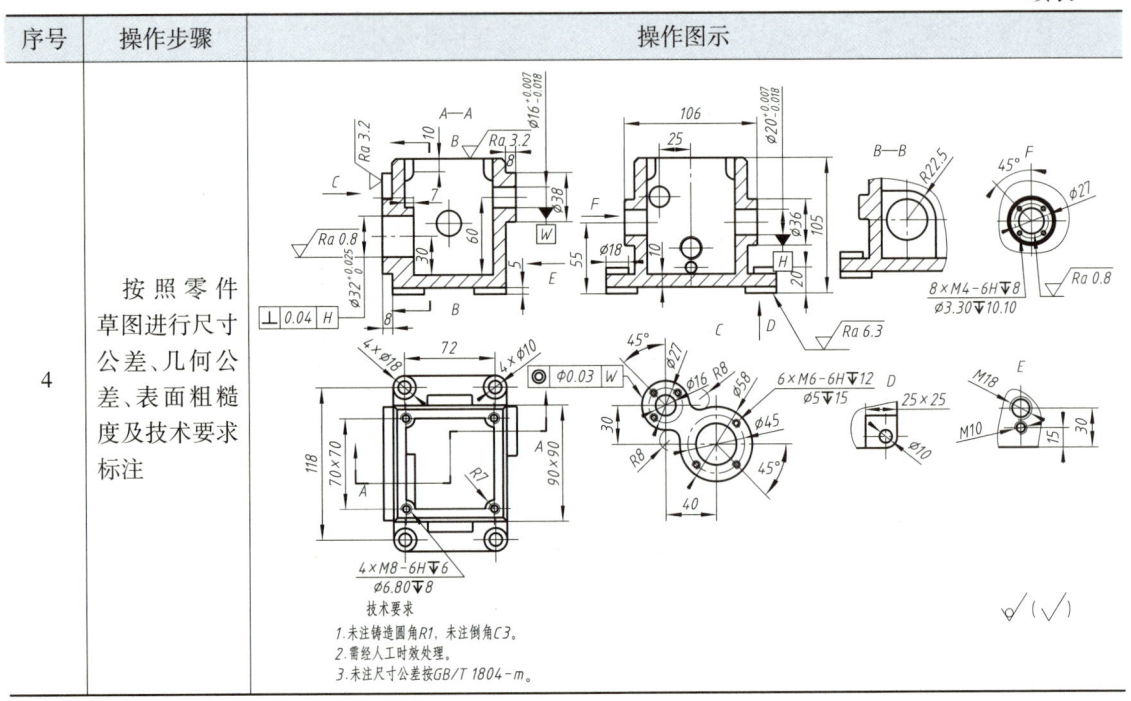

拓展阅读

◆ 荆楚工匠——"微米钳工"朱卫东

"工匠精神"是一种对于产品精雕细琢、精益求精的精神理念,是工匠在生产实践中凝聚形成的务实严谨、专注专一的可贵品质。在我国历史上,"工匠"一词起初代表从事手工业的群体,随着历史的发展,其含义逐渐扩大。我国古代工匠精神包括创新精神、精益求精的职业态度以及敬业精神等,这些都为新时代中国工匠精神提供了动力。

朱卫东是东风设备制造有限公司组装车间的一名装配钳工,获得过全国五一劳动奖章并被评为第一届荆楚工匠。他凭着过硬的技术和心埋,成为东风设备制造有限公司的"救火队长",一次次在关键时刻帮助公司化解技术难题。

2006年,在公司为广西玉柴机器集团有限公司制造凸轮轴孔精加工机床过程中,需要一套镗杆和导套,但进口产品价格高昂。于是,朱卫东担任负责人,决定自主生产加工这套零部件。要求镗杆和导套的配合间隙为 0.015 mm,导套的圆度公差为 0.005 mm,并且要求镗杆在导套中能灵活运动。在研磨的过程中,朱卫东手稳心细,通过反复测量和修正,最终使导套的圆度公差达到 0.003 mm,镗杆与导套间的间隙达到 0.012 mm。加工出来的凸轮轴孔圆度公差保证在 0.005 mm 内,完全达到了精度要求。

朱卫东与机床设备打交道 32 年,在精度方面不断突破,使精度误差能控制在 0.004 mm 以内。这远高于行业标准,因此被誉为"微米钳工"。

他的优秀表现和成绩不仅得到了广泛的赞誉,也为公司节约了大量的成本和时间。他的敬业精神和专业技能不仅是对公司的贡献,更是一个充满传奇和教育意义的人生故事。

在工业化时代,生产更侧重于标准化和通用化,而在信息化时代,满足个性化需求的定制服务更加重要。因此,弘扬工匠精神的意义在于,要造就一支有理想守信念、懂技术会创新、敢担当讲奉献的宏大产业工人队伍,以应对现代化强国建设和国际竞争的需要。

习题

1. 叉架类零件由哪几个基本部分组成?
2. 什么尺寸是叉架类零件的主要尺寸?
3. 试述叉架类零件的测绘要点。
4. 试述箱体类零件常见视图的表达方法。
5. 试述箱体类零件上两孔中心距的测量方法,并画出测量简图。试述如何选择两孔中心距的公差。
6. 对箱体类零件上的孔系有哪些几何公差要求?应怎样选取?

第5章 部件测绘实训

学习导航

本章介绍装配示意图的画法,以 ZSB 型机构为实训对象,通过机构结构和运动分析,深入掌握部件拆卸过程、零部件精度与技术要求、零件测绘、三维建模及二维工程出图等技能,将所学到的制图知识全面、综合性地运用到测绘实践中,巩固机械制图课程的学习效果,提升实际动手能力。

学什么？

- 装配示意图的画法
- 机构结构与运动分析
- 产品配合精度与技术要求
- 解决复杂工程问题的方法及步骤

做什么？

- 学习线上资源,掌握 ZSB 型机构测绘方法和步骤
- 掌握拆卸工具、测量工具的选择及使用方法
- 掌握使用软件工具解决复杂工程问题的方法

ZSB 型机构拆卸

5.1 装配示意图

为了便于部件拆卸后装配复原,在拆卸零件的同时,应画出装配示意图。装配示意图是表达部件中各零件的名称、数量、零件间相互位置和装配连接关系的图样。一般一边拆卸,一边画图。通过目测,徒手用简单线条示意性地画出各零件在原部件中的装配关系。图 5-1a、b、c 所示分别为球阀的轴测图、装配示意图及装配图。

画装配示意图时需注意以下几点：

(1) 画装配示意图时,仅用简单的符号和线条表达部件中各零件的大致形状和装配关系。一般用正投影法绘制,并且大多只画一个视图形,所有零件尽可能地集中在一个视图上。如果表达不完整,也可增加视图,但各视图间必须符合投影规律。

(2) 为了使视图表达得更清晰,通常是将所测绘部件假想成透明体,既画外形轮廓,又画外部及内部零件间的关系。

(3) 在装配示意图上编出零件序号,其编号最好按拆卸顺序排列,并且列表填写序号、零件名称、数量和材料等。对于标准件不必绘制零件图,只需测得几个主要尺寸,并将它们的名称、数量和规定标记注写在表中。

5.1 装配示意图

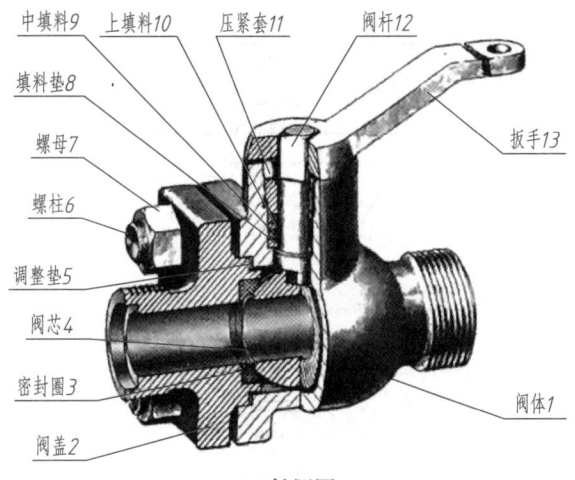

图 5-1 球阀的轴测图、装配示意图及装配图

(4) 两相邻零件的接触面或配合面之间应画出间隙,以便区别。零件中的通孔可按剖面形状开口开出,以便更清楚地表达通路关系。

(5) 有些零件(如轴、轴承、齿轮、弹簧等)应按国家标准(GB/T 4460—2013)中的规定符号表示,如表 5-1 所示。若没有规定符号,则该零件用单线条画出其大致轮廓,以显示其形体的基本特点。

表 5-1 装配示意图常用机构构件简图符号(GB/T 4460—2013)

名称	基本符号	可用符号
轴、杆		
轮与轴固定连接		

续表

名称			基本符号	可用符号
螺杆与螺母连接				
压缩弹簧				
轴承		滑动轴承		
		滚动轴承		
		推力球轴承		
		圆锥滚子轴承		
齿轮机构	齿轮	圆柱齿轮		
		锥齿轮		
	齿轮传动	圆柱齿轮啮合		
		锥齿轮啮合		
		蜗轮蜗杆啮合		

续表

名称	基本符号	可用符号
带传动		
电动机		

5.2 ZSB 型机构测绘实训

一、ZSB 型机构的特点

ZSB 型机构是一种机械装置，其设计和应用在多个领域有所体现。如图 5-2 所示，ZSB 型机构包括多个零件，如上盖、轴承座、曲轴端盖、侧盖、小齿轮轴、大齿轮、导杆、摇杆等。这些零件通过精密的装配关系组合在一起，形成了一个能够进行特定机械操作的装置。例如，小齿轮轴输入动力，带动大齿轮旋转，并通过一系列的连杆和摇杆机构，实现特定的运动输出。

图 5-2　ZSB 型机构实物

二、工作原理

ZSB 型机构由 27 种零件组成，其装配示意图如图 5-3 所示，装配图及部分零件图见附录 7，相关零件信息见表 5-2、表 5-3。

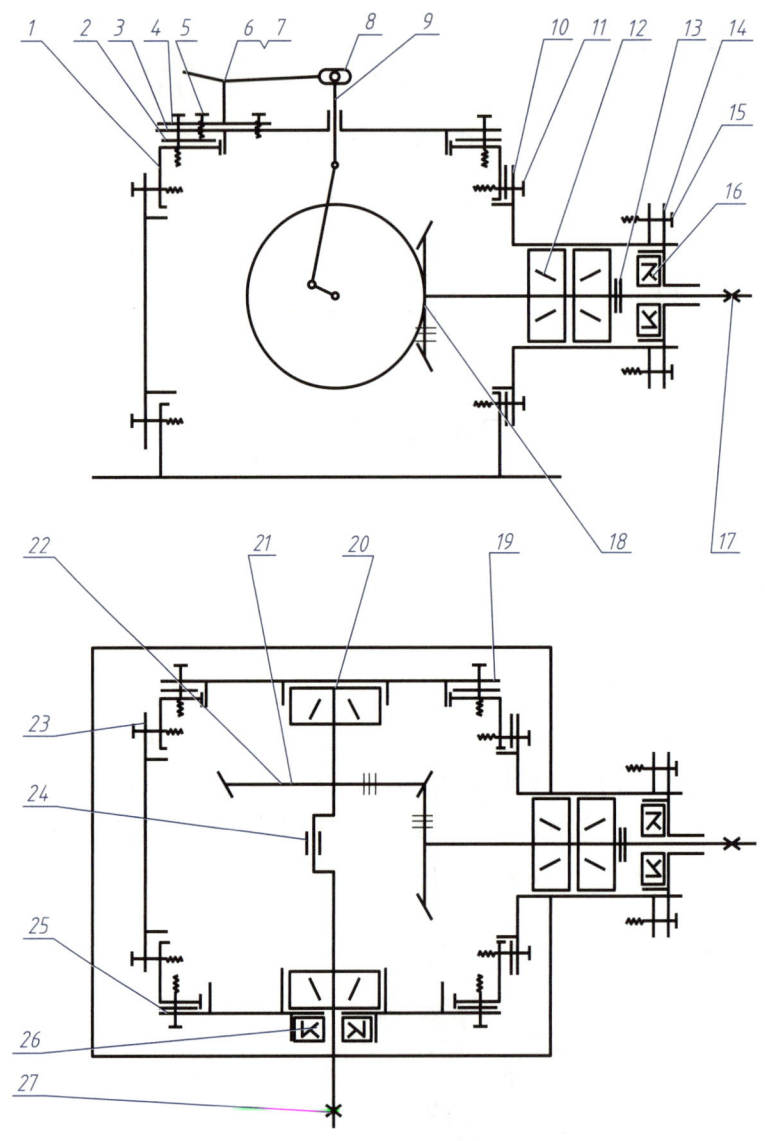

图 5-3 装配示意图

表 5-2 非标准件代号与名称列表

序号	代号	名称	数量	材料
1	ZSBJG-001	机座	1	ZL101A
2	ZSBJG-002	调整垫片	4	青稞纸
3	ZSBJG-003	顶盖	1	6061
4	ZSBJG-004	摆杆支架	1	6061
6	ZSBJG-005	转销	3	45

序号	代号	名称	数量	材料
8	ZSBJG-006	摆杆	1	6061
9	ZSBJG-007	升降杆	1	SUS304
10	ZSBJG-008	轴承座	1	ZL101A
13	ZSBJG-009	开口紧固螺母	2	45
14	ZSBJG-010	轴承座密封盖	1	6061
18	ZSBJG-011	锥齿轮轴	1	40Cr
19	ZSBJG-013	输出轴闷盖	1	ZL101A
20	ZSBJG-014	输出轴	1	45
22	ZSBJG-016	锥齿轮	1	45
23	ZSBJG-015	方闷盖	1	ZL101A
24	ZSBJG-012	连接套	1	45
25	ZSBJG-017	输出轴密封盖	1	ZL101A

表 5-3 标准件代号与名称列表

序号	代号	名称与规格	数量	材料
5	GB/T 13806.1—1992	十字槽螺钉 M3×8	2	H68
7	GB/T 894—2017	轴用弹性挡圈-A型6	3	62Mn
11	GB/T 70.1—2008	内六角圆柱头螺钉 M5×12	20	Q235
12	GB/T 297—2015	圆锥滚子轴承 30203	4	GCr15
15	GB/T 70.1—2008	内六角圆柱头螺钉 M5×16	4	Q235
16	GB/T 13871.1—2022	骨架油封 FB 12×22×7	1	橡胶
17	GB/T 1096—2003	键 4×4×12	1	45
21	GB/T 1096—2003	键 6×6×12	1	45
26	GB/T 13871.1—2022	骨架油封 FB 14×28×7	1	橡胶
27	GB/T 1096—2003	键 4×4×12	1	45

1. 各零件间的装配关系

(1) 顶盖 3、轴承座 10、输出轴闷盖 19、方闷盖 23 及输出轴密封盖 25 均用内六角圆柱头螺钉 M5×12(序号 11)安装在机座 1 上,如图 5-4 所示。

(2) 摆杆支架 4 用十字槽螺钉 M3×8(序号 5)紧固在顶盖 3 上,摆杆 8 用转销 6、轴用弹性挡圈 7 安装在摆杆支架 4 上,并在升降杆 9 的作用下,绕转销 6 做小角度摆动,如图 5-5 所示。

(3) 锥齿轮轴 18 安装在圆锥滚子轴承 12 上,开口紧固螺母 13 用于轴向紧固,骨架油封 16 安装在轴承座密封盖 14 内,并用内六角圆柱头螺钉 15 安装在轴承座 10 上。锥齿轮轴 18 上装有键 17,便于与外接设备连接,如图 5-6 所示。

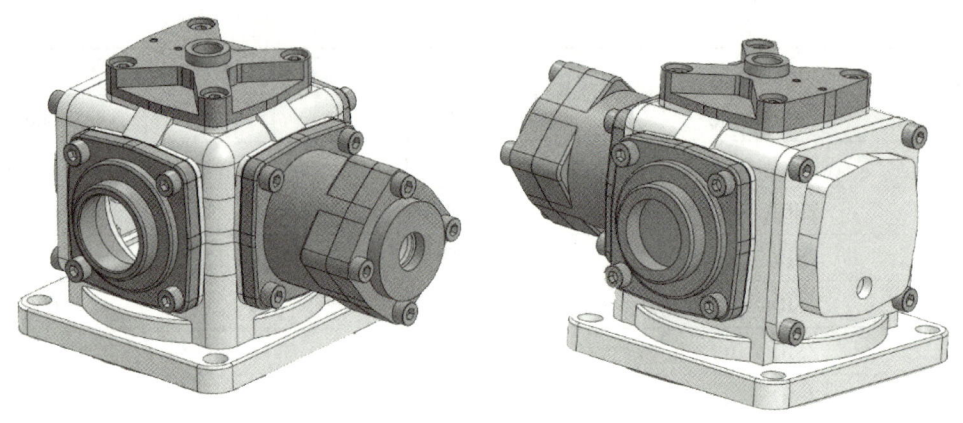

图 5-4 装配关系(一)

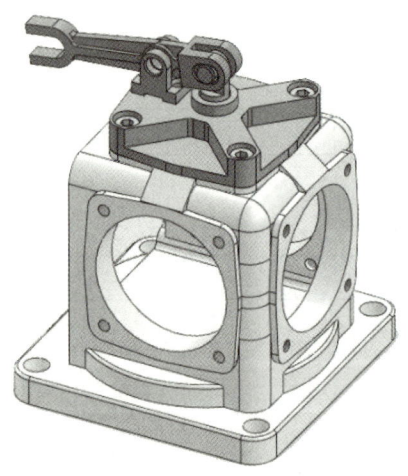

图 5-5 装配关系(二)

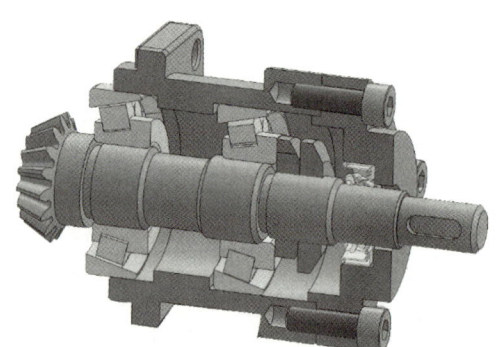

图 5-6 装配关系(三)

(4) 输出轴 20 通过圆锥滚子轴承 12 安装在输出轴闷盖 19、输出轴密封盖 25 上,锥齿轮 22 通过键 21 安装在输出轴 20 上,升降杆 9 与输出轴 20 通过连接套 24 相连,输出轴 20 上安装了键 27,便于与外接设备连接,骨架油封 26 起密封作用,如图 5-7 所示。

2. ZSB 型机构的工作原理

(1) 运动原理。机构由键 17 输入动力,锥齿轮轴 18 带动锥齿轮 22 旋转,再通过键 21 带动输出轴 20 旋转,产生两条传动路线。

路线 1:输出轴 20 带动连接套 24 运动,并带动升降杆 9 升降,进而带动摆杆 8 绕着转销 6 做小角度摆动。

图 5-7 装配关系(四)

路线2：输出轴20通过键27输出动力。

(2) 工作适应性要求。ZSB型机构要求动力输入端在水平放置情况下，机座应满足水平位置安装及竖直位置安装两种不同的工作环境，参见图5-8。

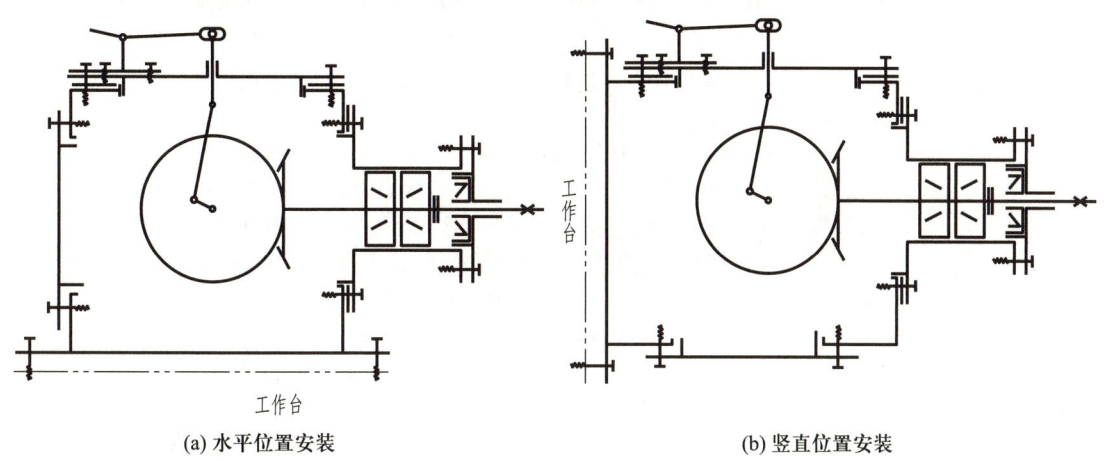

(a) 水平位置安装　　　　　　　　　　　(b) 竖直位置安装

图5-8　ZSB型机构工作系统安装环境示意图

3. 相关机件的配合精度

相关机件的配合精度见表5-4。

表5-4　ZSB型机构各零部件间的配合精度列表

序号	零部件的配合点	精度等级
1	升降杆9与顶盖3的配合	H8/f7
2	顶盖3、轴承座10、输出轴闷盖19、输出轴密封盖25及方闷盖23分别与机座1的五处配合	H7/g6
3	四个圆锥滚子轴承12分别与轴承座10、输出轴闷盖19及输出轴密封盖25的四处配合	H7
4	四个圆锥滚子轴承12分别与锥齿轮轴18、输出轴20的四处配合	n6
5	轴承座密封盖14与轴承座10的配合	H8/h7
6	锥齿轮轴18动力输入端轴段的精度	f7
7	锥齿轮22与输出轴20的配合	H8/f7
8	连接套24与输出轴20的配合	H8/f7
9	转销6分别与摆杆支架4、摆杆8、升降杆9、连接套24的五处配合	H9/d9

4. 零件的精度要求

相关零件的精度要求见表5-5。

表 5-5 ZSB 型机构零件精度要求列表

代号与名称	标注要素	具体内容
ZSBJG-001 机座	尺寸精度	顶盖中心到轴承座与机座接触端面距离的尺寸精度为 js8 级； 机座与输出轴配合孔的中心到机座底面距离的尺寸精度为 js10 级； 机座与输出轴配合孔的中心到顶盖与机座配合端面距离的尺寸精度为 js8 级
	几何精度	顶盖与机座配合孔的中心对机座与轴承座、输出轴闷盖、输出轴密封盖的配合孔中心的垂直度为 7 级； 顶盖与机座的配合端面对机座底面的平行度为 7 级； 轴承座与机座配合孔的中心对机座底面的平行度为 7 级； 输出轴闷盖及输出轴密封盖与机座配合孔的中心对机座底面的平行度为 7 级； 轴承座与机座的配合端面对轴承座与机座配合孔中心的垂直度为 7 级； 轴承座与机座的配合端面对轴承座与机座配合孔中心的圆跳动为 7 级； 轴承座与机座配合孔表面的圆柱度为 7 级； 输出轴闷盖及输出轴密封盖与机座的配合端面对它们与机座配合孔中心的垂直度均为 7 级； 输出轴闷盖及输出轴密封盖与机座配合孔表面的圆柱度均为 7 级； 输出轴闷盖及输出轴密封盖与机座配合孔表面对它们与机座配合孔中心的圆跳动均为 7 级
	表面粗糙度	顶盖、轴承座、输出轴闷盖及输出轴密封盖与机座配合孔表面的表面粗糙度均为 $Ra1.6\ \mu m$； 顶盖、轴承座、输出轴闷盖及输出轴密封盖与机座配合端面的表面粗糙度均为 $Ra1.6\ \mu m$； 机座底面的表面粗糙度为 $Ra6.3\ \mu m$； 其余表面的表面粗糙度按生产实践，遵循合理性原则自行确定
ZSBJG-003 顶盖	尺寸精度	摆杆支架与顶盖接触端面到顶盖与机座接触端面距离的尺寸精度为 js7 级
	几何精度	顶盖与机架配合端面对其与机座配合的圆柱凸台中心的垂直度为 8 级； 顶盖孔中心对其与机座配合的圆柱凸台中心的同轴度为 7 级
	表面粗糙度	顶盖中心孔表面、顶盖与机座配合圆柱表面及端面的表面粗糙度均为 $Ra1.6\ \mu m$； 顶盖上与摆杆支架配合面的表面粗糙度为 $Ra3.2\ \mu m$
ZSBJG-004 摆杆支架	尺寸精度	摆杆支架与转销配合中心到支架底面距离的尺寸精度为 js9 级
	几何精度	摆杆支架与转销配合中心对支架底面的平行度为 9 级； 摆杆支架安装摆杆的两内侧面对中心对称面的对称度为 8 级
	表面粗糙度	摆杆支架与摆杆配合表面、与转销配合表面及其与顶盖底面配合表面的表面粗糙度均为 $Ra1.6\ \mu m$
ZSBJG-005 转销	尺寸精度	转销与摆杆支架、升降杆及连接套配合面的径向尺寸精度为 9 级； 轴用卡簧处结构尺寸精度查机械设计手册确定
	几何精度	转销圆柱表面的圆柱度为 9 级； 转销直径 27 圆柱右端面相对直径 60 圆柱中心线的垂直度为 10 级
	表面粗糙度	转销圆柱表面的表面粗糙度为 $Ra1.6\ \mu m$

续表

代号与名称	标注要素	具体内容
ZSBJG-006 摆杆	几何精度	摆杆与升降杆、摆杆支架的配合端面对其中心平面的对称度为 9 级
	表面粗糙度	摆杆 U 形槽两侧端面、摆杆与转销及升降杆配合面的表面粗糙度均为 $Ra1.6\ \mu m$
ZSBJG-007 升降杆	尺寸精度	升降杆上与两转销配合的孔中心距的尺寸精度为 js8 级
	几何精度	升降杆与摆杆配合面的对称度为 9 级； 升降杆圆柱表面的圆柱度为 7 级
	表面粗糙度	升降杆与摆杆的配合面、与转销及顶盖配合面的表面粗糙度均为 $Ra1.6\ \mu m$
ZSBJG-008 轴承座	尺寸精度	轴承座与机座配合处，轴承安装孔深度的尺寸精度为 H9； 轴承座与轴承座密封盖配合处的轴承安装孔深度的尺寸精度为 H9
	几何精度	轴承座与机座配合的轴段凸台中心对其与轴承座密封盖配合孔中心的同轴度为 7 级； 轴承座两侧安装轴承的内孔表面对其与轴承座密封盖配合孔中心的圆跳动均为 8 级； 轴承座两侧安装轴承的内孔表面的圆柱度均为 7 级； 轴承座与机座配合的端面对其与轴承座端盖配合孔中心的垂直为 7 级
	表面粗糙度	轴承座安装轴承的两内孔表面、轴承座与机座及轴承座端盖配合面的表面粗糙度均为 $Ra1.6\ \mu m$。其余表面的表面粗糙度按生产实践，遵循合理性原则自行确定
ZSBJG-009 开口紧固螺母	几何精度	开口紧固螺母与工件的接触端面对螺纹孔中心的垂直度为 8 级
	表面粗糙度	开口紧固螺母两个端面的表面粗糙度均为 $Ra3.2\ \mu m$
ZSBJG-010 轴承座密封盖	几何精度	轴承座密封盖与轴承座配合面对油封安装处回转中心的垂直度为 7 级
	表面粗糙度	轴承座密封盖与轴承座配合的凸台表面、油封安装表面的表面粗糙度为 $Ra1.6\ \mu m$
ZSBJG-011 锥齿轮轴	尺寸精度	锥齿轮轴的大齿齿顶到齿背轴段端面距离的尺寸精度为 h11 级； 锥齿轮轴的齿背端面到圆锥滚子轴承与螺母相邻端面距离的尺寸精度为 h9； 锥齿轮轴总长的尺寸精度为 js9 级； 锥齿轮轴输入端的轴段键槽采用正常连接方式设计
	几何精度	锥齿轮轴的分度圆锥齿面对其回转中心的圆跳动为 8 级； 锥齿轮轴的齿背端面对其回转中心的圆跳动为 8 级； 锥齿轮轴两个轴颈对其回转中心的圆跳动为 8 级； 锥齿轮轴两个轴颈表面的圆柱度为 7 级； 锥齿轮轴输入端键槽两侧面对该轴段中心的对称度为 8 级

续表

代号与名称	标注要素	具体内容
ZSBJG-011 锥齿轮轴	表面粗糙度	锥齿轮轴分度圆齿面、背锥及两端中心孔的表面粗糙度均为 $Ra3.2\ \mu m$； 锥齿轮轴的齿背端面的表面粗糙度为 $Ra1.6\ \mu m$； 两个轴承轴颈表面的表面粗糙度均为 $Ra0.8\ \mu m$
	锥齿轮参数	齿轮按国家标准制作，精度等级为 8cB GB/T 11365； 根据齿轮特征与精度等级，查询机械设计手册，正确表达大端端面模数、齿数、螺旋角、齿形角、齿顶高系数、大端齿高、配对齿轮图号与齿数、精度等级及沿齿长接触率与沿齿高接触率等参数； 正确填写：$F'_i=0.057$ mm；$f'_i=0.032$ mm；大端分度圆弦齿厚 $=2.352$ mm；大端分度圆弦齿高 $=1.502$ mm
ZSBJG-012 连接套	尺寸精度	连接套与轴配合孔中心到其与升降杆配合孔中心距离的尺寸精度为 js8 级
	几何精度	连接套与偏心轴段配合孔的中心线及其与升降杆配合孔的中心线平行度为 7 级；
	表面粗糙度	连接套两侧面、与升降杆配合表面及两个内孔表面的表面粗糙度均为 $Ra1.6\ um$。
ZSBJG-014 输出轴	尺寸精度	安装锥齿轮轴段长度的尺寸精度为 h11； 输出轴偏心尺寸的精度为 ±0.1 mm； 输出轴两处键连接均采用正常连接方式
	几何精度	输出轴两个轴承安装表面对轴回转中心的圆跳动均为 7 级； 输出轴两个轴承安装表面的圆柱度为 7 级； 安装锥齿轮轴段的表面、轴肩对轴回转中心的圆跳动均为 7 级； 安装锥齿轮轴段的键槽两侧面对轴回转中心的对称度为 8 级； 输出轴输出端轴段的键槽两侧面对轴回转中心的对称度为 8 级
	表面粗糙度	输出轴两处轴承安装表面的表面粗糙度均为 $Ra0.8$ mm； 锥齿轮安装表面、轴肩、偏心轴段表面、输出端轴段表面及 2 个中心孔的表面粗糙度均为 $Ra1.6\ \mu m$； 输出轴上两处键槽侧面的表面粗糙度均为 $Ra3.2\ \mu m$
ZSBJG-016 锥齿轮	尺寸精度	锥齿轮的大齿齿顶到其齿背端面距离的尺寸精度为 h8 级； 锥齿轮的齿背端面到其与轴肩接触面轴向长度的尺寸精度为 H11， 锥齿轮的键槽采用正常连接方式设计
	几何精度	锥齿轮分度圆齿面、齿背端面对其回转中心的圆跳动均为 8 级； 锥齿轮键槽两侧面对其回转中心的对称度为 9 级
	表面粗糙度	锥齿轮的齿背端面及键槽两侧面的表面粗糙度均为 $Ra3.2\ \mu m$； 锥齿轮分度圆及内孔表面的表面粗糙度均为 $Ra3.2\ \mu m$
	锥齿轮参数	齿轮按国家标准制作，精度等级为 8cB GB/T 11365； 根据齿轮特征与精度等级，查询机械设计手册，正确表达大端端面模数、齿数、螺旋角、齿形角、齿顶高系数、大端齿高、配对齿轮图号与齿数、精度等级及沿齿长接触率与沿齿高接触率等参数； 正确填写：$F'_i=0.062$ mm；$f'_i=0.032$ mm；大端分度圆弦齿厚 $=2.355$ mm；大端分度圆弦齿高 $=1.523$ mm

续表

代号与名称	标注要素	具体内容
ZSBJG-017 输出轴密封盖	尺寸精度	轴承安装处的深度尺寸精度为 H9 级
	几何精度	轴承安装处内孔圆柱面对输出密封盖与机座配合圆柱中心的圆跳动为 8 级； 轴承安装处内孔圆柱面的圆柱度为 7 级；
	表面粗糙度	与机座配合的端面的表面粗糙度均为 $Ra3.2\ \mu m$； 与轴承配合的内孔表面的表面粗糙度为 $Ra1.6\ \mu m$

三、实训任务

测绘实训分组安排为 2 人一组，共同完成一套 ZSB 型机构测绘任务，包括如下内容：
(1) 拆卸 ZSB 型机构。
(2) 徒手绘制零件图。
(3) 绘制装配示意图。
(4) 计算机三维建模及装配。
(5) 二维工程图出图。
(6) 答辩。

四、课程教学目标及毕业要求指标点支撑

机械零部件测绘是机械设计制造及其自动化专业的一门必修实训课，是对机械制图课程的强化及重要补充，是专业人才培养计划的重要组成部分。在本课程中，学生将首次接触较大型的设计绘图训练，把所学到的制图知识全面、综合性地运用到测绘实践中，巩固机械制图课程的学习效果，提升实际动手能力（如零件拆装、测绘工具使用、徒手绘图、仪器绘图以及图样管理等），为后续的课程设计、毕业设计等环节打下必要、扎实的基础。该课程培养学生使用现代绘图工具，识别测绘零部件的几何特征、技术要求，对零件、装配体工程图样表达的合理性进行分析，并能够正确表达测绘装配体的能力。

1. 课程目标

CO1：通过分析装配体的工作原理及装配关系，了解装配体的测绘过程和步骤、零部件的测绘原理和方法，培养学生运用工程制图知识正确识别、判断零部件测绘过程中遇到的问题。

CO2：运用零部件的表达方法、实测获得的相关数据，设计零件的表达方案，表达零件结构，培养学生运用机件表达方法正确表达测绘零部件的能力。

CO3：能够在实际测绘过程中，正确选择测绘工具，合理规范操作，完成零部件的测绘。培养学生了解和使用三维建模软件进行零件和装配体建模及工程出图能力。

CO4：运用网络技术及数字资源检索测绘过程中所遇到的问题，形成自主学习能力并培养终身学习的意识。

2. 相关毕业要求指标点

本课程支撑专业培养方案毕业要求 2、毕业要求 5、毕业要求 12。
(1) 本课程支撑专业培养方案中毕业要求 2 中的指标点 1：能运用工程测试等知识，分析机

械设计和加工中的工程问题,识别和判断影响系统性能或加工质量的相关要素。

（2）本课程支撑专业培养方案中毕业要求 2 中的指标点 2:能运用相关科学原理,识别和判断复杂工程问题的关键环节。

（3）本课程支撑专业培养方案中毕业要求 5 中的指标点 2:能够使用现代工具进行复杂机械系统的设计、分析和绘制。

（4）本课程支撑专业培养方案中毕业要求 12 中的指标点 2:具有自主学习的能力和终身学习的意识。

毕业要求指标点与课程目标对应关系见表 5-6。

表 5-6　毕业要求指标点与课程目标（course object, CO）对应关系

序	毕业要求指标点	CO1	CO2	CO3	CO4
1	毕业要求 2.1（识别、判断）	√			
2	毕业要求 2.2（正确表达）		√		
3	毕业要求 5.2（选择使用现代工具）			√	
4	毕业要求 12.2（终身学习）				√

3. 评价标准

课程目标评价标准见表 5-7。

表 5-7　课程目标评价标准

	<60 分	60~70 分	70~80 分	80~90 分	90~100 分
课程目标 1 测绘过程 及步骤	未能掌握装配体的测绘过程和步骤、零部件的测绘原理和方法	基本掌握装配体的测绘过程和步骤、零部件的测绘原理和方法	较好掌握装配体的测绘过程和步骤、零部件的测绘原理和方法	掌握装配体的测绘过程和步骤、零部件的测绘原理和方法	熟练掌握装配体的测绘过程和步骤、零部件的测绘原理和方法
课程目标 2 零部件表达 方法	未能掌握用适当的设计表达方案表达零部件的结构	基本掌握用适当的设计表达方案表达零部件的结构	较好掌握用适当的设计表达方案表达零部件的结构	掌握用适当的设计表达方案表达零部件的结构	熟练掌握用适当的设计表达方案表达零部件的结构
课程目标 3 数字化装配	不能正确选择测绘工具,无法进行合理规范的操作,完成零部件的测绘	基本能正确选择测绘工具,进行合理规范的操作,完成零部件的测绘	能较好地正确选择测绘工具,进行合理规范的操作,完成零部件的测绘	能够正确选择测绘工具,进行合理规范的操作,完成零部件的测绘	熟练地正确选择测绘工具,并进行合理规范的操作,完成零部件的测绘
课程目标 4 自主学习能力	不具有自主学习的能力和终身学习的意识	基本具有自主学习的能力和终身学习的意识	具有较好的自主学习的能力和终身学习的意识	具有自主学习的能力和终身学习的意识	完全具有自主学习的能力和终身学习的意识

4. 学习资源

本教材配套完整的线上学习资源,读者们可以登录学银在线进行学习,以便更好地掌握产品测绘的相关技能。

拓展阅读

◆ 港珠澳大桥抗风振装置——调谐质量阻尼器

港珠澳大桥是世界上最长的跨海大桥之一,其设计使用寿命长达 120 年。然而该区域每年有接近 200 天风速超过 6 级,甚至可能遭遇 16 级强风。如何确保桥体的安全以及设计寿命呢?原来,港珠澳大桥采用了一个神秘装置——桥梁抗风振调谐质量阻尼器(tuned mass damper, TMD),这是港珠澳大桥成功抵御超强台风"山竹"的关键技术装置。

调谐质量阻尼器(TMD)是一种有效的振动控制装置。当台风来袭时,TMD 可以减小共振的影响。港珠澳大桥的 TMD 是由弹簧、阻尼器和质量块组成的悬挂式调谐质量阻尼器,虽然其高度超过 3 m、质量超过 4 t,但它非常灵敏,参数精确可调,而且无须维护。

TMD 的弹簧直接挂在钢箱梁内的框架上,不需要其他支点。当强风引发桥体振动时,TMD 内的质量块会自动反相位振动,而阻尼器则将桥体振动能量转化为热量耗散,实现桥体减振。因此,当风速为 55 m/s 的 16 级台风"山竹"来临时,桥体振动很小,港珠澳大桥的安全也就得到了保障。

虽然桥梁自身具备一定的抗风能力,但是无法保证不会发生共振现象,振幅可能偏大。如果风力很大,可能需要关桥,影响通行。有了 TMD,桥的振幅可以满足全天候通行条件,即使遭遇台风,港珠澳大桥的振幅也不会造成桥梁的疲劳损坏。

港珠澳大桥主体工程分为桥梁工程和岛隧工程,桥梁工程长达 22.9 km。这个超级工程中安装了 92 个调谐质量阻尼器。这样的抗风振装置要能符合要求并非易事。在生产安装过程中,调谐质量阻尼器需要使用 35 万个独立零件,这些零件需要在钢箱梁内部进行组装。但是由于钢箱梁拼接后的高度约有 3 m,无法放进桥箱内部,因此,需要提前将零件放入钢箱梁内,然后在桥洞内进行组装。

安装之后开展测试工作也非易事。在常规情况下,风力较小,难以让桥体振动。设计团队决定采用卡车通行的方式来实现桥体振动。在调试过程中需要将车速逐渐降低,最后使桥体达到共振的状态。当风力达到 5 级时,能够通过精密仪器捕捉到振动信号,从而开始调试。为了测试调谐质量阻尼器的抗疲劳强度,设计团队在工厂里进行了 300 万次的疲劳试验,实际测试结果显示,阻尼比超过了原本设计的阻尼比。

齿轮螺旋机构测绘的技术准备

输入齿轮轴测绘与 CAD 制图

机盖测绘与 CAD 制图

支撑座测绘与 CAD 制图

齿轮螺旋机构装配图

习题

1. 简述零部件测绘的内容和步骤。
2. 查阅资料了解大尺寸轴测绘时,大尺寸或不完全孔、轴直径的测量方法。
3. 简述轴套类、盘盖类、叉架类和箱体类零件的常用表达方法。
4. 简述部件测绘过程中配合部位尺寸的处理方法。
5. 查阅资料及相关文献,举例说明工程技术人员必备的职业技能及职业素养。

第6章 复杂曲面产品测绘

学习导航

复杂曲面产品往往存在部分或全部几何特征不明显的特点,因此传统测量工具无法进行测量,需要使用逆向工程技术来实现复杂曲面产品的测绘。逆向工程在汽车制造、航空航天、家用电器、儿童玩具、文物数字化等领域的复杂曲面产品开发中起着重要的作用。在本章的学习过程中,应重点掌握逆向工程的工作流程,掌握常用逆向工程软件的特点;在学习过程中,注意对逆向工程、复杂曲面产品测绘、产品创新关系的理解。

学什么?

- 逆向工程的概念
- 逆向工程的工作流程
- 逆向软件工具的特点
- 逆向工程的应用领域

做什么?

- 学习线上资源,了解逆向工程的工程应用
- 学习一种逆向建模软件,掌握常用命令操作
- 掌握点云预处理、面片优化操作过程及方法
- 掌握面片草图特性提取、3D草图构建的过程及方法
- 掌握特征建模、曲面建模的工作流程
- 掌握三维模型质量的评价方法

逆向工程导论

6.1 逆向工程概论

一、逆向工程概念

逆向工程(reverse engineering,RE)也称反求工程,就是对已有的产品零件或原型进行CAD模型重建,即对已有的零件或实物原型,利用三维数字化测量设备准确、快速地测量出实物表面的三维坐标点,并根据这些坐标点通过三维几何建模方法重建实物CAD模型的过程,体现了产品导向(product-oriented)特征。逆向工程不仅仅是简单地再现产品原型,而是对技术进行消化、吸收,并进一步改进、提高产品原型,是产品快速创新开发的重要途径。通过逆向工程掌握产品的设计思想体现了其功能导向(functionally-oriented)特征。基于逆向工程的产品开发流程如图6-1所示。

逆向工程不再是对已有产品进行简单的"复制",其内涵与外延都发生了深刻变化,成为航空航天、汽车、船舶和模具等工业领域最重要的产品设计方法之一,是工程技术人员通过实物样件、图样等快速获取工程设计概念和设计模型的重要技术手段。

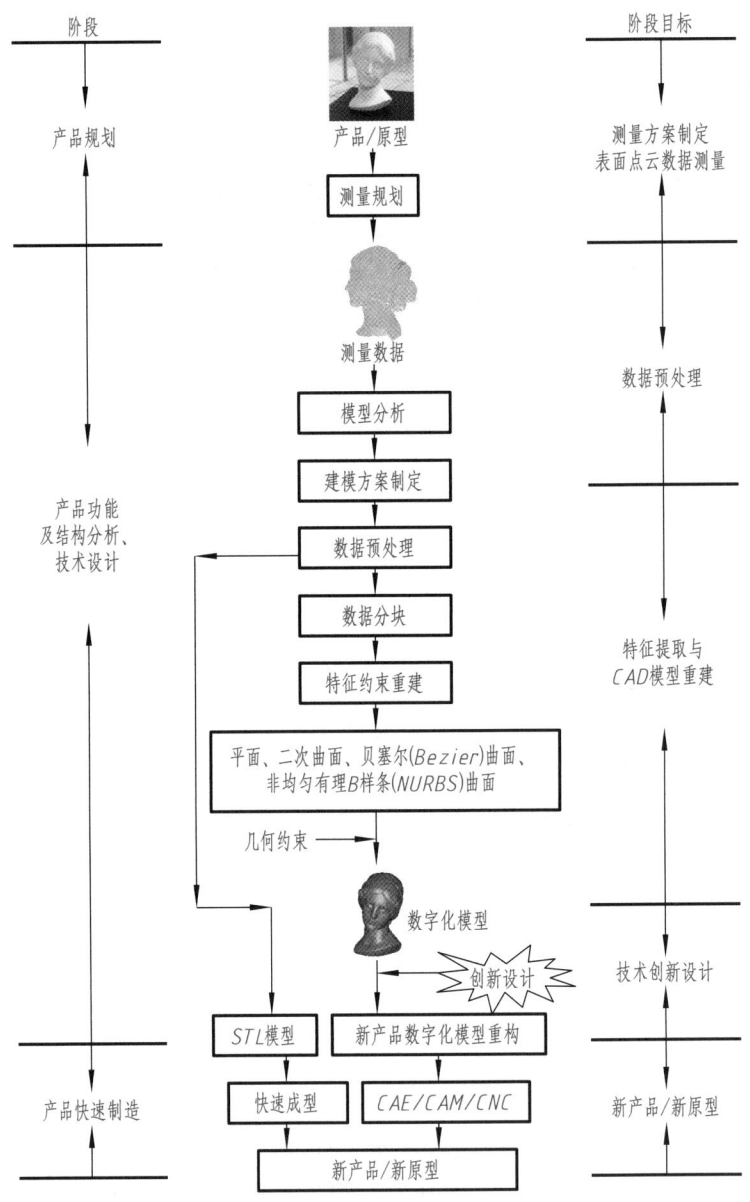

图6-1 基于逆向工程的产品开发流程

广义逆向工程指的是针对已有的产品原型,消化、吸收和挖掘蕴含其中的涉及产品设计、制造和管理等各个方面的一系列分析方法、手段和技术的综合。它以产品原型、实物、软件(图样、程序、技术文件等)或影像(图片、照片等)等作为研究对象,应用系统工程学、产品设计方法学和计算机辅助技术的理论和方法,探索并掌握支持产品全生命周期设计、制造和管理的关键技术,进而开发出同类的或更先进的产品。广义逆向工程的研究内容十分广泛,概括起来主要包括产品设计意图与原理的反求、美学审视和外观反求、几何形状与结构反求、材料反求、制造工艺反求、管理反求等。逆向工程的工作流程如图 6-2 所示。

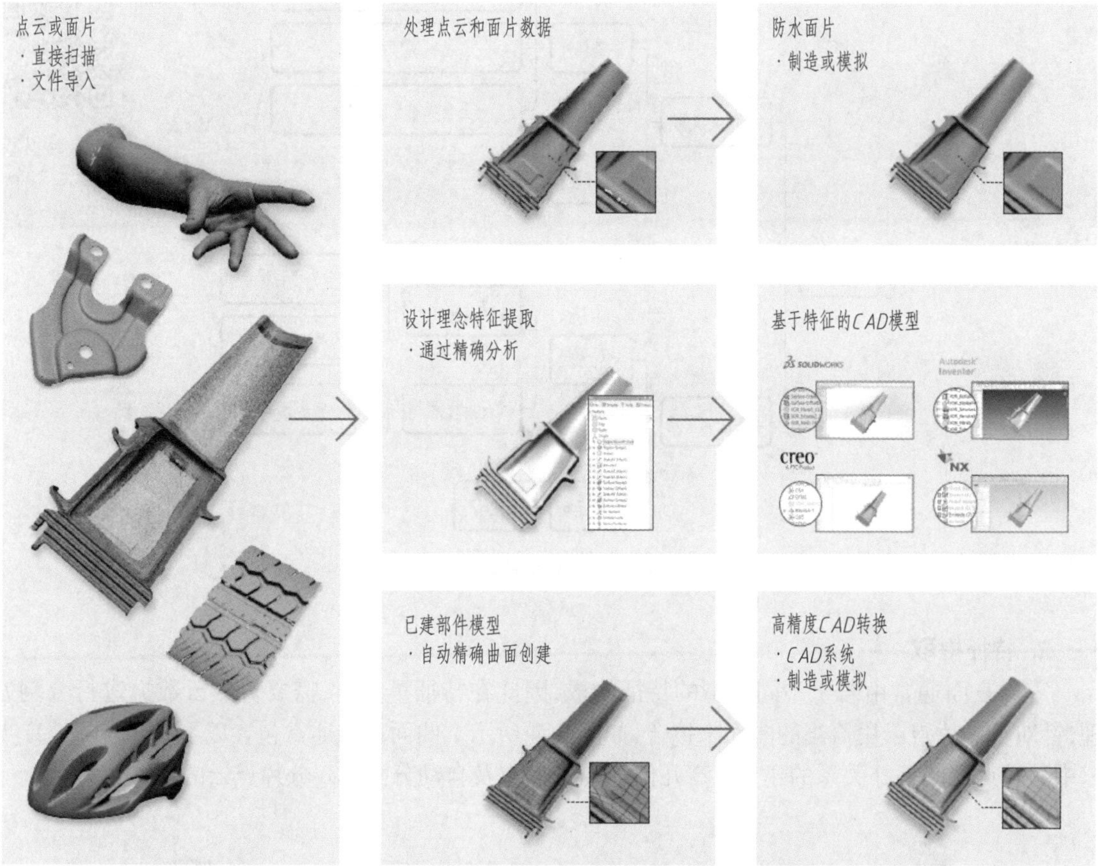

图 6-2 逆向工程的工作流程

二、逆向建模关键技术

1. 数据获取

数据获取是逆向工程的第一个步骤,通常是利用一定的测量设备对零件表面进行数据采样,得到采样数据点的坐标值(x,y,z)。如图 6-3 所示,数据获取的方法大致分为两类:接触式和非接触式。

接触式测量方法是在机械手臂的末端安装探头,通过其与零件表面接触来获取表面信息,目前最常用的接触式测量系统是三坐标测量机(coordinate measuring machine,CMM)。传统的三坐标测量机多采用机械探针等触发式测量头,可通过编程规划扫描路径进行点位测量,每次获取被测形面上一点的坐标值(x,y,z),测量速度很慢。

点云数据获取及设备(一)

非接触式测量方法是采用光、声、磁等非接触介质来获取零件表面信息,可分为主动式测量方法和被动式测量方法两种。常用的非接触式测量方法包括激光线扫描法、面投影光栅法、数字照相法、计算机断层扫描法等。

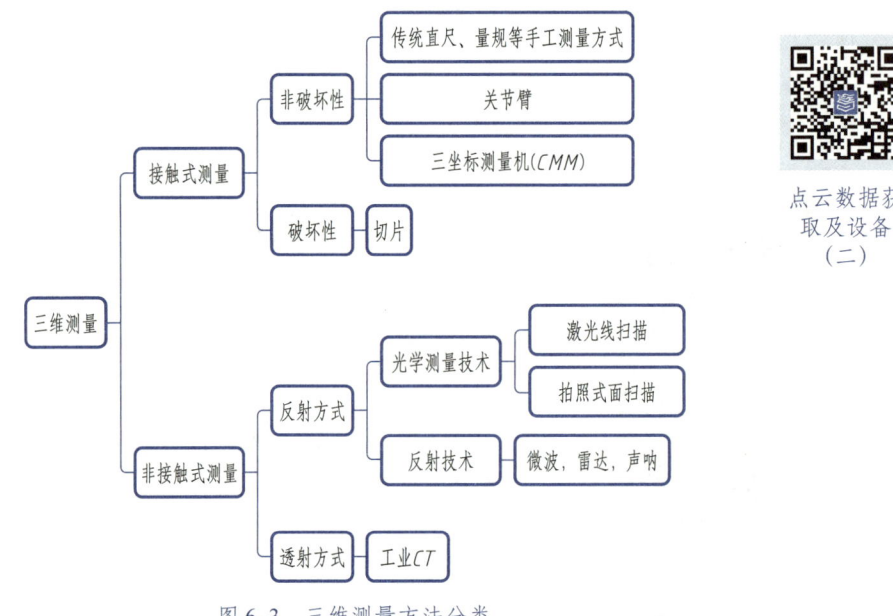

图6-3 三维测量方法分类

2. 特征提取

零件表面通常由若干不同类型的特征构成,因此在特征重构时,需要对点云数据进行分割处理,针对每一片点云用恰当的曲面来拟合,如图6-4所示。曲面重构通常包含以下几个步骤:① 点云中数据点之间拓扑关系的建立;② 几何特征的提取及自动分割;③ 分片点云的曲面重构。

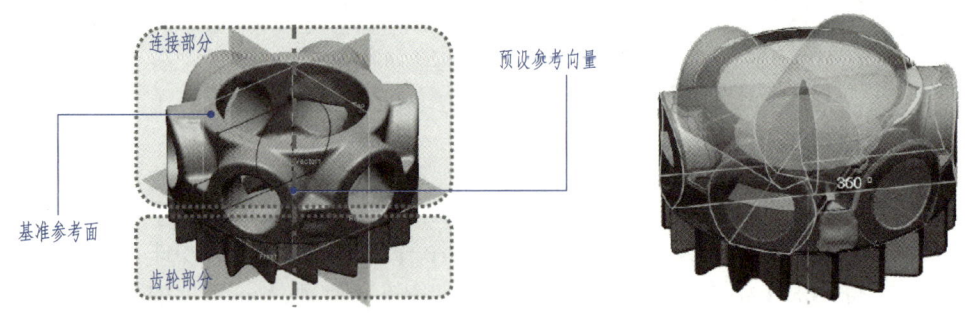

图6-4 特征提取

3. CAD模型重建

逆向工程的最后阶段是生成用B-rep方法表示的连续的CAD模型。如果采用基于面的方法,可能在各面片之间发生重叠或存在缝隙。如果各面片之间没有清晰的边界,就需要通过延伸面片来处理。有时这种方法并不可行或结果并不理想,这时就需要插入过渡面或调整曲面参数以使它们光顺。除了边界拼接之外,还需要在边界拼接曲面的公共角点处生成光滑角点拼接曲面。一种方法是当 n 个边界曲面相交时生成具有 n 条边的曲面片。另一种方法是采用后退型(setback type)顶点拼接曲面,即沿被拼接基本曲面周围的小曲线段包围生成具有 $2n$ 条边的曲面片。如图 6-5 所示。

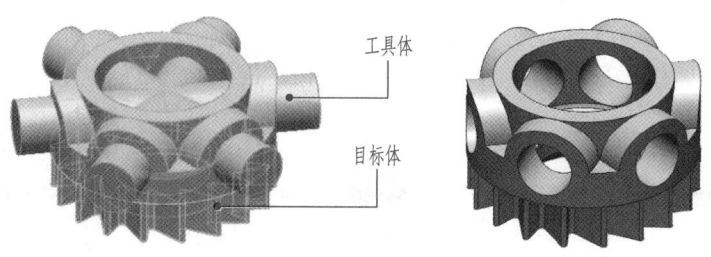

图 6-5 模型重建

4. CAD 模型精度评价

需要对通过逆向工程方法得到的 CAD 模型进行精度评价,如图 6-6 所示。模型精度评价主要解决以下问题:① 由逆向工程中重建得到的模型和实物样件的误差到底有多大。② 所建立的模型是否可以接受。③ 根据模型制造的零件是否与数学模型相吻合。在逆向工程中,模型精度评价主要解决前两个问题。在模型重建过程中,从形状表面数字化到 CAD 建模都会产生误差,目前对逆向工程模型精度评价的研究进行得较少,只是通过最终模型的对比来计算反求模型的总体误差。

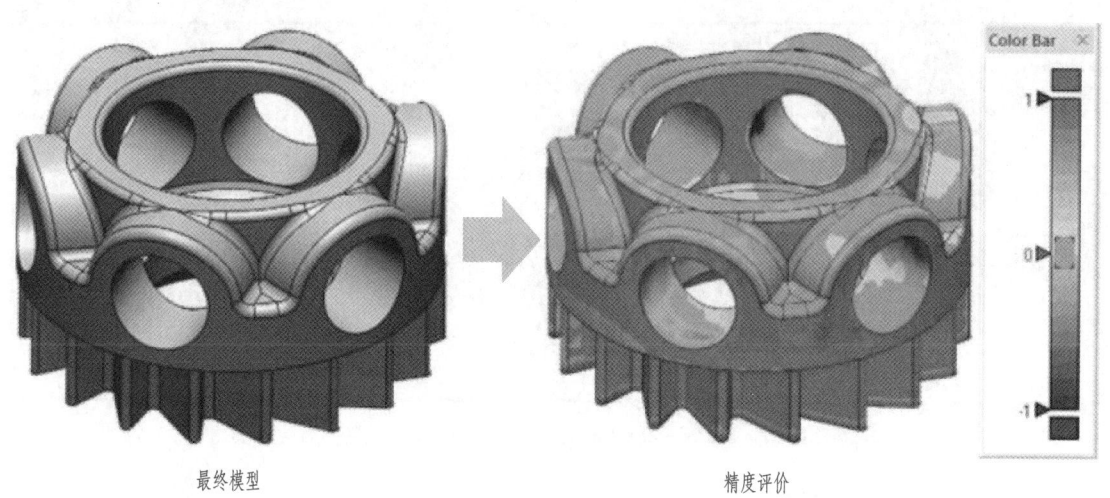

图 6-6 模型精度评价

三、产品特征与逆向软件平台

在产品设计过程中,一般以零件的力学性能、流体动力学性能或美观性要求作为设计的评价指标。要使逆向工程产品仍能满足这些要求,就需要在逆向工程 CAD 建模过程中尽量还原产品的原始设计参数。要按照原始设计方案进行逆向 CAD 建模,就需要基于测量数据提取产品特征设计参数,并进行特征重构和特征运算,这些特征信息的获得需要逆向工程软件平台支撑。目前较常用的软件有 Imageware、Geomagic Studio、Geomagic Design X 等。

1. Imageware 软件

Imageware 是著名的逆向工程软件,广泛应用于汽车、航空航天、家电、模具、计算机等零部件领域,其工作界面如图 6-7 所示。

Imageware 逆向工程软件还可以对产品进行质量检测。通过将加工好的实际零件与其 CAD 模型相比较,使得在产品开发过程中全面贯彻既保持设计和工程意图又同时进行检验的思想。

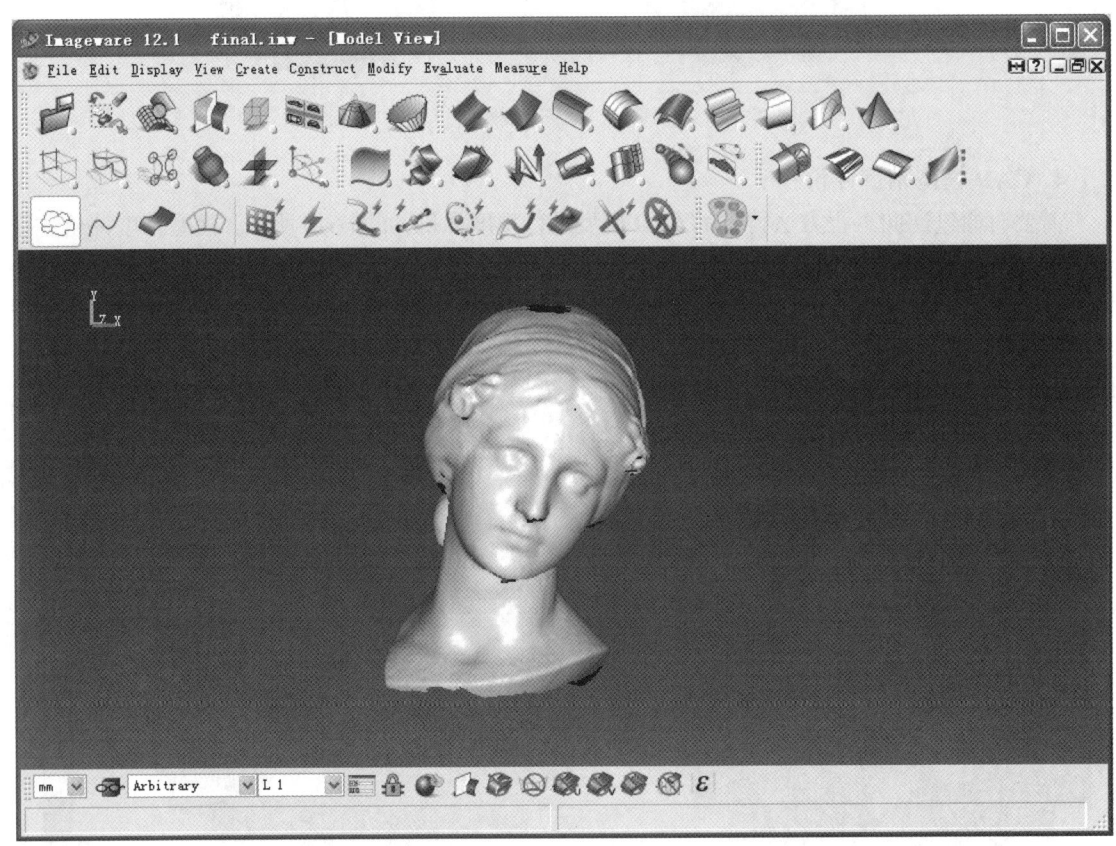

图 6-7　Imageware 工作界面

2. Geomagic Studio 软件

Geomagic Studio 软件具有强大的点云处理及曲面构建功能,可轻易地从扫描所得的点云数据创建完美的多边形模型和网格,并可自动将其转换为非均匀有理 B 样条(non-uniform rational B-spline,NURBS)曲面。该软件主要包括 Geomagic Qualify、Geomagic Shape、Geomagic Wrap、Geomagic Decimate、Geomagic Capture 五个模块。其工作界面如图 6-8 所示。

6.1 逆向工程概论

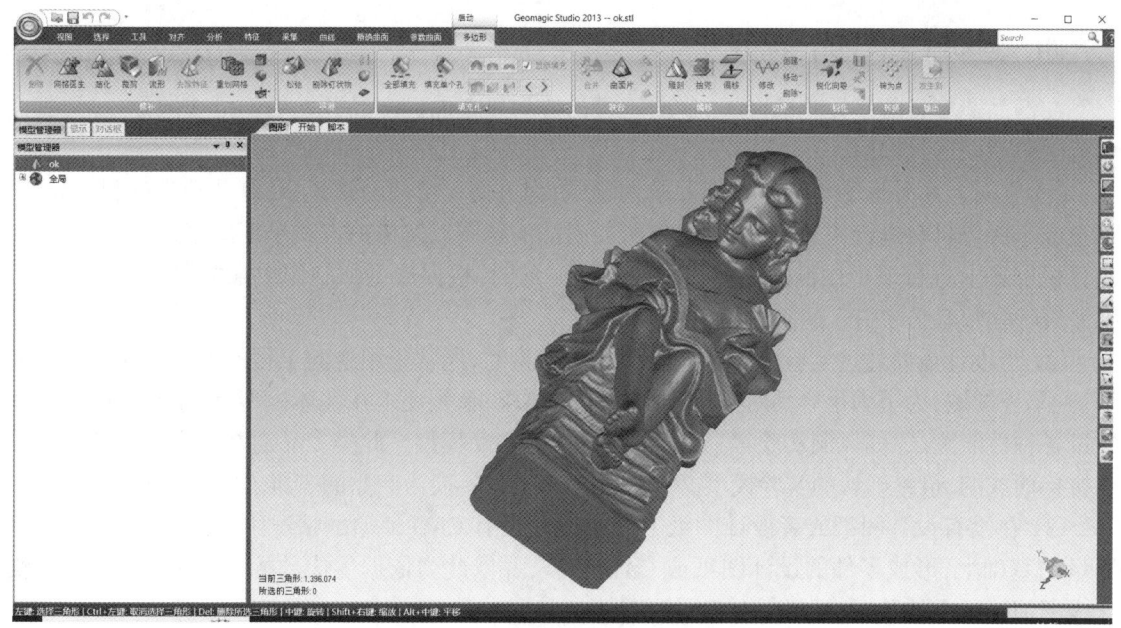

图 6-8　Geomagic Studio 工作界面

3. Geomagic Design X 软件

Geomagic Design X 是业界最全面的逆向工程软件,它结合了基于特征的 CAD 模型与三维扫描数据处理,能创建出可编辑、基于特征的 CAD 模型,并能与现有的 CAD 软件兼容。其功能包括提取自动的和导向性的实体模型、将精确的曲面拟合到 3D 扫描点云、编辑面片以及处理点云等。其工作界面如图 6-9 所示,6.2 节将详细介绍本软件。

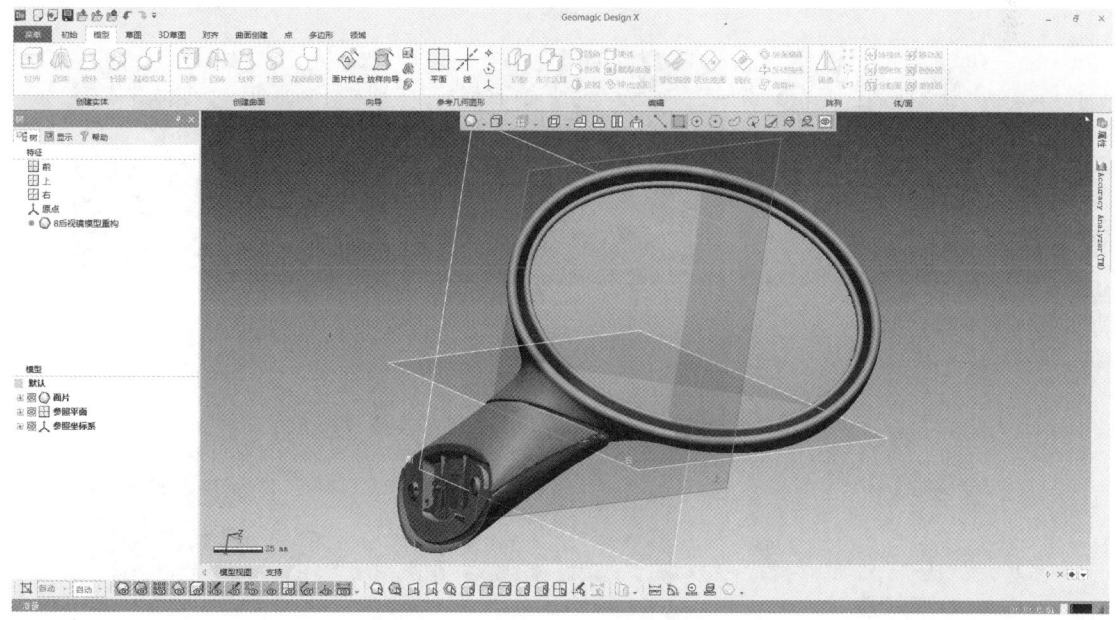

图 6-9　Geomagic Design X 工作界面

四、逆向工程与新产品开发

在产品造型日益多元化的今天,逆向工程已成为复杂曲面产品开发中不可或缺的一环,其应用范围包括以下几方面。

(1) 在对产品外形的美学有特别要求的领域,为方便评价其美学效果,设计师广泛利用油泥、黏土或木头等材料进行快速模型制作,将所要表达的意图以实体的方式呈现出来,而不是采用在计算机屏幕上进行缩小比例的物体投影的方法。此时,根据造型师制作出来的模型快速建立三维 CAD 模型,就必须引入逆向工程技术。

(2) 当设计需要通过实验测试才能定型工件模型时,通常采用逆向工程的方法。比如航空航天、汽车等领域,为了满足产品对空气动力学等的要求,首先要求在实体模型、缩小模型的基础上经过各种性能测试(如风洞实验等)建立符合要求的产品模型。此类产品通常是由复杂的自由曲面拼接而成的,最终确认的实验模型必须借助逆向工程转换为产品的三维 CAD 模型。

(3) 在没有设计图纸或者设计图纸不完整以及没有 CAD 模型的情况下,在对零件原型进行测量的基础上,形成零件的设计图纸或 CAD 模型,并以此为依据生成数控加工的 NC 代码或快速成型加工所需的数据,复制一个相同的零件。

(4) 在模具行业,常需要通过反复修改原始设计的模具型面,以得到符合要求的模具。然而这些几何外形的改变却往往未曾反映在原始的 CAD 模型上。借助于逆向工程的功能和再设计,设计者可以建立或修改在制造过程中变更过的设计模型。

现代逆向工程技术除广泛应用在上述汽车、航空航天、机械、消费性电子产品等几个传统领域外,也开始应用于休闲娱乐方面,比如用于立体动画、多媒体虚拟实境、广告动画等。另外在医学科技方面,如人体骨头和关节等的复制、假肢制造、人体外形量测、医疗器材制作等方面,也有其应用价值,如图 6-10 所示。

电子电器　　　　　航空航天　　　　　汽车工业

雕塑雕刻　　　　　文物数字化　　　　精准医疗

图 6-10　逆向工程典型应用领域

6.2 Geomagic Design X 软件工具

一、Geomagic Design X 软件简介

美国 3D Systems 公司的 Geomagic Design X 是业界功能最全面的逆向工程软件,结合基于特征树的 CAD 模型和三维扫描数据处理,能创建出可编辑的、基于特征的 CAD 模型,并能与现有的 CAD 软件兼容。该软件的部分功能如图 6-11 所示。Geomagic Design X 的主要优点如下:

(1) 拓宽设计能力 不再以空白的屏幕为起点,而是从现实世界所创造的数据入手。Geomagic Design X 采用一种非常简捷的方法,可以通过 3D 扫描仪采集的数据创建可编辑的、基于特征的 CAD 模型并将其整合到现有的工程设计工作流程中。

(2) 加快产品上市时间 Geomagic Design X 可以缩短从研发到完成设计的时间,将产品由想法到完成设计的时间缩短至几周甚至几天。对于扫描原型、现有的零件、工装零件及其相关部件以及创建设计来说,Geomagic Design X 可以在短时间内实现手动测量并且创建 CAD 模型。

(3) 增强 CAD 工作环境 无缝地将三维扫描技术添加到日常设计流程中,提升了工作效率,并可直接将原始数据导出到 SOLIDWORKS、Siemens NX、Autodesk Inventor 及 Creo。

(4) 实现不可能 Geomagic Design X 可以创建出非逆向工程无法完成的设计。例如,能创建需要和人体完美拟合的定制产品,以及必须整合现有产品并且精度要求为几微米的组件,还能创建无法测量的复杂几何形状。

(5) 降低成本 对已构建的部件和已设计的部件进行建模会节省大量资金和时间。通过 Geomagic Design X 可基于 CAD 模型进行变形处理以拟合 3D 扫描,点云通过使用实际部件的几何形状来修正 CAD 模型并消除部件回弹问题,从而减少工具重复使用的成本,并能减少因为与其他组件拟合不佳而产生的高昂费用。

(6) 强大且灵活 Geomagic Design X 基于完整 CAD 核心而构建,所有的工作通过一个程序完成,用户不必反复切换应用程序。并且该软件能依据错误修正功能自动处理扫描数据,所以能够更简单、快捷地处理更多的数据。

(7) 用户界面友好 有过 CAD 软件使用经验的技术人员能很快掌握 Geomagic Design X 的使用方法,因为 Geomagic Design X 的实体建模工具基于 CAD 的建模工具,简洁的用户界面便于软件的学习。

 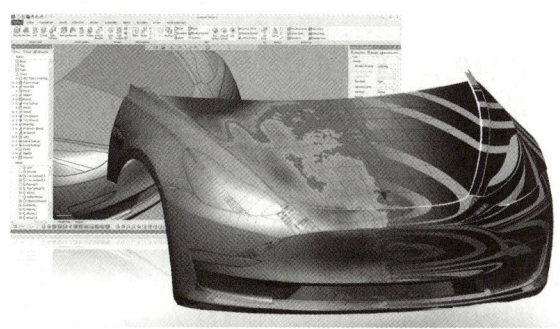

图 6-11 Geomagic Design X 软件功能

二、Geomagic Design X 模式介绍

本教材以 Geomagic Design X 2016 版为例进行介绍,其工作界面如图 6-12 所示,其逆向建模功能主要包括以下九个模式:初始、模型、草图、3D 草图、对齐、曲面创建、点、多边形和领域,这九个模式通过选项卡的形式调用。

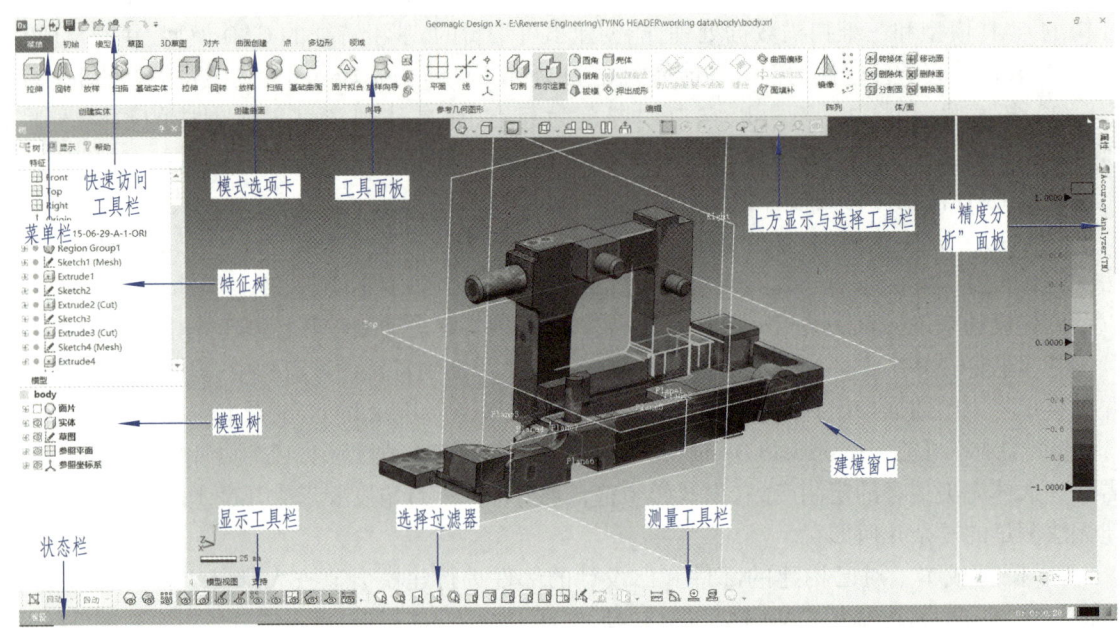

图 6-12　Geomagic Design X 工作界面

1. "初始"模式

此模式的主要作用是给软件操作人员提供基础的操作环境,包含的主要功能有文件打开与存取、选择点云或多边形数据的采集方式、将建模数据实时转换到正向建模软件中以及帮助选项等。

2. "模型"模式

此模式的主要作用是对实体模型或曲面进行编辑与修改。包含的主要功能有:
(1) 创建实体(曲面):通过拉伸、回转、放样、扫描与基础实体(或曲面)创建实体(曲面)。
(2) 进入面片拟合、放样向导、拉伸精灵、回转精灵、扫掠精灵等快捷向导命令。
(3) 构建参考坐标系与参考几何图形(点、线、面)。
(4) 编辑实体模型包括布尔运算、圆角、倒角、起模斜度、建立薄壁实体等。
(5) 编辑曲面包括剪切曲面、延长曲面、缝合曲面、偏移曲面等。
(6) 阵列相关的实体或平面,移动、删除、分割实体或曲面。

3. "草图"模式

此模式的主要功能是绘制草图,包括草图与面片草图两种操作形式。草图是在已知平面上进行草图绘制,面片草图是通过定义一平面,截取面片数据的截面轮廓线作为参考进行草图绘

制。包含以下主要功能：

(1) 绘制直线、矩形、圆弧、圆、样条曲面等。
(2) 执行剪切、偏置、要素变换、阵列等常用绘图命令。
(3) 设置草图约束条件及样条曲线的控制点。

4. "3D 草图"模式

此模式的主要作用是绘制 3D 草图，包括 3D 草图与 3D 面片草图两种形式。包含以下主要功能：

(1) 绘制样条曲线。
(2) 对样条曲线进行剪切、延长、分割、合并等操作。
(3) 提取曲面片的轮廓线、构造曲面片网格与移动曲面组。
(4) 设置样条曲线的终点、交叉与插入的控制点数。

5. "对齐"模式

此模式主要用于将模型数据进行坐标系对齐操作。包含以下主要功能：

(1) 对齐扫描得到的面片或点云数据。
(2) 对面片与世界坐标系对齐。
(3) 将扫描数据与现有的 CAD 模型对齐。

6. "曲面创建"模式

此模式的主要作用是通过提取轮廓线、构造曲面网格，从而拟合出光顺、精确的 NURBS 曲面。包含以下主要功能：

(1) 自动曲面创建。
(2) 提取轮廓线，自动检测并提取面片上的特征曲线。
(3) 绘制特征曲线，并进行剪切、分割、平滑等处理。
(4) 构造曲面网格。
(5) 移动曲面片组。
(6) 拟合曲面。

7. "点"模式

此模块的主要作用是对导入的点云数据进行处理，获取一组整齐、精简的点云数据，并封装成面片数据模型。包含以下主要功能：

(1) 通过"面片创建精灵"命令快速地创建面片数据。
(2) 修改模型中点的法线方向。
(3) 对扫描数据进行三角面片化。
(4) 消除点云数据中的杂点，平滑点云数据并进行采样处理。
(5) 偏移、分割点云，将体、线、面等要素变化为点云。

8. "多边形"模式

此模式的主要作用是对多边形数据模型进行表面光顺及优化处理，以获得光顺、完整的多边形模型，并消除错误的三角面片，提高后续拟合曲面的质量。包含以下主要功能：

(1) 通过"面片创建精灵"命令将多边形数据快速地转换为面片数据。
(2) 通过"修补精灵"命令智能修复非流形顶点、重叠单元面、悬挂的单元面、小单元面等。

(3) 通过智能刷对多边形表面进行平滑、消减、清除、变形等操作。

(4) 填充孔、删除特征、移除标记。

(5) 加强形状、整体再面片化、优化面片等。

(6) 消减、细分、平滑多边形。

(7) 选择平面、曲线、薄片对模型进行裁剪。

(8) 通过曲线或手动绘制路径来移除面片的某些部分。

(9) 修正面片的法线方向。

(10) 赋厚、抽壳、偏移三角网格。

(11) 合并多边形对象，并进行布尔运算。

9. "领域"模式

此模式的主要作用是根据扫描数据的曲率和特征将面片划分为不同的几何领域。包含以下主要功能：

(1) 自动分割领域。

(2) 重新对局部进行领域划分。

(3) 手动合并、分割、插入、分离、扩大与缩小领域。

(4) 定义划分领域的公差与孤立点比例。

Geomagic Design X 工作流程如图 6-13 所示。

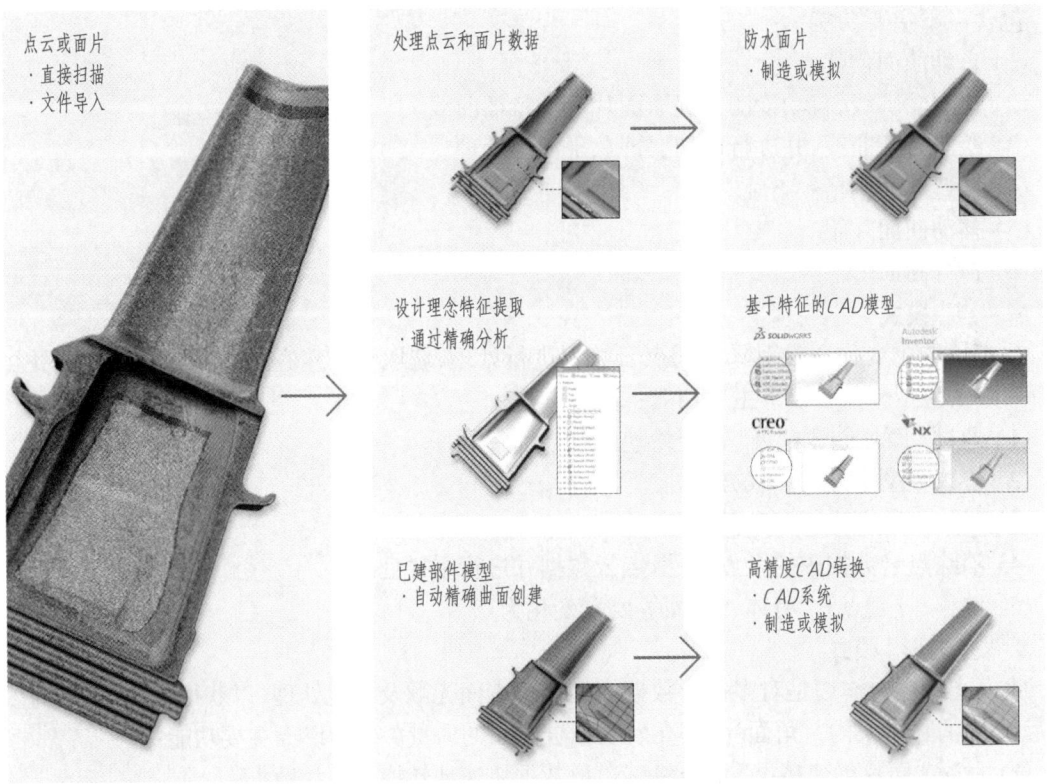

图 6-13　Geomagic Design X 工作流程

三、Geomagic Design X 界面介绍

Geonagic Design X 用户界面直观易用,易于学习。用户可以修改软件界面窗口和工具栏,移动鼠标到工具栏区域后,通过右键菜单可以显示、动态隐藏或从不显示工具栏。基本操作界面由菜单栏、快速访问工具栏、选项卡、工具栏、状态栏、特征树、模型树、显示/视点/帮助、"精度分析"面板、属性等部分组成,如图 6-12 所示。

菜单栏:包含程序中所有的功能,包括文件、选择、编辑、插入、工具、测量、视图、加载项和帮助等子菜单。

快速访问工具栏:包含最常用的命令,例如"新建""打开""保存""导入""导出""首选项"和"撤销/恢复"。右侧下拉选项包含自定义功能区(自定义功能区栏中的菜单)及最小化功能区(显示或隐藏功能区栏)。

选项卡:由初始、模型、草图、3D 草图、对齐、曲面创建、点、多边形和领域九个模式选项卡构成,每一模式选项卡都有其对应的工具栏,便于创建和编辑特征,如图 6-14 所示。

工具面板:会根据建模窗口显示的实体或曲线来激活相应命令,例如创建出实体时,"布尔运算""剪切实体"等编辑实体的命令就会显示激活。在工具面板区单击鼠标右键,选择"自定义"命令,可以定制工具面板。

图 6-14 选项卡与工具面板

特征树:Geomagic Design X 使用参数化履历建模模式。参数化履历建模模式允许存储构建的几何形状并创建实体,同样地也可存储操作的顺序和它们彼此之间的关系。在重新编辑更改特征时,可以双击特征,也可以选中某一特征单击鼠标右键选择"编辑"命令。若某一特征被删除,则与之关联的特征也将失效。

无论何时创建特征(如草图、实体、曲面等),所有创建的特征和所做的更改都会按照时间顺序排列显示在特征树中。可通过拖拽特征来更改特征顺序,也可通过在菜单中的"前移""后移""移至最后"命令将特征移至特征树里的指定位置。

模型树:分类显示所有创建的特征。可以用来选择和控制特征实体的可见性。点击"显示/隐藏"图标 ◎ 可以在隐藏和显示之间切换。

显示/视点/帮助:显示/视点/帮助、特征树和模型树都在同一个窗口显示,如图 6-15 所示,点击上面按钮就可以实现切换。

"精度分析"面板:"精度分析"面板对于检查实体、面片、草图的质量方面来说非常重要。在创建曲面之后,可直接检查扫描数据和所创建的曲面之间的偏差。精度分析功能在默认模式、面片模式以及 2D/3D 草图模式下均可用。

属性:选择某个特征之后,其属性是可见并可更改的。例如选择一个面片之后,可在属性窗口内查看其边界框大小,也可以更改面片的颜色以及实体的材质。

第6章 复杂曲面产品测绘

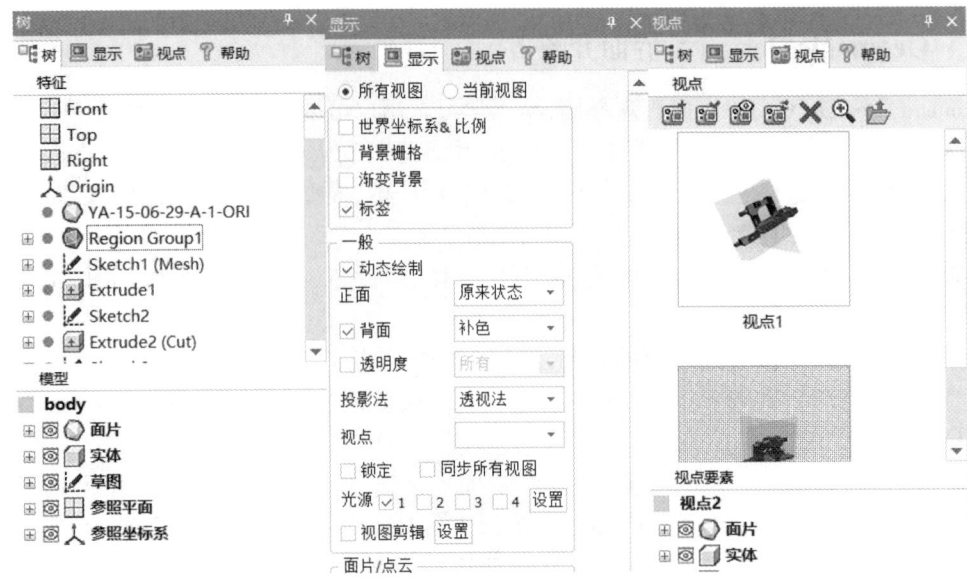

图 6-15 特征树、模型树与显示 / 视点 / 帮助

四、选择模式操作

1. 选择模式的技巧

在模型视图中,光标有两种模式。一种是选择模式○,另一种是视图模式⇄,见表 6-1。点击鼠标滚轮可在两种模式间进行切换。只有在选择模式下才可以选择特征,特征选择方法见表 6-2。

表 6-1 光标的两种模式及相应功能

模式	功能
选择模式○	旋转—右击鼠标 放大—〈Shift〉+ 右击鼠标(或者滚动滚轮) 平移—〈Ctrl〉+ 右击鼠标(或者同时按住鼠标左、右键)
视图模式⇄	旋转—左击鼠标(或右击鼠标) 放大—〈Shift〉+ 左击或右击鼠标(或者滚动滚轮) 平移—〈Ctrl〉+ 左击或右击鼠标(或者同时按住鼠标左、右键)

表 6-2 特征选择方法

选择方式	操作方法
拖拽选择	点击并拖拽鼠标可以选择单个特征或多个特征
点击选择	点击单个特征,可仅选择此特征
从特征树、模型树中选择	可以从特征树或模型树中直接选择单个或多个特征
选择大量特征	使用〈Shift〉键可选择大量特征,撤销选用〈Ctrl〉键

2. 选择模式的使用

选择模式一般在"领域"模块、参考平面和参考线中使用，如图 6-16 所示。

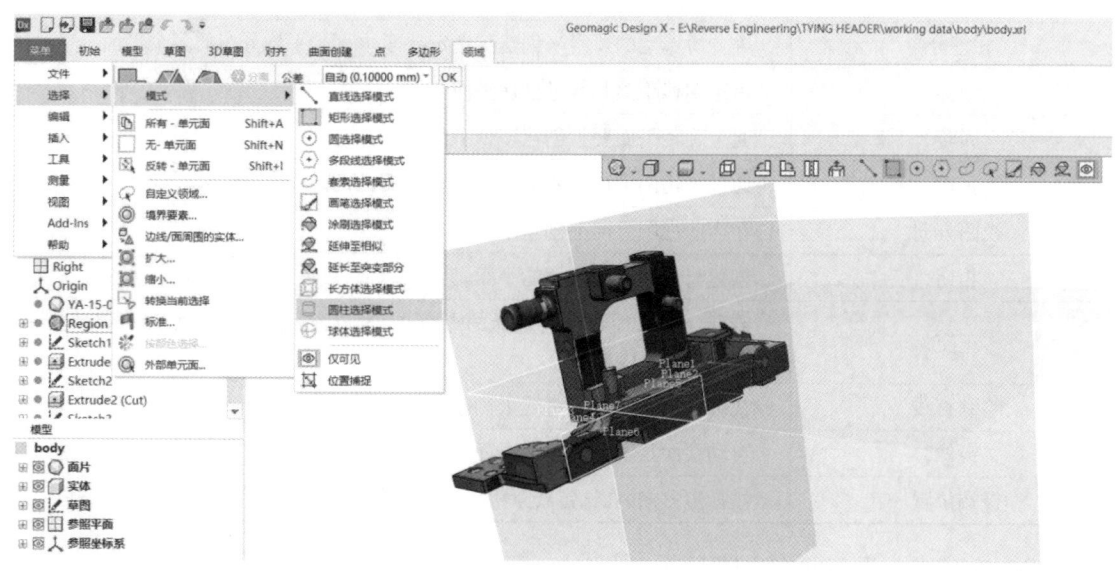

图 6-16 "领域"模块下的选择模式

由于面片是由成千上万的线和面组成的，所以想在"领域"模块中手动划分领域组或者选择一个特定的区域来编辑参考面或参考线将会很困难。在管理面片或点云数据时，软件提供了多种选择方式，以提高工作速度。如可在"追加参考线"命令下，通过选择模式子菜单中的"圆柱选择模式"命令来拾取面片上的圆柱特征以及检索圆柱轴线。

五、参照几何图形特征

1. 参照平面

参照平面是具有确定法线方向及无限延伸的虚拟平面。参照平面并不是曲面，它们用来创建其他特征。参照平面的创建方法见表 6-3。

表 6-3 参照平面的创建方法

方法	功能
定义	使用平面的数字定义来创建参照平面，可以在"模型"模式中输入数值或手动拾取某个点作为数字
提取	使用拟合运算从选定的要素中提取平面
投影	通过将平面要素投影为直线要素的方法来创建平面
选择多个点	选择 3 个点或多个点来创建平面
选择点和法线	选择一个点（位置）和一条法线来创建平面
选择点和圆锥轴	利用圆锥轴创建平面

续表

方法	功能
变换	利用已选定的要素创建平面
n 等分	等分所选定的要素来创建与选定要素垂直且平均分布的多个平面
偏移	指定偏移距离和数量创建平面
回转	通过旋转平面要素创建多个平面
平均	通过平均两个选定要素创建一个平面,所选择的平面要素不必平行
视图方向	在当前视图方向上创建平面
相切	创建与选定要素相切的平面
正交	创建一个与面片上所选择的点(点元素要素)正交的平面,也可以使用一个点和两个实体面
绘制直线	在屏幕上绘制一条直线来创建平面
镜像	自动在面片上创建对称平面,要执行该命令,需要选择初始平面和面片
极端位置	按指定方向,在选定要素极大或极小位置上创建平面

常用的创建参照平面的方法如下。

(1) 提取　点击"追加平面",选择"平面"作为要素,方法选为"提取",拟合类型选为"最优匹配",点击"预览"按钮,结果如图 6-17 所示。

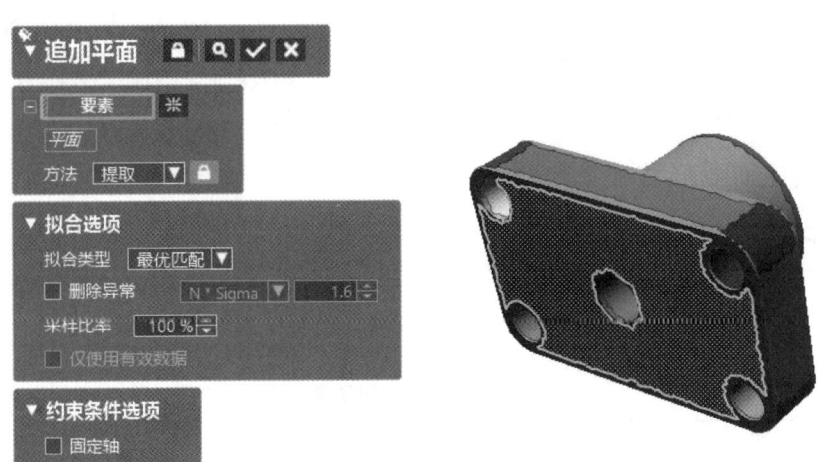

图 6-17　提取法创建参照平面

(2) 偏移　点击"追加平面",选择"平面"作为要素,方法选为"偏移",数量设为"3",距离设为"20 mm",结果如图 6-18 所示。

(3) 绘制直线　点击"追加平面",方法选为"绘制直线",选取某一位置绘制直线,结果如图 6-19 所示。

(4) 镜像　点击"追加平面",方法选为"镜像",然后选择初始平面→选择网格领域→点击"确定"按钮,最终生成与初始平面对称的参照平面,如图 6-20 所示。

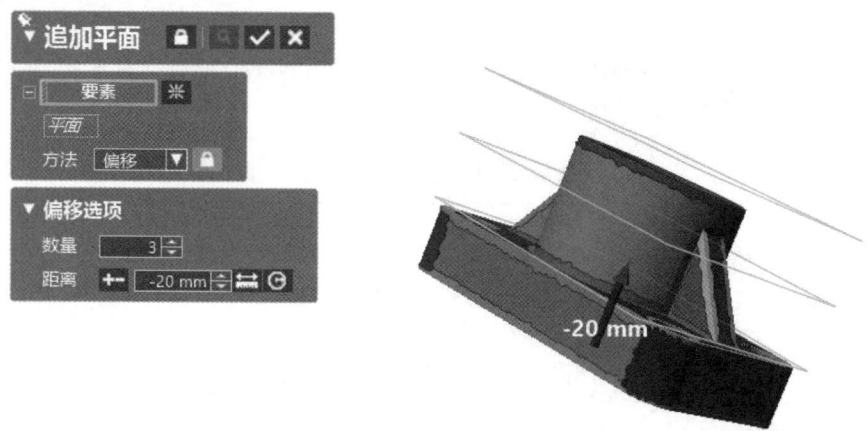

图 6-18 偏移法创建参照平面

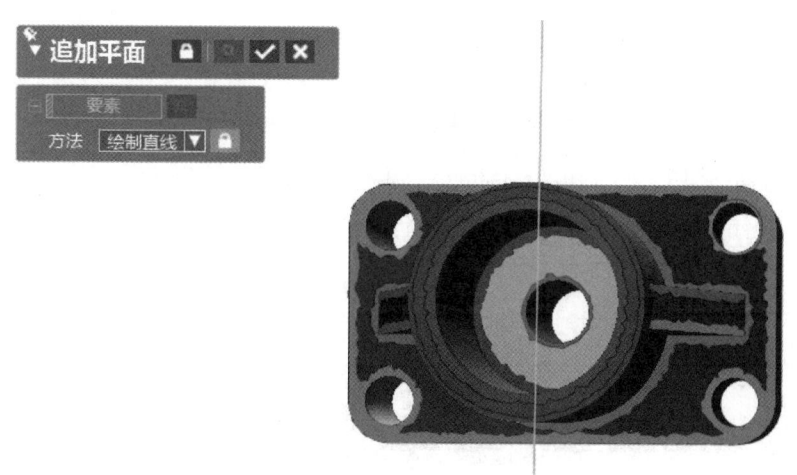

图 6-19 绘制直线法创建参照平面

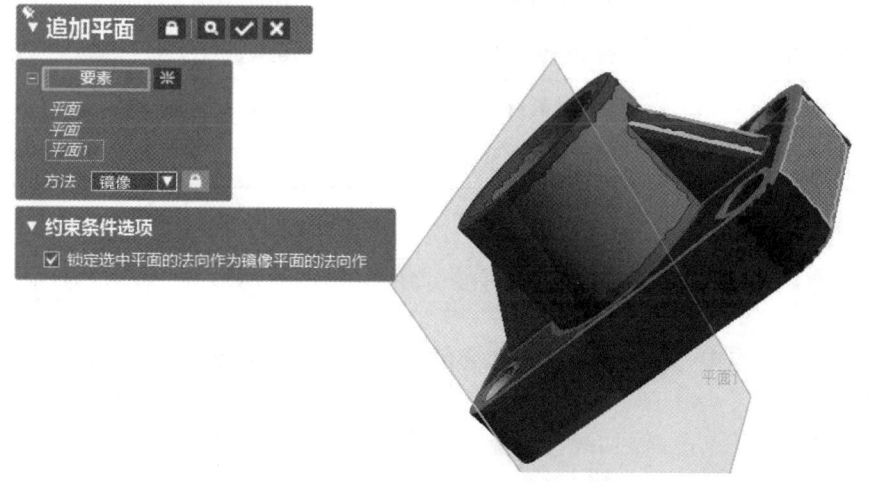

图 6-20 镜像法创建对称参照平面

2. 参照线

参照线是具有确定方向及无限延伸的虚拟轴线。参照线并不是直线要素,它们用来创建其他特征。参照线的创建方法见表 6-4。

表 6-4 参照线的创建方法

方法	功能
定义	使用向量的数字定义创建参照线,可以在"模型"模式中输入数值或手动拾取某个点作为数字
提取	使用拟合运算从选定的要素中提取线
检索长穴轴	使用拟合运算,在选定的要素上创建长穴轴,拟合选项与提取方法相同
检索圆柱轴	使用拟合运算,在选定的要素上创建圆柱轴
检索圆锥轴	使用拟合运算,在选定的要素上创建圆锥轴,拟合选项与检索圆柱轴方法相同
投影	通过将平面要素投影为直线要素的方法来创建线
选择多个点	选择 2 个点或多个点来创建线
选择点和直线	选择一个点确定位置,选择一条直线确定方向来创建线
变换	利用已选择的要素创建线
平面相交	利用两个相交平面创建线
平均	通过平均两个选定要素创建一条参照线
相切	创建与选定要素相切的线
直线相交	利用两个相交直线要素创建线
回转轴	利用旋转面片特征创建线,拟合选项与提取方法相同
拉伸轴	利用拉伸面片的拉伸方向特征创建线,拟合选项与提取方法相同
回转轴阵列	利用旋转阵列特征的中心轴创建轴线
移动轴阵列	利用阵列特征创建阵列方向的轴线

常用的创建参照线的方法如下。

(1) 检索圆柱轴 点击"添加线",选择圆柱作为要素,方法选为"检索圆柱轴",结果如图 6-21 所示。

(2) 平面相交 点击"添加线",选择相邻的两个平面作为要素,方法选为"2 平面相交",结果如图 6-22 所示。

(3) 回转轴阵列 点击"添加线",选择阵列的八个圆柱作为要素,方法选为"回转轴阵列",结果如图 6-23 所示。

6.2　Geomagic Design X 软件工具

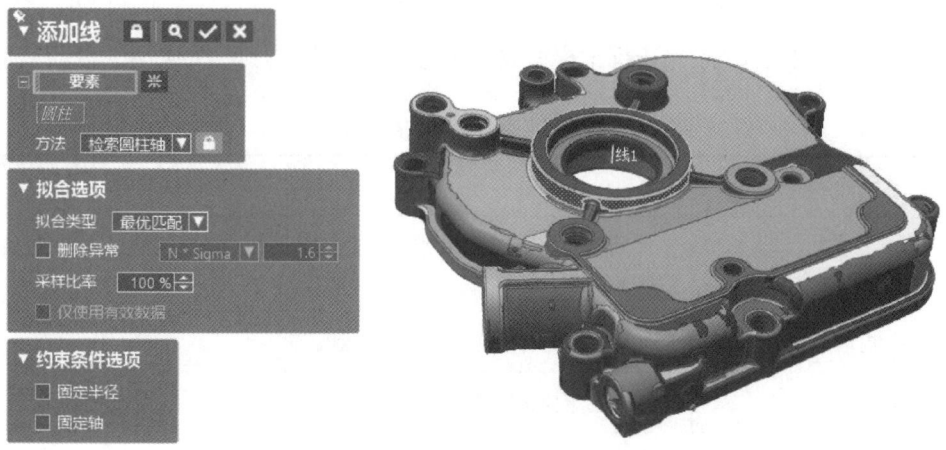

图 6-21　检索圆柱轴法创建参照线

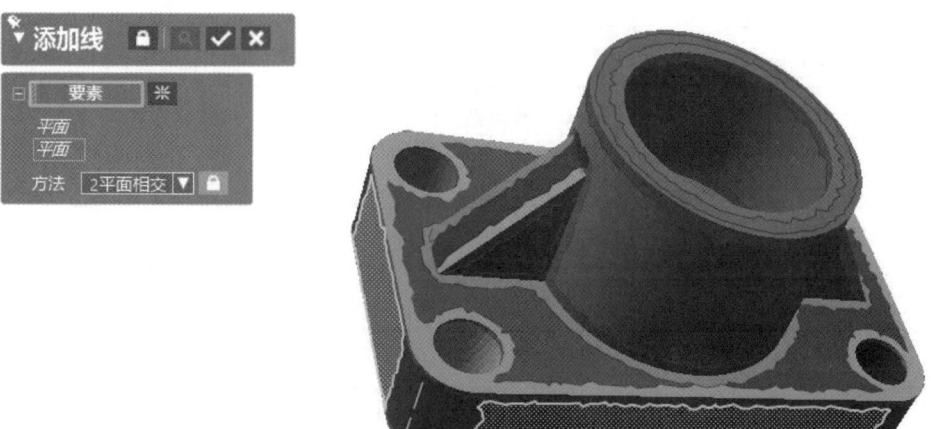

图 6-22　平面相交法创建参照线

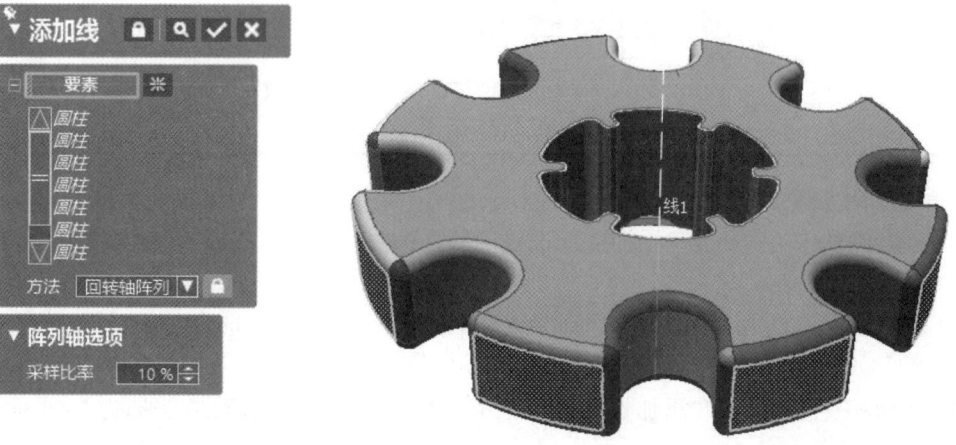

图 6-23　回转轴阵列法创建参照线

3. 参照点

参照点是一个零维要素，用于标记模型或空间的指定位置。参照点的创建方法见表6-5。

表 6-5 参照点的创建方法

方法	功能
定义	使用点的数字定义来创建参照点，可以在"模型"模式中输入数值或手动拾取某个点作为数字
提取	使用拟合运算从选定的要素中创建点
检索圆的中心	创建选定要素的圆心点
检索长穴中心	使用拟合运算从选定的要素中提取长穴的中心点
检索矩形中心	使用拟合运算从选定的要素中提取矩形的中心点
检索多边形中心	使用拟合运算从选定的要素中提取多边形的中心点
检索球中心	使用拟合运算从选定的要素中提取球的中心点
投影	利用投影到其他要素的方法提取点
选择多个点	选择多个点来创建平均点
变换	创建选定要素的中心点
n 等分	通过等分曲线、线段、面片数据来创建多个点
中间点	通过比例值确定位置的方法创建两个点之间的点
线交差	创建2条交线的交点
相交线面	创建面与曲线的交点
平面相交	创建三个相交平面要素的交点
导入	导入ASCI文件创建点，使用ASCI变换器可以导入包含由符号或逗号分隔的 X、Y、Z 坐标的文本

常用的创建参照点的方法如下。

（1）检索圆的中心　点击"添加点"，选择圆柱作为要素，方法选为"检索圆的中心"，结果如图6-24所示。

（2）相交线面　点击"添加点"，选择曲线和平面作为要素，方法选为"相交线&面"，结果如图6-25所示。

（3）平面相交差　点击"添加点"，选择三个相交的平面作为要素，方法选为"3平面相交"，结果如图6-26所示。

6.2 Geomagic Design X 软件工具

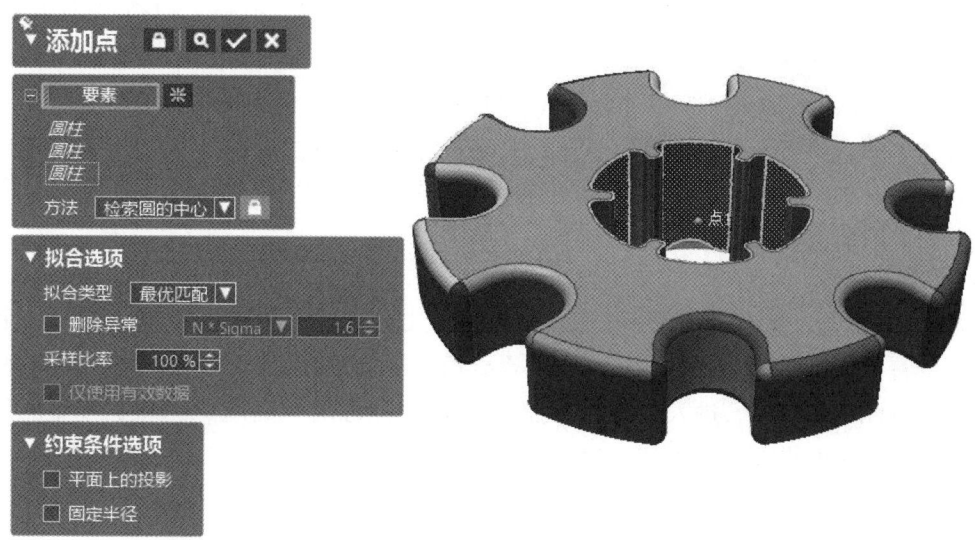

图 6-24 检索圆的中心法创建参照点

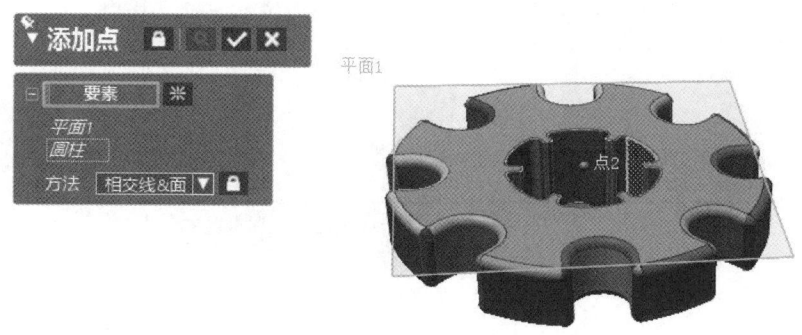

图 6-25 相交线面法创建参照点

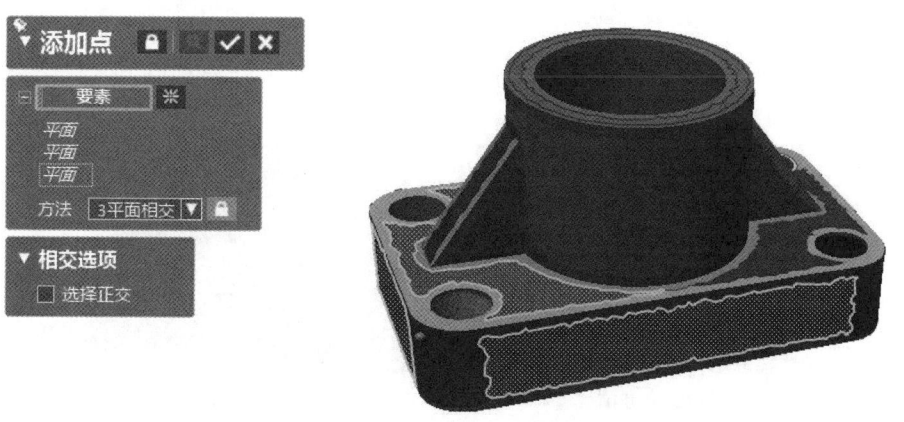

图 6-26 平面相交法创建参照点

六、模式应用

Geomagic Design X 软件中包含多种模式,不同模式具有不同的功能,可根据所需功能的不同来选择相应的模式进行操作。本节主要介绍领域的划分与草图的绘制,为后续准确建模打下基础。在进入某一种模式后,工作环境(工具面板、工具栏、选择栏以及"精度分析"面板下的选项)会自动设置为当前模式状态。

1. "领域"模式

"领域"模式下具有用颜色和组来划分特征的功能。在"领域"模式中,自动分割后会显示面片上的特征。但有时特征会分得不恰当,需要通过手动分割去重新划分领域。

将 stl 文件导入软件后,进入"领域"模式,点击"自动分割"按钮,再根据模型的复杂程度输入合适的敏感度值,模型越复杂,相应的敏感度值应设得相对高一些,敏感度值越高,分割的时间也会越长。如图 6-27 所示,输入敏感度值"28",单击"确定"按钮。

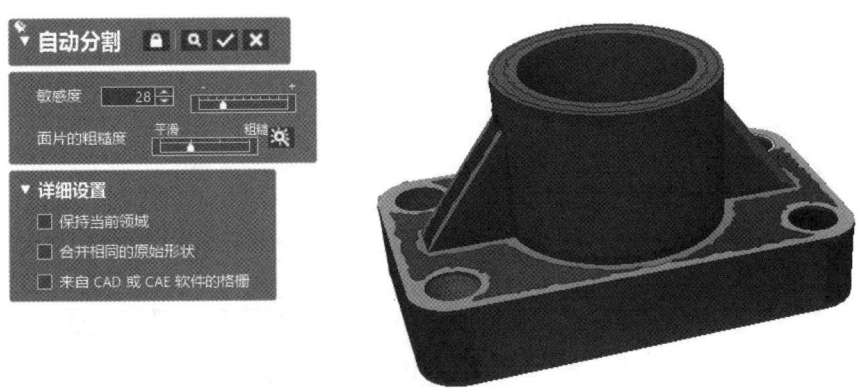

图 6-27　领域模式

领域划分完之后,模型上会自动显示不同的颜色,分割出模型相应的特征,便于建模。例如,平面领域、圆柱领域等。若有些特征没有分割出来,则需要手动进行分割,手动分割的主要命令如下。

合并:合并选中的单元面或领域,使其成为新的领域或并到已有领域,如图 6-28 所示。

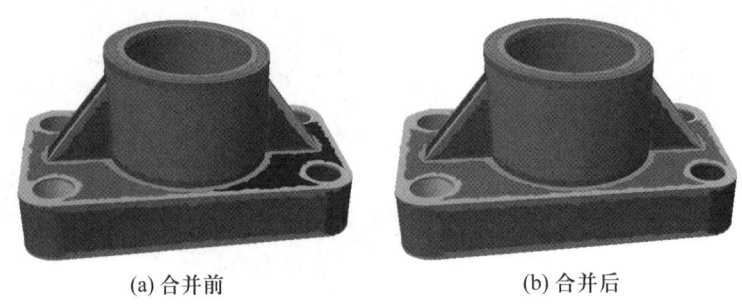

(a) 合并前　　　　　　(b) 合并后

图 6-28　合并操作

分割 ⬢：手动将特征划分为多个领域，如图 6-29 所示。

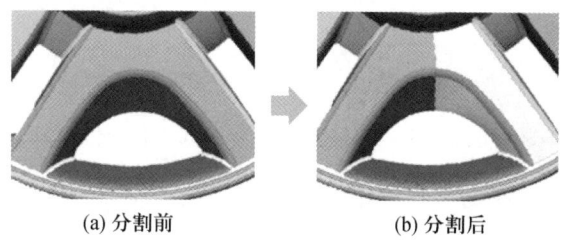

(a) 分割前　　　　　　　　(b) 分割后

图 6-29　分割操作

分离 ⬢：用选中的单元面或通过选择选项自定义分离领域。

插入 ⬢：通过选择选项自定义插入新领域。

2. "面片草图"模式

在"面片草图"模式 下，可以通过拟合从点云或面片上提取的断面多段线来绘制、编辑草图特征，例如直线、圆弧、样条曲线。进入"面片草图"模式后，需定义基准平面，可以是参考平面、某平面或平面领域。绘制出的草图便可用于创建曲面或实体。

退出"领域"模式后，首先要对模型进行坐标系对齐操作，然后点击进入"面片草图"模式，弹出"面片草图的设置"对话框，设置完"由基准面偏移的距离"，点击"确定"按钮。

对于拉伸体的模型选择"平面投影"，如图 6-30 所示，基准平面选择"前"，通过输入基准面偏移距离来创建面片的断面(粉色轮廓线)。如果模型需要多个断面才能完成，则需要点击按钮 ⬛，在断面多段线下就会出现"偏移的断面 2"，输入基准面偏移的距离后便可追加断面。选择完成后，点击"确定"按钮进行草图绘制。

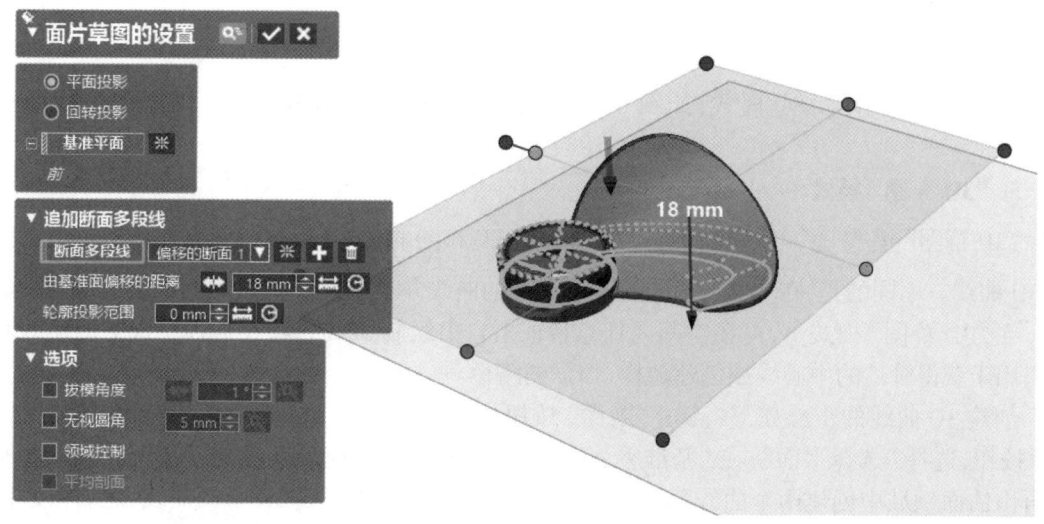

图 6-30　面片草图

完成面片草图的设置后,模型将呈现面片的断面(粉色轮廓线),之后参考面片的断面(粉色轮廓线)绘制二维草图,绘制的草图要尽量与粉色轮廓线重合,"面片草图"模式下的命令可实现拟合功能,如图6-31所示。

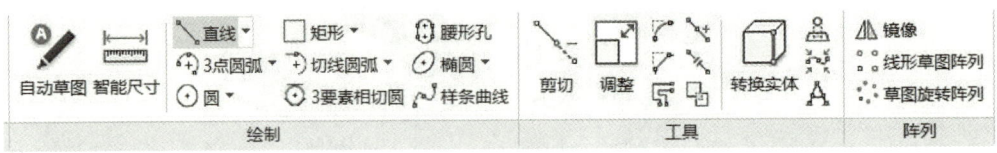

图6-31 面片草图拟合工具面板

3. "草图"模式

在"草图"模式 下,可在有或没有面片、点云的情况下绘制及编辑特征。"草图"模式里的工具与"面片草图"模式中的工具一样,但是不具备拟合功能。通过草图可在没有点云、面片断面信息的情况下创建附加曲面或实体。

"草图"模式是正向设计模式,草图的绘制与正向软件中的绘制方式大致一样,进入"草图"模式后,必须选择一个基准平面来建立草图,然后可绘制草图。

4. "3D面片草图"模式

在"3D面片草图"模式 下,可根据点云或面片来绘制或编辑3D曲线,绘制或编辑的曲线会投影到点云或面片上,并且创建的曲线可应用于创建境界拟合曲面。在该模式下,软件提供了绘制、编辑、创建/编轴曲面片网格工具面板,如图6-32所示。

图6-32 "3D面片草图"模式下的工具面板

进入"3D面片草图"模式,如图6-33所示,可创建或编辑3D曲线,用来创建境界拟合曲面。

5. "3D草图"模式

"3D草图"模式 与"3D面片草图"模式拥有相同的功能,可在空间或任意特征上自由绘制3D曲线。不同的是,在"3D草图"模式下创建的曲线并不会投影到面片上。

在"3D草图"模式下,可在空间或任意特征上自由绘制3D曲线,在这种模式下创建的曲线可应用于获得管道的中心线或创建放样、扫描的路径。

创建3D曲线的步骤如下:点击"断面"按钮,在"对象要素"下选取"领域组",点击"下一步"按钮,选择"选择平面",在"基准平面"下选取"前",上下拖动蓝色的箭头,在图6-34所示的自由曲面领域中创建两个曲线环,点击"确定"按钮,即创建完成3D草图曲线,之后可以用于进行曲面拉伸。

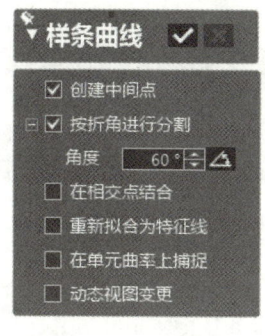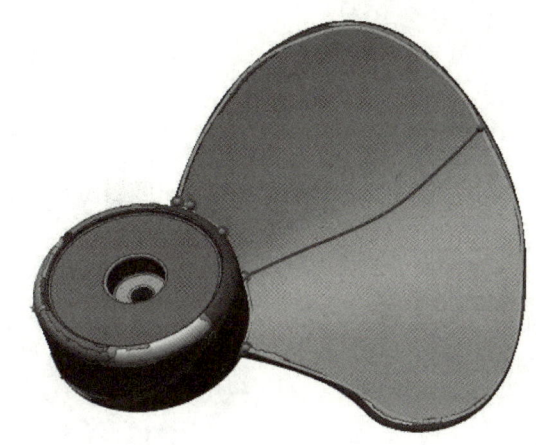

图 6-33 "3D 面片草图"模式

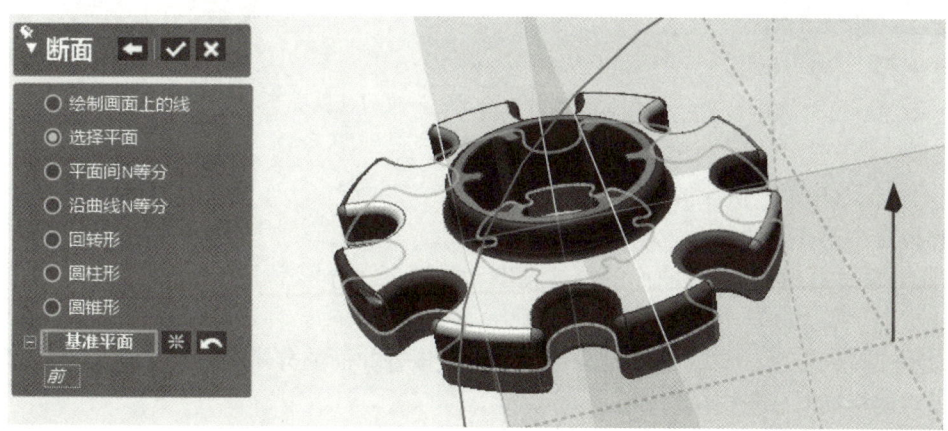

图 6-34 "3D 草图"模式

七、曲面建模

1. 面片拟合

面片拟合是根据面片运用拟合运算而创建曲面。

划分完领域组后,选择菜单栏中"插入"→"曲面"→"面片拟合"命令,将会弹出"面片拟合"对话框,在"领域/单元面"下选择"自由",在"分辨率"下选取"控制点数",分别输入"U控制点数"和"V控制点数"的具体数值,在"拟合选项"下调整平滑度,如图 6-35 所示,在"详细设置中"选中"U-V 轴控制"。

按上述步骤设置完后,点击"下一步"按钮进入第二阶段设置。在"精度分析"面板下,点击"偏差"查看曲面的精度,如精度在公差范围内,边界点变形程度小,即可点击"确定"按钮。反之,则需要选中"变形的控制程度"和"修复边界点",然后设置合适的控制网密度来调整网格的边界点。之后再次点击"下一步"按钮进入第三阶段设置,重新设置机械臂,调整等距线。

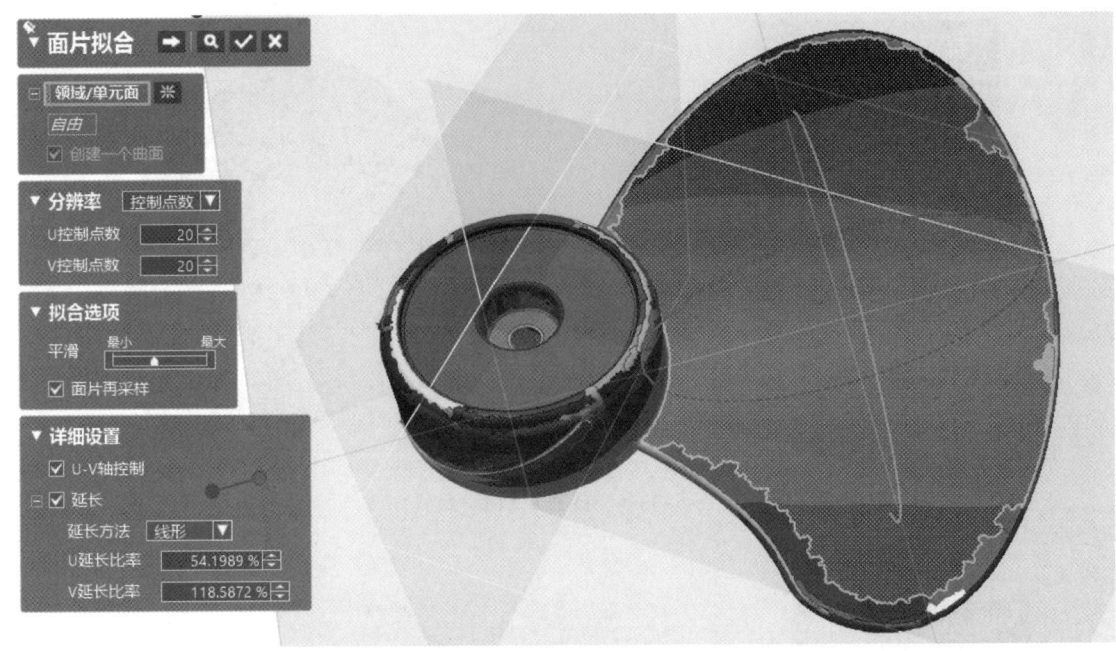

图 6-35 面片拟合第一阶段的设置项

(1) 面片拟合中第一阶段的主要设置项

面片拟合中第一阶段的设置项如下:

1) 分辨率:可以控制拟合曲面的整体精度和平滑度。分辨率下有"允许偏差""控制点数"选项。

① 允许偏差:在面片与拟合曲面偏差之内设置拟合曲面的分辨率。如果偏差对于拟合曲面来说是最重要标准时,可选择此选项。

② 控制点数:设置 U、V 方向上的控制点数,可以控制拟合曲面的分辨率。如果将控制点数设置为很大的数值,则偏差会很小,但是平滑度也会降低。

2) 面片再采样:创建规则的拟合曲面等距线。选中此选项后,可能会在使用复杂形状或多个领域时产生扭曲或不当的拟合曲面。

3) U–V 轴控制:红色的控制 U 向旋转,绿色的控制 V 向旋转,通过手柄可以旋转拟合区域。

4) 延长方法:延长拟合区域,其下包括"线形""曲率"和"同曲面"选项。

① 线形:线形延长原始拟合曲面。

② 曲率:通过保持原始拟合曲面曲率的方式延长曲面。

③ 同曲面:通过镜像原始拟合曲面的方式来延长曲面。

④ U 延长比率:设置 U 方向上的延长比率。

⑤ V 延长比率:设置 V 方向上的延长比率。

(2) 面片拟合中第二阶段的主要设置项

如图 6-36 所示,面片拟合第二阶段的设置项如下:

1) 操纵器:通过控制网格边界点来控制等距线的流线性,决定了拟合曲面的品质,如图

6-36 所示。

2) 变形的控制程度：选中该选项后，可逐个修改控制点。同时按住〈Alt〉键及鼠标左键并拖动，可以扩大或缩小编辑区域的大小。

3) 修复边界点：防止移动边界时移动控制点。

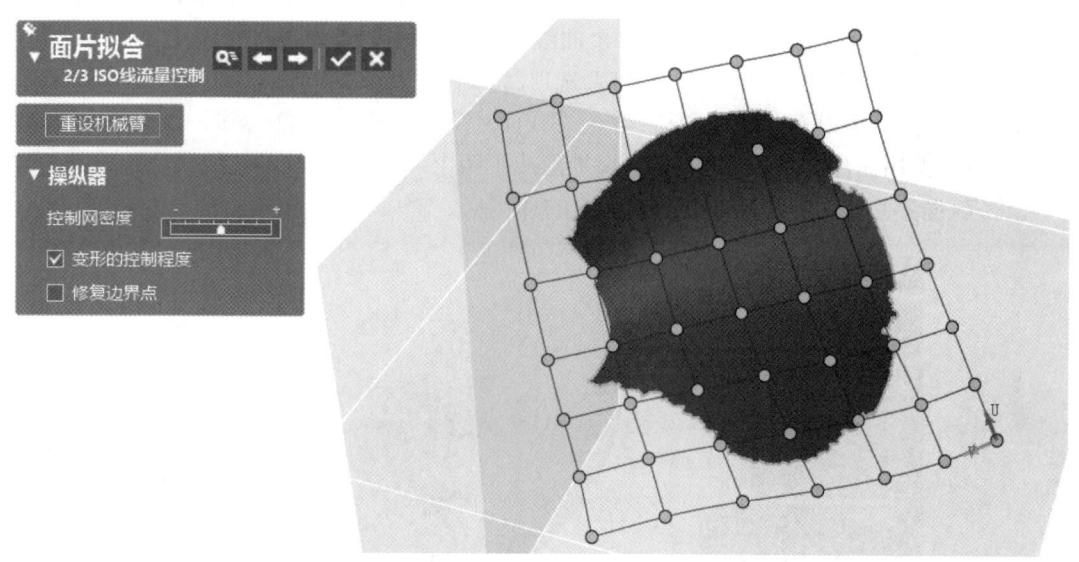

图 6-36　面片拟合第二阶段的设置项

(3) 面片拟合中第三阶段的主要设置项

该阶段主要是移动、添加和删除 ISO 线，以提高曲面质量和拟合精度，如图 6-37 所示。可以在高曲率区域添加其他 ISO 线，以满足所需的拟合偏差。在曲率较低的区域，如果几条曲线足以表示平坦区域，则可以删除或移动等参线。选中并拖动 ISO 线可对其进行移动操作，按住〈Ctrl〉键并拖动可添加 ISO 线，选中 ISO 线后按〈Delete〉键可将其删除。

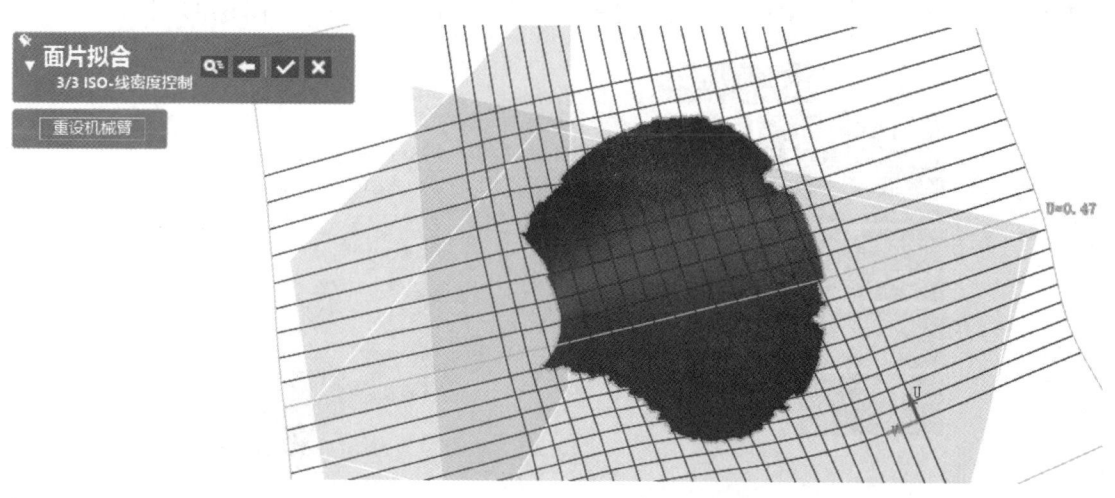

图 6-37　面片拟合第三阶段的设置项

2. 境界拟合

境界拟合是通过"3D 面片草图"模式里的 3D 样条曲线网格定义境界，根据面片运用拟合运算来创建曲面。

在"3D 面片草图"模式下绘制 3D 样条曲线网格的具体步骤如下：选择菜单栏"Add-Ins"→"传统境界拟合"命令，将会弹出"传统境界拟合"对话框。在"面片曲线"下选择"3D 草图 1（面片）"，"曲线环"下会默认出现 14 个曲线环 Loop1—Loop14。在"环选项"下选中"环计算里使用面片的法线方向""允许穴（境界）"选项，将"许可凸面率"设为 5.2，如图 6-38 所示。

如果"曲线环"下没有曲线环的话，需在"3D 面片草图"模式中再次编辑 3D 样条曲线网格。

环计算里使用面片的法线方向：如果境界形成了两个环，估算面片的法线以决定填补的环。

允许穴（境界）：使用剪切面来填补包含穴的环。

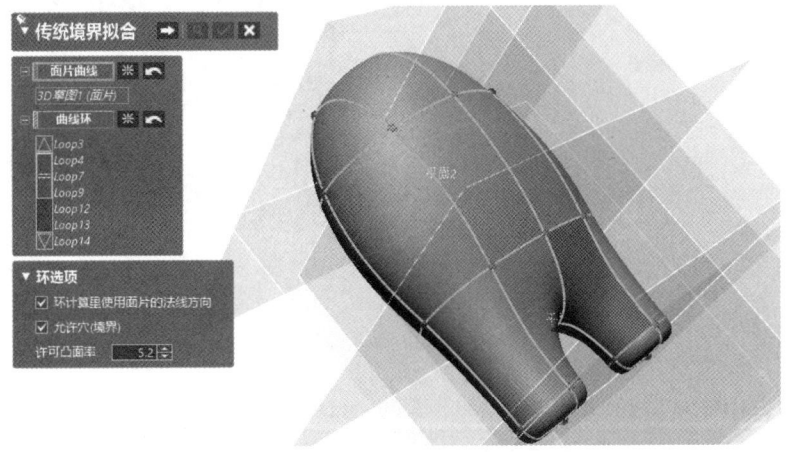

图 6-38 境界拟合第一阶段的设置项

点击"下一步"按钮，在"分辨率"下选取"控制点数"，分别在"U 控制点数"和"V 控制点数"中输入具体数值，将"拟合选项"下的平滑度调到合适位置，在"详细设置"下选中"面片再采样"选项后，则会创建均匀的等距线，并对采样面片进行最优化处理，如图 6-39 所示。

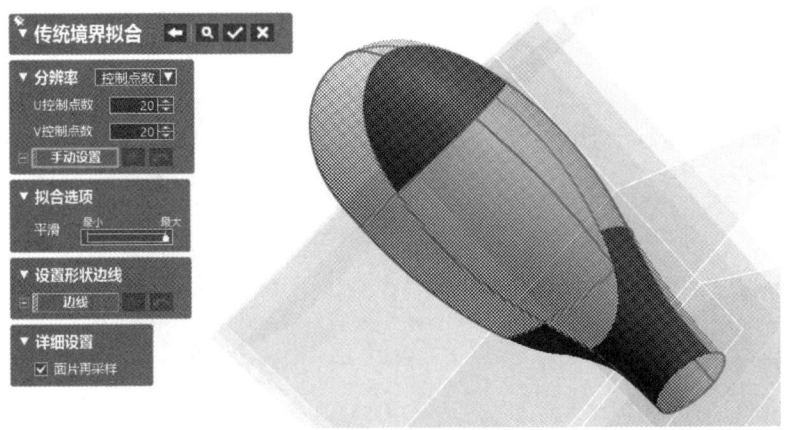

图 6-39 境界拟合第二阶段的设置项

3. 自动曲面创建

通过软件中的"自动曲面创建"命令，会自动在整个网格上构建三维面片网格，并通过在网格中拟合控制点来创建连续的 NURBS 曲面，如图 6-40 所示。

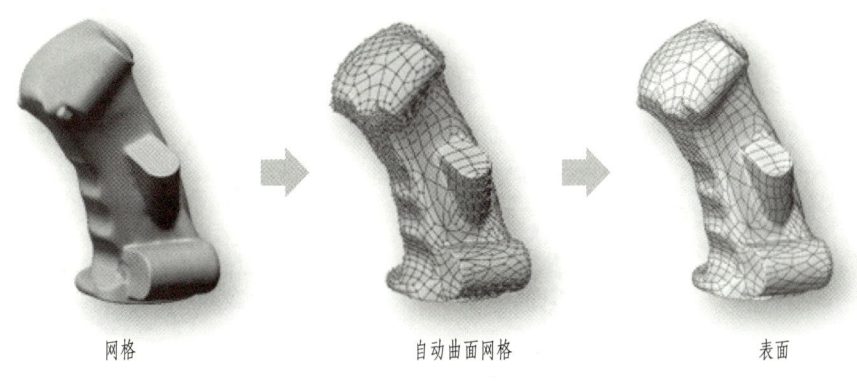

网格　　　　　　　自动曲面网格　　　　　　　表面

图 6-40　自动曲面创建

Geomagic Design X 软件融合了正向、逆向设计技术，正向设计操作与 SOLIDWORKS 等软件的建模思路相统一，所以本教材中对正向特征建模、特征编辑及建模精灵部分的内容不作介绍，读者可以参阅软件帮助文档进行自主学习。

6.3　产品特征建模实例

一、任务描述

本实例是创建一个长度约为 120 mm、宽度约为 40 mm、最大高度约为 40 mm 的几何体，其特征包括长方体、半球、圆锥、圆柱盲孔、回转孔及圆角等，通过实例可以快速熟悉 Geomagic Design X 的工作流程及功能。

通过本实例，将会掌握以下内容：
(1) 使用各种特征建模工具创建实体。
(2) 使用"面片草图"工具创建草图轮廓。
(3) 使用"精度分析"面板分析建模结果。
(4) 将最终模型及其整个建模历史转移到 CAD 软件中。

在本实例学习过程中，需进行以下实操练习：
(1) 使用"拉伸""旋转"和"倒角"实体建模命令创建实体。
(2) 使用"直线""3 点圆弧""约束条件"和"剪切"命令创建草图特征轮廓。
(3) 使用"平面"命令构建参数平台，使用"手动对齐"命令实现面片数据坐标对齐。
(4) 在建模过程结束时检查建模数据和扫描数据之间的偏差。
(5) 将最终模型及特征树导入 CAD 软件。

逆向建模过程实例

二、建模思路

由图 6-41 可知,本实例以 L 形拉伸体为基础,将半球、圆锥、圆柱盲孔、回转孔及圆角等特征与基础体进行布尔运算形成最终实体。先对实体进行三维扫描,然后进行数据处理,提取特征进行实体建模。其建模思路如下。

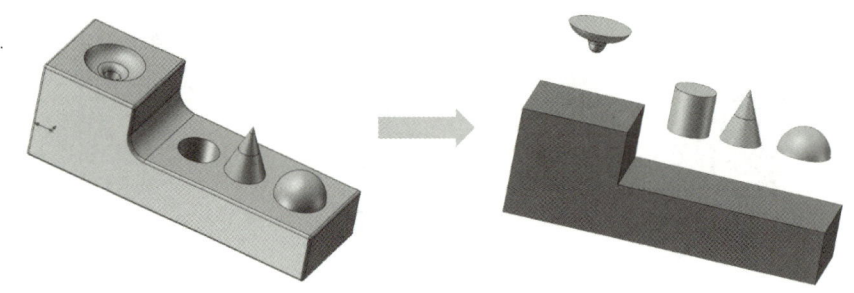

图 6-41 实例几何特征及分解

(1) 点云数据处理

在实施逆向建模之前,必须要有实物或模型的测量数据,这些数据便是通常所说的点云。测量数据的过程称为实物或模型的数据化,它是模型重建的基础,数据化的结果直接影响实物或模型描述的精确度和完整度,从而影响逆向建模的质量。目前,逆向工程采用的数据采集方法为非接触式光学测量法。几乎所有的测量方法、测量系统在产品测量过程中都不可避免地存在着误差、噪声点,因为产品结构中所存在的遮挡将造成数据测量的不完整,所以需要对原始的测量数据进行修补,包括噪声识别与去除、数据压缩与精简、数据补全、数据平滑、数据世界坐标系归一匹配等。测量数据有点云和面片两种显示模式。

在本实例中,对点云数据的处理包括补洞、去特征、坐标对齐三个步骤。图 6-42a、b 所示分别为点云数据处理前后的模型。

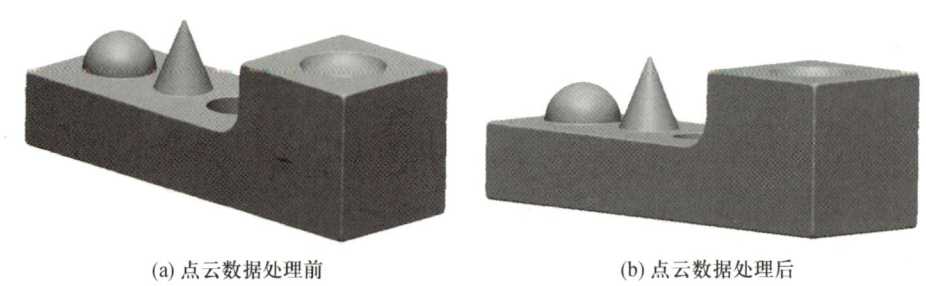

(a) 点云数据处理前　　　　　　　　　(b) 点云数据处理后

图 6-42 点云数据处理

(2) 特征提取

特征提取是一个复杂的过程,它涉及从测量数据中准确地识别和重建设计意图,这个过程通常需要专业的知识和经验,并从中提取出设计特征和参数,分析处理后的数据,识别出零件的关键特征,如孔、槽、凸台、倒角等。Geomagic Design X "草图" 模式能实现特征提取,如图 6-43 所示。首先在对点云模型或面片模型进行特征分解和功能分析,并明确原始设计意图的基础上,根据特征及功能的主次关系制定合理的建模顺序。然后根据不同的模型特征选取合适的基准平面,通过偏移基准平面得到偏移平面,其与模型相交,获取能够清楚表达模型特征轮廓的截面轮廓线。最后通过绘制、拟合等操作重构投影在基准平面上的截面轮廓线,并添加尺寸和位置约束,便于后续的参数化建模。

本实例中须进行特征提取的特征包括 L 形拉伸体、半球、圆锥、圆柱盲孔、回转孔及圆角等。

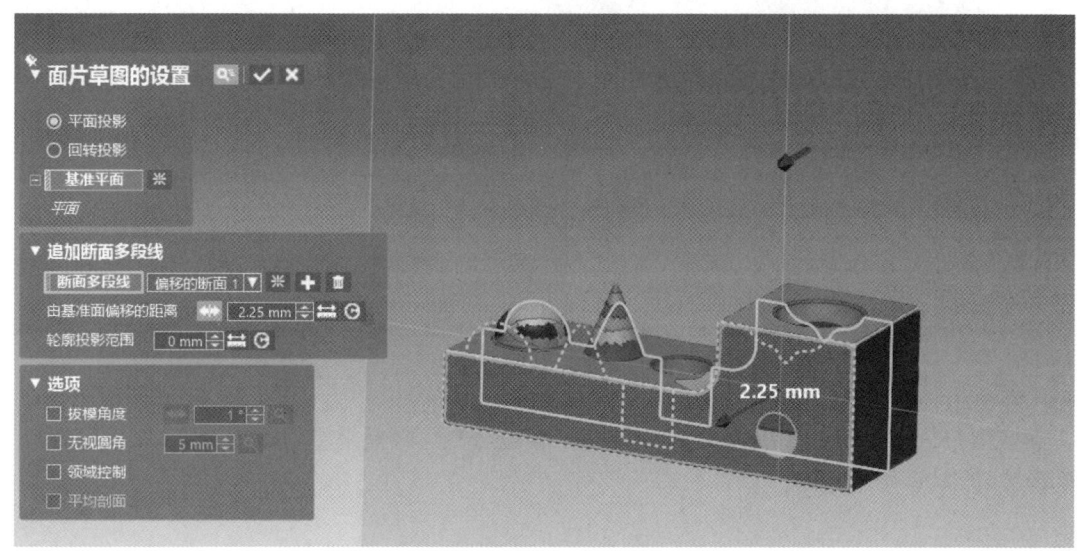

图 6-43　面片草图特征提取

(3) 实体建模

实体建模涉及使用参数化的方式来描述和定义产品或零件的设计特征。设计特征(如孔、槽、凸台、倒角等)被定义为具有特定几何属性和功能属性的参数化实体,每个特征都由一组参数控制,如尺寸、位置、形状等。在特征提取过程中会对这些参数进行调整,以尽可能满足设计要求。通过选定"面片草图"模式和"草图"模式下绘制的封闭轮廓曲线、中心轴线等,可以创建拉伸实体、回转实体、扫描实体、放样实体等。对已存在的实体,则可以通过偏移、赋厚、抽壳、剪切、布尔运算等操作创建新的实体。

本实例中的实体建模包括拉伸实体、回转实体、倒角等,如图 6-44 所示。

(4) 偏差分析

偏差分析功能通过 Geomagic Design X "精度分析"面板来实现,允许用户评估扫描数据与设计模型之间的差异。这个功能对于确保逆向工程模型的准确性非常重要,尤其是在制造、质量控制、原型设计和修复等领域。可以通过颜色映射直观地显示扫描数据与设计模型之间的偏差,软件能够量化扫描点与模型表面之间的距离,并提供详细的偏差报告。用户可以设置公差限制,以评估模型是否满足特定的工程要求,超出公差范围的区域会被突出显示,以便进行进一步的调整和优化。

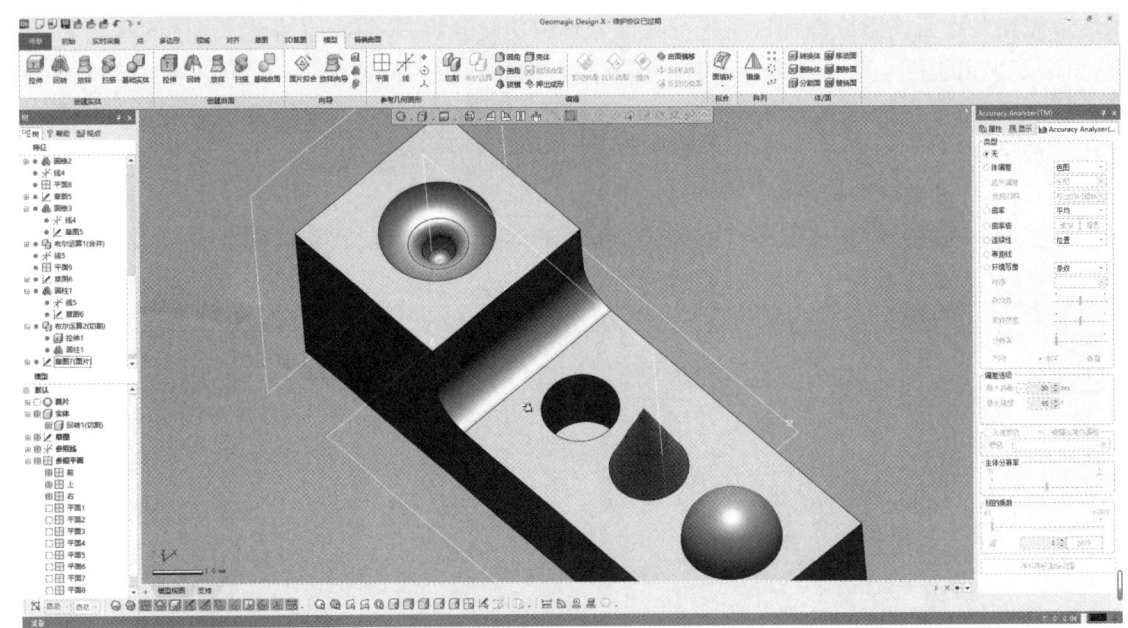

图 6-44 实体建模

本实例中每一个特征建模结束后,须通过"精度分析"面板来查看偏差分布,以确定下一个建模操作,如图 6-45 所示。

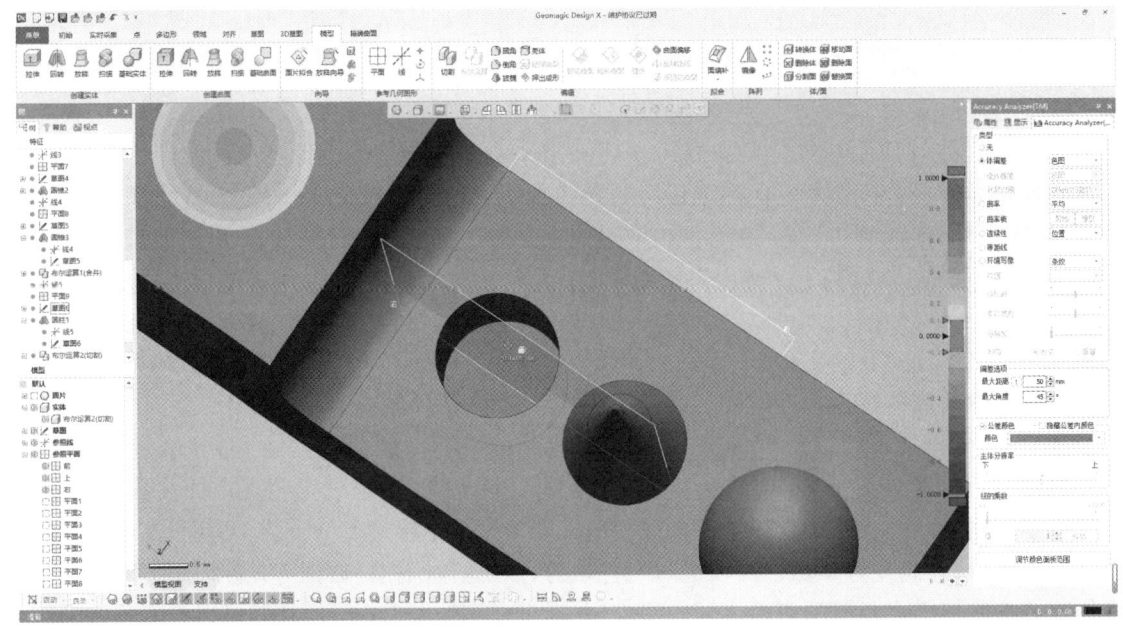

图 6-45 偏差分析

三、实施步骤

（1）通过菜单栏"导入"命令导入"实例 1.stl"面片文件。

（2）双击特征树中的实例 1 图标，再点击"多边形"模式下的"移除标记"按钮，软件自动捕捉到面片数据中的圆形孔，点击"确定"按钮，自动实现补洞，如图 6-46 所示。

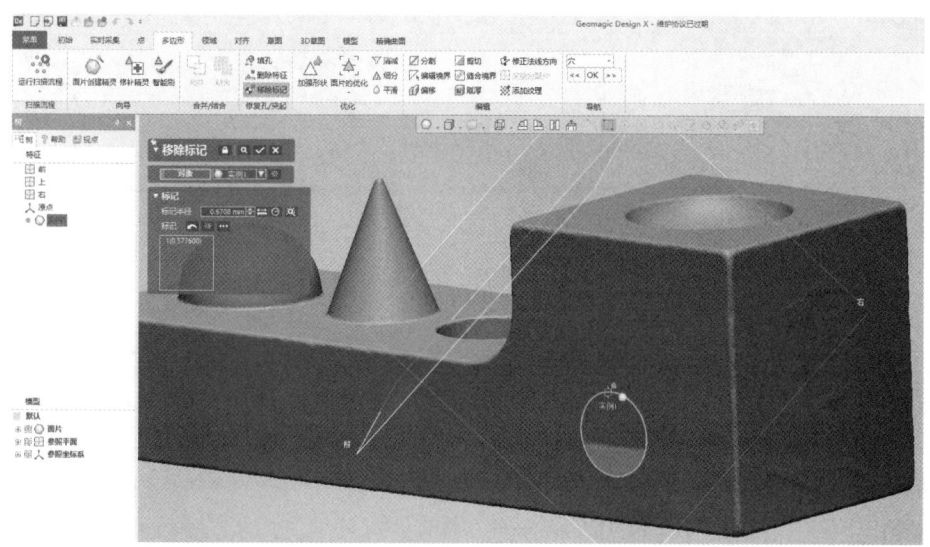

图 6-46　面片数据补洞

（3）点击"删除特征"按钮，然后用鼠标左键在面片数据上圈选需要删除的凸起的面片数据，点击"确定"按钮，软件自动删除凸起数据，如图 6-47 所示，并基于周围面片数据的曲率信息补平该区域。

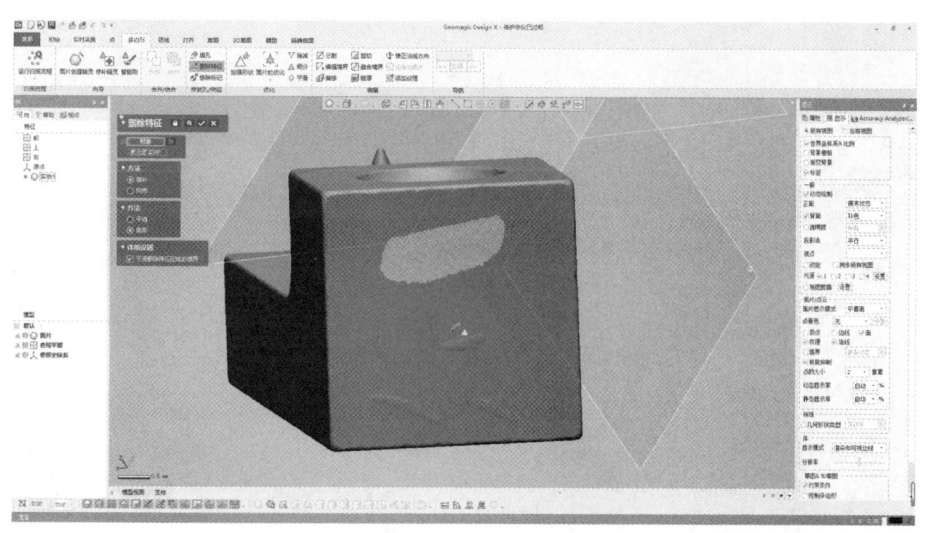

图 6-47　删除凸起数据

(4) 点击"领域"模式下的"自动分割"按钮,将敏感度值调整为 20,点击"确定"按钮,软件根据面片几何特征自动将面片数据分割成不同领域,如图 6-48 所示。后期可以方便地选择平面、球、圆锥等特征的面片数据。

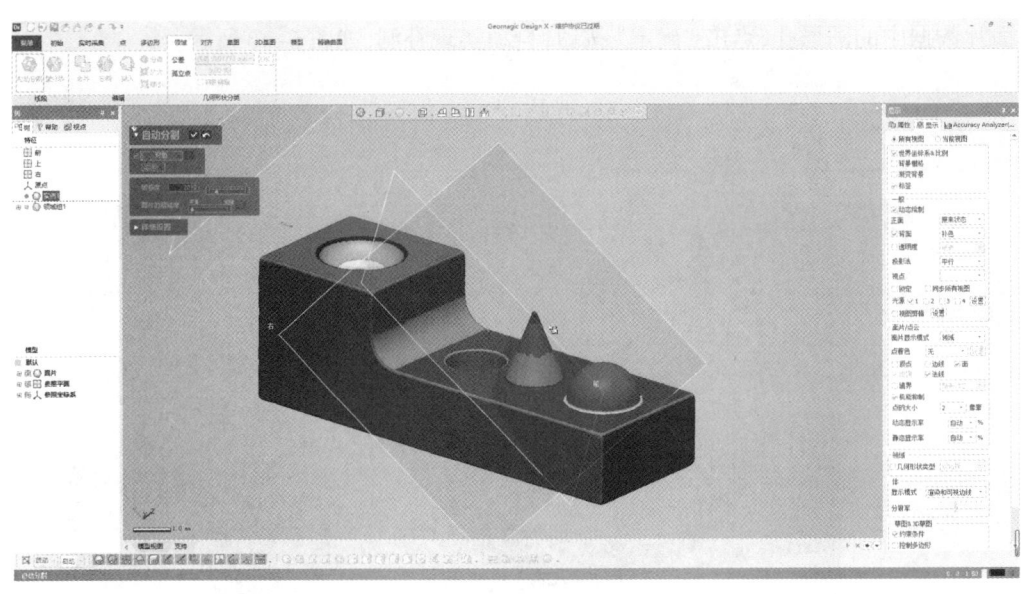

图 6-48 领域分割

(5) 进行面片数据坐标对齐操作。首先,点击模型树中的参照平面,隐藏前、上、右三个参照平面。其次,建立面片数据对称平面。在"模型"模式下点击"平面"按钮,在"追加平面"对话框中,将方法选为"绘制直线",点击"确定"按钮生成一个辅助平面。然后继续点击"平面"按钮,在"追加平面"对话框中,将方法选为"镜像",同时在特征树中选择平面 1 和领域组 1,点击"确定"按钮生成对称平面。该对称平面将作为对齐操作中的第一个基准平面,如图 6-49 所示。

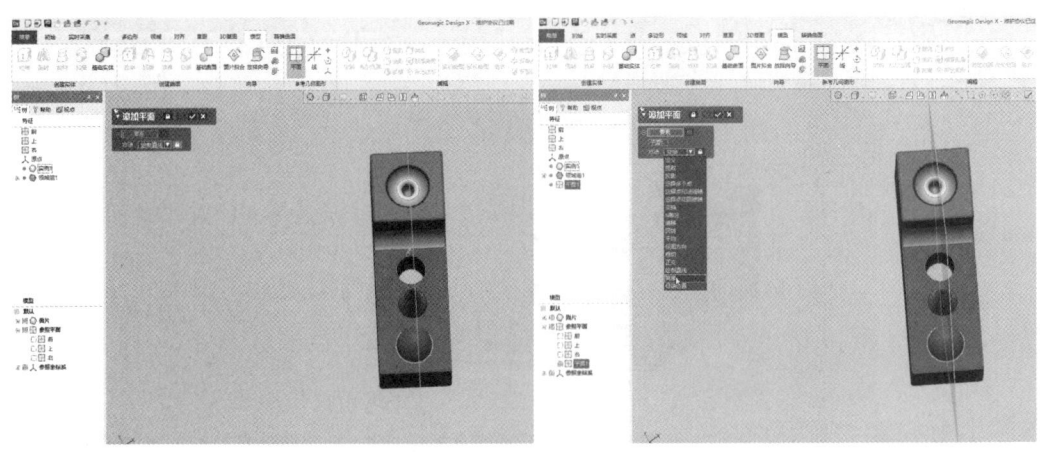

图 6-49 生成第一个基准平面

(6)点击"平面"按钮,在"追加平面"对话框中,将方法选为"提取",选择底部平面数据,点击"确定"按钮生成第二个基准平面,如图6-50所示。

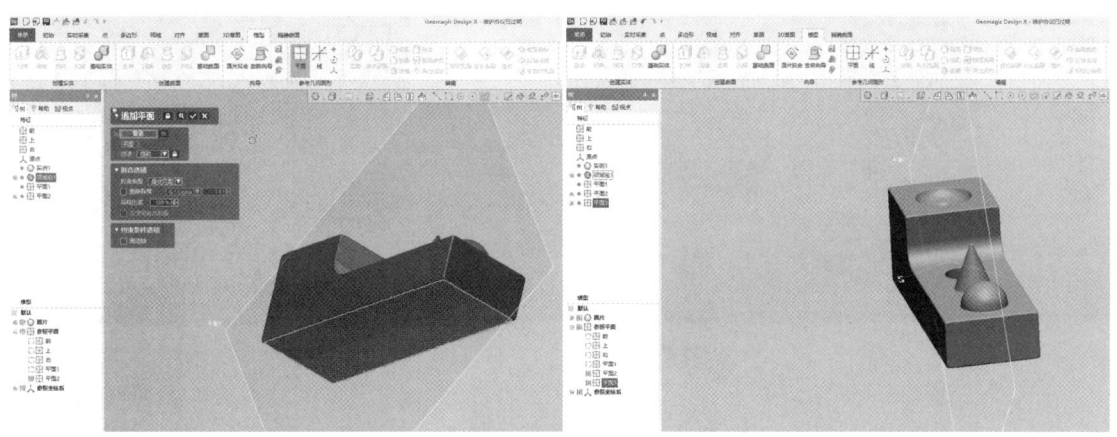

图6-50 生成第二个基准平面

(7)点击"平面"按钮,在"追加平面"对话框中,将方法选为"提取",选择如图6-51所示平面数据,点击"确定"按钮生成第三个基准平面。

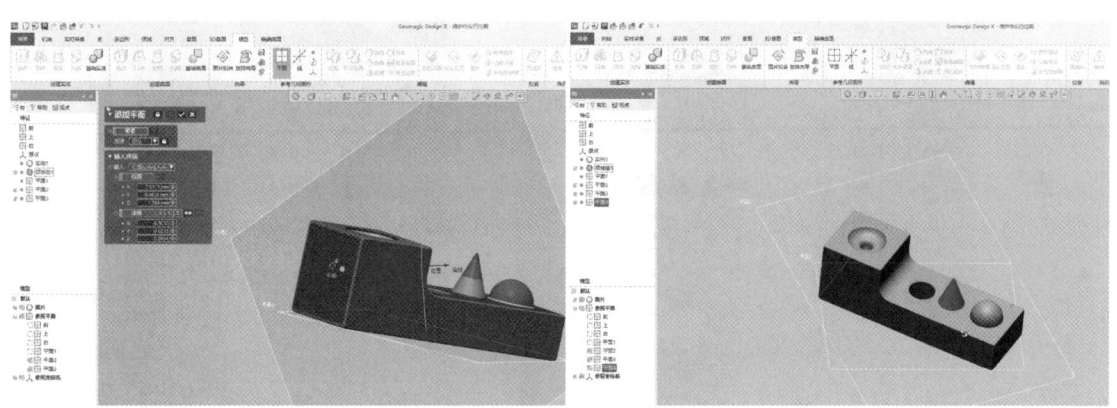

图6-51 生成第三个基准平面

(8)点击"对齐"模式下的"手动对齐"按钮,对齐方法选为"X-Y-Z",在特征树中选择已经建立的三个基准平面(平面2、平面3、平面4),其交点即为坐标原点。选择 X 轴为第一个基准平面,选择 Z 轴为第三个基准平面,点击"确定"按钮实现坐标对齐。过程如图6-52所示。

(9)点击"草图"模式下的"面片草图"按钮,选择中间对称平面,点击"确定"按钮,生成截面轮廓。隐藏面片数据,以便更清晰地进行轮廓数据拟合。点击"直线"按钮,取消勾选"拟合多段线"选项,如图6-53所示绘制直线,拖动直线到面片草图轮廓,点击"圆角"按钮,调整半径为0.75。然后点击"剪切"按钮,选中"相交剪切"选项,剪切掉多余的线段。点击"退出"按钮完成面片草图特征提取。整个过程如图6-53所示。

185

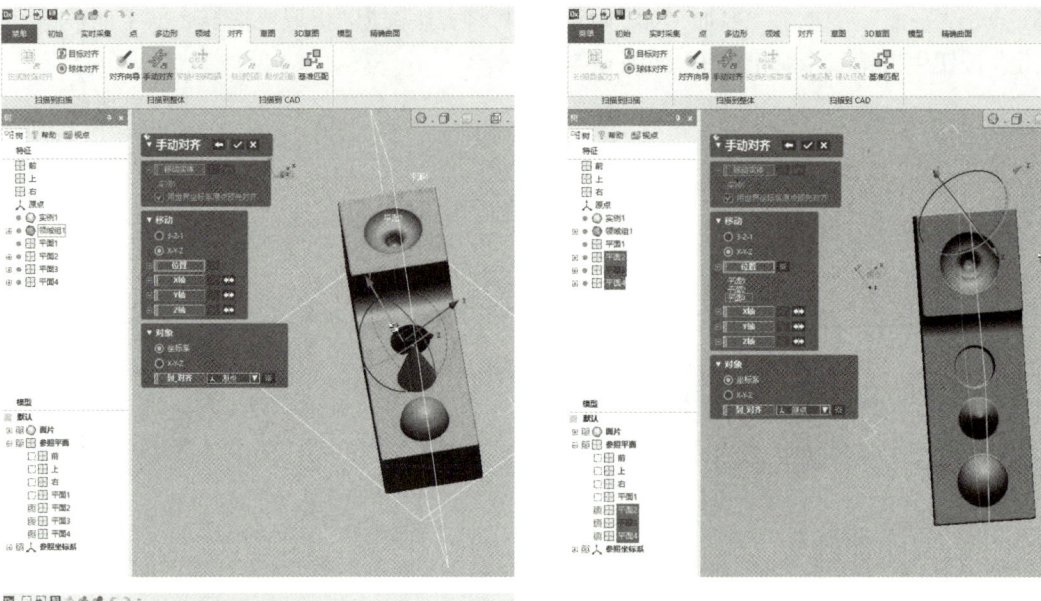

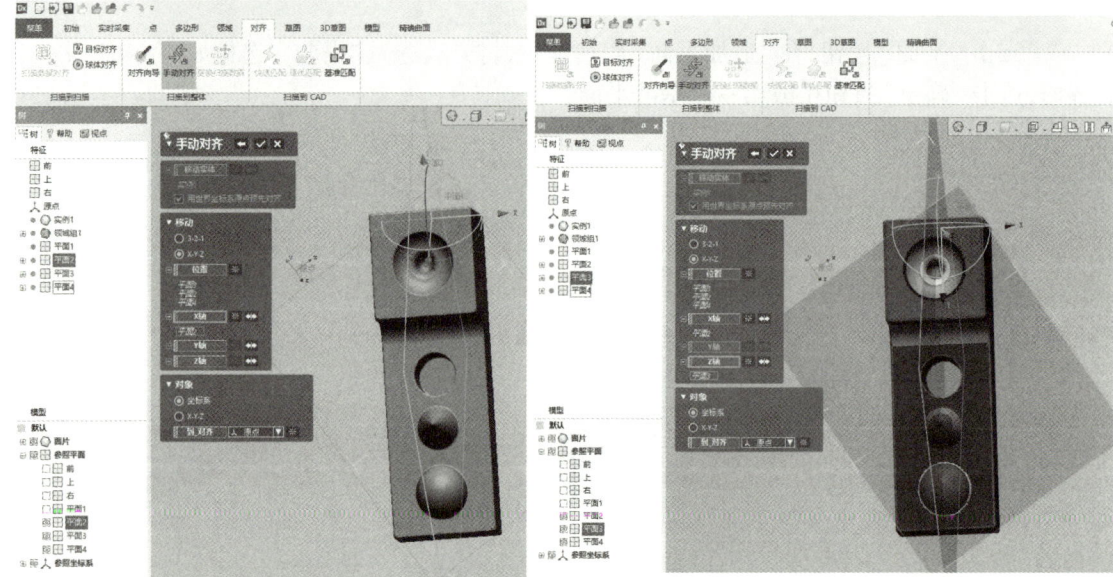

图 6-52 面片数据坐标对齐

（10）显示面片数据。点击"模型"模式下的"拉伸"按钮，方法选为"平面中心对称"，长度调整为 4 mm，点击"确定"按钮生成拉伸特征。选中"精度分析"面板上的"体偏差"选项，可以查看特征建模精度是否满足要求。通过色谱图可知偏差在 ±0.1 mm 之内，满足要求，如图 6-54 所示。

（11）点击"基础实体"按钮，在"几何形状"对话框中，将提取形状选为"球"，选择球面片数据，点击"下一步"按钮，再点击"确定"按钮，生成球特征。如果需要对球特征进行参数修改，则点击特征树中的"球 1"，进入"草图"模式进行修改。过程如图 6-55 所示。

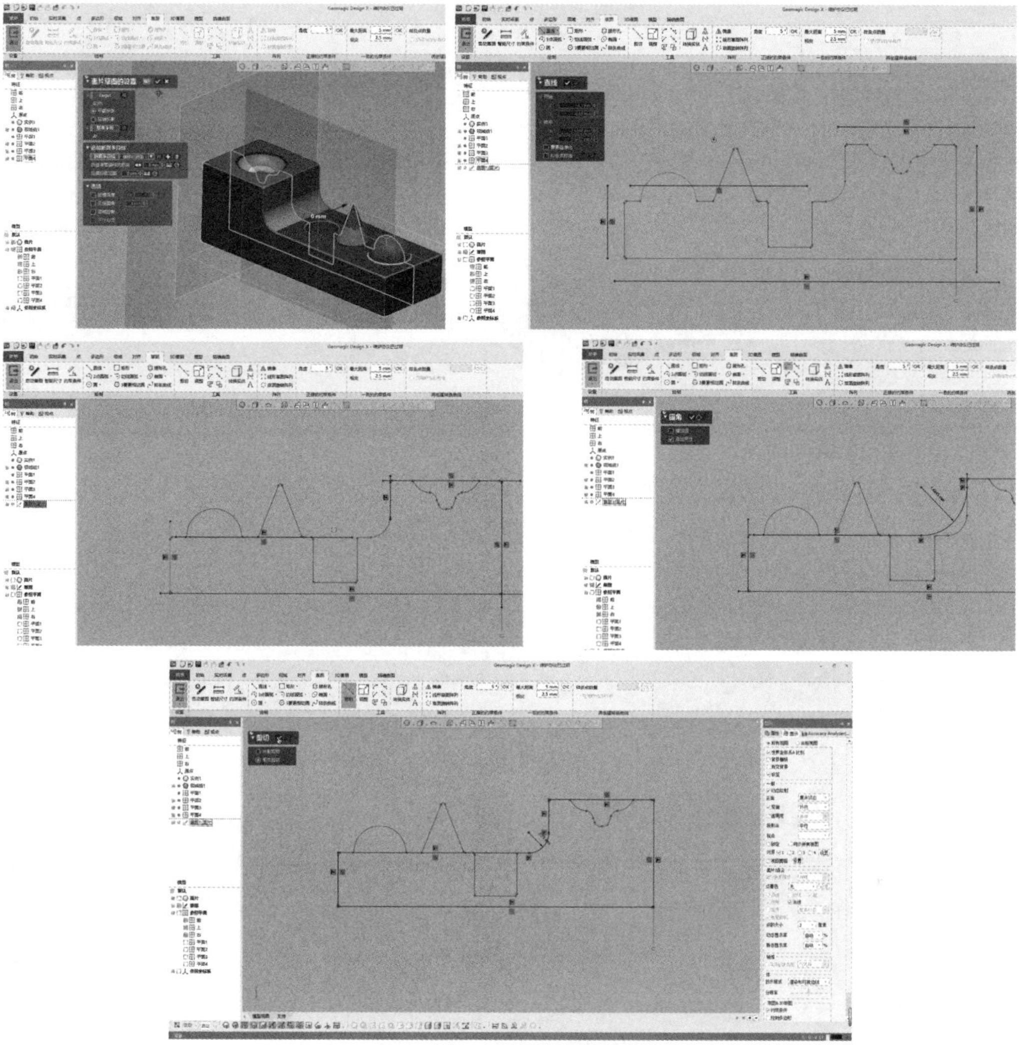

6.3 产品特征建模实例

图 6-53 面片草图特征提取

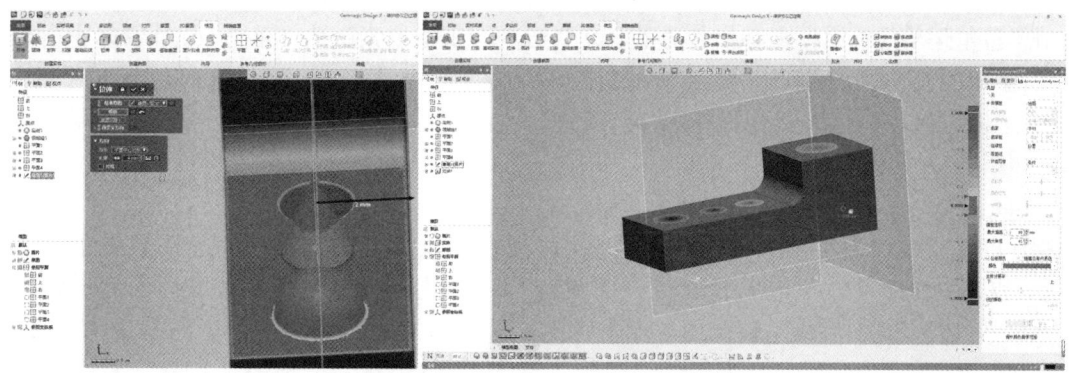

图 6-54 拉伸特征建模

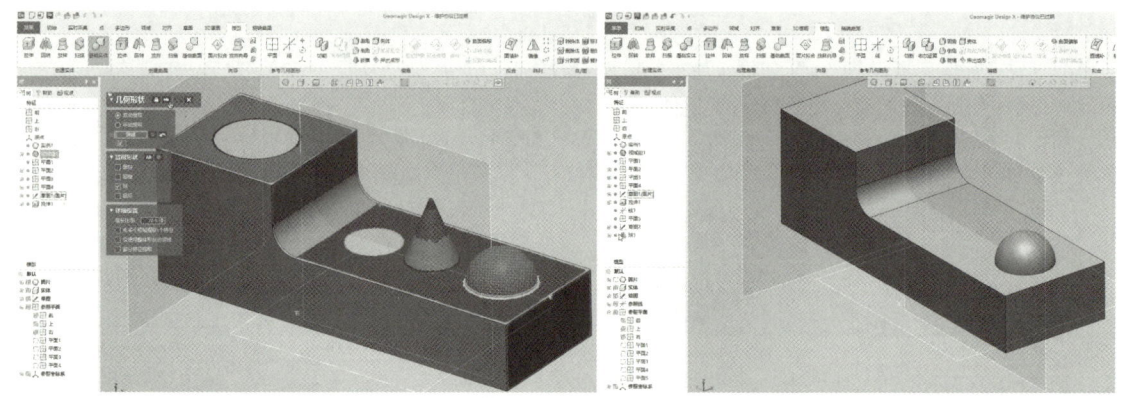

图 6-55 球特征建模

(12) 圆锥特征建模过程与球特征建模过程类似,可详见实例视频教程。点击"布尔运算"按钮,在"布尔运算"对话框中,将操作方法选为"合并",选择三个特征后点击"确定"按钮,生成一个实体特征。如图 6-56 所示。

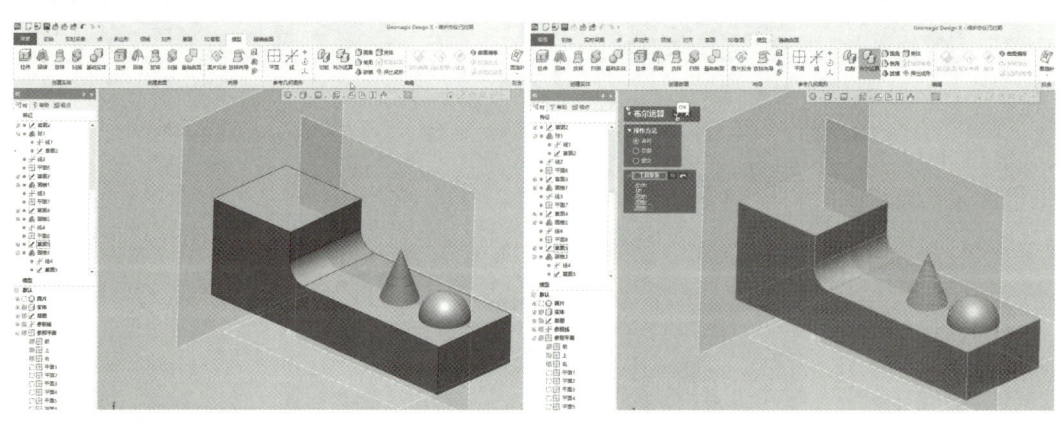

图 6-56 生成统一实体模型

(13) 点击"基础实体"按钮,在"几何形状"对话框中选中"自动提取","提取形状"选为"圆柱",选择圆柱孔面片数据后点击"下一步"按钮,生成圆柱特征。然后点击"布尔运算"按钮,在"布尔运算"对话框中将操作方法选为"切割",工具要素选为"圆柱1",对象选为由步骤(12) 所生成的实体特征,点击"确定"按钮,完成孔特征的建模。选中"精度分析"面板上的"体偏差"选项,可以查看特征建模精度情况,通过修改圆柱特征草图信息,使所建模型满足精度要求。如图 6-57 所示。

(14) 点击"草图"模式下的"面片草图"按钮,选择对称平面生成回转孔特征轮廓,确定对称中心线,点击"3 点圆弧"按钮,取消选中"拟合多段线"选项,依次对轮廓数据进行圆弧逼近。点击"约束条件"按钮,依次选择圆弧进行约束,绘制直线。然后点击"剪切"按钮,选中"相交剪切"选项,形成完整草图。点击"退出"按钮后点击"模型"模式下的"回转"按钮,在"回转"对话框中将结果运算选为"切割",点击"确定"按钮完成特征创建。整个过程如图 6-58 所示。

6.3 产品特征建模实例

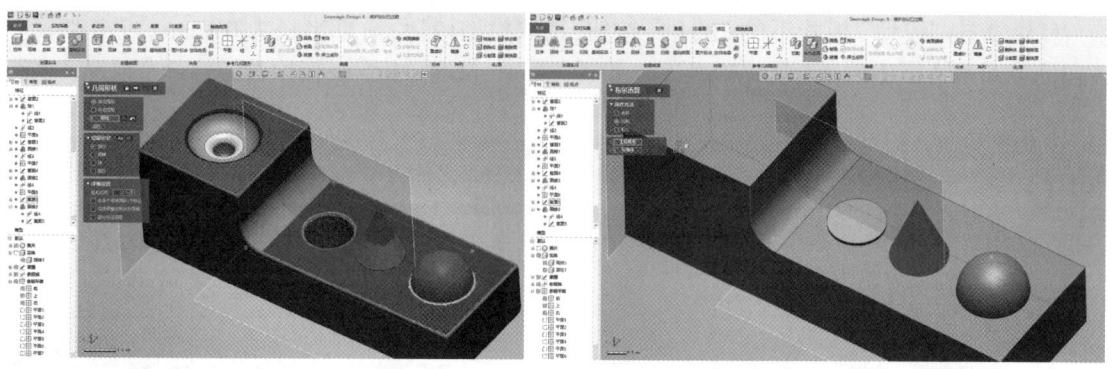

图 6-57 孔特征建模

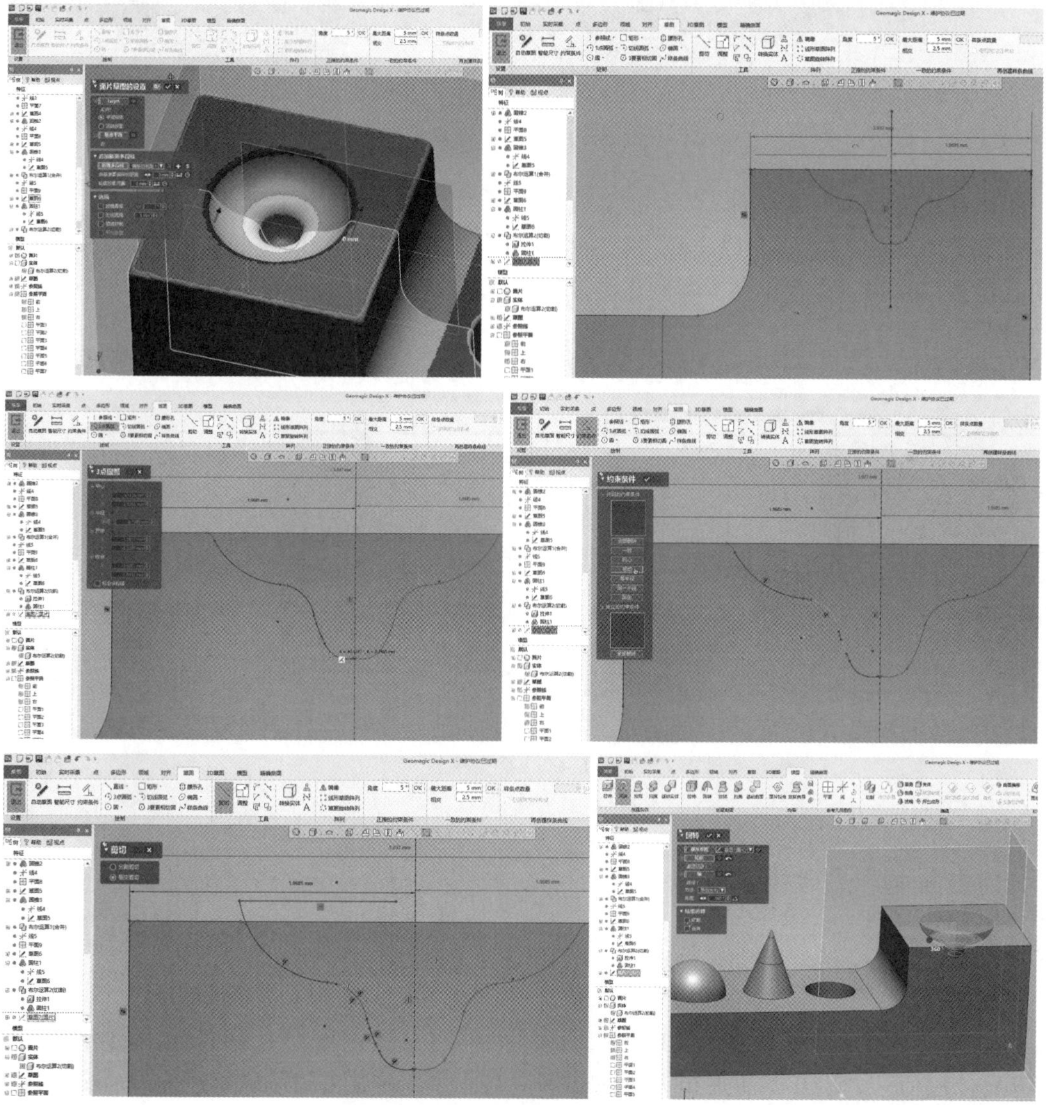

图 6-58 回转孔特征建模

(15)点击"模型"模式下的"圆角"按钮,选取模型棱边,估算半径为 0.1 mm,点击"确定"按钮完成圆角特征建模,如图 6-59 所示。最后,通过"精度分析"面板检查偏差分布情况。

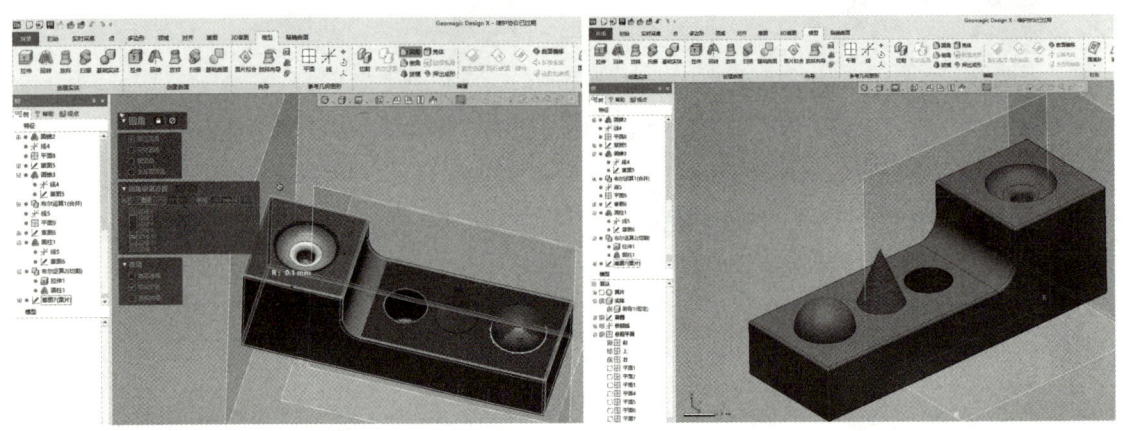

图 6-59　圆角特征建模

(16)在模型树中选中实体,在右键菜单中选择"输出"命令,保存类型可以选为"STEP File (*.stp)"或"Parasolid Text File(*.x_t)"格式,将文件名设为"实例 1"。在 SOLIDWORKS 软件中打开所建模型,如图 6-60b 所示,本实例建模过程完毕。

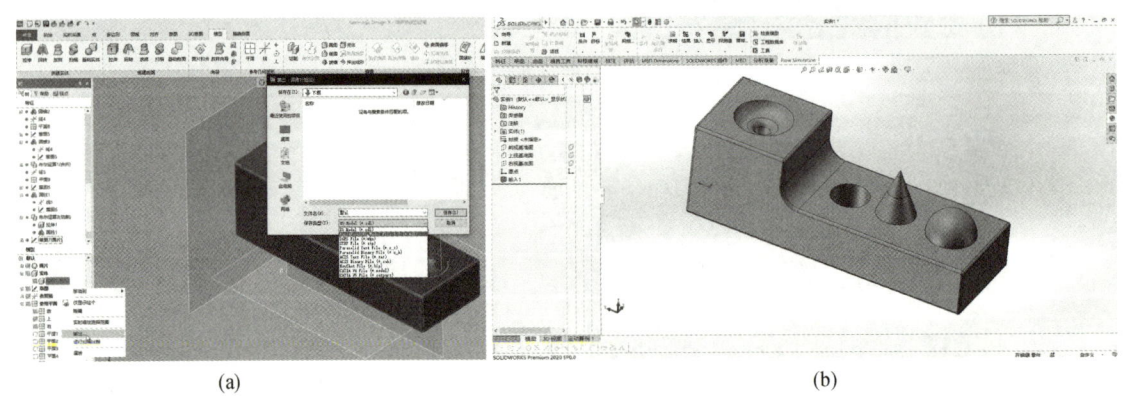

(a)　　　　　　　　　　　　　　　　(b)

图 6-60　模型输出

6.4　自由曲面产品建模实例

一、任务描述

本实例是创建一个长度约为 237 mm,宽度约为 323 mm,高度约为 491 mm 的维纳斯石膏头像,其特征包括一个长方体基座和头像,如图 6-61 所示。通过实例可以学习 Geomagic Design X 自由曲面产品建模流程及特征工具的使用方法。

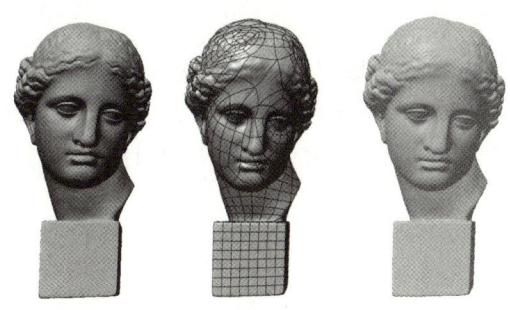

图 6-61　石膏头像面片数据、曲面模型与实体着色模型

通过本实例,将会掌握以下内容:
(1) 使用精确曲面建模工具创建曲面模型。
(2) 使用"精度分析"面板分析建模结果。
(3) 将最终模型及其整个建模历史转移到 CAD 软件中。
在本实例学习过程中,需进行以下实操练习:
(1) 使用"消减""修补精灵"工具处理面片数据。
(2) 使用"平面"命令构建参数平台,使用"手动对齐"命令实现面片数据坐标对齐。
(3) 在建模过程结束时,检查建模数据和扫描数据之间的偏差。
(4) 将最终模型及特征树导入 CAD 软件。

逆向工程自由曲面产品建模实例

二、建模思路

(1) 点云数据处理

在实施逆向建模之前,首先查看头像面片数据质量,检查是否存在杂点、孔洞等缺陷。如图 6-62 所示,本实例数据包含约 159 万个三角形单元面数,80 万个单元点云数,须进行的点云数据处理包括数据精减、面片整体修复。

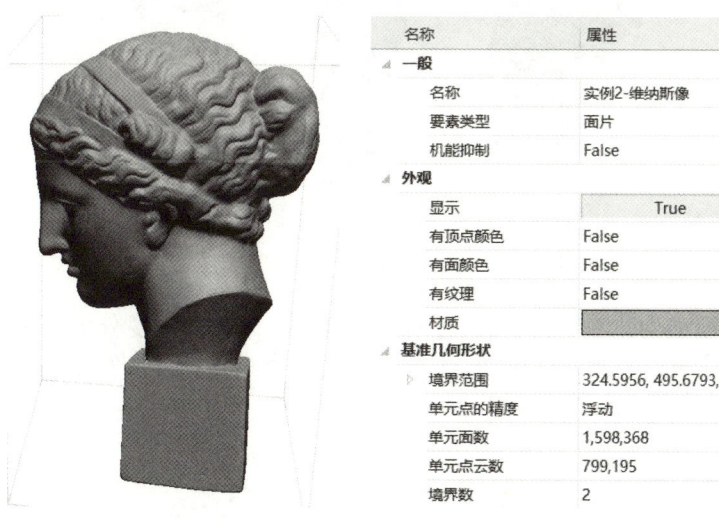

图 6-62　石膏头像面片数据属性

(2) 面片数据坐标对齐

在进行曲面建模之前,需要对面片数据进行坐标系归一。用激光扫描仪测量石膏头像后,所得扫描数据位于设备软件系统所定义的坐标系内。将其导入 Geomagic Design X 后,软件定义有建模坐标系,两者通常不归一,所以需要对导入软件中的面片数据进行坐标对齐操作,如图 6-63 所示。

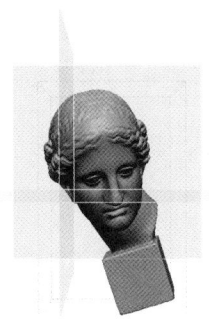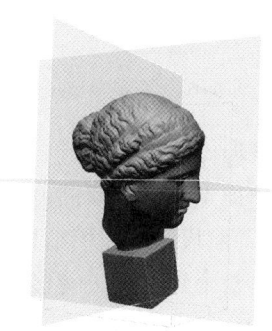

图 6-63 石膏头像面片数据坐标位置

(3) 精确曲面模型创建

如图 6-64 所示,石膏头像除了下部基座特征明确外,上部头像部分一次、二次参数几何特征(如平面、圆柱、球、圆锥等)不明显。本实例中,头像部分均由高于二次参数的曲面组成,建模技术路线是由点云数据拟合成许多小曲面片,相邻曲面片间存在空间连续几何约束,形成最终曲面模型。

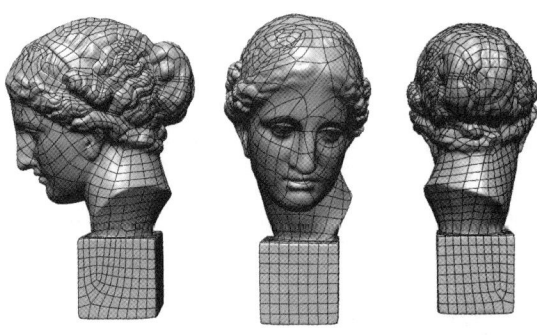

图 6-64 石膏头像曲面模型

(4) 偏差分析并保存

石膏头像曲面模型创建完成以后,通过 Geomagic Design X "精度分析"面板上的偏差分析功能查看曲面与点云数据的偏差结果,如果不满足要求,需要返回步骤(3),对小曲面片网格进行调整,直至达到精度要求。最后根据下一步工作需要选择相应的格式进行保存。

三、实施步骤

(1) 选择菜单栏"导入"命令,导入"实例 2- 维纳斯像 .stl"面片文件。

（2）双击特征树中的"实例2-维纳斯像"图标，点击"多边形"模式下的"消减"按钮，在"消减"对话框中，将消减率设为50%，点击"确定"按钮，软件自动实现面片数据消减采样，如图6-65所示。

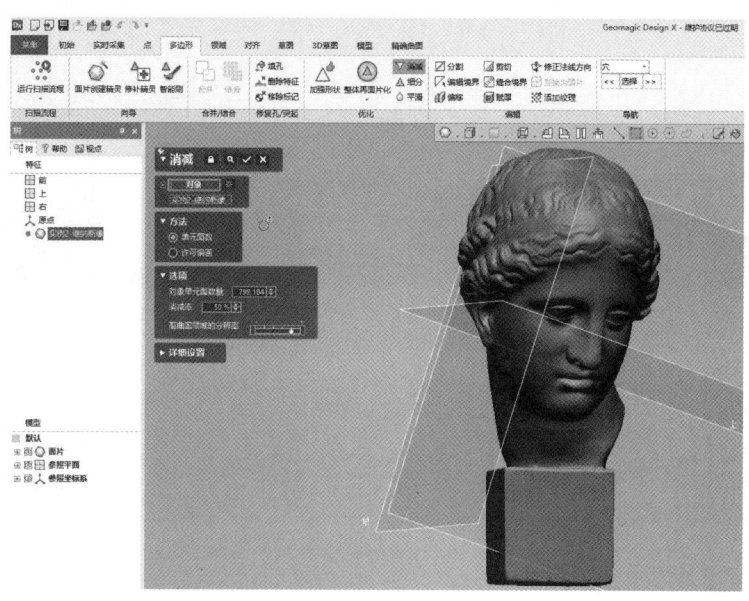

图6-65　面片数据消减

（3）点击"修补精灵"按钮，软件自动对面片中存在的非流形、重叠单元面、悬挂单元面、小群、小的单元面、相关单元面等缺陷进行修补，点击"确定"按钮完成操作，如图6-66所示。

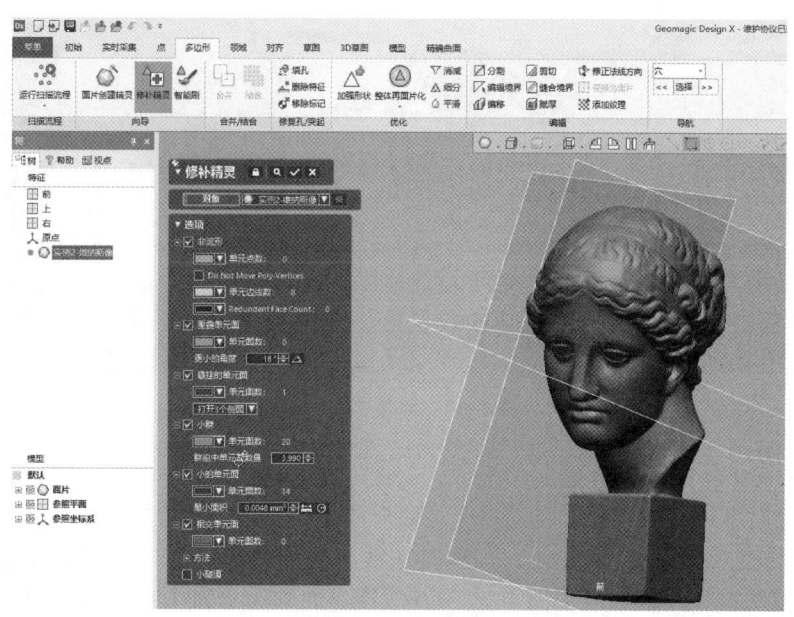

图6-66　面片数据自动修补

(4)点击模型树中的参照平面,隐藏前、上、右三个参照平面。点击"模型"模式下的"平面"按钮,在"追加平面"对话框中,将方法选为"提取"。在上方工具栏单击"画笔选择模式"按钮,同时按住<Alt>键和鼠标左键并拖动可以调整画笔大小。然后在头像基座上用画笔进行选择,点击"确定"按钮生成第1个参照平面,即平面1,采用同样的方法创建第2、3、4、5个参照平面。如图6-67所示。

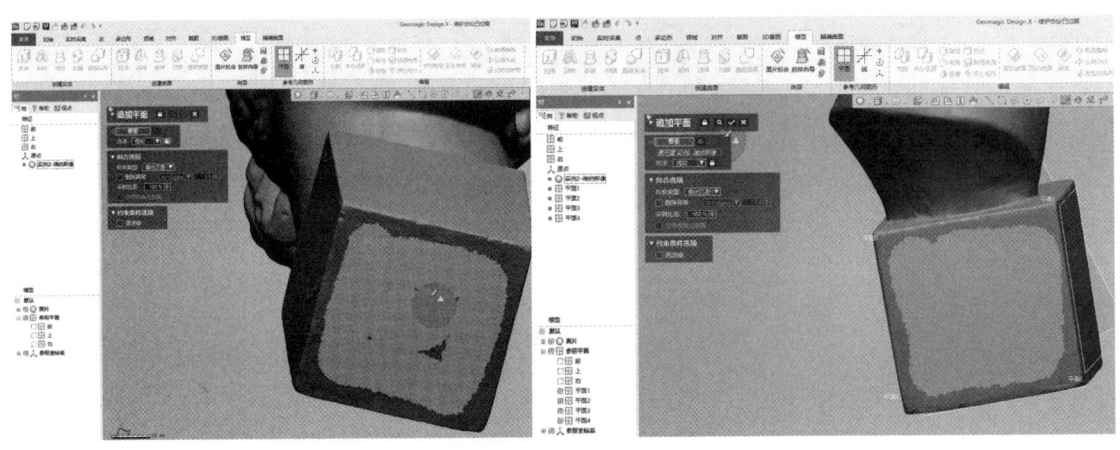

图6-67 创建参照平面

(5)点击"平面"按钮,在"追加平面"对话框中,将方法选为"平均",选中平面3和平面5,点击"确定"按钮生成中分平面6。用同样的方法选择平面2和平面6,生成中分平面7。如图6-68所示。

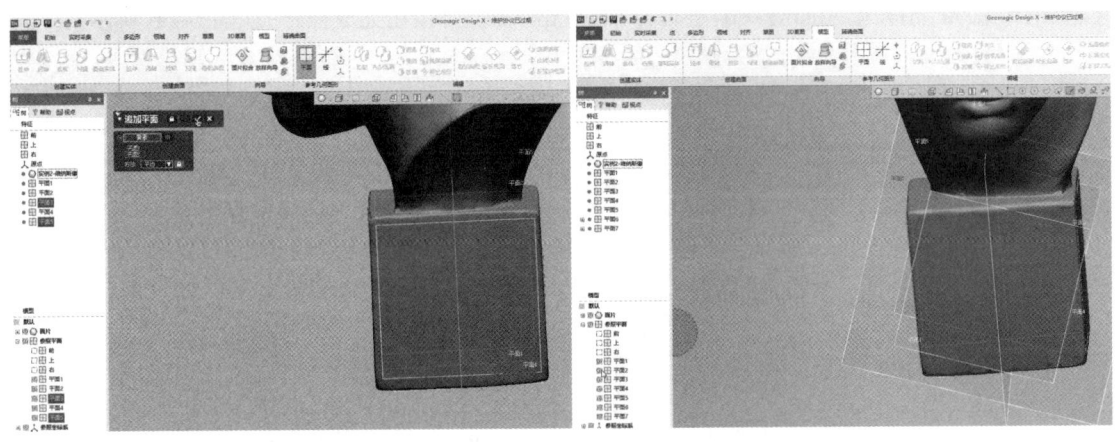

图6-68 创建中分平面

(6)在模型树中隐藏不需要显示的平面,只保留平面1、平面6和平面7可见。点击"对齐"模式下的"手动对齐"按钮,在"手动对齐"对话框中,将移动选项选为"X-Y-Z",坐标原点选为三个可见平面的交点,X轴选为平面7,表明其法线方向即为X轴方向。单击X轴最右侧图标,可以调整其法线方向。Z轴选为平面1,表明其法线方向即为Z轴方向。同样地,单击Z轴最右侧图标可以调整其法线方向。最后点击"确定"按钮完成坐标对齐。过程如图6-69所示。

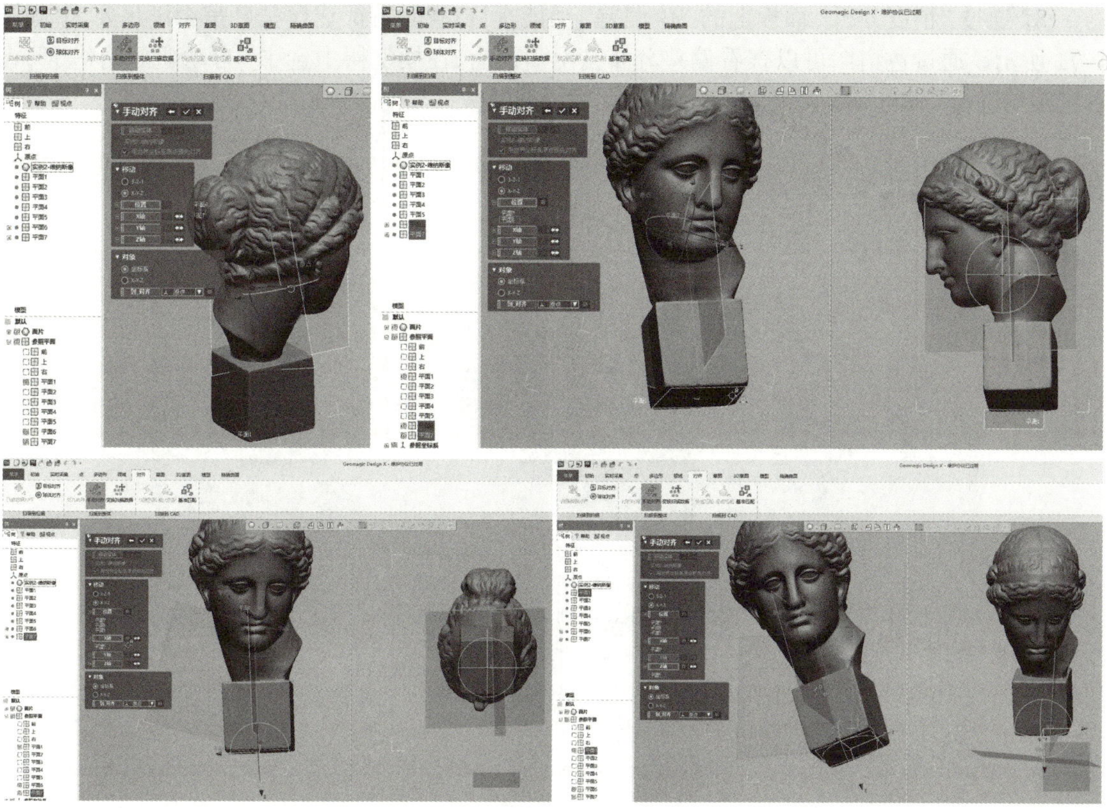

图 6-69　面片数据坐标对齐

（7）在模型树中隐藏不需要显示的参照平面，保留前、上、右参照平面可见。点击"精确曲面"模式下的"自动曲面创建"按钮，直接点击"下一步"按钮生成拟合曲面片。转动模型查看生成的面片情况。如有不合适的面片，可以拖动所生成的网格点或网格线进行微调。最后点击"确定"按钮生成自由曲面模型。如图 6-70 所示。

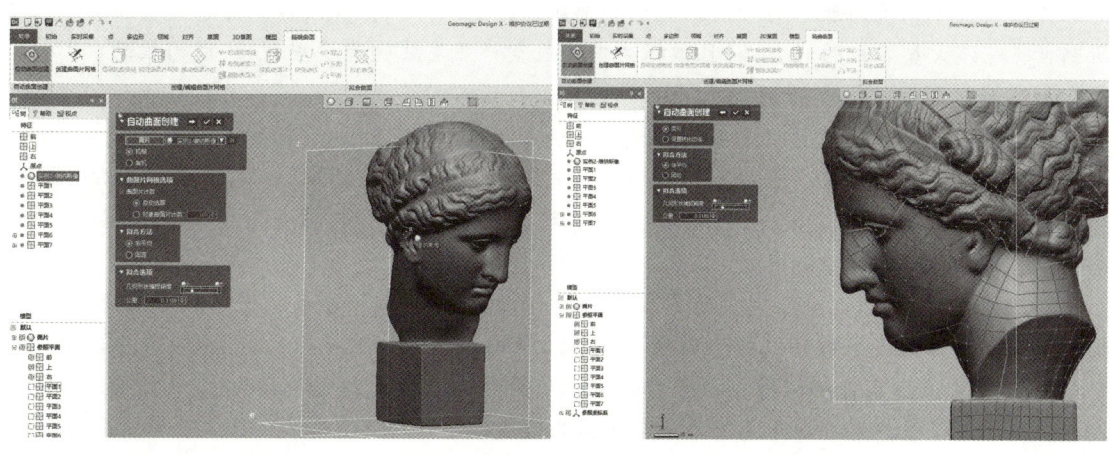

图 6-70　自动曲面创建

(8) 通过"精度分析"面板上的"体偏差"功能,可以查看特征建模精度是否满足要求,如图 6-71 所示。通过色谱图可以查看偏差分布情况。最后,在模型树中选中"自动曲面创建 1",在右键菜单选择"输出"命令,则可以将其保存为所需的格式文件。

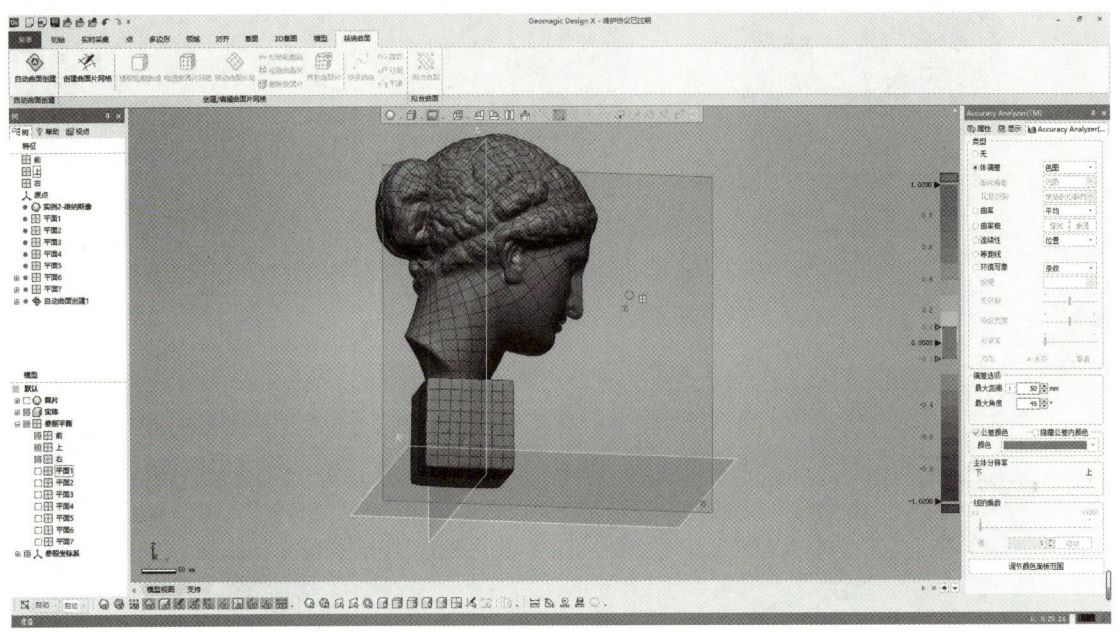

图 6-71 偏差分析

拓展阅读

◆ 大国飞天——C919 大飞机

C919 大型客机是我国按照国际通行适航标准自行研制、具有自主知识产权的喷气式干线客机。这款飞机于 2007 年立项研制,于 2017 年 5 月完成首次飞行,2022 年 9 月完成全部适航审定工作后获得中国民用航空局颁发的型号合格证。C919 的研制成功,不仅标志着我国具备自主研制世界一流大型客机的能力,而且被视为中国航空产业发展的重要里程碑,成为推动中国航空产业和高端制造业发展的"新引擎"。

C919 飞机的设计定位于 150 座级单通道窄体机市场,机长 38.9 m、翼展 35.8 m、机高 11.95 m。这款飞机的空机质量为 45.7 t,最大商载为 18.9 t,航程为 4 075~5 555 km,具有安全、经济、舒适、环保的特点。C919 采用先进气动设计、先进推进系统和先进材料,碳排放量更低、燃油效率更高,配备的是新一代发动机 LEAP-1C。

2023 年 5 月 28 日,C919 完成了首次商业飞行,这标志着该机型正式进入民航市场,开启市场化运营和产业化发展的新征程。首个商业航班是由中国东方航空执行的 MU9191 航班,从上海虹桥机场飞往北京首都机场。截至目前,C919 的累计订单量超过 1 400 架,中国东方航空已经接收并运营了多架 C919,开通了多条国内商业航线。

C919 的成功研制不仅体现出中国航空制造业的重大历史性突破,也标志着中国正在实现创新驱动和产业升级,这是重大的标志性工程和时代性成果。C919一飞冲天标志着中国大型客机产业成功地走过了三段路:自主设计研发之路、适航验证之路和市场开拓之路。这个飞机型号推动了整个大型客机产业的研制、试验、管理和运营能力的整体提升。

自主设计是国产大飞机创新探索的体现之一。通过C919的设计研制,中国已经掌握了民机产业的5大类、20个专业和6 000多项民用飞机技术,实现了新技术、新材料和新工艺的群体性突破。与此同时,数字技术和智能装备的应用也为国产商用飞机的设计研制和试飞试验提供了支持。

习题

1. 简述逆向工程的内涵及流程。
2. 逆向工程的关键技术包括哪些?在逆向工程中的作用如何?
3. 逆向工程的应用范围包括哪些方面?
4. 简述常用逆向建模软件平台的特点及应用范围。
5. 简述逆向建模技术与新产品开发之间的关系。
6. 学习特征建模实例,通过先临三维科技股份公司标准测量件,完成产品特征建模。扫描二维码可以观看完整实例教程视频。

逆向工程产品特征建模实例(一)

逆向工程产品特征建模实例(二)

逆向工程产品特征建模实例(三)

逆向工程产品特征建模实例(四)

附 录

附录 1 螺纹

一、普通螺纹

附表 1-1 普通螺纹的基本牙型和基本尺寸（GB/T 193—2003、GB/T 196—2003）

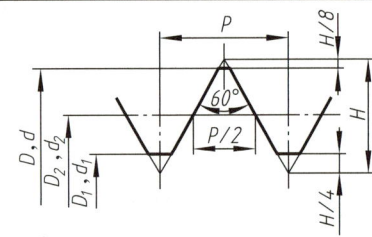

$H=\dfrac{\sqrt{3}}{2}P$

$D_2=D-2\times\dfrac{3}{8}H=D-0.649\,5P$

$d_2=d-2\times\dfrac{3}{8}H=d-0.649\,5P$

$D_1=D-2\times\dfrac{5}{8}H=D-1.082\,5P$

$d_1=d-2\times\dfrac{5}{8}H=d-1.082\,5P$

标记示例
1. 公称直径为 24 mm、螺距为 3 mm 的右旋粗牙普通螺纹：M24
2. 公称直径为 24 mm、螺距为 2 mm 的左旋细牙普通螺纹：M24×2-LH

mm

公称直径 D、d		螺距 P		粗牙小径 D_1、d_1	公称直径 D、d		螺距 P		粗牙小径 D_1、d_1
第一系列	第二系列	粗牙	细牙		第一系列	第二系列	粗牙	细牙	
3		0.5	0.35	2.459		18	2.5	2,1.5,1	15.294
	3.5	0.6		2.850	20		2.5		17.294
4		0.7	0.5	3.242		22	2.5	2,1.5,1	19.294
	4.5	0.75		3.688	24		3	2,1.5,1	20.752
5		0.8		4.134	27		3	2,1.5,1	23.752
6		1	0.75	4.917	30		3.5	(3),2,1.5,1	26.211
	7	1		5.917		33	3.5	(3),2,1.5	29.211
8		1.25	1,0.75	6.647	36		4	3,2,1.5	31.670
						39	4		34.670
10		1.5	1.25,1,0.75	8.376	42		4.5	4,3,2,1.5	37.129
						45	4.5		40.129
12		1.75	1.25,1	10.106	48		5		42.587
	14	2	1.5,1.25,1	11.835		52	5		46.587
16		2	1.5,1	13.835	56		5.5		50.046

注：1. 优先选用第一系列，括号内的尺寸尽可能不用。第三系列未列入。
    2. 中径 D_2、d_2 未列入。

二、梯形螺纹

附表 1-2　梯形螺纹（GB/T 5796.2—2022、GB/T 5796.3—2022）

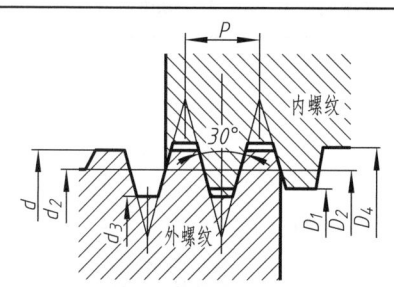

标记示例

1. 公称直径 $d=40$ mm、螺距 $P=7$ mm、中径公差带代号为 7H 的左旋梯形螺纹：

Tr40×7-7H-LH

2. 公称直径 $d=40$ mm、螺距 $P=7$ mm、中径公差带代号为 7e 的右旋双线梯形螺纹：

Tr40×14P7-7e

mm

公称直径 d		螺距 P	中径 $d_2=D_2$	大径 D_4	小径		公称直径 d		螺距 P	中径 $d_2=D_2$	大径 D_4	小径	
第一系列	第二系列				d_3	D_1	第一系列	第二系列				d_3	D_1
8		1.5	7.25	8.30	6.20	6.50		26	3	24.50	26.50	22.50	23.00
	9	1.5	8.25	9.30	7.20	7.50			5	23.50	26.50	20.50	21.00
		2	8.00	9.50	6.50	7.00			8	22.00	27.00	17.00	18.00
10		1.5	9.25	10.30	8.20	8.50	28		3	26.50	28.50	24.50	25.00
		2	9.00	10.50	7.50	8.00			5	25.50	28.50	22.50	23.00
	11	2	10.00	11.50	8.50	9.00			8	24.00	29.00	19.00	20.00
		3	9.50	11.50	7.50	8.00	30		3	28.50	30.50	26.50	27.00
12		2	11.00	12.50	9.50	10.00			6	27.00	31.00	23.00	24.00
		3	10.50	12.50	8.50	9.00			10	25.00	31.00	19.00	20.00
	14	2	13.00	14.50	11.50	12.00	32		3	30.50	32.50	28.50	29.00
		3	12.50	14.50	10.50	11.00			6	29.00	33.00	25.00	26.00
16		2	15.00	16.50	13.50	14.00			10	27.00	33.00	21.00	22.00
		4	14.00	16.50	11.50	12.00		34	3	32.50	34.50	30.50	31.00
	18	2	17.00	18.50	15.50	16.00			6	31.00	35.00	27.00	28.00
		4	16.00	18.50	13.50	14.00			10	29.00	35.00	23.00	24.00
20		2	19.00	20.50	17.50	18.00	36		3	34.50	36.50	32.50	33.00
		4	18.00	20.50	15.50	16.00			6	33.00	37.00	29.00	30.00
	22	3	20.50	22.50	18.50	19.00			10	31.00	37.00	25.00	26.00
		5	19.50	22.50	16.50	17.00		38	3	36.50	38.50	34.50	35.00
		8	18.00	23.00	13.00	14.00			7	34.50	39.00	30.00	31.00
24		3	22.50	24.50	20.50	21.00			10	33.00	39.00	27.00	28.00
		5	21.50	24.50	18.50	19.00	40		3	38.50	40.50	36.50	37.00
		8	20.00	25.00	15.00	16.00			7	36.50	41.00	32.00	33.00
									10	35.00	41.00	29.00	30.00

三、管螺纹

附表 1-3　55° 密封管螺纹（GB/T 7306.1—2000、GB/T 7306.2—2000）

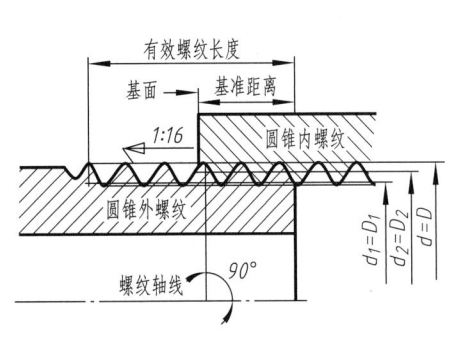

标记示例

1. 尺寸代号为 $1\frac{1}{2}$ 的右旋圆锥内螺纹：
$$R_c 1\frac{1}{2}$$

2. 尺寸代号为 $1\frac{1}{2}$ 的左旋圆锥外螺纹：
$$R_2 1\frac{1}{2}-LH$$

3. 尺寸代号为 $1\frac{1}{2}$ 的右旋圆柱内螺纹：
$$Rp 1\frac{1}{2}$$

mm

尺寸代号	每 25.4 mm 内所含的牙数 n	螺距 P	牙高 h	基本直径或基准平面上的基本直径 大径（基本直径）$d=D$	中径 $d_2=D_2$	小径 $d_1=D_1$	基准距离（基本）	外螺纹的有效螺纹不小于
1/16	28	0.907	0.581	7.723	7.142	6.561	4	6.5
1/8	28	0.907	0.581	9.728	9.147	8.566	4	6.5
1/4	19	1.337	0.856	13.157	12.301	11.445	6	9.7
3/8	19	1.337	0.856	16.662	15.806	14.950	6.4	10.1
1/2	14	1.814	1.162	20.955	19.793	18.631	8.2	13.2
3/4	14	1.814	1.162	26.441	25.279	24.117	9.5	14.5
1	11	2.309	1.479	33.249	31.770	30.291	10.4	16.8
1¼	11	2.309	1.479	41.910	40.431	38.952	12.7	19.1
1½	11	2.309	1.479	47.803	46.324	44.845	12.7	19.1
2	11	2.309	1.479	59.614	58.135	56.656	15.9	23.4
2½	11	2.309	1.479	75.184	73.705	72.226	17.5	26.7
3	11	2.309	1.479	87.884	86.405	84.926	20.6	29.8
4	11	2.309	1.479	113.030	111.551	110.072	25.4	35.8
5	11	2.309	1.479	138.430	136.951	135.472	28.6	40.1
6	11	2.309	1.479	163.830	162.351	160.872	28.6	40.1

注：第 5 列中所列的是圆柱螺纹的基本直径和圆锥螺纹在基本平面内的基本直径，第 6、7 列只适用于圆锥螺纹。

附表 1-4 55°非密封管螺纹（GB/T 7307—2001）

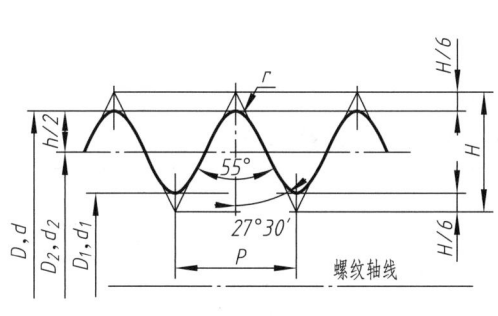

标记示例

1. 尺寸代号为 $1\frac{1}{2}$ 的右旋内螺纹：

$$G1\frac{1}{2}$$

2. 尺寸代号为 $1\frac{1}{2}$ 的用于低压管路的右旋内螺纹：

$$G1\frac{1}{2}$$

3. 尺寸代号为 $1\frac{1}{2}$ 的右旋 A 级外螺纹：

$$G1\frac{1}{2}A$$

4. 尺寸代号为 $1\frac{1}{2}$ 的左旋 B 级外螺纹：

$$G1\frac{1}{2}B\text{-}LH$$

mm

尺寸代号	每 25.4 mm 内的牙数 n	螺距 P	基本尺寸 大径 $D、d$	基本尺寸 中径 $D_2、d_2$	基本尺寸 小径 $D_1、d_1$	尺寸代号	每 25.4 mm 内的牙数 n	螺距 P	基本尺寸 大径 $D、d$	基本尺寸 中径 $D_2、d_2$	基本尺寸 小径 $D_1、d_1$
1/8	28	0.907	9.728	9.147	8.566	$1\frac{1}{4}$		2.309	41.910	40.431	38.952
1/4	19	1.337	13.157	12.301	11.445	$1\frac{1}{2}$		2.309	47.803	46.324	44.845
3/8	19	1.337	16.662	15.806	14.950	$1\frac{3}{4}$		2.309	53.746	52.267	50.788
1/2		1.814	20.955	19.793	18.631	2		2.309	59.614	58.135	56.656
5/8		1.814	22.911	21.749	20.587	$2\frac{1}{4}$	11	2.309	65.710	64.231	62.752
3/4	14	1.814	26.441	25.279	24.117	$2\frac{1}{2}$		2.309	75.184	73.705	72.226
7/8		1.814	30.201	29.039	27.877	$2\frac{3}{4}$		2.309	81.534	80.055	78.576
1	11	2.309	33.249	31.770	30.291	3		2.309	87.884	86.405	84.926
$1\frac{1}{8}$	11	2.309	37.897	36.418	34.939	$3\frac{1}{2}$		2.309	100.330	98.851	97.372

附录 2 常用标准件

一、螺纹紧固件

1. 六角头螺栓

附表 2-1 六角头螺栓（GB/T 5780—2016、GB/T 5782—2016）

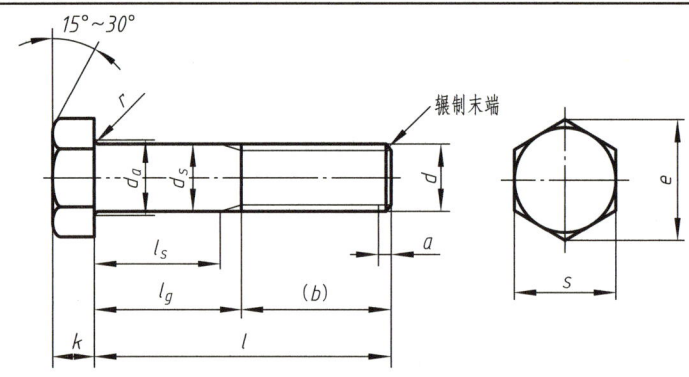

标记示例

螺纹规格 d=M12、公称长度 l=80 mm、性能等级为 8.8 级、表面氧化的 A 级六角头螺栓：

螺栓 GB/T 5782 M12×80

mm

螺纹规格 d		M3	M4	M5	M6	M8	M10	M12	M16	M20	M24	M30	M36
b 参考	l 公称 ≤125	12	14	16	18	22	26	30	38	46	54	66	—
	125<l 公称 ≤200	18	20	22	24	28	32	36	44	52	60	72	84
	l 公称>200	31	33	35	37	41	45	49	57	65	73	85	97
c	min	0.15	0.15	0.15	0.15	0.15	0.15	0.15	0.2	0.2	0.2	0.2	0.2
	max	0.4	0.4	0.5	0.5	0.6	0.6	0.6	0.8	0.8	0.8	0.8	0.8
e min	产品等级 A	6.01	7.66	8.79	11.05	14.38	17.77	20.03	26.75	33.53	39.98	—	—
	产品等级 B	5.88	7.50	8.63	10.89	14.20	17.59	19.85	26.17	32.95	39.55	50.85	60.79
k 公称		2	2.8	3.5	4	5.3	6.4	7.5	10	12.5	15	18.7	22.5
s(max=公称)		5.5	7	8	10	13	16	18	24	30	36	46	55
l 公称（系列值）		6,8,10,12,16,20,25,30,35,40,45,50,55,60,65,70,80,90,100,110,120,130,140,150,160,180,200,220,240,260,280,300,320,340,360,380,400,420,440,460,480,500											

注：1. 等级 A、B 根据公差取值不同而定，A 级用于 d≤24 mm 和 l≤10d 或 l≤150 mm（按较小值）的螺栓，B 级用于 d>24 mm 和 l>10d 或 l>150 mm（按较小值）的螺栓。

2. 螺纹末端应倒角，当 d≤M4 时，可为辗制末端。

3. 螺纹规格 d 为 M1.6~M64。

2. 双头螺柱

附表 2-2　双 头 螺 柱

双头螺柱——$b_m=d$（GB/T 897—1988）　　双头螺柱——$b_m=1.5d$（GB/T 899—1988）
双头螺柱——$b_m=1.25d$（GB/T 898—1988）　双头螺柱——$b_m=2d$（GB/T 900—1988）

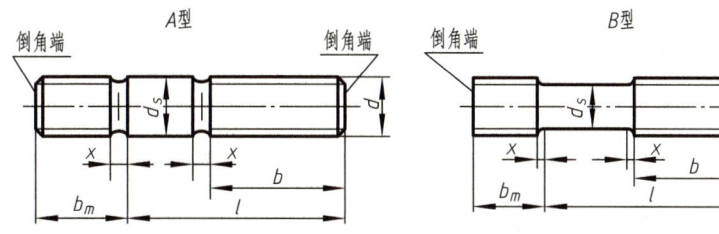

标记示例
两端均为粗牙普通螺纹 $d=10$ mm、公称长度 $l=50$ mm、性能等级为 4.8 级、$b_m=d$ 的 B 型双头螺柱：
$$\text{螺柱 GB/T 897　M10} \times 50$$
若按 A 型制造，必须加注"A"，如螺柱 GB/T 897　AM10×50

mm

螺纹规格		M5	M6	M8	M10	M12	M16	M20	M24	M30	M36	M42
b_m	GB/T 897—1988	5	6	8	10	12	16	20	24	30	36	42
	GB/T 898—1988	6	8	10	12	15	20	25	30	38	45	52
	GB/T 899—1988	8	10	12	15	18	24	30	36	45	54	63
	GB/T 900—1988	10	12	16	20	24	32	40	48	60	72	84
d_s max		5	6	8	10	12	16	20	24	30	36	42
x max		1.5P	1.5P	1.5P	1.5P	1.5P	1.5P	1.5P	1.5P	1.5P	1.5P	1.5P
$\dfrac{l}{b}$		$\dfrac{16\sim22}{10}$ $\dfrac{25\sim50}{16}$	$\dfrac{20\sim22}{10}$ $\dfrac{25\sim30}{14}$ $\dfrac{32\sim75}{18}$	$\dfrac{20\sim22}{12}$ $\dfrac{25\sim30}{16}$ $\dfrac{32\sim90}{22}$	$\dfrac{25\sim28}{14}$ $\dfrac{30\sim38}{16}$ $\dfrac{40\sim120}{26}$ $\dfrac{130}{32}$	$\dfrac{25\sim30}{16}$ $\dfrac{32\sim40}{20}$ $\dfrac{45\sim120}{30}$ $\dfrac{130\sim180}{36}$	$\dfrac{30\sim38}{20}$ $\dfrac{40\sim55}{30}$ $\dfrac{60\sim120}{38}$ $\dfrac{130\sim200}{44}$	$\dfrac{35\sim40}{25}$ $\dfrac{45\sim65}{35}$ $\dfrac{70\sim120}{46}$ $\dfrac{130\sim200}{52}$	$\dfrac{45\sim50}{30}$ $\dfrac{55\sim75}{45}$ $\dfrac{80\sim120}{54}$ $\dfrac{130\sim200}{60}$	$\dfrac{60\sim65}{40}$ $\dfrac{70\sim90}{50}$ $\dfrac{95\sim120}{66}$ $\dfrac{130\sim200}{72}$ $\dfrac{210\sim250}{85}$	$\dfrac{65\sim75}{45}$ $\dfrac{80\sim110}{60}$ $\dfrac{120}{78}$ $\dfrac{130\sim200}{84}$ $\dfrac{210\sim300}{97}$	$\dfrac{65\sim80}{50}$ $\dfrac{85\sim110}{70}$ $\dfrac{120}{90}$ $\dfrac{130\sim200}{96}$ $\dfrac{210\sim300}{109}$
l 系列		16,(18),20,(22),25,(28),30,(32),35,(38),40,45,50,(55),60,(65),70,(75),80,(85),90,(95),100,110,120,130,140,150,160,170,180,190,200,210,220,230,240,250,260,280,300										

注：1. P 是粗牙螺纹的螺距。
　　2. l 系列中尽可能不采用括号内的数值。

3. 螺钉

（1）开槽圆柱头螺钉

附表 2-3 开槽圆柱头螺钉（GB/T 65—2016）

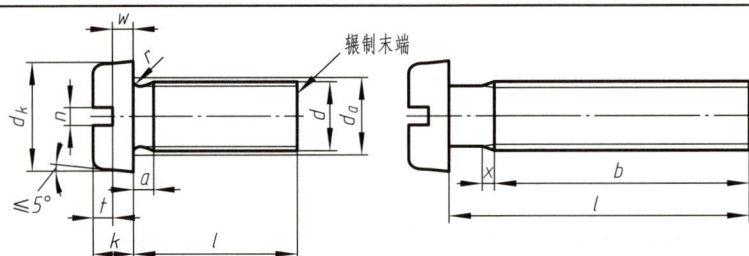

标记示例

螺纹规格 d=M5、公称长度 l=20 mm、性能等级为 4.8 级、不经表面处理的开槽圆柱头螺钉：螺钉 GB/T 65 M5×20

mm

螺纹规格 d		M3	M4	M5	M6	M8	M10
b min		25	38	38	38	38	38
d_k	公称 =max	5.5	7	8.5	10	13	16
	min	5.32	6.78	8.28	9.78	12.73	15.73
k	公称 =max	2	2.6	3.3	3.9	5	6
	min	1.86	2.46	3.12	3.6	4.7	5.7
n 公称		0.8	1.2	1.2	1.6	2	2.5
t min		0.85	1.1	1.3	1.6	2	2.4
l 公称（系列值）		4,5,6,8,10,12,(14),16,20,25,30,35,40,45,50,(55),60,(65),70,(75),80					

注：1. M1.6~M3、公称长度 $l ⩽ 30$ mm 的螺钉，以及 M4~M10、公称长度 $l ⩽ 45$ mm 的螺钉，制出全螺纹。
2. l 公称值尽可能不采用括号内的规格。

(2) 开槽盘头螺钉

附表 2-4 开槽盘头螺钉（GB/T 67—2016）

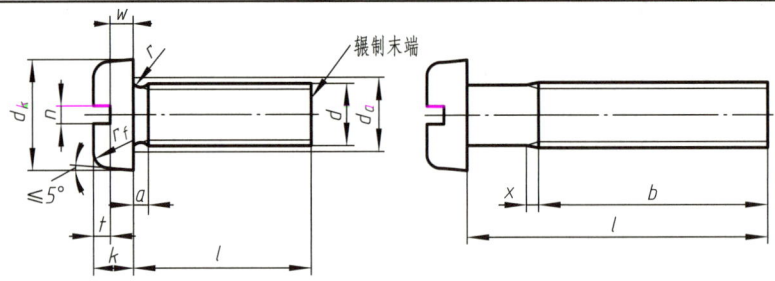

标记示例

螺纹规格 d=M5、公称长度 l=20 mm、性能等级为 4.8 级、不经表面处理的 A 级开槽盘头螺钉：螺钉 GB/T 67 M5×20

mm

螺纹规格 d		M3	M4	M5	M6	M8	M10
b min		25	38	38	38	38	38
d_k	公称 =max	5.6	8	9.5	12	16	20
	min	5.3	7.64	9.14	11.57	15.57	19.48

续表

螺纹规格 d		M3	M4	M5	M6	M8	M10
k	公称 =max	1.8	2.4	3	3.6	4.8	6
	min	1.66	2.26	2.86	3.3	4.5	5.7
n 公称		0.8	1.2	1.2	1.6	2	2.5
t min		0.7	1	1.2	1.4	1.9	2.4
l 公称(系列值)		4,5,6,8,10,12,(14),16,20,25,30,35,40,45,50,(55),60,(65),70,(75),80					

注：1. 当 $l \leqslant 40$ mm 时，螺钉制出全螺纹。

2. l 公称值尽可能不采用括号内的规格。

（3）开槽沉头螺钉

附表 2-5　开槽沉头螺钉（GB/T 68—2016）

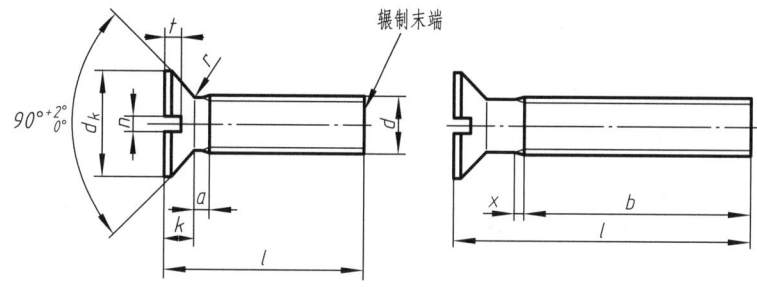

标记示例

螺纹规格 d=M5、公称长度 l=20 mm、性能等级为 4.8 级、不经表面处理的 A 级开槽沉头螺钉：螺钉 GB/T 68　M5×20

mm

螺纹规格 d		M2	M2.5	M3	M4	M5	M6	M8	M10
b min		25	25	25	38	38	38	38	38
d_k 实际值	max	3.8	4.7	5.5	8.4	9.3	11.3	15.8	18.3
	min	3.5	4.4	5.2	8.04	8.94	10.87	15.37	17.78
k 公称 =max		1.2	1.5	1.65	2.7	2.7	3.3	4.65	5
n 公称		0.5	0.6	0.8	1.2	1.2	1.6	2	2.5
t	min	0.4	0.5	0.6	1	1.1	1.2	1.8	2
	max	0.6	0.75	0.85	1.3	1.4	1.6	2.3	2.6
l 公称(系列值)		2.5,3,4,5,6,8,10,12,(14),16,20,25,30,35,40,45,50,(55),60,(65),70,(75),80								

注：1. M1.6~M3，公称长度 $l \leqslant 30$ mm，以及 M4~M10，公称长度 $l \leqslant 45$ mm 的螺钉，制出全螺纹。

2. l 公称值尽可能不采用括号内的规格。

(4) 紧定螺钉

附表 2-6 紧 定 螺 钉

开槽锥端紧定螺钉　　　开槽平端紧定螺钉　　　开槽长圆柱端紧定螺钉
（GB/T 71—2018）　　　（GB/T 73—2017）　　　（GB/T 75—2018）

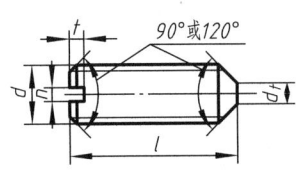 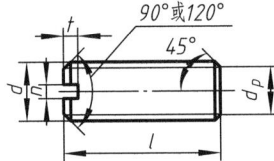 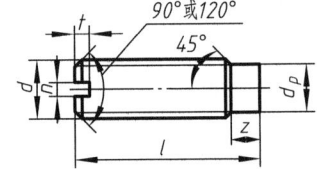

标记示例

螺纹规格 d=M5、公称长度 l=12 mm、性能等级为 14H 级、表面氧化的开槽锥端紧定螺钉：螺钉 GB/T 71　M5×12

螺纹规格 d=M5、公称长度 l=12 mm、性能等级为 14H 级、表面氧化的开槽平端紧定螺钉：螺钉 GB/T 73　M5×12

螺纹规格 d=M5、公称长度 l=12 mm、性能等级为 14H 级、表面氧化的开槽长圆柱端紧定螺钉：螺钉 GB/T 75　M5×12

mm

d	M2	M2.5	M3	M4	M5	M6	M8	M10	M12
n 公称	0.25	0.4	0.4	0.6	0.8	1	1.2	1.6	2
t min	0.64	0.72	0.8	1.12	1.28	1.6	2	2.4	2.8
d_p max	1	1.5	2	2.5	3.5	4	5.5	7	8.5
z max	1.25	1.5	1.75	2.25	2.75	3.25	4.3	5.3	6.3
d_t max	0.2	0.25	0.3	0.4	0.5	1.5	2	2.5	3
l（GB/T 71—2018）	3~10	3~12	4~16	6~20	8~25	8~30	10~40	12~50	14~60
l（GB/T 73—2017）	2~10	2.5~12	3~16	4~20	5~25	6~30	8~40	10~50	12~60
l（GB/T 75—2018）	3~10	4~12	5~16	6~20	8~25	8~30	10~40	12~50	14~60
l 系列	2,2.5,3,4,5,6,8,10,12,(14),16,20,25,30,40,45,50,55,60									

注：1. l 系列值中，尽可能不采用括号内的规格。

2. 开端锥端紧定螺钉（GB/T 71—2018），当 $d \leq 5$ mm 时不要求锥端有平面部分（d_t），可以倒圆。

4. 螺母

附表 2-7 六 角 螺 母

1 型六角螺母（GB/T 6170—2015）　　六角薄螺母（GB/T 6172.1—2016）

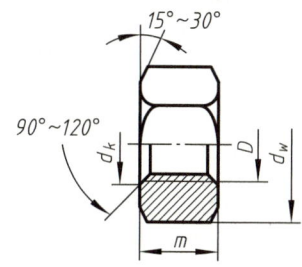
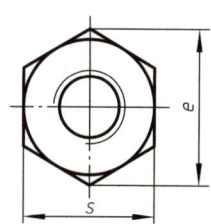

标记示例

螺纹规格 D=M12、性能等级为 8 级、不经表面处理、产品等级为 A 级的 1 型六角螺母：螺母 GB/T 6170　M12

mm

螺纹规格 D			M2	M2.5	M3	M4	M5	M6	M8	M10	M12	M16	M20	M24	M30
d_w min			3.1	4.1	4.6	5.9	6.9	8.9	11.6	14.6	16.6	22.5	27.7	33.3	42.8
e min			4.32	5.45	6.01	7.66	8.79	11.05	14.38	17.77	20.03	26.75	32.95	39.55	50.85
s		max	4	5	5.5	7	8	10	13	16	18	24	30	36	46
		min	3.82	4.82	5.32	6.78	7.78	9.78	12.73	5.73	17.73	23.67	29.16	35	45
m	GB/T 6170	max	1.6	2	2.4	3.2	4.7	5.2	6.8	8.4	10.8	14.8	18	21.5	25.6
		min	1.35	1.75	2.15	2.9	4.4	4.9	6.44	8.04	10.73	14.1	16.9	20.2	24.3
	GB/T 6172.1	max	1.2	1.6	1.8	2.2	2.7	3.2	4	5	6	8	10	12	15
		min	0.95	1.35	1.55	1.95	2.45	2.9	3.7	4.7	5.7	7.42	9.10	10.9	13.9

注：A 级用于 $D \leqslant 16$ mm 的螺母，B 级用于 $D > 16$ mm 的螺母。

5. 垫圈

(1) 平垫圈

附表 2-8 平 垫 圈

小垫圈—A 级　　　　　　　平垫圈—A 级　　　　　　　平垫圈　倒角型—A 级
（GB/T 848—2002）　　　　（GB/T 97.1—2002）　　　　（GB/T 97.2—2002）

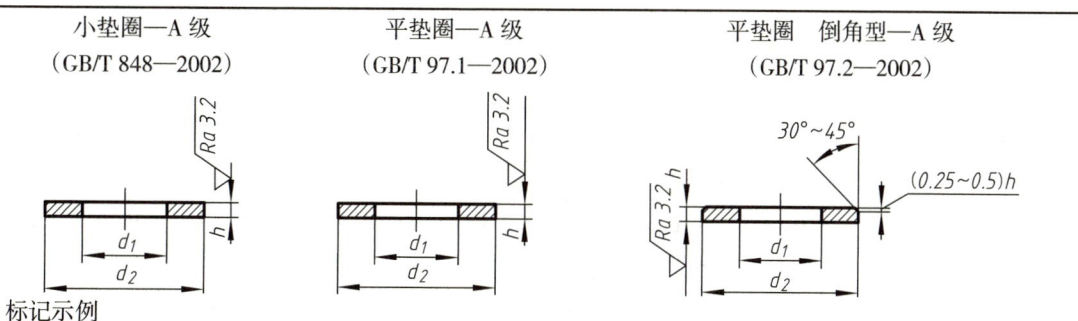

标记示例

1. 公称尺寸 d=8 mm、性能等级为 140 HV 级、不经表面处理的小垫圈：垫圈 GB/T 848　8
2. 公称尺寸 d=8 mm、性能等级为 140 HV 级、不经表面处理的平垫圈：垫圈 GB/T 97.1　8

续表

3. 公称尺寸 $d=8$ mm、性能等级为 A140 级、倒角型、不经表面处理的平垫圈：垫圈 GB/T 97.2　8

mm

公称尺寸 (螺纹大径 d)		3	4	5	6	8	10	12	14	16	20	24
内径 d_1	GB/T 848—2002	3.2	4.3	5.3	6.4	8.4	10.5	13	15	17	21	25
	GB/T 97.1—2002	3.2	4.3	5.3	6.4	8.4	10.5	13	15	17	21	25
	GB/T 97.2—2002	—	—	5.3	6.4	8.4	10.5	13	15	17	21	25
外径 d_2	GB/T 848—2002	6	8	9	11	15	18	20	24	28	34	39
	GB/T 97.1—2002	7	9	10	12	16	20	24	28	30	37	44
	GB/T 97.2—2002	—	—	10	12	16	20	24	28	30	37	44
厚度 h	GB/T 848—2002	0.5	0.5	1	1.6	1.6	1.6	2	2.5	2.5	3	4
	GB/T 97.1—2002	0.5	0.8	1	1.6	1.6	2	2.5	2.5	3	3	4
	GB/T 97.2—2002	—	—	1	1.6	1.6	2	2.5	2.5	3	3	4

注：1. 垫圈材料为钢时，垫圈的性能等级分为 140 HV、200 HV、300 HV 三级，其中 140 HV 级最常用。
　　2. GB/T 848 适用于规格为 1.6~36 mm 的圆柱头螺钉。
　　3. GB/T 97.1、GB/T 97.2 适用于规格为 5~36 mm 的标准六角头螺栓、螺钉和螺母。

(2) 弹簧垫圈

附表 2-9　标准型弹簧垫圈（GB/T 93—1987）

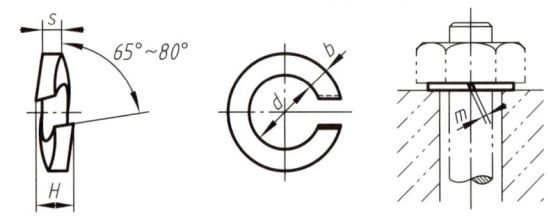

标记示例
公称规格为 16 mm、材料为 65 Mn、表面氧化的标准型弹簧垫圈：垫圈 GB/T 93　16

mm

公称规格 (螺纹大径)	3	4	5	6	8	10	12	(14)	16	(18)	20	(22)	24	(27)	30
d min	3.1	4.1	5.1	6.1	8.1	10.2	12.2	14.2	16.2	18.2	20.2	22.5	24.5	27.5	30.5
H min	1.6	2.2	2.6	3.2	4.2	5.2	6.2	7.2	8.2	9	10	11	12	13.6	15
$s(b)$	0.8	1.1	1.3	1.6	2.1	2.6	3.1	3.6	4.1	4.5	5	5.5	6	6.8	7.5
$m \leq$	0.4	0.55	0.65	0.8	1.05	1.3	1.55	1.8	2.05	2.25	2.5	2.75	3	3.4	3.75

注：m 应大于零。

二、销

1. 圆锥销

附表 2–10　圆锥销（GB/T 117—2000）

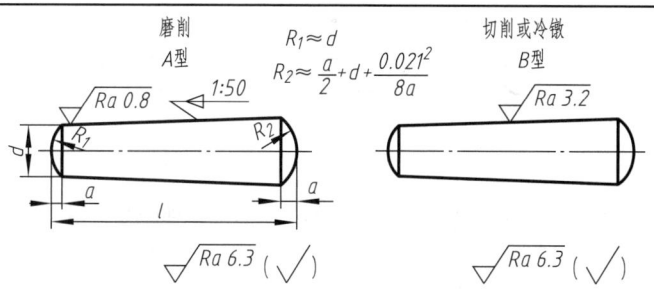

标记示例

公称直径 d=10 mm、长度 l=80 mm、材料为 35 钢、热处理硬度为 28~38 HRC、表面氧化处理的 A 型圆锥销：销 GB/T 117　10×80

mm

d	2	2.5	3	4	5	6	8	10	12
$a\approx$	0.25	0.3	0.4	0.5	0.63	0.8	1	1.2	1.6
l	10~35	10~35	12~45	14~55	18~60	22~90	22~120	26~160	32~180
l 系列	10,12,14,16,18,20,22,24,26,28,30,32,35,40,45,50,55,60,65,70,75,80,85,90,95,100,120,140,160,180,200								

注：标准规定圆锥销的公称直径 d=0.6~50 mm。

2. 圆柱销

附表 2–11　圆柱销（GB/T 119.1—2000）

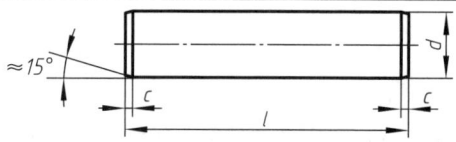

标记示例

公称直径 d=8 mm、公差为 m6、长度 l=30 mm、材料为钢、热处理硬度为 28~38 HRC、表面氧化的圆柱销：销 GB/T 119.1　8 m6×30

mm

d	2	2.5	3	4	5	6	8	10	12
$c\approx$	0.35	0.40	0.50	0.63	0.80	1.2	1.6	2.0	2.5
l	6~20	6~24	8~30	8~40	10~50	12~60	14~80	18~95	22~140
l 系列	6,8,10,12,14,16,18,20,22,24,26,28,30,32,35,40,45,50,55,60,65,70,75,80,85,90,95,100,120,140,160,180,200								

注：圆柱销的公称直径 d=0.6~50 mm，公称长度 l=2~200 mm，公差有 m6 和 h8。

3. 开口销

附表 2-12 开口销（GB/T 91—2000）

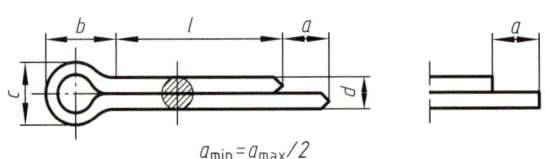

标记示例

公称直径 d=5 mm、长度 l=50 mm、材料为 Q215 或 Q235、不经表面处理的开口销：销 GB/T 91　5×50

mm

公称规格		1	1.2	1.6	2	2.5	3.2	4	5	6.3	8	10	13
d max		0.9	1	1.4	1.8	2.3	2.9	3.7	4.6	5.9	7.5	9.5	12.4
c	max	1.8	2	2.8	3.6	4.6	5.8	7.4	9.2	11.8	15	19	24.8
	min	1.6	1.7	2.4	3.2	4	5.1	6.5	8	10.3	13.1	16.6	21.7
b ≈		3	3	3.2	4	5	6.4	8	10	12.6	16	20	26
a max		1.6		2.5			3.2		4			6.3	
l 公称（系列值）		4,5,6,8,10,12,14,16,18,20,22,24,26,28,30,32,36,40,45,50,55,60,65,70,75,80,85,90,95,100,120,140,160,180,200											

注：1. 公称规格为销孔的公称直径。
　　2. 开口销的公称规格为 0.6~20 mm。
　　3. 根据供需双方协议，可采用公称规格为 3 mm、6 mm、12 mm 的开口销。

三、键

1. 平键

附表 2-13 平键和键槽剖面的基本尺寸（GB/T 1095—2003）　　mm

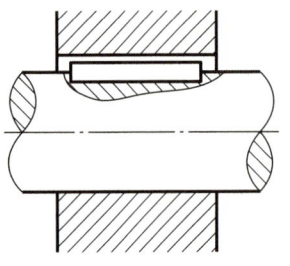 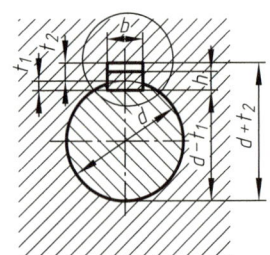 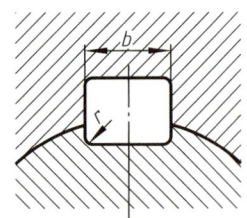

续表

公称直径 d		6~8	>8~10	>10~12	>12~17	>17~22	>22~30	>30~38	>38~44	>44~50	>50~58	>58~65	>65~75	>75~85
键的公称尺寸	b	2	3	4	5	6	8	10	12	14	16	18	20	22
	h	2	3	4	5	6	7	8	8	9	10	11	12	14
键槽	深度 轴 t_1	1.2	1.8	2.5	3.0	3.5	4.0	5.0	5.0	5.5	6	7.0	7.5	9
	深度 毂 t_2	1.0	1.4	1.8	2.3	2.8	3.3	3.3	3.3	3.8	4.3	4.4	4.9	5.4
	半径 r max	0.08			0.16			0.25				0.40		
	半径 r min	0.16			0.25			0.40				0.60		

附表 2-14 普通平键的形式尺寸（GB/T 1096—2003）

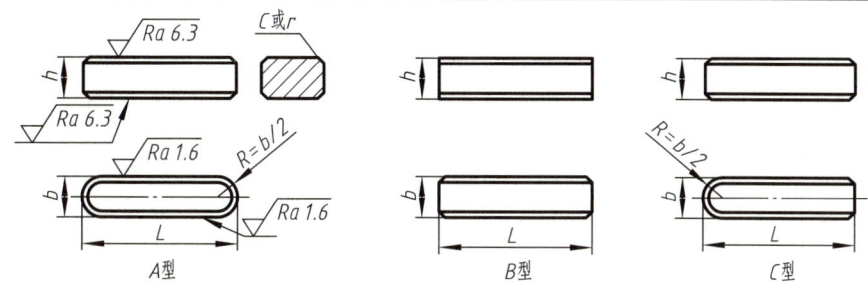

标记示例

b=16 mm, h=10 mm, l=100 mm 圆头普通平键（A 型）: GB/T 1096 键 16×10×100

b=16 mm, h=10 mm, l=100 mm 平头普通平键（B 型）: GB/T 1096 键 B16×10×100

b=16 mm, h=10 mm, l=100 mm 单圆头普通平键（C 型）: GB/T 1096 键 C16×10×100

mm

b	2	3	4	5	6	8	10	12	14	16	18	20	22	25	28	32	36	40
h	2	3	4	5	6	7	8	8	9	10	11	12	14	14	16	18	20	22
C 或 r	<0.16			<0.25			<0.40					<0.60				1.0		
长度范围 L	6~20	6~36	8~45	10~56	14~70	18~90	22~110	28~140	36~160	45~180	50~200	56~220	63~250	70~280	80~320	90~360	100~400	100~400
L 系列	6,8,10,12,14,16,18,20,22,25,28,32,36,40,45,50,56,63,70,80,90,100,110,125,140,160,180,200,220,250,280,320,360																	

注：标准规定键宽 b=2~100 mm，公称长度 L=6~500 mm。

2. 半圆键

附表 2–15 半圆键的形式、尺寸（GB/T 1099.1—2003）

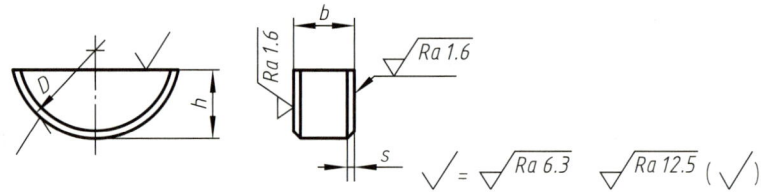

标记示例

半圆键 $b=16$ mm, $h=10$ mm, $D=25$ mm: GB/T 1099.1 键 $6 \times 10 \times 25$

mm

键宽 b		高度 h		直径 D		s	
公称尺寸	极限偏差 h9	公称尺寸	极限偏差 h12	公称尺寸	极限偏差 h12	min	max
1.0	0 −0.025	1.4	0 −0.10	4	0 −0.120	0.16	0.25
1.5		2.6		7			
2.0		2.6		7	0 −0.150		
2.0		3.7	0 −0.12	10			
2.5		3.7		10			
3.0		5.0		13			
3.0		6.5		16	0 −0.180		
4.0		6.5		16			
4.0		7.5		19	0 −0.210		
5.0		6.5	0 −0.15	16	0 −0.180	0.25	0.40
5.0		7.5		19			
5.0		9.0		22	0 −0.210		
6.0		9.0		22			
6.0		10.0		25			
8.0		11.0	0 −0.18	28		0.40	0.60
10.0		13.0		32	0 −0.250		

四、滚动轴承

1. 深沟球轴承

附表 2-16　深沟球轴承（GB/T 276—2013）

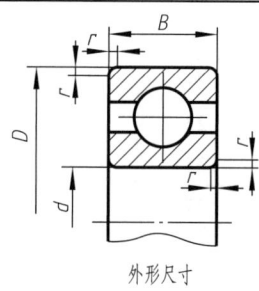

外形尺寸

标记示例
滚动轴承 6012 GB/T 276—2013

轴承型号		外形尺寸 /mm			轴承型号	外形尺寸 /mm		
		d	D	B		d	D	B
10尺寸系列	6004	20	42	12	20尺寸系列	6204	20	47	14
	6005	25	47	12		6205	25	52	15
	6006	30	55	13		6206	30	62	16
	6007	35	62	14		6207	35	72	17
	6008	40	68	15		6208	40	80	18
	6009	45	75	16		6209	45	85	19
	6010	50	80	16		6210	50	90	20
	6011	55	90	18		6211	55	100	21
	6012	60	95	18		6212	60	110	22
	6013	65	100	18		6213	65	120	23
	6014	70	110	20		6214	70	125	24
	6015	75	115	20		6215	75	130	25
	6016	80	125	22		6216	80	140	26
	6017	85	130	22		6217	85	150	28
	6018	90	140	24		6218	90	160	30
	6019	95	145	24		6219	95	170	32
	6020	100	150	24		6220	100	180	34

续表

轴承型号		外形尺寸 /mm			轴承型号		外形尺寸 /mm		
		d	D	B			d	D	B
30 尺寸系列	6304	20	52	15	40 尺寸系列	6404	20	72	19
	6305	25	62	17		6405	25	80	21
	6306	30	72	19		6406	30	90	23
	6307	35	80	21		6407	35	100	25
	6308	40	90	23		6408	40	110	27
	6309	45	100	25		6409	45	120	29
	6310	50	110	27		6410	50	130	31
	6311	55	120	29		6411	55	140	33
	6312	60	130	31		6412	60	150	35
	6313	65	140	33		6413	65	160	37
	6314	70	150	35		6414	70	180	42
	6315	75	160	37		6415	75	190	45
	6316	80	170	39		6416	80	200	48
	6317	85	180	41		6417	85	210	52
	6318	90	190	43		6418	90	225	54
	6319	95	200	45		6419	95	240	55
	6320	100	215	47		6420	100	250	58

注：倒角尺寸可查 GB/T 276—2013 和 GB/T 274—2023。

2. 圆锥滚子轴承

附表 2–17　圆锥滚子轴承（GB/T 297—2015）

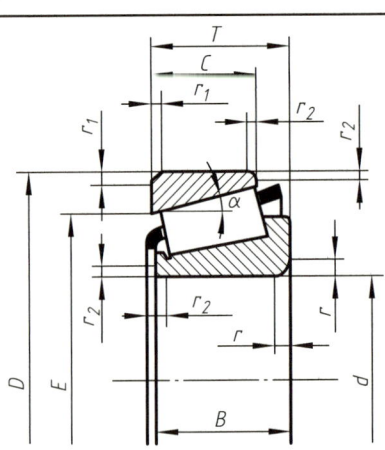

标记示例
滚动轴承 30205 GB/T 297—2015

续表

轴承类型		外形尺寸 /mm				轴承类型		外形尺寸 /mm			
		d	D	T	B	C		d	D	T	B	C
02尺寸系列	30204	20	47	15.25	14	12	22尺寸系列	32204	20	47	19.25	18	15
	30205	25	52	16.25	15	13		32205	25	52	19.25	18	16
	30206	30	62	17.25	16	14		32206	30	62	21.25	20	17
	30207	35	72	18.25	17	15		32207	35	72	24.25	23	19
	30208	40	80	19.75	18	16		32208	40	80	24.75	23	19
	30209	45	85	20.75	19	16		32209	45	85	24.75	23	19
	30210	50	90	21.75	20	17		32210	50	90	24.75	23	19
	30211	55	100	22.75	21	18		32211	55	100	26.75	25	21
	30212	60	110	23.75	22	19		32212	60	110	29.75	28	24
	30213	65	120	24.75	23	20		32213	65	120	32.75	31	27
	30214	70	125	26.25	24	21		32214	70	125	33.25	31	27
	30215	75	130	27.25	25	22		32215	75	130	33.25	31	27
	30216	80	140	28.25	26	22		32216	80	140	35.25	33	28
	30217	85	150	30.50	28	24		32217	85	150	38.50	36	30
	30218	90	160	32.50	30	26		32218	90	160	42.50	40	34
	30219	95	170	34.50	32	27		32219	95	170	45.50	43	37
	30220	100	180	37	34	29		32220	100	180	49	46	39
03尺寸系列	30304	20	52	16.25	15	13	23尺寸系列	32304	20	52	22.25	21	18
	30305	25	62	18.25	17	15		32305	25	62	25.25	24	20
	30306	30	72	20.75	19	16		32306	30	72	28.75	27	23
	30307	35	80	22.75	21	18		32307	35	80	32.75	31	25
	30308	40	90	25.25	23	20		32308	40	90	35.25	33	27
	30309	45	100	27.25	25	22		32309	45	100	38.25	36	30
	30310	50	110	29.25	27	23		32310	50	110	42.25	40	33
	30311	55	120	31.50	29	25		32311	55	120	45.50	43	35
	30312	60	130	33.50	31	26		32312	60	130	48.50	46	37
	30313	65	140	36	33	28		32313	65	140	51	48	39
	30314	70	150	38	35	30		32314	70	150	54	51	42
	30315	75	160	40	37	31		32315	75	160	58	55	45
	30316	80	170	42.50	39	33		32316	80	170	61.50	58	48
	30317	85	180	44.50	41	34		32317	85	180	63.50	60	49
	30318	90	190	46.50	43	36		32318	90	190	67.50	64	53
	30319	95	200	49.50	45	38		32319	95	200	71.50	67	55
	30320	100	215	51.50	47	39		32320	100	215	77.50	73	60

注：其他尺寸可查 GB/T 297—2015 和 GB/T 274—2023。

3. 推力球轴承

附表 2-18 推力球轴承（GB/T 301—2015）

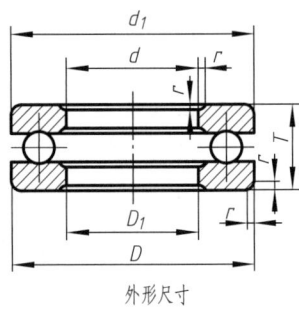

外形尺寸

标记示例

滚动轴承 51210 GB/T 301—2015

轴承类型		外形尺寸 /mm					轴承类型		外形尺寸 /mm				
		d	D	T	D_{1min}	d_{1max}			d	D	T	D_{1min}	d_{1max}
11尺寸系列（51000型）	51104	20	35	10	21	35	12尺寸系列（51000型）	51209	45	73	20	47	73
	51105	25	42	11	26	42		51210	50	78	22	52	78
	51106	30	47	11	32	47		51211	55	90	25	57	90
	51107	35	52	12	37	52		51212	60	95	26	62	95
	51108	40	60	13	42	60		51213	65	100	27	67	100
	51109	45	65	14	47	65		51214	70	105	27	72	105
	51110	50	70	14	52	70		51215	75	110	27	77	110
	51111	55	78	16	57	78		51216	80	115	28	82	115
	51112	60	85	17	62	85		51217	85	125	31	88	125
	51113	65	90	18	67	90		51218	90	135	35	93	135
	51114	70	95	18	72	95		51220	100	150	38	103	150
	51115	75	100	19	77	100	13尺寸系列（51000型）	51304	20	47	18	22	47
	51116	80	105	19	82	105		51305	25	52	18	27	52
	51117	85	110	19	87	110		51306	30	60	21	32	60
	51118	90	120	22	92	120		51307	35	68	24	37	68
	51120	100	135	25	102	135		51308	40	78	26	42	78
12尺寸系列（51000型）	51204	20	40	14	22	40		51309	45	85	28	47	85
	51205	25	47	15	27	47		51310	50	95	31	52	95
	51206	30	52	16	32	52		51311	55	105	35	57	105
	51207	35	62	18	37	62		51312	60	110	35	62	110
	51208	40	68	19	42	68		51313	65	115	36	67	115

续表

轴承类型		外形尺寸 /mm					轴承类型	外形尺寸 /mm				
		d	D	T	D_{1min}	d_{1max}		d	D	T	D_{1min}	d_{1max}
13尺寸系列 (51000型)	51314	70	125	40	72	125	51410	50	110	43	52	110
	51315	75	135	44	77	135	51411	55	120	48	57	120
	51316	80	140	44	82	140	51412	60	130	51	62	130
	51317	85	150	49	88	150	51413	65	140	56	68	140
	51318	90	155	50	93	155	51414	70	150	60	73	150
	51320	100	170	55	103	170	51415	75	160	65	78	160
14尺寸系列 (51000型)	51405	25	60	24	27	60	51416	80	170	68	83	170
	51406	30	70	28	32	70	51417	85	180	72	88	177
	51407	35	80	32	37	80	51418	90	190	77	93	187
	51408	40	90	36	42	90	51420	100	210	85	103	205
	51409	45	100	39	47	100	51422	110	230	95	113	225

注：表中轴承类型已按 GB/T 272—2017《滚动轴承　代号方法》编号。

附录3　常用零件结构要素

1. 零件倒角与倒圆

附表 3-1　零件倒角与倒圆（GB/T 6403.4—2008）　　　mm

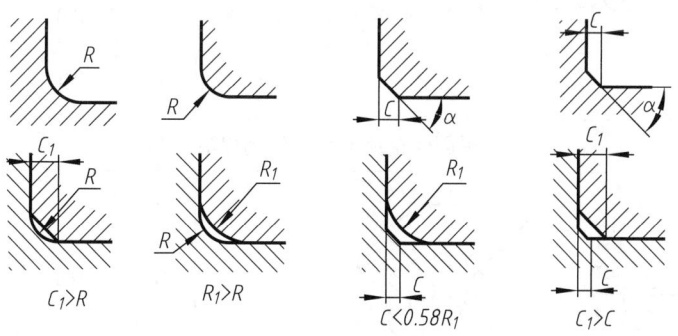

续表

直径 D		<3	>3~6		>6~10		>10~18	>18~30	>30~50		>50~80
R、C	R_1	0.1	0.2	0.3	0.4	0.5	0.6	0.8	1.0	1.2	1.6	2.0
	C_{max}	—	0.1	0.1	0.2	0.2	0.3	0.4	0.5	0.6	0.8	1.0
直径 D		>80~120	>120~180	>180~250	>250~320	>320~400	>400~500	>500~630	>630~800	>800~1000	>1000~1250	>1250~1600
R、C	R_1	2.5	3.0	4.0	5.0	6.0	8.0	10	12	16	20	25
	C_{max}	1.2	1.6	2.0	2.5	3.0	4.0	5.0	6.0	8.0	10	12

注：倒角一般采用45°，也可采用30°或60°。

2. 砂轮越程槽

附表 3–2　砂轮越程槽（GB/T 6403.5—2008）　　　mm

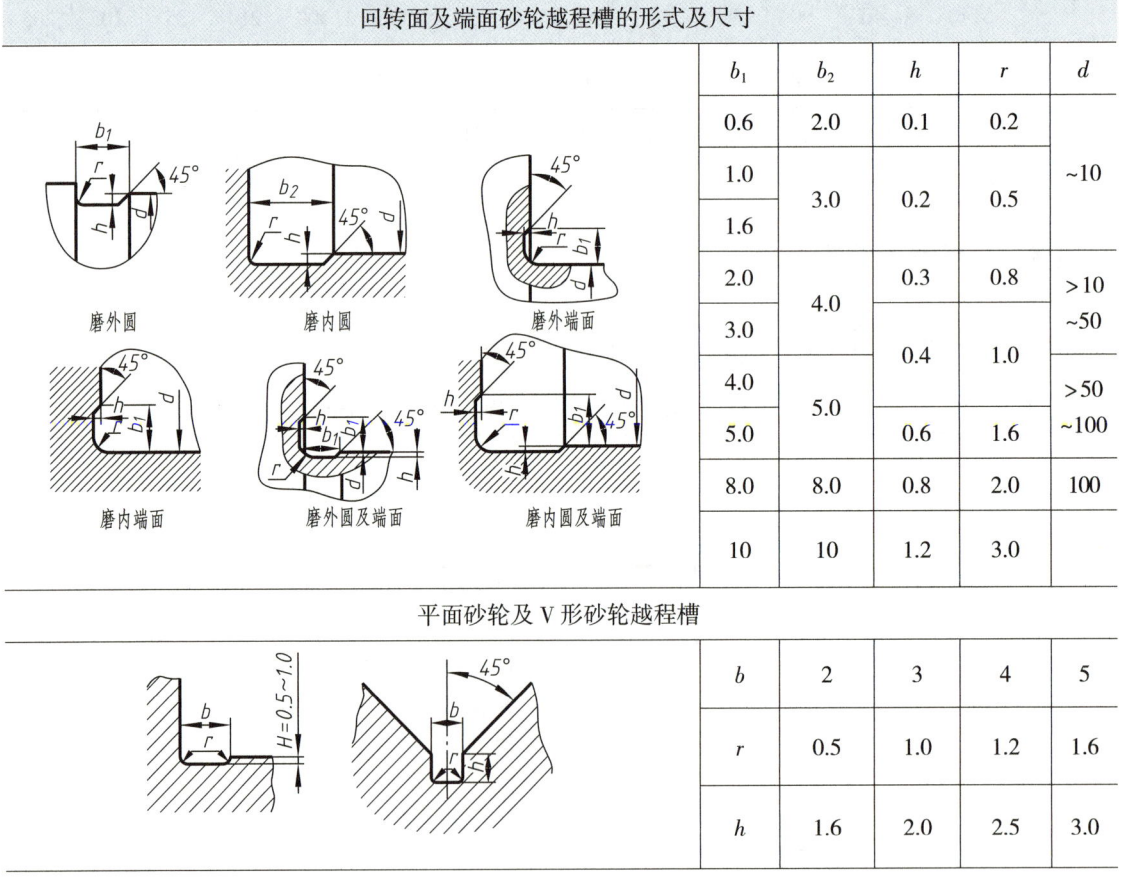

回转面及端面砂轮越程槽的形式及尺寸				
b_1	b_2	h	r	d
0.6	2.0	0.1	0.2	~10
1.0	3.0	0.2	0.5	
1.6				
2.0	4.0	0.3	0.8	>10~50
3.0				
4.0	5.0	0.4	1.0	>50~100
5.0		0.6	1.6	
8.0	8.0	0.8	2.0	100
10	10	1.2	3.0	

平面砂轮及V形砂轮越程槽				
b	2	3	4	5
r	0.5	1.0	1.2	1.6
h	1.6	2.0	2.5	3.0

续表

回转面及端面砂轮越程槽的形式及尺寸

燕尾导轨砂轮越程槽	矩形导轨砂轮越程槽

H	≤5	6	8	10	12	16	20	25	32	40	50	63	80	H	8	10	12	16	20	25	32	40	50	63	80	100
b	1	2		3			4				5		6	b		2				3			5		8	
h														h		1.6				2.0			3.0		5.0	
r		0.5			1.0				1.6				2.0	r	0.5				1.0				1.6		2.0	

3. 中心孔

附表 3-3　中心孔（GB/T 145—2001）　　　　　　　　　　mm

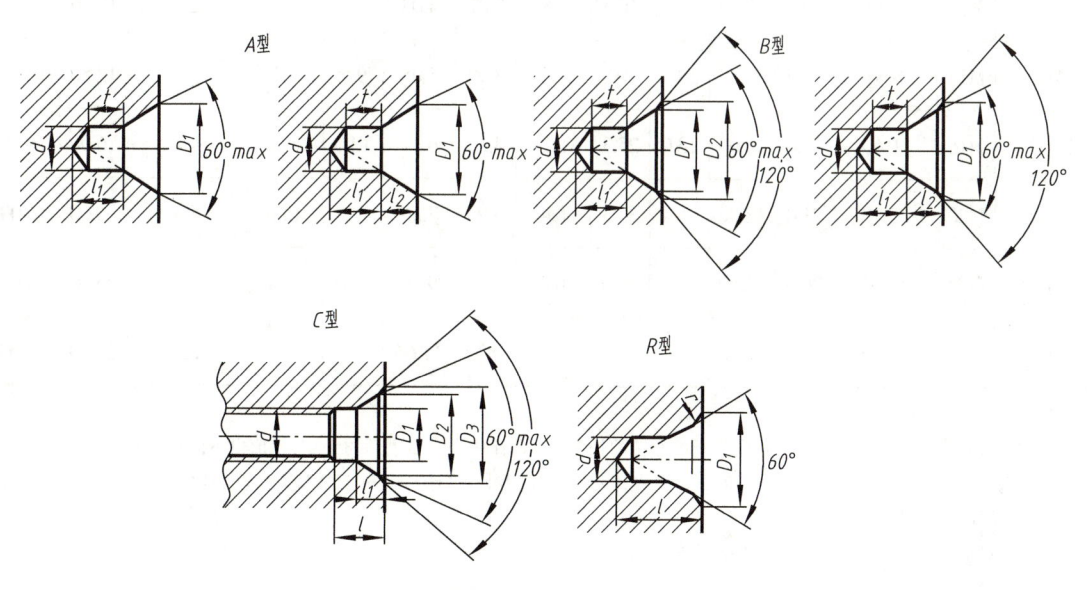

续表

d			D_1			D_2		D_3	l_1	l_2		l		t(参考尺寸)		r	
A型	B、R型	C型	A型	B、R型	C型	B型	C型	C型(参考尺寸)		A型	B型	C型	R型(l_{min})	A型	B型	R型 max	R型 min
(0.50)		1.06							0.48					0.5			
(0.63)		1.32							0.60					0.6			
(0.80)		1.70							0.78					0.7			
1.00	M3	2.12	3.2	3.15	5.3	5.8	1.8	0.97	1.27	2.6	2.3	0.9	3.15	2.50
(1.25)	M4	2.65	4.3	4.00	6.7	7.4	2.1	1.21	1.60	3.2	2.8	1.1	4.00	3.15
1.60	M5	3.35	5.3	5.00	8.1	8.8	2.4	1.52	1.99	4.0	3.5	1.4	5.00	4.00
2.00	M6	4.25	6.4	6.30	9.6	10.5	2.8	1.95	2.54	5.0	4.4	1.8	6.30	5.00
2.50	M8	5.30	8.4	8.00	12.2	13.2	3.3	2.42	3.20	6.0	5.5	2.2	8.00	6.30
3.15	M10	6.70	10.5	10.00	14.9	16.3	3.8	3.07	4.03	7.5	7.0	2.8	10.00	8.00
4.00	M12	8.50	13.0	12.50	18.1	19.8	4.4	3.90	5.05	9.5	8.9	3.5	12.50	10.00
(5.00)	M16	10.60	17.0	16.00	23.0	25.2	5.2	4.85	6.41	12.0	11.2	4.4	16.00	12.50
6.30	M20	13.20	21.0	18.00	28.4	31.3	6.4	5.98	7.36	15.0	14.0	5.5	20.00	16.00
(8.00)	M24	17.00	26.0	22.40	34.2	38.0	8.0	7.79	9.36	18.0	17.9	7.0	25.00	20.00
10.00		21.20		28.00				9.70	11.66		22.5	8.7	31.50	25.00

注：1. 括号内的尺寸尽量不采用。
    2. 对 A 型孔和 B 型孔，尺寸 l_1 取决于中心钻的长度 l_1。即使中心钻重磨后再使用，此值也不应小于 t 值。
    3. 对于 A 型孔，同时列出了 D_1 和 l_2 尺寸，制造厂可任选其中一个尺寸；对于 B 型孔，同时列出了 D_2 和 l_2 尺寸，制造厂可任选其中一个尺寸。
    4. 对于 B 型孔，尺寸 d 和 D_1 与中心钻的尺寸一致。

附录 4 极限与配合

附表 4-1 标准公差数值（GB/T 1800.1—2020）

公称尺寸 l/mm		公差等级																		
大于	至	IT01	IT0	IT1	IT2	IT3	IT4	IT5	IT6	IT7	IT8	IT9	IT10	IT11	IT12	IT13	IT14	IT15	IT16	IT17	IT18
		μm													mm						
—	3	0.3	0.5	0.8	1.2	2	3	4	6	10	14	25	40	60	0.10	0.14	0.25	0.40	0.60	1.0	1.4
3	6	0.4	0.6	1	1.5	2.5	4	5	8	12	18	30	48	75	0.12	0.18	0.30	0.48	0.75	1.2	1.8
6	10	0.4	0.6	1	1.5	2.5	4	6	9	15	22	36	58	90	0.15	0.22	0.36	0.58	0.90	1.5	2.2
10	18	0.5	0.8	1.2	2	3	5	8	11	18	27	43	70	110	0.18	0.27	0.43	0.70	1.10	1.8	2.7
18	30	0.6	1	1.5	2.5	4	6	9	13	21	33	52	84	130	0.21	0.33	0.52	0.84	1.30	2.1	3.3
30	50	0.6	1	1.5	2.5	4	7	11	16	25	39	62	100	160	0.25	0.39	0.62	1.00	1.60	2.5	3.9
50	80	0.8	1.2	2	3	5	8	13	19	30	46	74	120	190	0.30	0.46	0.74	1.20	1.90	3.0	4.6
80	120	1	1.5	2.5	4	6	10	15	22	35	54	87	140	220	0.35	0.54	0.87	1.40	2.20	3.5	5.4
120	180	1.2	2	3.5	5	8	12	18	25	40	63	100	160	250	0.40	0.63	1.00	1.60	2.50	4.0	6.3
180	250	2	3	4.5	7	10	14	20	29	46	72	115	185	290	0.46	0.72	1.15	1.85	2.90	4.6	7.2
250	315	2.5	4	6	8	12	16	23	32	52	81	130	210	320	0.52	0.81	1.30	2.10	3.20	5.2	8.1
315	400	3	5	7	9	13	18	25	36	57	89	140	230	360	0.57	0.89	1.40	2.30	3.60	5.7	8.9
400	500	4	6	8	10	15	20	27	40	63	97	155	250	400	0.63	0.97	1.55	2.50	4.00	6.3	9.7

注：1. 1 μm=1/1 000 mm。
2. 公称尺寸>500 mm 的公差数值未列入。

附表 4–2　轴的基本偏差数值

公称尺寸 /mm		基本偏差（上极限偏差 es）										
		所有公差等级										
大于	至	a	b	c	cd	d	e	ef	f	fg	g	h	js
—	3	−270	−140	−60	−34	−20	−14	−10	−6	−4	−2	0	
3	6	−270	−140	−70	−46	−30	−20	−14	−10	−6	−4	0	
6	10	−280	−150	−80	−56	−40	−25	−18	−13	−8	−5	0	
10	14	−290	−150	−95	−70	−50	−32	−23	−16	−10	−6	0	
14	18												
18	24	−300	−160	−110	−85	−65	−40	−25	−20	−12	−7	0	
24	30												
30	40	−310	−170	−120	−100	−80	−50	−35	−25	−15	−9	0	
40	50	−320	−180	−130									
50	65	−340	−190	−140	—	−100	−60	—	−30	—	−10	0	偏差 $= \pm \dfrac{\mathrm{IT}n}{2}$（$n$ 为标准公差等级数）
65	80	−360	−200	−150									
80	100	−380	−220	−170	—	−120	−72	—	−36	—	−12	0	
100	120	−410	−240	−180									
120	140	−460	−260	−200	—	−145	−85	—	−43	—	−14	0	
140	160	−520	−280	−210									
160	180	−580	−310	−230									
180	200	−660	−340	−240	—	−170	−100	—	−50	—	−15	0	
200	225	−740	−380	−260									
225	250	−820	−420	−280									
250	280	−920	−480	−300	—	−190	−110	—	−56	—	−17	0	
280	315	−1 050	−540	−330									
315	355	−1 200	−600	−360	—	−210	−125	—	−62	—	−18	0	
355	400	−1 350	−680	−400									
400	450	−1 500	−760	−440	—	−230	−135	—	−68	—	−20	0	
450	500	−1 650	−840	−480									

注：公称尺寸 >500 mm 的偏差数值未列入。

附录4 极限与配合

（GB/T 1800.1—2020）

μm

					基本偏差（下极限偏差ei）													
5、6	7	8	4~7	≤3,>7	所有公差等级													
j	j	j	k	k	m	n	p	r	s	t	u	v	x	y	z	za	zb	zc
−2	−4	−6	0	0	+2	+4	+6	+10	+14	—	+18	—	+20	—	+26	+32	+40	+60
−2	−4	—	+1	0	+4	+8	+12	+15	+19	—	+23	—	+28	—	+35	+42	+50	+80
−2	−5	—	+1	0	+6	+10	+15	+19	+23	—	+28	—	+34	—	+42	+52	+67	+97
−3	−6	—	+1	0	+7	+12	+18	+23	+28	—	+33	—	+40	—	+50	+64	+90	+130
											+39	+45	—	+60	+77	+108	+150	
−4	−8	—	+2	0	+8	+15	+22	+28	+35	—	+41	+47	+54	+63	+73	+98	+136	+188
										+41	+48	+55	+64	+75	+88	+118	+160	+218
−5	−10	—	+2	0	+9	+17	+26	+34	+43	+48	+60	+68	+80	+94	+112	+148	+200	+274
										+54	+70	+81	+97	+114	+136	+180	+242	+325
−7	−12	—	+2	0	+11	+20	+32	+41	+53	+66	+87	+102	+122	+144	+172	+226	+300	+405
									+43	+59	+75	+102	+120	+146	+174	+210	+274	+360	+480
−9	−15	—	+3	0	+13	+23	+37	+51	+71	+91	+124	+146	+178	+214	+258	+335	+445	+585
								+54	+79	+104	+144	+172	+210	+254	+310	+400	+525	+690
−11	−18	—	+3	0	+15	+27	+43	+63	+92	+122	+170	+202	+248	+300	+365	+470	+620	+800
								+65	+100	+134	+190	+228	+280	+340	+415	+535	+700	+900
								+68	+108	+146	+210	+252	+310	+380	+465	+600	+780	+1 000
−13	−21	—	+4	0	+17	+31	+50	+77	+122	+166	+236	+284	+350	+425	+520	+670	+880	+1 150
								+80	+130	+180	+258	+310	+385	+470	+575	+740	+960	+1 250
								+84	+140	+196	+284	+340	+425	+520	+640	+820	+1 050	+1 350
−16	−26	—	+4	0	+20	+34	+56	+94	+158	+218	+315	+385	+475	+580	+710	+920	+1 200	+1 550
								+98	+170	+240	+350	+425	+525	+650	+790	+1 000	+1 300	+1 700
−18	−28	—	+4	0	+21	+37	+62	+108	+190	+268	+390	+475	+590	+730	+900	+1 150	+1 150	+1 900
								+114	+208	+294	+435	+530	+660	+820	+1 000	+1 300	+1 650	+2 100
−20	−32	—	+5	0	+28	+40	+68	+126	+232	+330	+490	+595	+740	+920	+1 100	+1 450	+1 850	+2 400
								+132	+252	+360	+540	+660	+820	+1 000	+1 250	+1 600	+2 100	+2 600

附表 4-3 孔的基本偏差数值

公称尺寸/mm		基本偏差（下极限偏差 EI）											6	7	8	≤8	>8	≤8	>8
		所有公差等级																	
大于	至	A	B	C	CD	D	E	EF	F	FG	G	H	JS	J			K		M	
—	3	+270	+140	+60	+34	+20	+14	+10	+6	+4	+2	0		+2	+4	+6	0	0	−2	−2
3	6	+270	+140	+70	+46	+30	+20	+14	+10	+6	+4	0		+5	+6	+10	−1+Δ	—	−4+Δ	−4
6	10	+280	+150	+80	+56	+40	+25	+18	+13	+8	+5	0		+5	+8	+12	−1+Δ	—	−6+Δ	−6
10	14	+290	+150	+95	+70	+50	+32	+23	+16	+10	+6	0		+6	+10	+15	−1+Δ	—	−7+Δ	−7
14	18	+290	+150	+95	+70	+50	+32	+23	+16	+10	+6	0		+6	+10	+15	−1+Δ	—	−7+Δ	−7
18	24	+300	+160	+110	+85	+65	+40	+28	+20	+12	+7	0		+8	+12	+20	−2+Δ	—	−8+Δ	−8
24	30	+300	+160	+110	+85	+65	+40	+28	+20	+12	+7	0		+8	+12	+20	−2+Δ	—	−8+Δ	−8
30	40	+310	+170	+120	+100	+80	+50	+35	+25	+15	+9	0		+10	+14	+24	−2+Δ	—	−9+Δ	−9
40	50	+320	+180	+130	+100	+80	+50	+35	+25	+15	+9	0		+10	+14	+24	−2+Δ	—	−9+Δ	−9
50	65	+340	+190	+140	—	+100	+60	—	+30	—	+10	0	偏差 $IT_n = \pm \dfrac{IT_n}{2}$（$n$ 为标准公差等级数）	+13	+18	+28	−2+Δ	—	−11+Δ	−11
65	80	+360	+200	+150	—	+100	+60	—	+30	—	+10	0		+13	+18	+28	−2+Δ	—	−11+Δ	−11
80	100	+380	+220	+170	—	+120	+72	—	+36	—	+12	0		+16	+22	+34	−3+Δ	—	−13+Δ	−13
100	120	+410	+240	+180	—	+120	+72	—	+36	—	+12	0		+16	+22	+34	−3+Δ	—	−13+Δ	−13
120	140	+460	+260	+200	—	+145	+85	—	+43	—	+14	0		+18	+26	+41	−3+Δ	—	−15+Δ	−15
140	160	+520	+280	+210	—	+145	+85	—	+43	—	+14	0		+18	+26	+41	−3+Δ	—	−15+Δ	−15
160	180	+580	+310	+230	—	+145	+85	—	+43	—	+14	0		+18	+26	+41	−3+Δ	—	−15+Δ	−15
180	200	+660	+340	+240	—	+170	+100	—	+50	—	+15	0		+22	+30	+47	−4+Δ	—	−17+Δ	−17
200	225	+740	+380	+260	—	+170	+100	—	+50	—	+15	0		+22	+30	+47	−4+Δ	—	−17+Δ	−17
225	250	+820	+420	+280	—	+170	+100	—	+50	—	+15	0		+22	+30	+47	−4+Δ	—	−17+Δ	−17
250	280	+920	+480	+300	—	+190	+110	—	+56	—	+17	0		+25	+36	+55	−4+Δ	—	−20+Δ	−20
280	315	+1 050	+540	+330	—	+190	+110	—	+56	—	+17	0		+25	+36	+55	−4+Δ	—	−20+Δ	−20
315	355	+1 200	+600	+360	—	+210	+125	—	+62	—	+18	0		+29	+39	+60	−4+Δ	—	−21+Δ	−21
355	400	+1 350	+680	+400	—	+210	+125	—	+62	—	+18	0		+29	+39	+60	−4+Δ	—	−21+Δ	−21
400	450	+1 500	+760	+440	—	+230	+135	—	+68	—	+20	0		+33	+43	+66	−5+Δ	—	−23+Δ	−23
450	500	+1 650	+840	+480	—	+230	+135	—	+68	—	+20	0		+33	+43	+66	−5+Δ	—	−23+Δ	−23

注：公称尺寸 >500 mm 的偏差数值未列入。

附录4 极限与配合

（GB/T 1800.1—2020） μm

基本偏差（上级限偏差 ES）													Δ				
≤8	>8	≤7					>7										
N	P~ZC	P	R	S	T	U	V	X	Y	Z	ZA	ZB	ZC	3	4	5	6	7	8
−4	−4	−6	−10	−14	—	−18	—	−20	—	−26	−32	−40	−60	0					
−8+Δ	0	−12	−15	−19	—	−23	—	−28	—	−35	−42	−50	−80	1	1.5	1	3	4	6
−10+Δ	0	−15	−19	−23	—	−28	—	−34	—	−42	−52	−67	−97	1	1.5	2	3	6	7
−12+Δ	0	−18	−23	−28	—	−33	−40	−45	—	−50	−64	−90	−130	1	2	3	3	7	9
							−39	−45	—	−60	−77	−108	−150						
−15+Δ	0	−22	−28	−35	—	−41	−47	−54	−63	−73	−98	−136	−188	1.5	2	3	4	8	12
					−41	−48	−55	−64	−75	−88	−118	−160	−218						
−17+Δ	0	−26	−34	−43	−48	−60	−68	−80	−94	−112	−148	−200	−274	1.5	3	4	5	9	14
					−54	−70	−81	−97	−114	−136	−180	−242	−325						
−20+Δ	0	−32	−41	−53	−66	−87	−102	−122	−144	−172	−226	−300	−405	2	3	5	6	11	16
			−43	−59	−75	−102	−120	−146	−174	−210	−274	−360	−480						
−23+Δ	0	−37	−51	−71	−91	−124	−146	−178	−214	−258	−335	−445	−585	2	4	5	7	13	19
			−54	−79	−104	−144	−172	−210	−254	−310	−400	−525	−690						
−27+Δ	0	−43	−63	−92	−122	−170	−202	−248	−300	−365	−470	−620	−800	3	4	6	7	15	23
			−65	−100	−134	−190	−228	−280	−340	−415	−535	−700	−900						
			−68	−108	−146	−210	−252	−310	−380	−465	−600	−780	−1 000						
−31+Δ	0	−50	−77	−122	−166	−236	−284	−350	−425	−520	−670	−880	−1 150	3	4	6	7	17	26
			−80	−130	−180	−258	−310	−385	−470	−575	−740	−960	−1 250						
			−84	−140	−196	−284	−340	−425	−520	−640	−820	−1 050	−1 350						
−34+Δ	0	−56	−94	−158	−218	−315	−385	−475	−580	−710	−920	−1 200	−1 550	4	4	7	9	20	29
			−98	−170	−240	−350	−425	−525	−650	−790	−1 000	−1 300	−1 700						
−37+Δ	0	−62	−108	−190	−268	−390	−475	−590	−730	−900	−1 150	−1 500	−1 900	4	5	7	11	21	32
			−114	−208	−294	−435	−530	−660	−820	−1 000	−1 300	−1 650	−2 100						
−40+Δ	0	−68	−126	−232	−330	−490	−595	−740	−920	−1 100	−1 450	−1 850	−2 400	5	5	7	13	23	34
			−132	−252	−360	−540	−660	−820	−1 000	−1 250	−1 600	−2 100	−2 600						

（P~ZC 列：在 >7 级的相应数值上增加一个 Δ 值）

附表 4-4　优先配合中轴的极限偏差（GB/T 1800.2—2020）　　μm

公称尺寸/mm		公差带												
		c	d	f	g	h	h	h	h	k	n	p	s	u
大于	至	11	9	7	6	6	7	9	11	6	6	6	6	6
—	3	−60 −120	−20 −45	−6 −16	−2 −8	0 −6	0 −10	0 −25	0 −60	+6 0	+10 +4	+12 +6	+20 +14	+24 +18
3	6	−70 −145	−30 −60	−10 −22	−4 −12	0 −8	0 −12	0 −30	0 −75	+9 +1	+16 +8	+20 +12	+27 +19	+31 +23
6	10	−80 −170	−40 −76	−13 −28	−5 −14	0 −9	0 −15	0 −36	0 −90	+10 +1	+19 +10	+24 +15	+32 +23	+37 +28
10	14	−95 −205	−50 −93	−16 −34	−6 −17	0 −11	0 −18	0 −43	0 −110	+12 +1	+23 +12	+29 +18	+39 +28	+44 +33
14	18													
18	24	−110 −240	−65 −117	−20 −41	−7 −20	0 −13	0 −21	0 −52	0 −130	+15 +2	+28 +15	+35 +22	+48 +35	+54 +41
24	30													+61 +48
30	40	−120 −280	−80 −142	−25 −50	−9 −25	0 −16	0 −25	0 −62	0 −160	+18 +2	+33 +17	+42 +26	+59 +43	+76 +60
40	50	−130 −290												+86 +70
50	65	−140 −330	−100 −174	−30 −60	−10 −29	0 −19	0 −30	0 −74	0 −190	+21 +2	+39 +20	+51 +32	+72 +53	+106 +87
65	80	−150 −340											+78 +59	+121 +102
80	100	−170 −390	−120 −207	−36 −71	−12 −34	0 −22	0 −35	0 −87	0 −220	+25 +3	+45 +23	+59 +37	+93 +71	+146 +124
100	120	−180 −400											+101 +79	+166 +144

附录4　极限与配合

续表

公称尺寸/mm		公差带											
		c	d	f	g	h				k	n	p	s	u
大于	至	11	9	7	6	6	7	9	11	6	6	6	6	6
120	140	−200 −450											+117 +92	+195 +170
140	160	−210 −460	−145 −245	−43 −83	−14 −39	0 −25	0 −40	0 −100	0 −250	+28 +3	+52 +27	+68 +43	+125 +100	+215 +190
160	180	−230 −480											+133 +108	+235 +210
180	200	−240 −530											+151 +122	+265 +236
200	225	−260 −550	−170 −285	−50 −96	−15 −44	0 −29	0 −46	0 −115	0 −290	+33 +4	+60 +31	+79 +50	+159 +130	+287 +258
225	250	−280 −570											+169 +140	+313 +284
250	280	−300 −620	−190 −320	−56 −108	−17 −49	0 −32	0 −52	0 −130	0 −320	+36 +4	+66 +34	+88 +56	+190 +158	+347 +315
280	315	−330 −650											+202 +170	+382 +350
315	355	−360 −720	−210 −350	−62 −119	−18 −54	0 −36	0 −57	0 −140	0 −360	+40 +4	+73 +37	+98 +62	+226 +190	+426 +390
355	400	−400 −760											+244 +208	+471 +435
400	450	−440 −840	−230 −385	−68 −131	−20 −60	0 −40	0 −63	0 −155	0 −400	+45 +5	+80 +40	+108 +68	+272 +232	+530 +490
450	500	−480 −880											+292 +252	+580 +540

附表 4-5　优先配合中孔的极限偏差（GB/T 1800.2—2020）　μm

公称尺寸/mm		公差带											
		C	D	F	G	H	H	H	H	K	N	P	S	U
大于	至	11	9	8	7	7	8	9	11	7	7	7	7	7
—	3	+120 +60	+45 +20	+20 +6	+12 +2	+10 0	+14 0	+25 0	+60 0	0 -10	-4 -14	-6 -16	-14 -24	-18 -28
3	6	+145 +70	+60 +30	+28 +10	+16 +4	+12 0	+18 0	+30 0	+75 0	+3 -9	-4 -16	-8 -20	-15 -27	-19 -31
6	10	+170 +80	+76 +40	+35 +13	+20 +5	+15 0	+22 0	+36 0	+90 0	+5 -10	-4 -19	-9 -24	-17 -32	-22 -37
10	14	+205 +95	+93 +50	+43 +16	+24 +6	+18 0	+27 0	+43 0	+110 0	+6 -12	-5 -23	-11 -29	-21 -39	-26 -44
14	18	+205 +95	+93 +50	+43 +16	+24 +6	+18 0	+27 0	+43 0	+110 0	+6 -12	-5 -23	-11 -29	-21 -39	-26 -44
18	24	+240 +110	+117 +65	+53 +20	+28 +7	+21 0	+33 0	+52 0	+130 0	+6 -15	-7 -28	-14 -35	-27 -48	-33 -54
24	30	+240 +110	+117 +65	+53 +20	+28 +7	+21 0	+33 0	+52 0	+130 0	+6 -15	-7 -28	-14 -35	-27 -48	-40 -61
30	40	+280 +120	+142 +80	+64 +25	+34 +9	+25 0	+39 0	+62 0	+160 0	+7 -18	-8 -33	-17 -42	-34 -59	-51 -76
40	50	+290 +130	+142 +80	+64 +25	+34 +9	+25 0	+39 0	+62 0	+160 0	+7 -18	-8 -33	-17 -42	-34 -59	-61 -86
50	65	+330 +140	+174 +100	+76 +30	+40 +10	+30 0	+46 0	+74 0	+190 0	+9 -21	-9 -39	-21 -51	-42 -72	-76 -106
65	80	+340 +150	+174 +100	+76 +30	+40 +10	+30 0	+46 0	+74 0	+190 0	+9 -21	-9 -39	-21 -51	-48 -78	-91 -121
80	100	+390 +170	+207 +120	+90 +36	+47 +12	+35 0	+54 0	+87 0	+220 0	+10 -25	-10 -45	-24 -59	-58 -93	-111 -146
100	120	+400 +180	+207 +120	+90 +36	+47 +12	+35 0	+54 0	+87 0	+220 0	+10 -25	-10 -45	-24 -59	-66 -101	-131 -166

附录 4　极限与配合

续表

公称尺寸 /mm		公差带												
^		C	D	F	G	H				K	N	P	S	U
大于	至	11	9	8	7	7	8	9	11	7	7	7	7	7
120	140	+450 +200											−77 −117	−155 −195
140	160	+460 +210	+245 +145	+106 +43	+54 +14	+40 0	+63 0	+100 0	+250 0	+12 −28	−12 −52	−28 −68	−85 −125	−175 −215
160	180	+480 +230											−93 −133	−195 −235
180	200	+530 +240											−105 −151	−219 −265
200	225	+550 +260	+285 +170	+122 +50	+61 +15	+46 0	+72 0	+115 0	+290 0	+13 −33	−14 −60	−33 −79	−113 −159	−241 −287
225	250	+570 +280											−123 −169	−267 −313
250	280	+620 +300	+320 +190	+137 +56	+69 +17	+52 0	+81 0	+130 0	+320 0	+16 −36	−14 −66	−36 −88	−138 −190	−295 −347
280	315	+650 +330											−150 −202	−330 −382
315	355	+720 +360	+350 +210	+151 +62	+75 +18	+57 0	+89 0	+140 0	+360 0	+17 −40	−16 −73	−41 −98	−169 −226	−369 −426
355	400	+760 +400											−187 −244	−414 −471
400	450	+840 +440	+385 +230	+165 +68	+83 +20	+63 0	+97 0	+155 0	+400 0	+18 −45	−17 −80	−48 −108	−209 −272	−467 −530
450	500	+880 +480											−229 −292	−517 −580

附录 5　常用材料

一、黑色金属材料

附表 5-1　黑色金属材料

标准号	名称	牌号	说明	标准号	名称	牌号	说明
GB/T 700—2006	碳素结构钢	Q215	Q 表示碳素结构钢的屈服强度，后面的数值为屈服强度的数值。如 Q275 表示碳素结构钢的屈服强度为 275 MPa。Q215 的质量等级有 A、B 两种。Q235 有 A、B、C、D 四种	GB/T 3077—2015	合金结构钢	20Mn2	钢中加入一定量的合金元素，提高了钢的力学性能和耐磨性；也提高了钢的淬透性，保证金属在较大截面上能获得高的力学性能
		Q235				15Cr	
						40Cr	
						35SiMn	
		Q275				20CrMnTi	
GB/T 699—2015	优质碳素结构钢	10	牌号的两位数字表示平均的碳的质量分数，45 钢即表示平均的碳的质量分数为 0.45%。含锰量较高的钢，需加注化学元素符号"Mn"	GB/T 1220—2007	不锈钢	12Cr13	具有良好的耐蚀性、机械加工性，一般用途、刃具类
		15					
		25					
		35		GB/T 40802—2021	铸钢	ZG340-550	"ZG"是铸钢的代号。第一组数字表示屈服强度，第二组数字表示抗拉强度（单位为 MPa）
		45					
		55					
		60		GB/T 9439—2023	灰铸铁	HT150	"HT"为灰、铁二字汉语拼音的第一个字母。后面的数字代表抗拉强度值。例如 HT150 表示抗拉强度大于等于 150 MPa 的灰铸铁
		15Mn				HT200	
		65Mn				HT300	
GB/T 1591—2018	低合金高强度结构钢	Q355	普通碳素结构钢中加入少量合金元素（总量<3%）。其力学性能较碳素钢高，焊接性、耐蚀性、耐磨性较碳素钢好，但经济指标与碳素钢相近	GB/T 1348—2019	球墨铸铁	QT600-3	"QT"是球墨铸铁的代号，QT 后面的第一组数字表示抗拉强度，第二组数字表示断后伸长率，两组数字间用"-"隔开。如 QT500-5 表示球墨铸铁的抗拉强度不小于 500 MPa，断后伸长率为 5%
						QT500-7	
		Q390				QT400-15	

二、有色金属材料

附表 5-2 有色金属材料

标准	名称	牌号	性能及应用举例	说明
GB/T 5231—2022	普通黄铜	H62	适用于以压力加工方法生产的受力零件，如销、垫圈、螺母、导管、弹簧、铆钉等	"H"表示黄铜，62表示铜的质量分数为60.5%~63.5%
GB/T 1176—2013	38-2-2 锰黄铜	ZCuZn38Mn2Pb2	用于制造轴瓦、轴套及其他耐磨零件	"Z"表示"铸"。铜的质量分数为57%~60%，锰的质量分数为1.5%~2.5%，铅的质量分数为1.5%~2.5%，其余为锌
	3-8-6-1 锡青铜	ZCuSn3Zn8Pb6Ni1	用于受中等冲击负荷和在液体或半液体润滑及耐蚀条件下工作的零件，如轴承、轴瓦、蜗轮、螺母以及受 1 MPa 以下压力的蒸汽和水配件	锡的质量分数为2%~4%，锌的质量分数为6%~9%，铅的质量分数为4%~7%，镍的质量分数为0.5%~1.5%，其余为铜
	10-3 铝青铜	ZCuAl10Fe3	强度高，耐磨性、耐蚀性、受压、铸造性均良好，用于在蒸汽和海水条件下工作的零件及受摩擦和腐蚀的零件，如蜗轮衬套等	铝的质量分数为8.5%~11%，铁的质量分数为2%~4%，其余为铜
GB/T 1173—2013	铸造铝合金	ZAlSi12 ZL102（代号）	耐磨性中上，具有高的气密性及好的焊接性、切削性，用于制造中等载荷的零件，如泵体、气缸体、支架等	"Z"表示"铸"，"L"表示"铝"，ZL后面第一位数字表示合金系列。ZL102中，硅的质量分数为10%~13%、余量为铝。ZL104中，硅的质量分数为8%~10.5%，镁的质量分数为0.17%~0.35%，锰的质量分数为0.2%~0.5%，余量为铝
		ZAlCu4 ZL203（代号）		
		ZAlSi9Mg ZL104（代号）	用于制造形状复杂的高温静载荷或受冲击作用的大型零件，如风机叶片、气缸盖	
GB/T 3190—2020	硬铝合金	2A12	适于制作中等强度的零件，焊接性能好	2A12是硅的质量分数为0.5%、铜的质量分数为3.8%~4.9%、镁的质量分数为1.2%~1.8%、锰的质量分数为0.3%~0.9%、余量为铝的硬铝
		2A11		

附录 6　热处理

附表 6-1　热处理名词解释

热处理方法	解释	应用
退火	退火是将钢件(或钢坯)加热到适当温度,保温一段时间,然后再缓慢地冷却下来(一般用炉冷)	用来消除铸锻件的内应力和组织不均匀及晶粒粗大等现象。消除冷轧坯件的冷硬现象和内应力,降低硬度以便切削
正火	正火是将坯件加热到相变点以上 30℃~50℃,保温一段时间,然后用空气冷却,冷却速度比退火快	用来处理低碳和中碳结构钢件及渗碳机件,使其组织细化以增加强度与韧性。减小内应力,改善低碳钢的切削性能
淬火	淬火是将钢件加热到相变点以上某一温度,保温一段时间,然后在水、盐水或油中(个别材料在空气中)急冷,使其获得高硬度	用来提高钢的硬度和强度,但淬火时会引起内应力而使钢变脆,所以淬火后必须回火
表面淬火	表面淬火是使零件表面获得高硬度和耐磨性,而心部则保持塑性和韧性	对于各种在动载荷及摩擦条件下工作的齿轮、凸轮轴、曲轴及销等,都要经过这种处理。
高频表面淬火	利用高频感应电流使钢件表面迅速加热,并立即喷水冷却,淬火表面具有高的力学性能,淬火时不易氧化及脱碳,变形小,淬火操作及淬火层易实现精确的电控制与自动化,生产率高	表面淬火必须采用碳的质量分数大于 0.35% 的钢,因为碳含量低,淬火后增加的硬度不大,一般都用于淬透性较低的碳钢及合金钢(如 45、40Cr、40Mn2、9CrSi 等)
回火	回火是将淬硬的钢件加热到相变点以下的某一温度后保温一定时间,然后在空气中或油中冷却	用来消除淬火后的脆性和内应力,提高钢的冲击韧性
调质	淬火后再高温回火	用来使钢获得高的韧性和足够的强度,很多重要零件都需经过调质处理
渗碳	渗碳是指向钢表层渗碳,一般渗碳温度为 900℃~930℃,使低碳钢或低碳合金钢表面的碳的质量分数增加到 0.8%~1.2%,经过适当热处理,钢表层得到高的硬度和耐磨性,提高其疲劳强度	为了保证心部的高塑性和韧性,通常采用碳的质量分数为 0.08%~0.25% 的低碳钢和低合金钢,如齿轮、凸轮及活塞销等
氮化	氮化是指向钢表层渗氮,目前常用气体氮化法,即利用氨气加热时分解的活性氮原子渗入钢中	氮化后不再进行热处理,用于某种含铬、钼或铝的特种钢,以提高硬度和耐磨性,以及疲劳强度及耐腐蚀能力
氰化	氰化是指同时向钢表面渗碳及渗氮,常用液体碳化法处理,能获得比经渗碳处理更高的硬度和耐磨性,而且具有较高的抗疲劳性。在工艺上比渗碳或氮化时间短	增加表面硬度、耐磨性、疲劳强度和耐蚀性。用于要求硬度高且耐磨的中、小型及薄片零件和刀具等
发蓝处理	使钢的表面形成氧化膜	钢的发蓝处理可用来提高其表面耐腐蚀能力并使其外表美观。但其耐腐蚀能力并不理想,一般只能用于空气干燥及密闭的场所

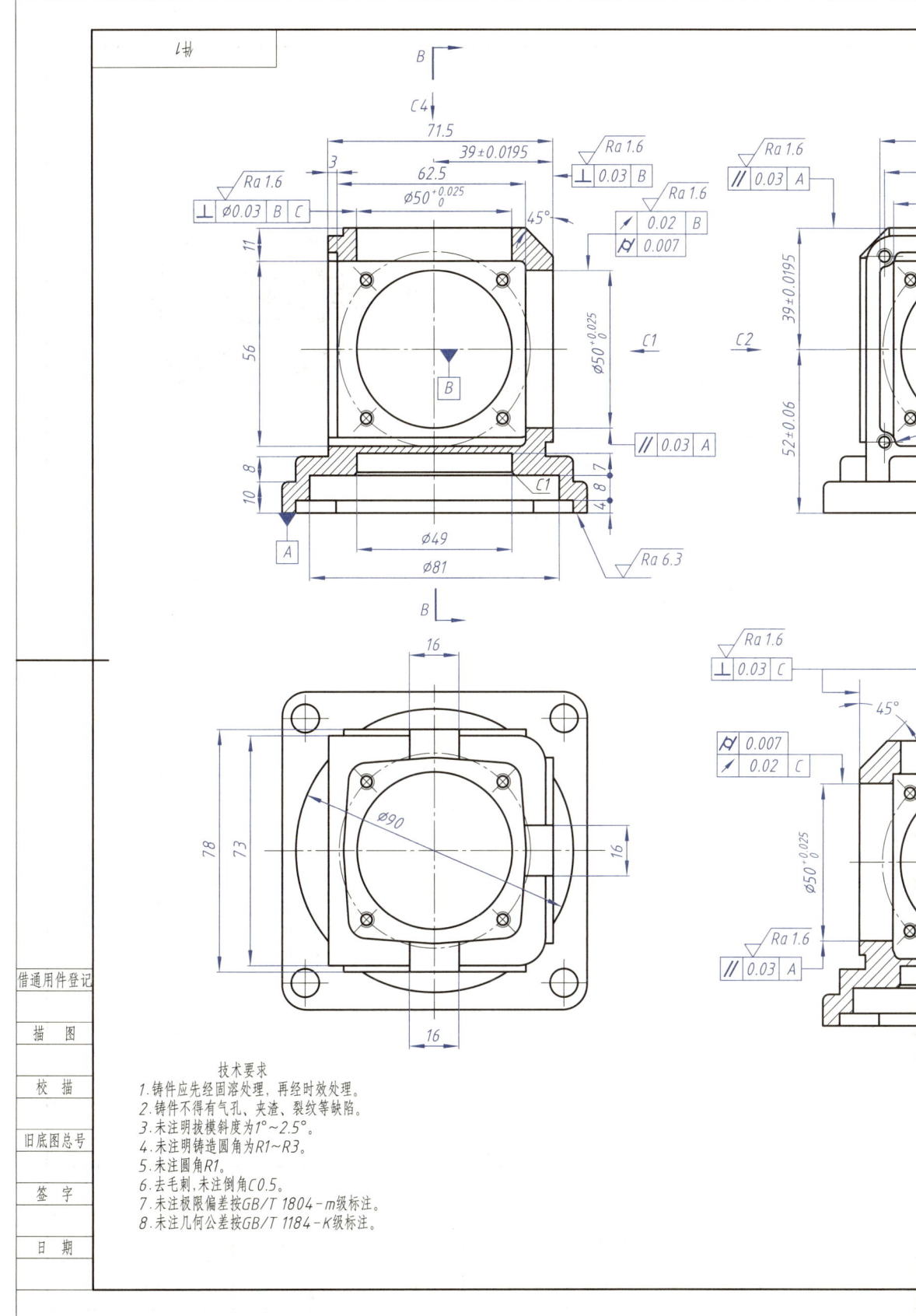

附图 7-2

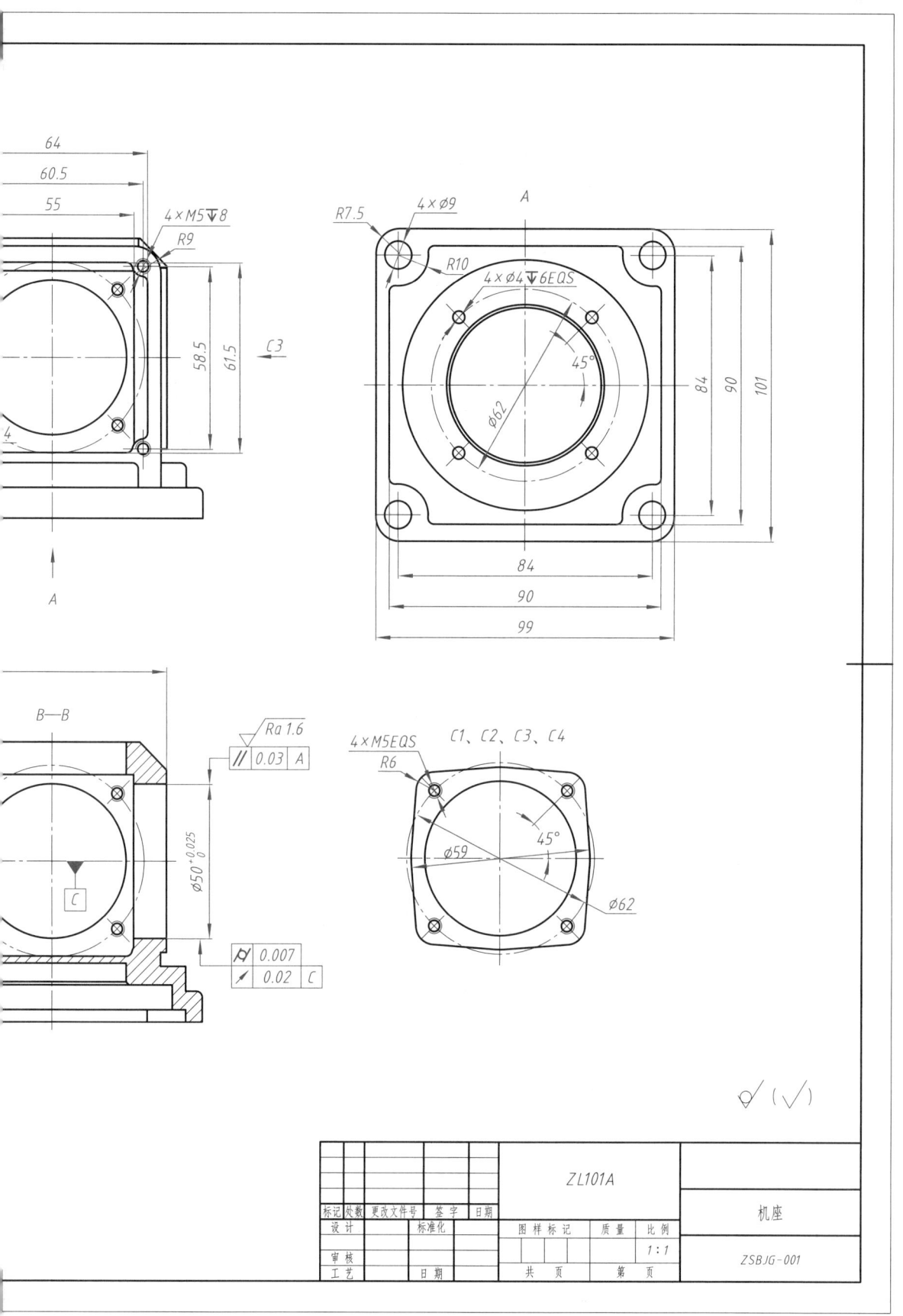

附录7 ZSB型机构工程图

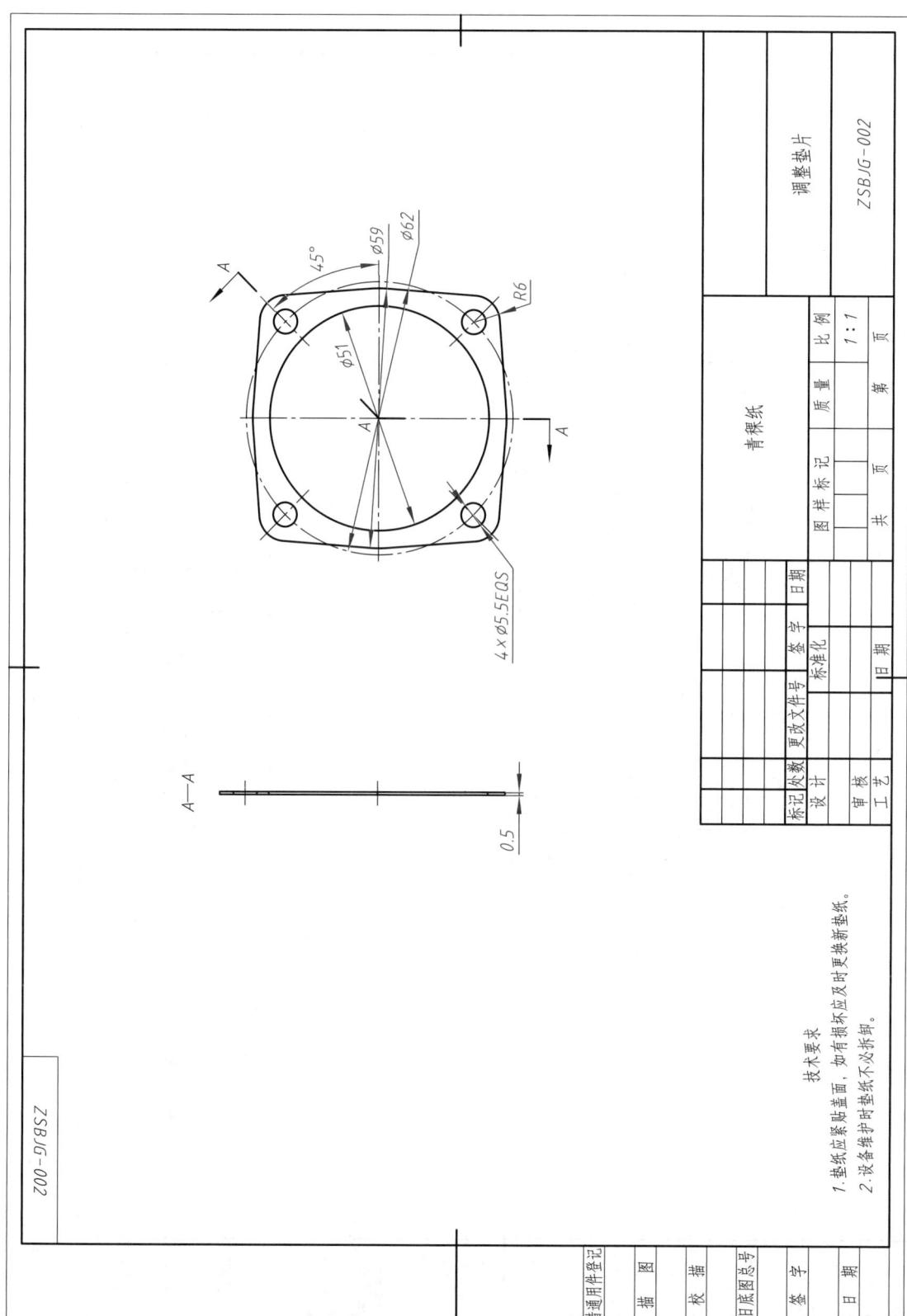

附图 7-3 调整垫片零件图

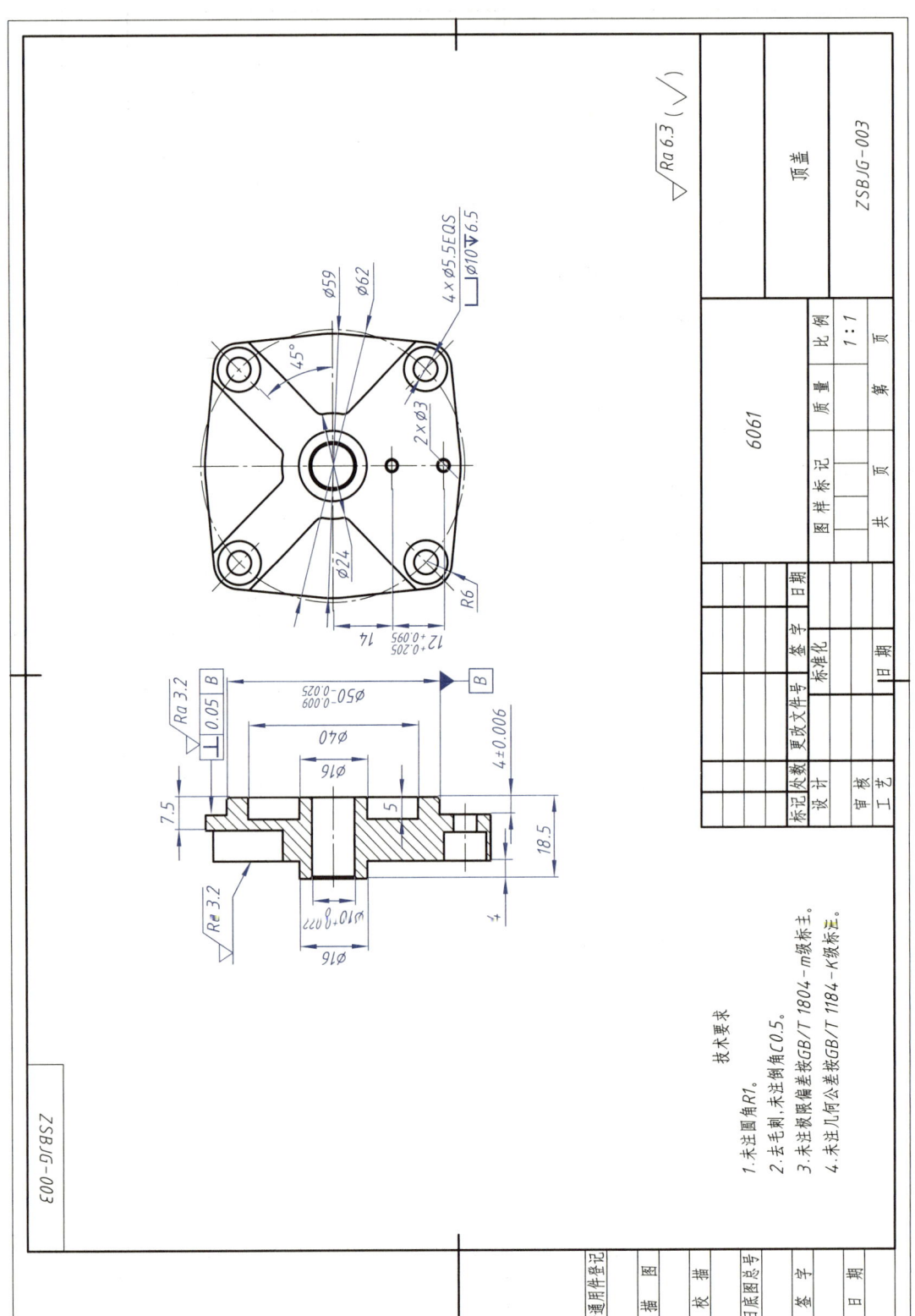

附图 7-4 顶盖零件图

附录7　ZSB型机构工程图

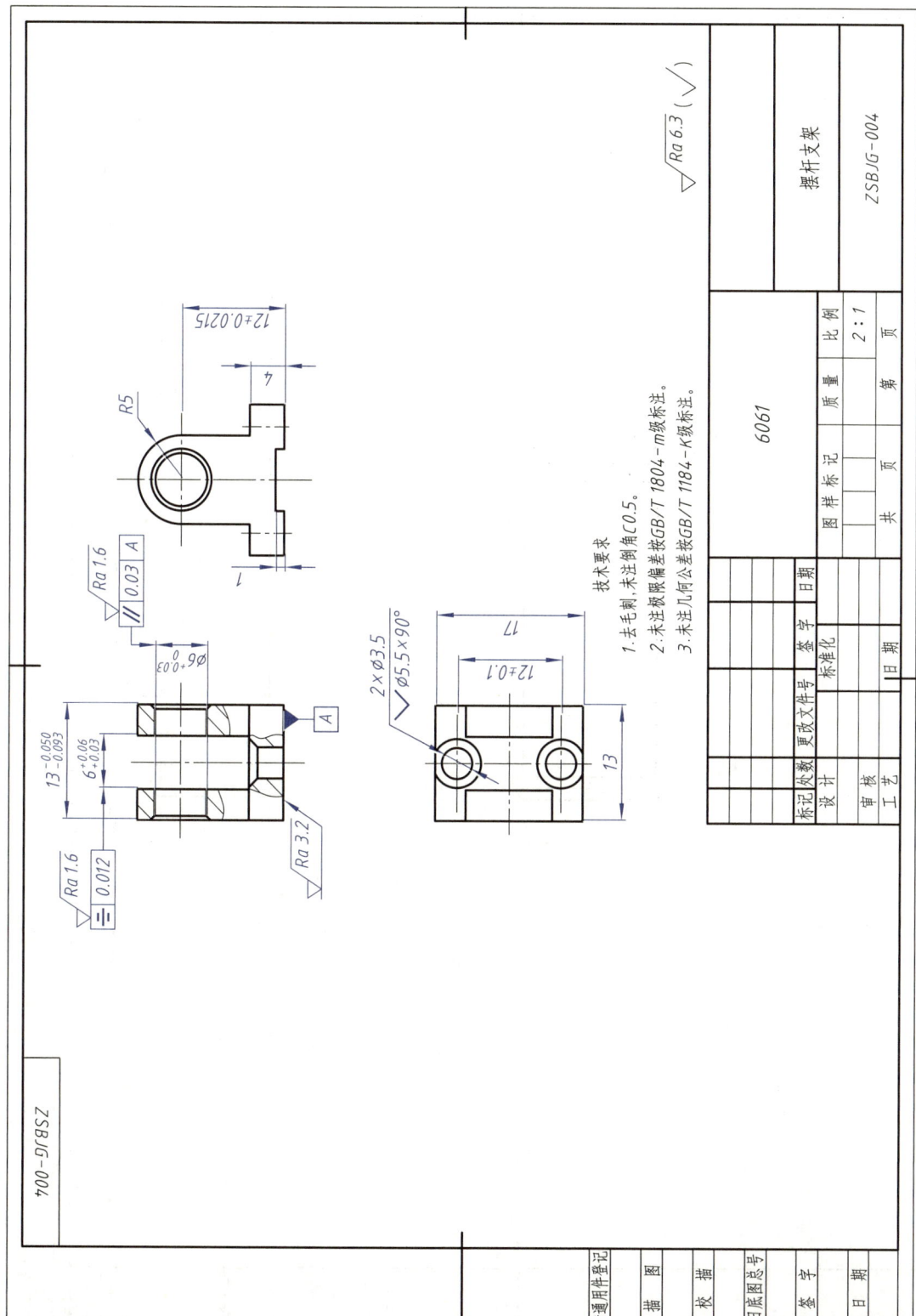

附图 7-5　摆杆支架零件图

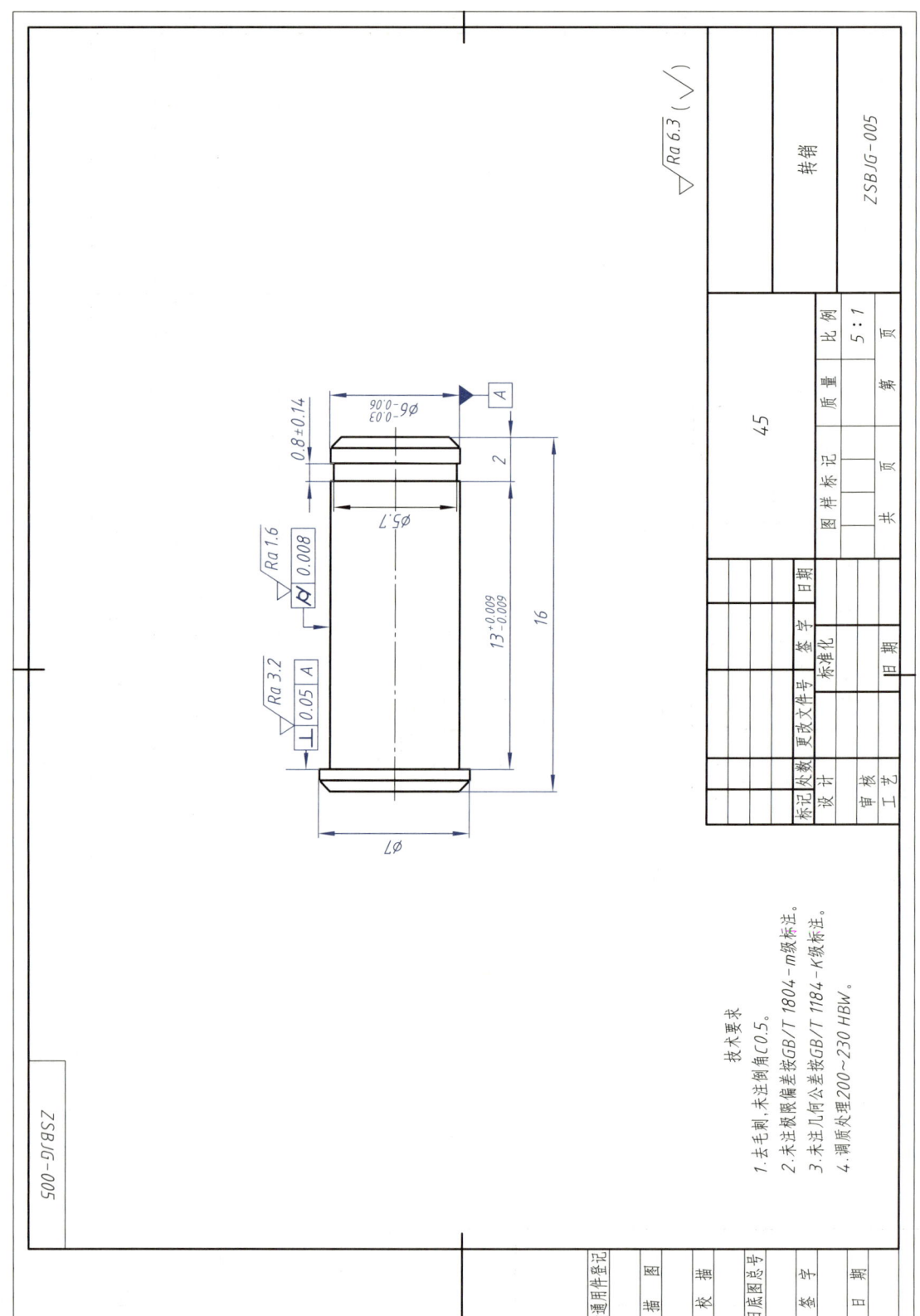

附图 7-6 转销零件图

附录7 ZSB型机构工程图

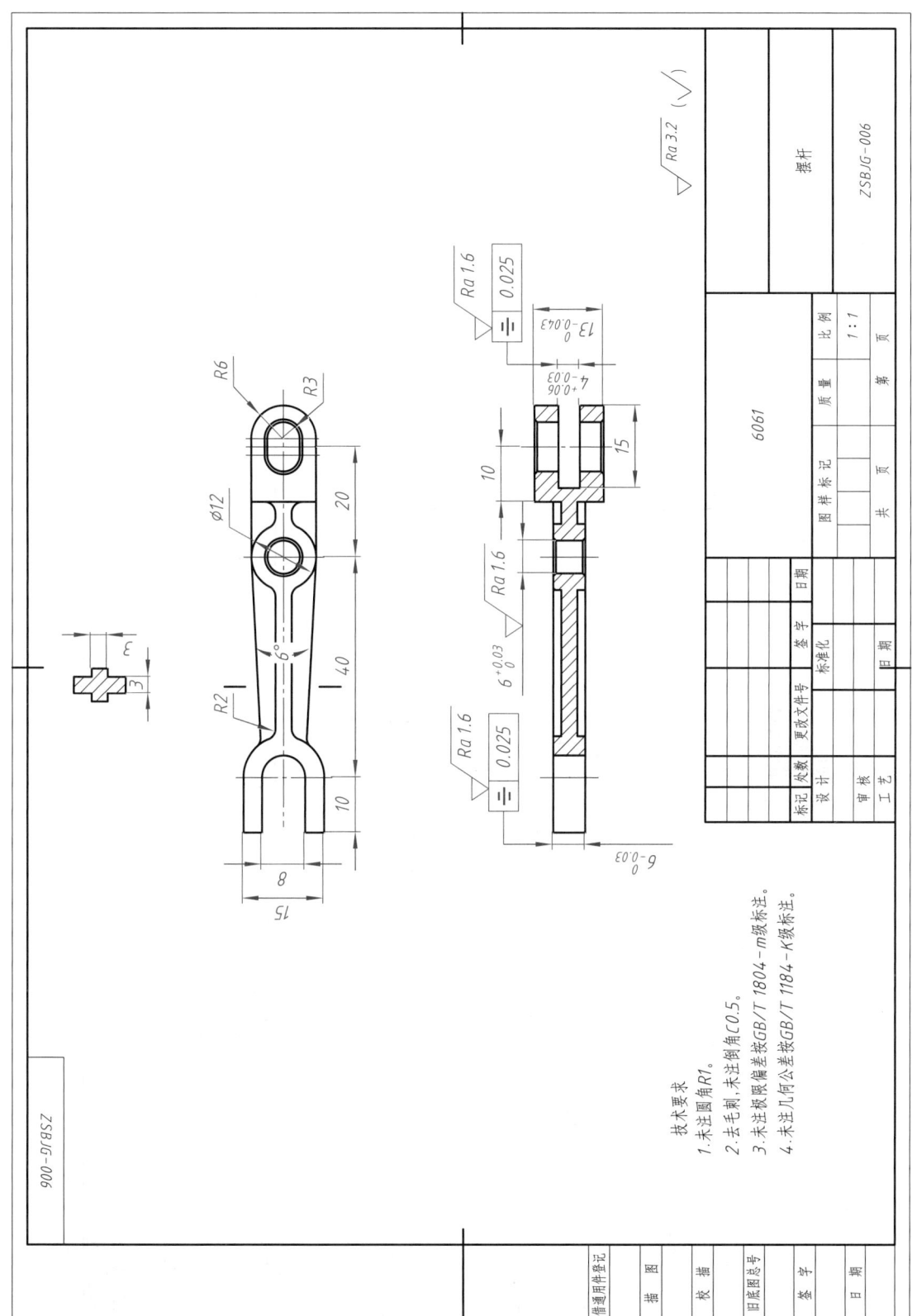

附图 7-7 摆杆零件图

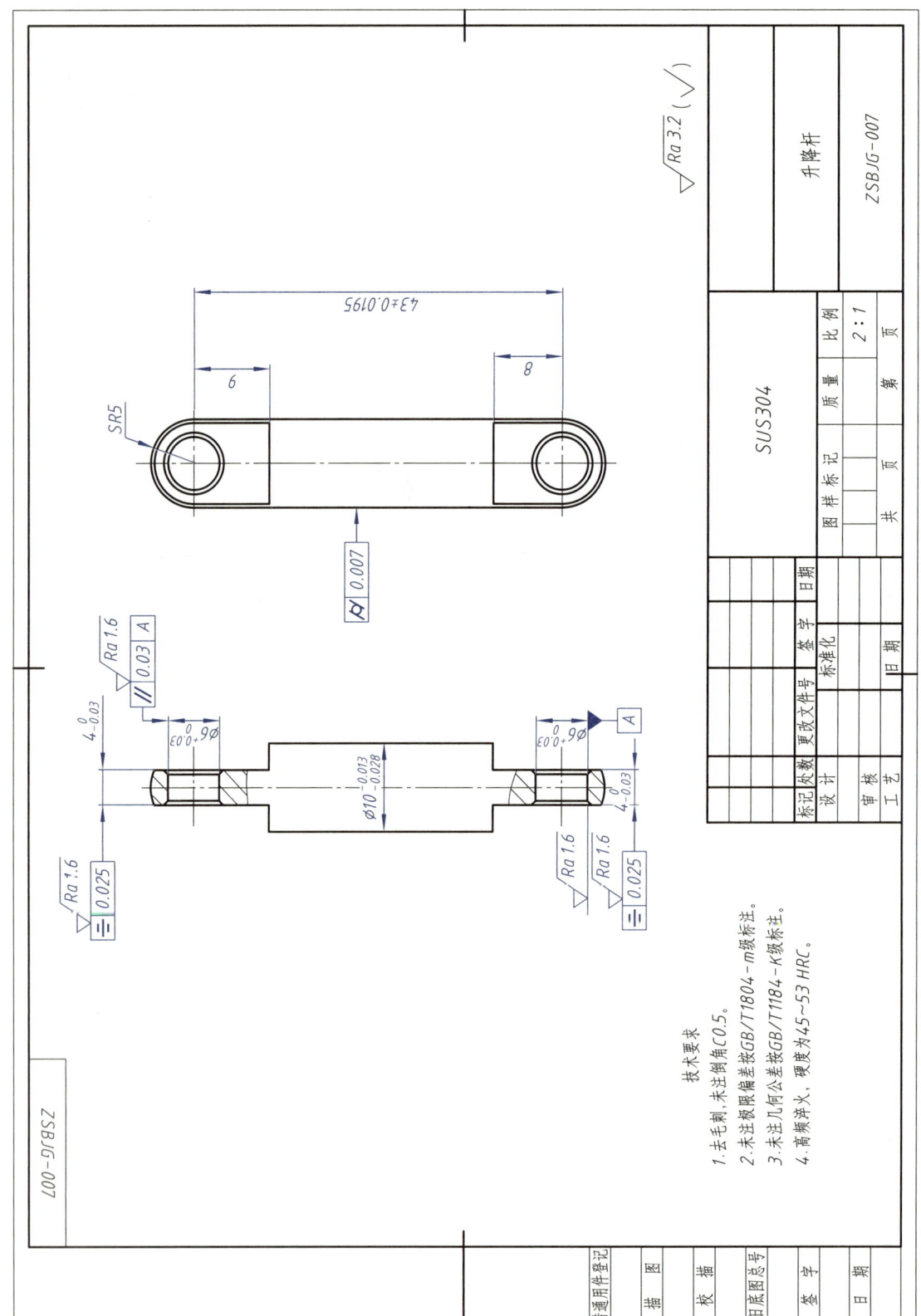

附图 7-8 升降杆零件图

附录7 ZSB型机构工程图

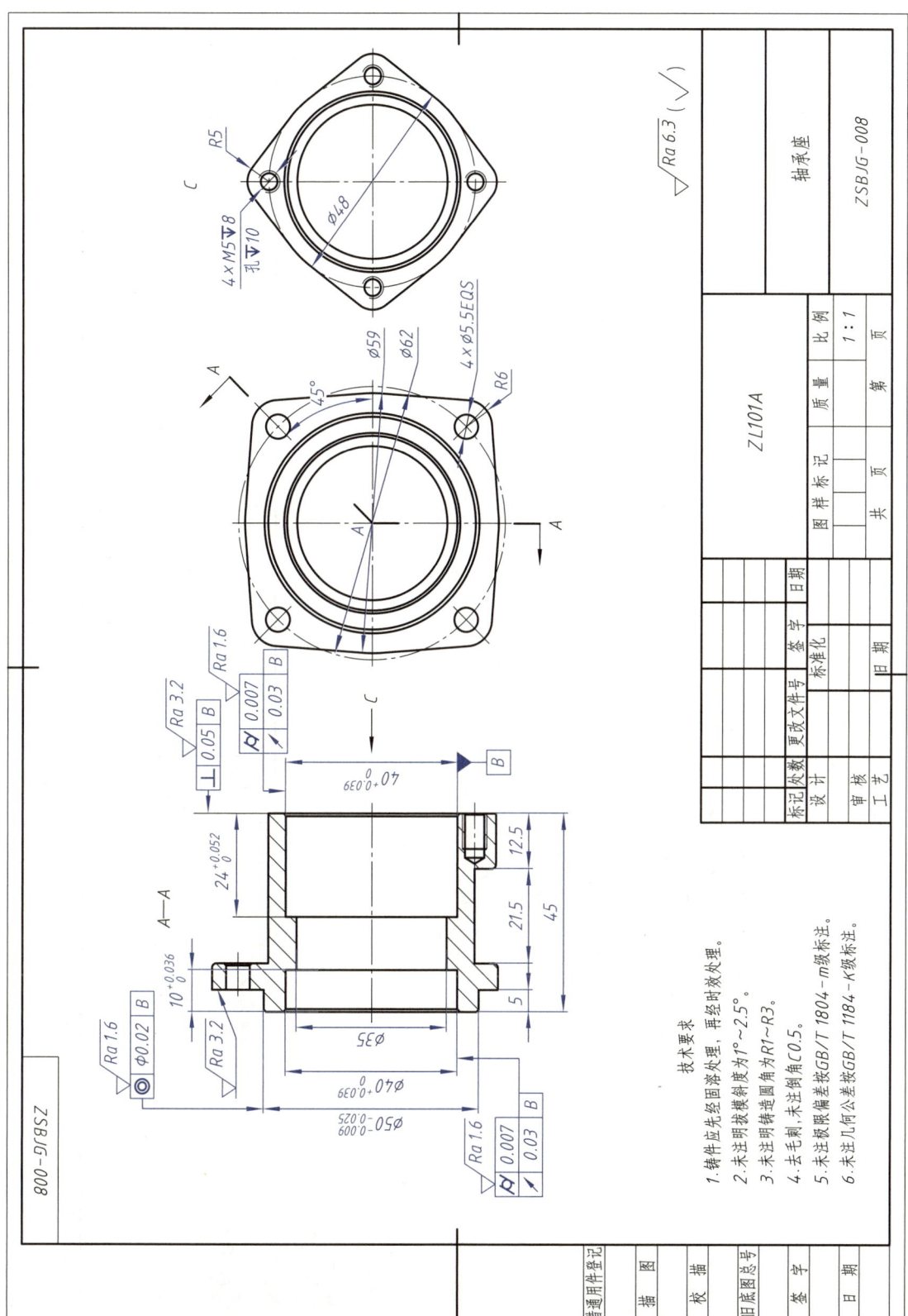

附图 7-9 轴承座零件图

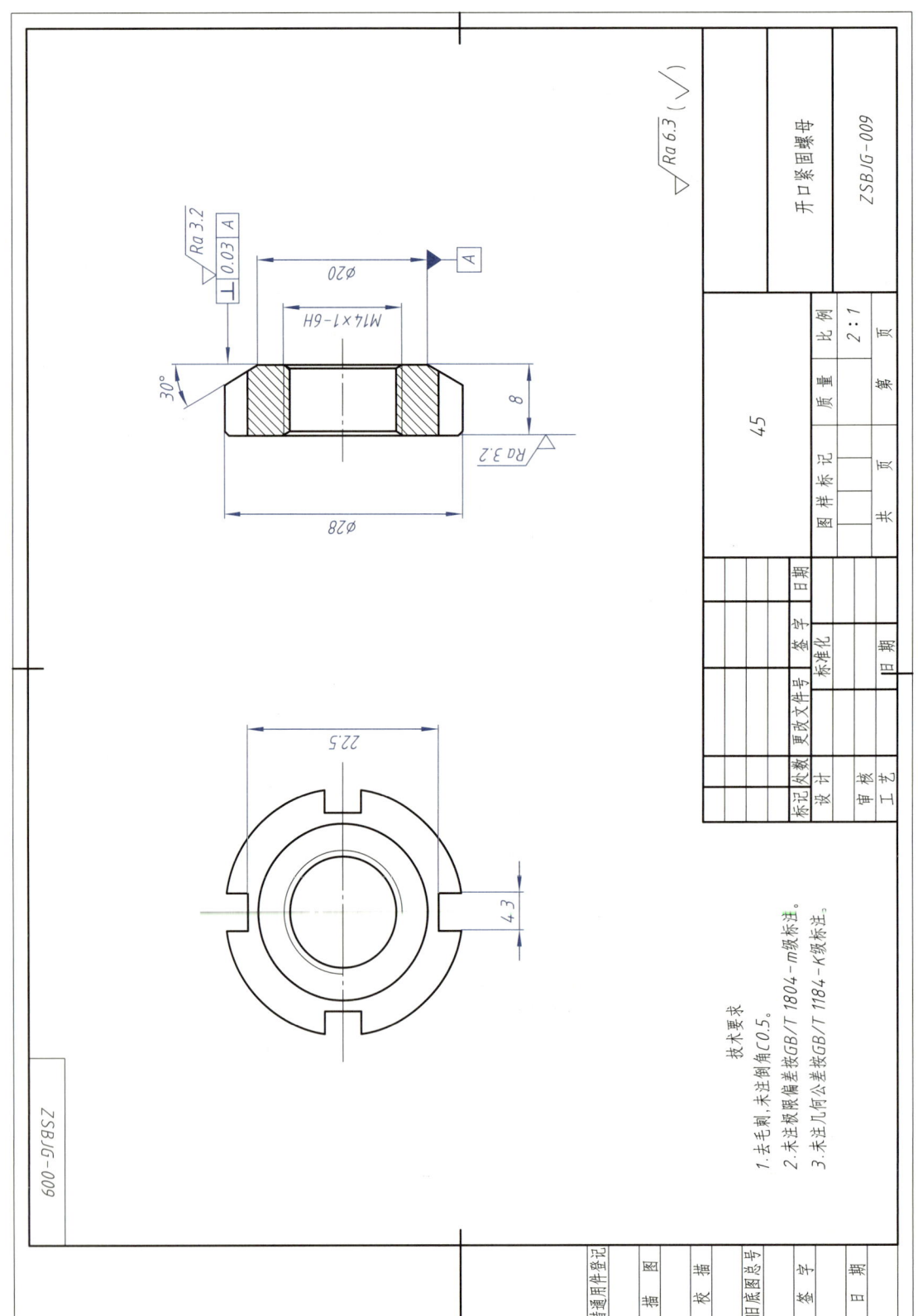

附图 7-10 开口紧固螺母零件图

附录7 ZSB型机构工程图

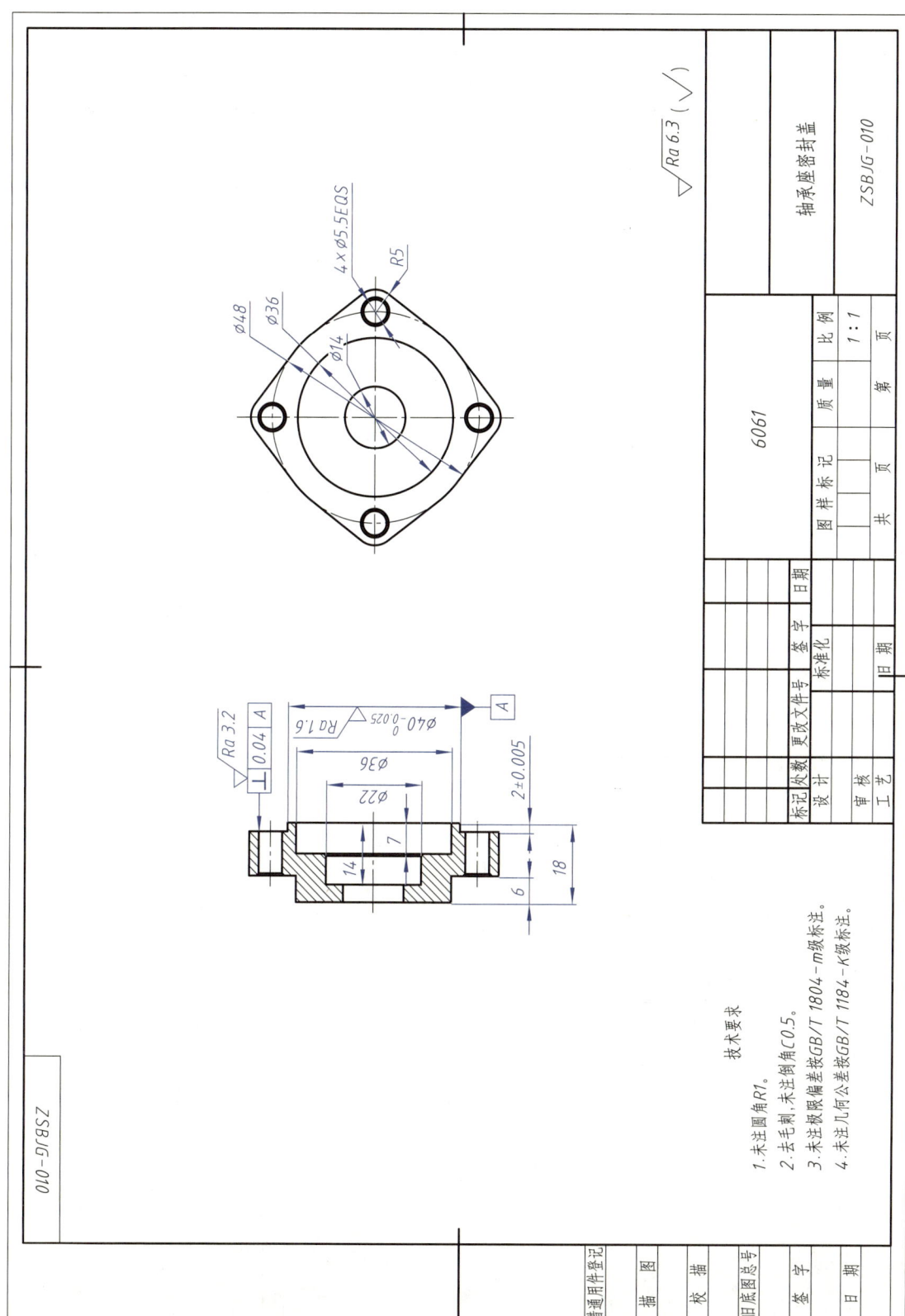

附图7-11 轴承座密封盖零件图

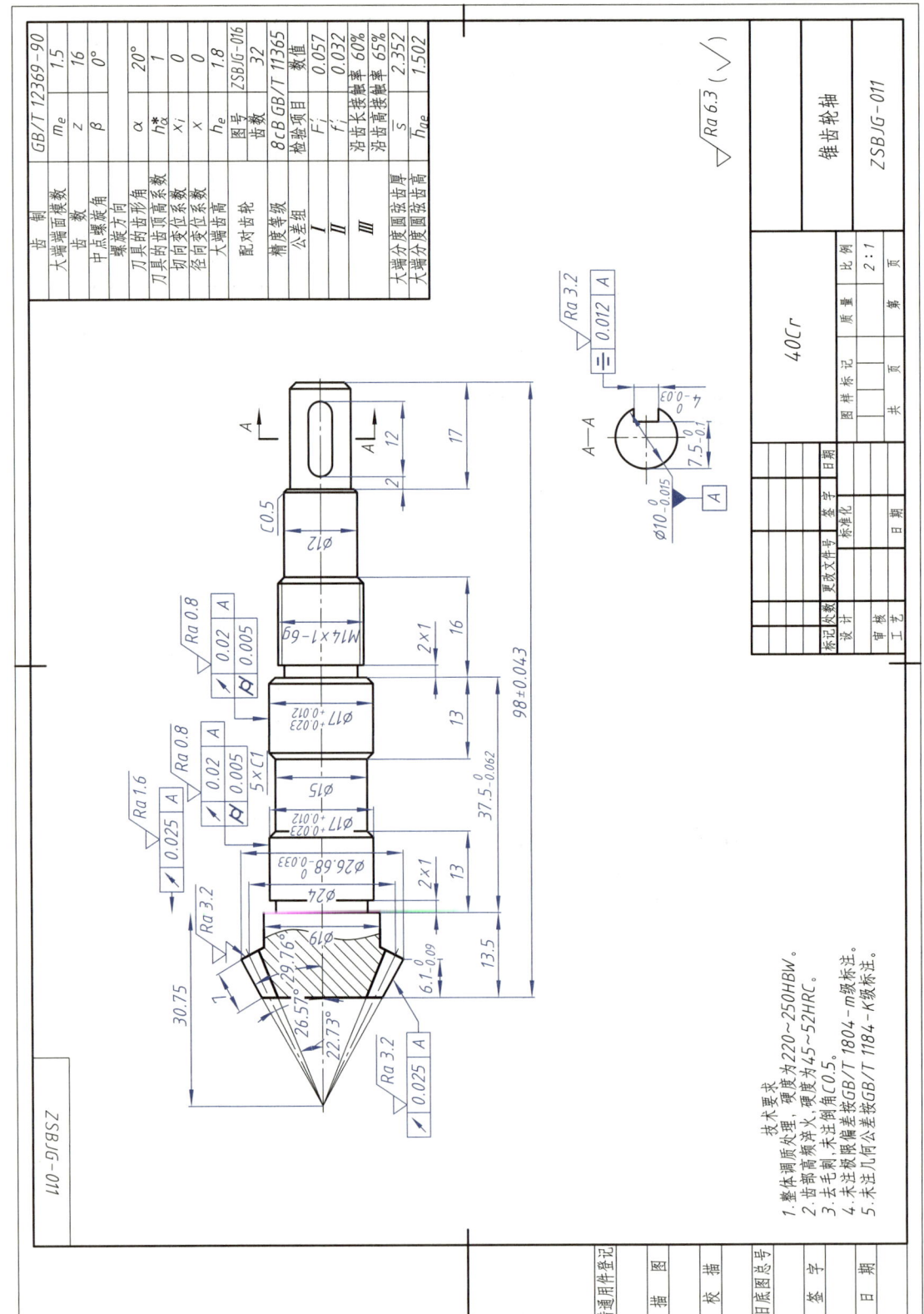

附图 7-12 锥齿轮轴零件图

附录7 ZSB型机构工程图

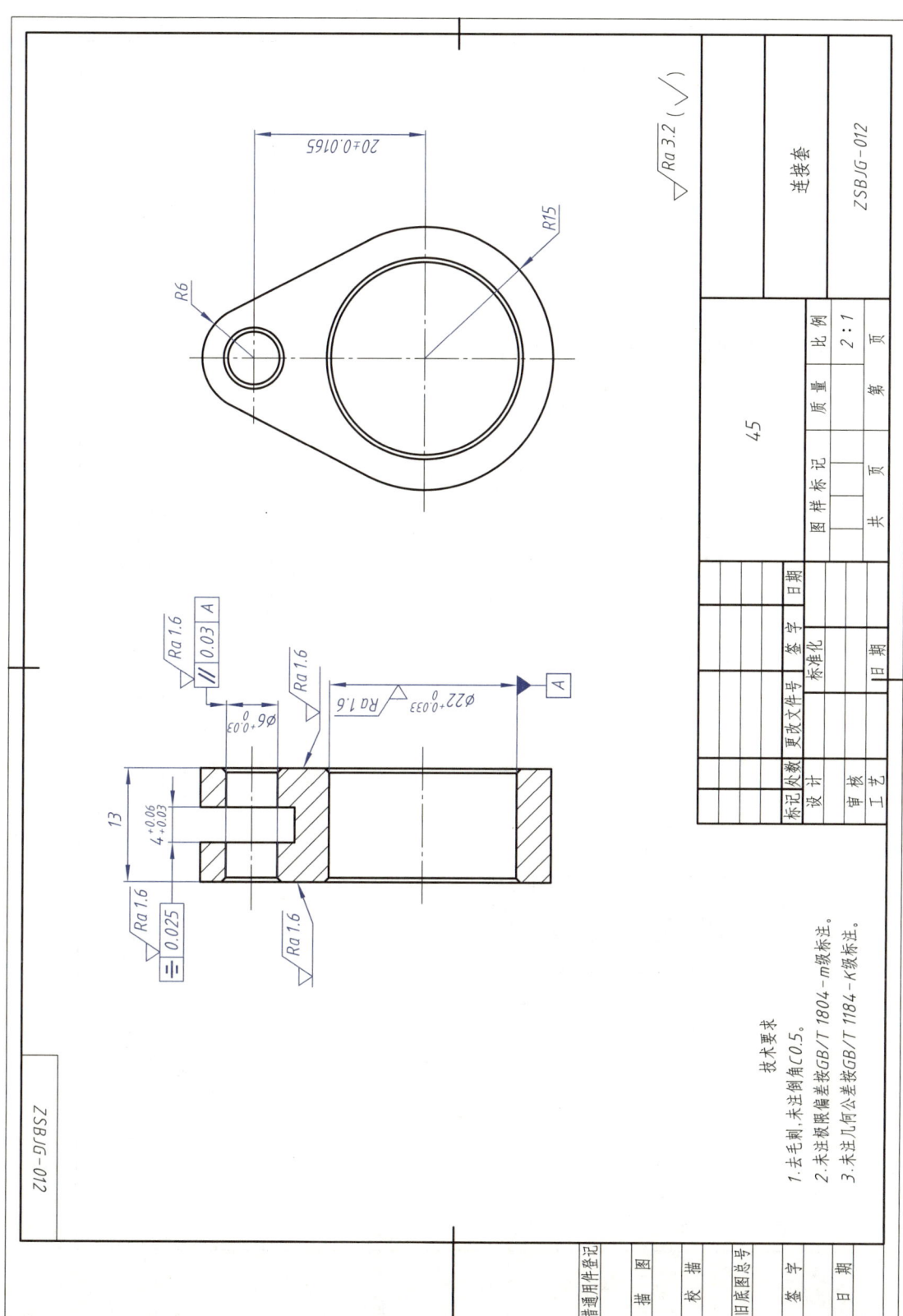

附图7-13 连接套零件图

附 录

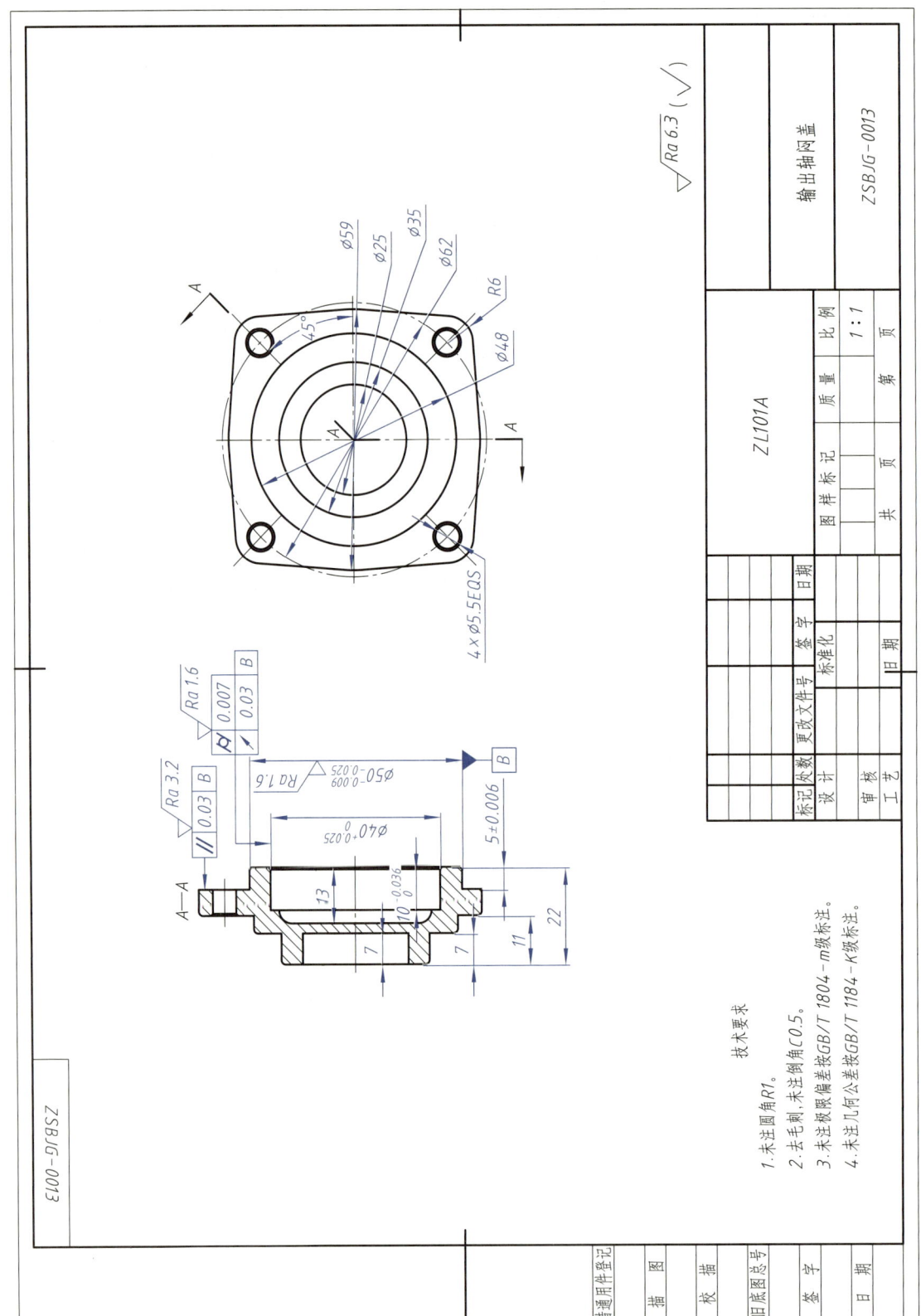

附图 7-14 输出轴闷盖零件图

附录 7　ZSB 型机构工程图

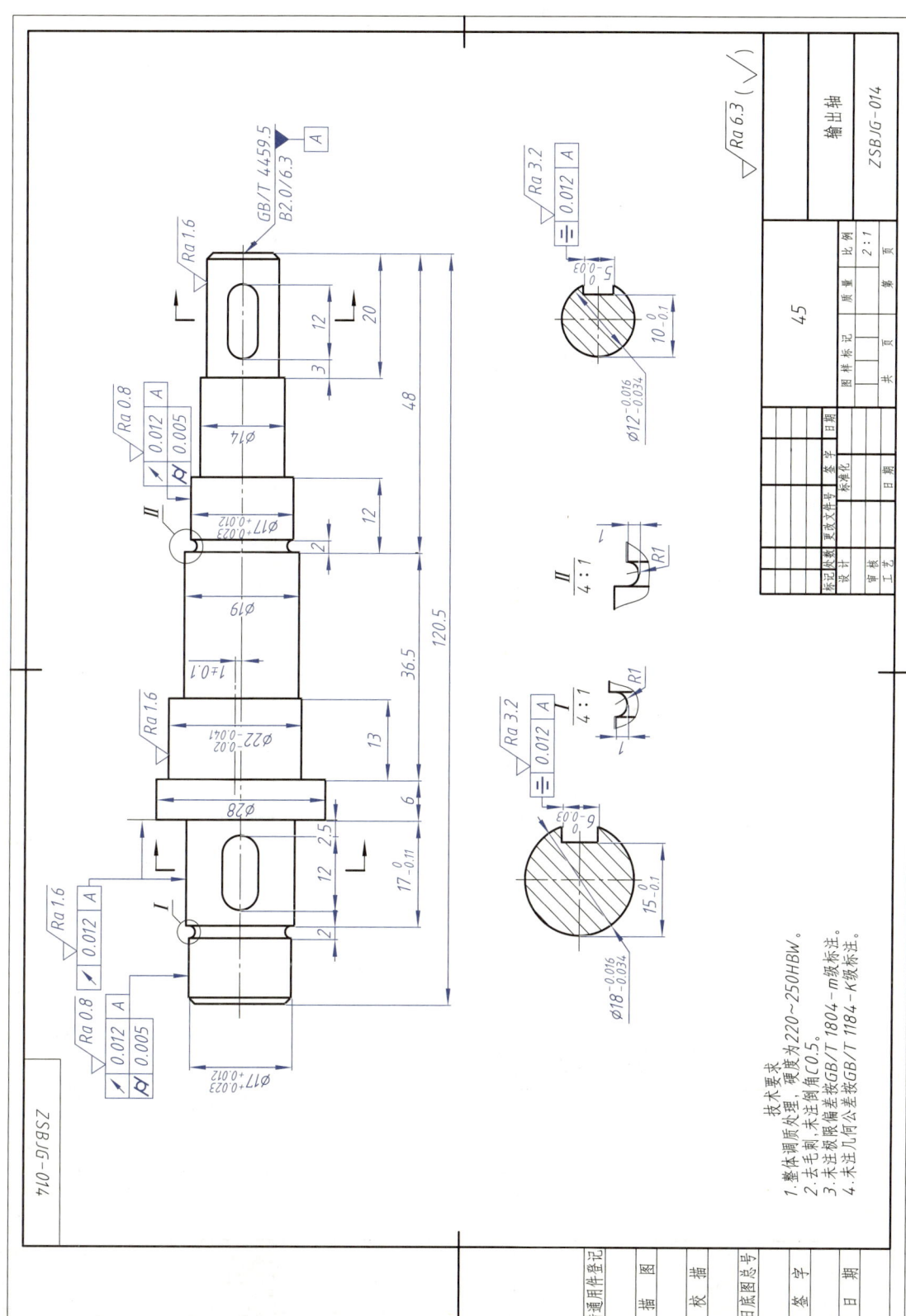

附图 7-15　输出轴零件图

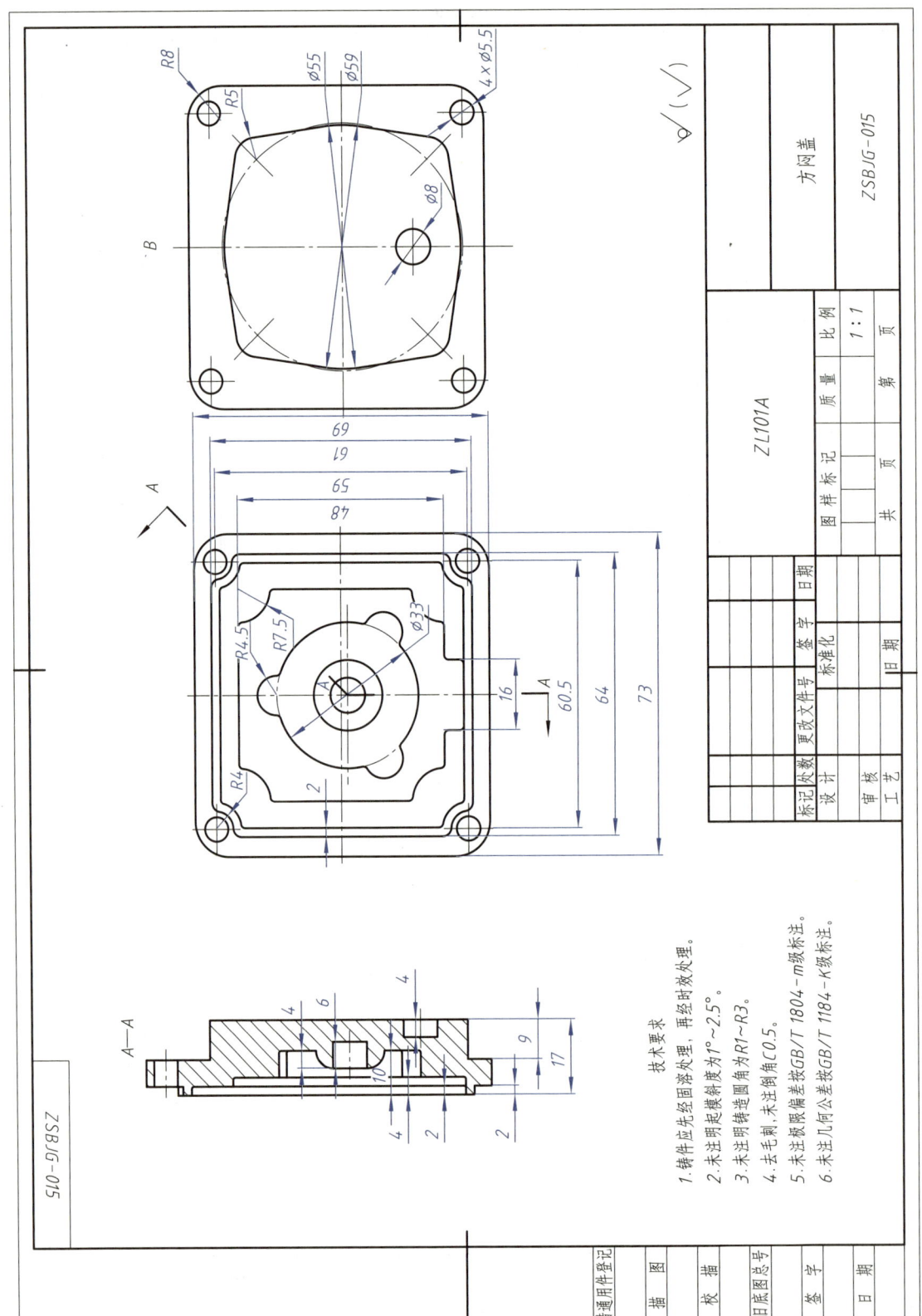

附图 7-16 方闷盖零件图

附录7 ZSB型机构工程图

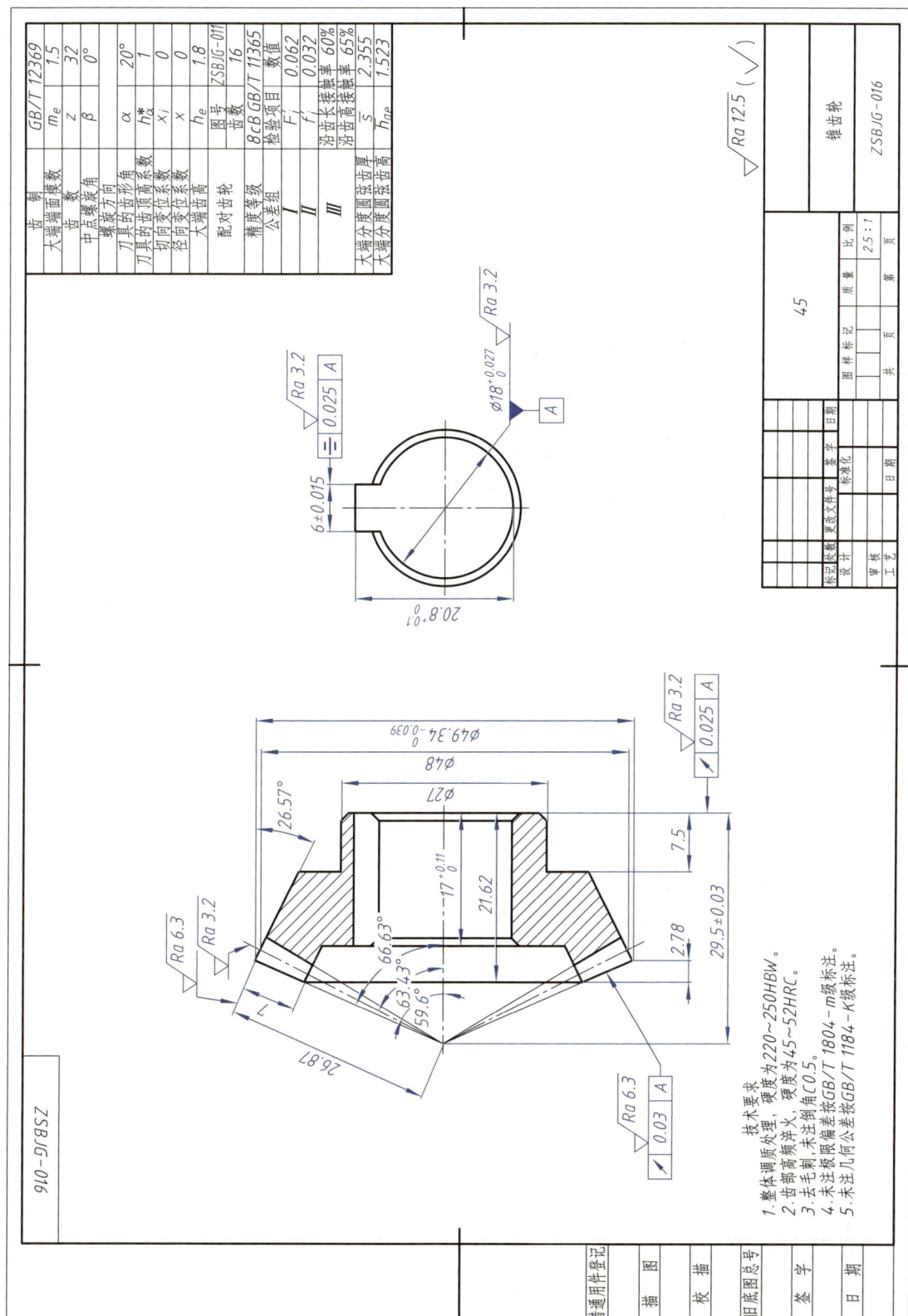

附图 7-17 锥齿轮零件图

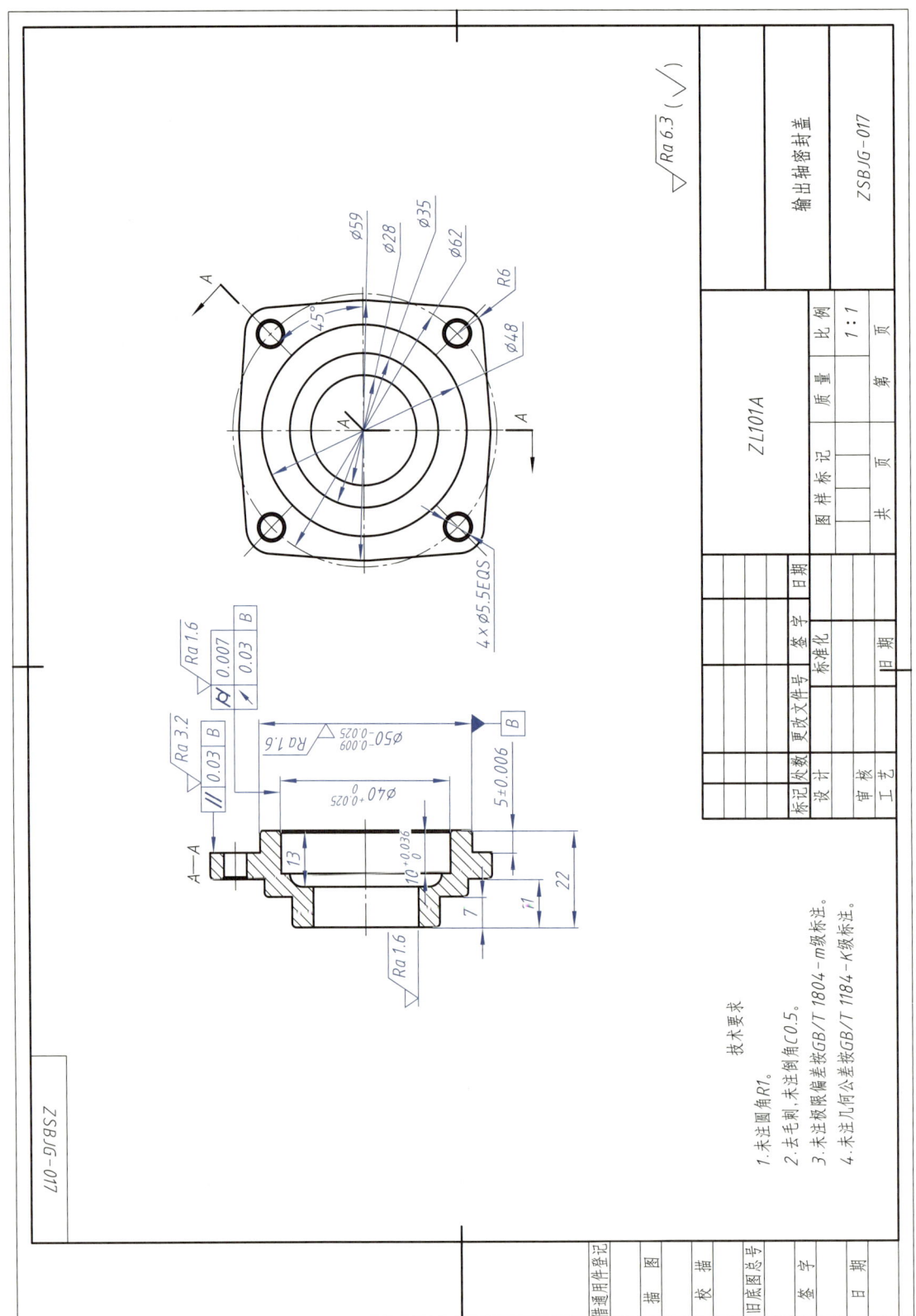

附图 7-18 输出轴密封盖零件图

参考文献

[1] 胡家富. 测量与机械零件测绘[M]. 2版. 北京: 机械工业出版社, 2014.
[2] 陈意平, 王爱君. 零部件测绘[M]. 沈阳: 东北大学出版社, 2014.
[3] 顾淑群. 零部件测绘实训手册[M]. 北京: 高等教育出版社, 2020.
[4] 俞挺, 黄浙剑. 机械零部件测绘[M]. 成都: 西南交通大学出版社, 2021.
[5] 宋新萍, 郝雯婧, 王媛迪. 机械零部件测绘[M]. 北京: 机械工业出版社, 2020.
[6] 王寒里, 陈饰勇. 零部件测绘与CAD成图技术[M]. 北京: 机械工业出版社, 2019.
[7] 张学昌, 张旭, 施岳定. 工程制图教程[M]. 2版. 北京: 高等教育出版社, 2020.
[8] 张学昌, 许少锋. AutoCAD机械图样典型范例与实训教程[M]. 北京: 清华大学出版社, 2014.
[9] 崔陵, 娄海滨, 王岗. 零件测绘与建模[M]. 北京: 高等教育出版社, 2019.
[10] 陈修祥, 吴洁, 刘小勇. 机械设计基础[M]. 2版. 沈阳: 东北大学出版社, 2023.
[11] 刘然慧, 刘纪敏. 3D打印——Geomagic Design X逆向建模设计实用教程[M]. 北京: 化学工业出版社, 2017.

郑重声明

高等教育出版社依法对本书享有专有出版权。任何未经许可的复制、销售行为均违反《中华人民共和国著作权法》,其行为人将承担相应的民事责任和行政责任;构成犯罪的,将被依法追究刑事责任。为了维护市场秩序,保护读者的合法权益,避免读者误用盗版书造成不良后果,我社将配合行政执法部门和司法机关对违法犯罪的单位和个人进行严厉打击。社会各界人士如发现上述侵权行为,希望及时举报,我社将奖励举报有功人员。

反盗版举报电话　(010)58581999　58582371
反盗版举报邮箱　dd@hep.com.cn
通信地址　北京市西城区德外大街4号
　　　　　高等教育出版社知识产权与法律事务部
邮政编码　100120

防伪查询说明

用户购书后刮开封底防伪涂层,使用手机微信等软件扫描二维码,会跳转至防伪查询网页,获得所购图书详细信息。

防伪客服电话　(010)58582300